胶黏剂行业那些事

那些事

从业 30 年所见所闻

翟海潮 ○ 著

化学工业出版社

·北京·

本书通过100篇相互独立的文章，试图把作者从事胶黏剂工作30多年的所见所闻，用一些小的片段，来为行业发展史这一宏大的命题提供一些答案，从而为胶黏剂从业者提供学习和借鉴，并为中国胶黏剂发展史留下些有用的素材。本书主要记录胶黏剂行业的发展历程、趣闻趣事以及老一辈开拓者对胶黏剂行业的贡献，是胶黏剂行业发展史的一个缩影。

本书为胶黏剂行业从业人员和胶黏剂原材料、设备供应商以及使用胶黏剂的广大用户提供借鉴，也可供对胶黏剂产品及行业发展史感兴趣的读者参考。

图书在版编目（CIP）数据

胶黏剂行业那些事：从业30年所见所闻／翟海潮著． -- 北京：化学工业出版社，2018.8（2025.8重印）
ISBN 978-7-122-32531-0

Ⅰ．①胶… Ⅱ．①翟… Ⅲ．①胶黏剂－化学工业－中国 Ⅳ．①F426.7

中国版本图书馆CIP数据核字（2018）第142265号

责任编辑：张艳 刘军　　　　　　　　美术编辑：尹琳琳
责任校对：秦姣　　　　　　　　　　　装帧设计：芊晨文化

出版发行：化学工业出版社（北京市东城区青年湖南街13号 邮政编码100011）
印　　装：北京建宏印刷有限公司
880mm×1230mm　1/32　印张13$\frac{1}{2}$　字数403千字　2025年8月北京第1版第2次印刷

购书咨询：010-64518888　　　　　　　售后服务：010-64518899
网　　址：http://www.cip.com.cn
凡购买本书，如有缺损质量问题，本社销售中心负责调换。

定　　价：168.00元　　　　　　　　　　　　版权所有 违者必究
京化广临字2018——15

　　2016年初，我和翟总在电话里商谈举办工程胶黏剂会议的计划时，他兴奋地告诉我，他想编写一本有关胶黏剂行业发展史方面的书，要把自身经历和行业见闻都写出来。他手上已积累一堆资料和书刊，还要采访一批行业老前辈和知名专家，希望协会给予支持……看得出来，翟总已胸有成竹，其甘为行业代言、愿为前辈扬名、力图还原渐近消失的行业史而奔走之激情，令人肃然起敬，我当即答应为他新作写序。

　　胶黏剂行业虽然是一个小行业，但经过几十年的高速发展，胶黏剂产品的重要性和应用领域之广，又不可小视。我在协会工作这些年，办公书柜里不乏各类胶黏剂方面的专著、书刊、会议论文集、企业庆典画册等，非常遗憾的是，我还没发现一本像样的胶黏剂行业发展史、行业年鉴之类的书。由此可见写史书的难度，尤其是写一个行业的历史来龙去脉，没有相当丰富的资料积累，没有感悟多年的从业经历，是无从下手的。

　　翟总倚"从业30年所见所闻"，着力《胶黏剂行业那些事》这本新作，其内容之全、涉猎之广、故事之真、用情之专，着实令人眼前一亮。趁着春节假期，我静心用了几天时间，仔细拜读了这部新作，心中不免称奇、叫好。翟总这本书，以亲历者的角度，直述了他所认识的15位行业开拓者和前辈之卓越贡献，介绍了15家胶黏剂典型单位可歌可泣的发展历程，更是把我国胶黏剂行业60多年的发展历史和精彩瞬间娓娓道来，真人真事，丝毫不爽。每篇故事之间既有关联性，又可独立成章，不失故事和小说般的魔力，近乎完整地展现了行业发展史。翟总还以轻松幽默的笔调，回顾了胶黏剂行业发生的多起重大事件以及部分企业的奇闻趣事，内容生动，评论深刻，颇有"百家讲坛"的范儿，其胆识和睿智令人折服。

　　掩卷沉思，翟总这本书里，实际上有一条主线，那就是我国胶黏剂行业波澜壮阔的发展历程、技术水平和奋斗现状。从无机胶、动物胶到有机合成胶；

从溶剂胶、水性胶，到热熔胶、无溶剂胶；从传统的环氧胶、厌氧胶、聚氨酯胶、有机硅胶、脲醛胶、氯丁胶、瞬干胶到UV固化胶、反应型聚氨酯热熔胶、水性聚氨酯胶、功能性胶黏剂；从胶黏剂、密封剂到压敏胶、胶黏带；从军工、航空、汽车、舰船、木材加工、文物修复到建筑、交通运输、电子电器、轻工、医疗卫生、新能源等民用领域；从科研院所、国有企业、行业协会、乡镇企业、集体企业到外资企业、民营企业、上市企业、兼并重组、环保形势，其范畴可以说是包罗万象，应有尽有。应该说，本书不是教科书，也不是专业工具书，而是我国胶黏剂行业纵横捭阖、砥砺自得的大历史画卷，让人在无限向往的同时又油然而生敬仰。

由于在中国胶粘剂和胶粘带工业协会工作以及之前在中国国际贸易促进委员会长期负责胶黏剂会展工作的经历，我对胶黏剂行业的很多人物和事件是有所耳闻的，也多有接触和联系。就拿翟总来说，他从大学讲师到辞职下海、合伙创业，从中小型民营企业到股份制企业改制，从国内优秀企业到被知名外资企业收购，从负责胶黏剂研发、技术到管理、投资工作，从企业管理岗位到从事读书与写作，每一次身份的转换，每一个发展方向的改变，每一次成功经验的取得，无不体现着我国胶黏剂行业和胶黏剂人艰苦奋斗、不屈不挠、积极进取的大无畏精神。正是这种拼搏精神，培养造就了他们的成功事业，也锻炼、造就了一支高素质的科技人才队伍和一批有实力的创新技术企业，为行业持续高速发展奠定了扎实的基础。胶黏剂行业既是一部读不尽的大书，也是一本写不完的长卷。小行业是会有大作为的，这是我的信心，我深信这也是翟总写这本书的初衷所在。

胶黏剂行业那些事已成往事，往事并不如烟。虽然它们是往事，却如金石般铿锵，掷地有声。

中国胶粘剂和胶粘带工业协会副理事长兼秘书长

杨栩

2018年春节于北京

前言 Preface

　　胶黏剂行业是众多行业中的一个细分行业，它历久弥新，改革开放以来发生了巨大的变化，我很庆幸自己亲历了这个充满了激情和变化的时代。1988年5月，一个偶然的机会，我踏入了胶黏剂行业，从对胶黏剂一无所知，到学习胶黏剂专业、从事胶黏剂研究，后来又经历创业、公司发展、上市、并购等过程。与三位合伙人经过20年的奋斗，使北京天山新材料技术公司成为中国工程胶黏剂领域的龙头企业。2014年6月，美国H.B.Fuller与北京天山签订并购协议，以14亿元人民币收购天山95%的股份，行业内一片哗然。作为创始人之一，我感觉很无奈，内心充满了遗憾。胶黏剂伴我成长，我把自己的青春献给了胶黏剂事业，同时胶黏剂行业也给了我丰厚的回报，我对胶黏剂行业充满了感情。因此，写这本书有种使命感！"回顾胶黏剂行业发展历程，反映时代巨变，反思行业发展中的问题，为从业者及相关者提供借鉴，为行业未来发展建言献策"是我写作本书的目的。

　　从2016年5月决定写作《胶黏剂行业那些事——从业30年所见所闻》这本书，到2017年12月底完稿，600个日日夜夜，我一直沉浸在回顾、拜访、查阅资料、整理和写作之中，与老前辈重温逝去的时光，与同行们一起回顾胶黏剂行业的过去、一起讨论胶黏剂行业的现状和未来……我的思绪常常穿越时空，在往事与现实中游荡。虽然是辛苦和忙碌的，但我是快乐的，因为我是在为胶黏剂行业做一件有意义的事情，完成前人没有做过的工作。

　　虽然自己身处行业之中，接触过大量事实，并且某些时刻亲临现场，但要完成一次跨越长达60年的宏大叙事，对我来说绝对是一次巨大的挑战！为了不给自己太大压力，我把书名定为《胶黏剂行业那些事——从业30年所见所闻》，这样就大大缩小了写作的范围，把它看作仅仅是中国胶黏剂发展史的一个缩影，我只是开了个头，更详尽的胶黏剂发展史有待有兴趣者续写。从开始，我就决定不用传统的教科书或历史书的方式来写，我不想用冰冷的数字来淹没人们在历史创造中的激情，力图使本书写得有血有肉，是可以触摸的，好像它就发生在你的身边。本书以事实为依据，但也毫不隐瞒作者自己的观点。人物和故事贯穿在整部书之中，通过有趣的故事，让时空还原到它原有的过程之中，供日后的人们学习借鉴。

本书通过 100 篇相互独立的文章，试图把自己从事胶黏剂工作 30 年的所见所闻，用一些小的片段，来为行业发展史这一宏大的命题提供一些答案，从而为胶黏剂从业者提供学习和借鉴，并为中国胶黏剂发展史留下些有用的素材。本书主要记录胶黏剂行业的发展历程、趣闻趣事以及老一辈开拓者们对胶黏剂行业的贡献，是胶黏剂行业发展史的一个缩影。

本书共分为五篇：第一篇是"胶黏剂来龙去脉"，以国际视野述说各类胶黏剂的诞生和发展；第二篇到第四篇分别是"中国胶黏剂发展回眸""中国胶黏剂开拓者小传""中国胶黏剂典型单位发展历程"，重点介绍中国胶黏剂的发展历程；第五篇是"胶黏剂行业发展趣谈"，以轻松幽默的方式谈谈胶黏剂行业的趣闻趣事并发表些评论，以期对胶黏剂行业的发展有所启示。附录部分是"世界胶黏剂历史年表""中国胶黏剂 60 年大事记""胶黏剂技术与信息资料源"。

本书为胶黏剂行业从业人员和胶黏剂原材料、设备供应商以及使用胶黏剂的广大用户提供借鉴，也可供对胶黏剂产品及行业发展史感兴趣的读者参考。

中国胶黏剂过去 60 年的发展是如此的突飞猛进，它承载了太多人的辛勤努力，它是几代胶黏剂人共同成长的全部记忆。写作过程中我拜访了 100 多位胶黏剂行业的老前辈和知名专家，对于他们所给予的热情支持和帮助，在此表示敬意和衷心的感谢。

最后再次强调，本书只是胶黏剂行业发展历史的一个缩影，是作者本人从业 30 年所见所闻，内容是局部的、片面的，衷心希望广大读者批评指正。不同观点、批评指正或建议请发至：swot01@163.com。

翟海潮

2018 年 5 月

目录 Contents

第一篇
胶黏剂来龙去脉

第二篇
中国胶黏剂发展回眸

目录 Contents

第三篇
中国胶黏剂开拓者小传

第四篇
中国胶黏剂典型单位发展历程

目录 Contents

第五篇
胶黏剂行业发展趣谈

附 录

第一篇

Chapter one

胶黏剂来龙去脉

1 煎胶续弦：历久弥新的胶黏剂

不知道你是否熟悉"煎胶续弦"和"麟角凤嘴"这两个成语？"煎胶续弦"比喻交情密切或再续旧情；"麟角凤嘴"指麒麟的角、凤凰的嘴，比喻稀罕名贵的东西。这两个成语究竟源自何处？

唐代大诗人杜甫《病后过王倚饮赠歌》诗曰："麟角凤觜世莫辨，煎胶续弦奇自见。"意思是麟角与凤嘴和平常之物放在一起并不为世人所知，只有当麟角与凤嘴熬制成胶方能显示其珍贵。诗句读起来有些令人费解，但当你读了下面的"续弦胶"故事之后，也许你会豁然开朗，其实诗人是借用了"续弦胶"这个古老的典故。

据汉朝东方朔所著的《海内十洲记》记载：天汉三年（公元前98年），汉武帝深山猎虎，由于力大如神，加之用力过猛，"嘣"的一声，居然将祖传宝弓的弓弦拉断，汉武帝看着断弦，心中不悦。方士李少君便献上了一种"神胶"，将宝弓的断弦粘好，汉武帝将粘好的宝弓用力拉开，与原来的居然没有什么区别，特地重奖方士李少君。这种神胶因此名声大震，并得名"续弦胶"。原文是这样写的："天汉三年……武帝幸华林园，射虎而弩弦断，使者从驾，又上胶一分，使口濡以续弩弦。帝惊曰：'异物也。'乃使武士数人，共对掣引，终日不脱，如未续时。"

神奇的"续弦胶"到底是用什么制成的呢？《海内十洲记》记载："仙家煮凤喙及麟角，合煎作膏，名之为续弦胶，或名连金泥。此胶能续弓弩已断之弦，连刀剑断折之金。更以胶连续之处，使力士掣之，他处乃断，所续之际终无所损也。"也就是说，"续弦胶"是用麟角凤嘴熬制而成的，用我们现在的说法就是"动物胶"。大家知道，麒麟和凤凰是传说中的动物，是不存在的，"麟角凤嘴"这里应该形容稀罕名贵的东西。"续弦胶"又名"连金泥"、"其胶色青如碧玉"，效力非常奇特，可惜"续弦胶"出自仙家方士之手，蒙上了一层神秘的色彩，成为中华民族又一个"千古之谜"。据《海内十洲记》记载："凤麟洲在西海之中……西国王使至，献灵胶四两……""续弦胶"来自西国的凤麟洲，既然麒麟和凤凰是不存在的，我个人推测，古老而神奇的"续弦胶"应该来自海洋。大家知道，海洋中的贻贝产生的黏液，可以将自己固定在岩石上或船底下。这种胶黏剂极其坚韧，在水下可以硬化。近年来，科学家利用现代先进仪器，将大量能分泌黏胶的海洋贝壳软体动物逐一分析鉴定，最后惊喜地发现一种名叫"滕壶"的分泌胶性能最为奇特，另外还有几种贝壳分泌的胶也很有各自的特点。这些软体动物黏性极强的分泌物，经过特殊处理后可以连接"断弦折剑"，也可以粘接"断齿裂皮"，还可以粘好"琉璃瓷器"。更重要的是，这些黏性极强的分泌胶可以在水中直接使用，效果十分奇特，将这种生物胶黏剂用在粘贴金属片时，不但牢固，还意外发现了这种胶黏剂像一层看不见的铠甲，保护着金属片不受侵蚀。

读了以上的故事，相信你对成语"煎胶续弦"和"麟角凤嘴"有了深入的认识，它是我国先人利用胶黏剂的例证。下面让我们煮茶论道，揭开历久弥新的胶黏剂的历史面纱。胶黏剂（Adhesive）是一种起连接作用的物质，它将材料黏合在一起。广义来说，只要能把两种以上的材料粘接到一起的物质都可称为胶黏剂，例如黏土、石灰、水泥、糊精、动物胶、合成胶黏剂……

在人类历史上，胶黏剂的应用已有几千年的历史。早在6000年前，人类就用黏土等制成泥浆建造土石房屋和其他建筑。在古埃及的假面、棺木等仪葬品与家具（公元前1500年）、古希腊底比斯的雕刻（公元前1200年）、古罗马拱形水泥输水道（公元前300年）等古迹或文物上都能看到胶黏剂的痕迹。从《旧约全书》可知，曾流传用沥青修补诺亚方舟的神话。世界最古老的胶黏剂或许要首推沥青；公元前2700年，在伊拉克南部城市乌拉的烛台就是用沥青将贝壳或宝石粘接在建筑物上筑成的。

古埃及以白土、颜料和骨胶混合物做棺木的密封剂。古埃及很早就开始使用阿拉伯树胶、蛋清、动物胶、松香等进行粘接。在考古中发现了用胶的遗址，埃及北部的古城特本（Theben）里有城主勒克汉娜拉（Rekhanara）的浮雕和一个雕塑粘接着，以及正在制作家具的埃及人（见图）。传说古希腊人戴达鲁斯（Daicdalus）和他的儿子

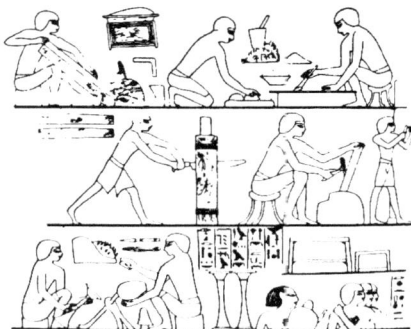

伊卡洛斯（Ikaros）曾驾着自己粘接的"飞行器"（Fliigel）从一个岛上逃走。公元前9世纪，古罗马人已使用松木焦油和蜂蜡密封船缝，以鱼、奶酪、鹿角等制成胶黏剂用于粘接木制品。

我国是世界上应用胶黏剂最早的国家之一。我国在4000多年前就开始烧制石灰，以此粘固土石、建造房舍与桥梁。1986年在四川广汉三星堆祭祀坑挖掘出的青铜人头像的金面罩，即是人类用枣红色的大漆调配石灰粘接而成的，将中国人应用胶黏剂的时间追溯到了夏商时期。在3500年前的商朝，我国开始使用植物胶黏剂原料——漆，用以粘接与装饰物件。在3000年前的周朝，我国已经使用动物胶作为木船的嵌缝密封剂。公元前200年，我国用糯米浆糊制成的棺木密封剂，再配用防腐剂及其他措施，使2000多年后棺木出土时尸体不但不腐烂，而且肌肉和关节仍有弹性，从而轰动世界。我国远在秦朝时，人们以糯米、石灰混合制成的灰浆就用于长城城墙砖的粘接，使得万里长城屹立于亚洲的东方，成为中华民族古老文化的象征。中国在古代就使用骨胶黏合铠甲、弓、刀鞘等。在我国的一些古代书籍中，对胶黏剂的制造与使用有详细的记载。古代化学专著如东汉魏伯阳的《周易参同契》与东晋葛洪的《抱朴子·内篇》都涉及了胶黏剂的制造。北魏贾思勰的《齐民要术》虽是农书，但对制笔、保护书籍、修理房屋等使用胶黏剂的过程与煮制动物胶的方法却做了专门的叙述。明朝宋应星的《天工开物》记述了我国农业与手工业的生产技术，其中包括胶黏剂的制造和大量的应用经验。如《弧矢》篇中写道："凡胶乃鱼膘杂物所为……其东海石首鱼、浙中以造白鱼者，取其脬为胶，坚固过于金铁。"这里的"胶"指的是制造弓箭所用的鳔胶，看来当时胶的质量很好，强度竟然可以与金属相比。

17世纪之后，胶黏剂才得以工业化生产。1690年，荷兰首先创建了生产天然高分子胶黏剂的工厂。英国在1700年建立了以生产骨胶为主的工厂。19世纪初，瑞士和德国出售了从牛乳中提炼出来的胶黏剂——酪朊。之后出现酪朊与生石灰生成的盐，制成固态胶黏剂。美国于1808年建成了第一家胶黏剂工厂，生产动物胶和大豆蛋白胶。19世纪中期，人们开始用动物胶、淀粉胶、酪朊胶等天然胶黏剂制造胶合板。

20世纪以来，由于现代化大工业的发展，天然胶黏剂无论产量还是性能都已经不能满足要求，因而促进了合成胶黏剂的不断发展。随着高分子材料的出现，胶黏剂工业得到了迅速发展。合成树脂胶黏剂的生产是从 1907 年 L.H.Baekeland 发明酚醛树脂开始的。1909 年，Baekeland 发表了两篇酚醛树脂工业基础专利，并于 1910 年在美国创立 Bakelite 公司，成为酚醛树脂工业的奠基人。1912 年，出现了用酚醛胶黏剂粘接的胶合板，大大降低了生产成本，而且提高了胶合板的耐久性和强度。

20 世纪 20 年代，美国于 1925 年试制出天然橡胶型压敏胶，1926年又使醇酸树脂胶黏剂问世。

20 世纪 30 年代，脲醛胶黏剂由英国的 British Cyanides 公司投入工业化生产；加拿大试制出可小批量生产的聚乙烯醇胶黏剂；苏联试制成功聚丁二烯橡胶；美国于 1931 年成功地开发出氯丁橡胶，德国于 1933 年研制出丁苯和丁腈橡胶，1935 年又开始试制生产聚异丁烯，1937 年 A. G. Bayer 公司成功地开发出聚氨酯，1939 年美国将聚乙酸乙烯（聚醋酸乙烯）胶黏剂推向市场。

20 世纪 40 年代，美国又研制出丁基橡胶，并于 1941 年开发出三聚氰胺胶黏剂，1942 年试制成功并批量投入生产了不饱和聚酯胶；1943 年，Dow Corning 公司将有机硅树脂投入生产。1945 年，GE 公司的 E. G. Rochow 首先开发出硅橡胶。1946 年，全球首个环氧胶黏剂由 Ciba Geigy 公司投入生产并在瑞士工业展览会上展出，牌号为 Araldite（爱牢达），环氧胶黏剂从此以万能胶闻名于世。1949 年，英国研制成功聚丙烯酸酯系列压敏胶。

第二次世界大战期间，由于军事工业需要，胶黏剂也有了相应的变化和发展，尤其是飞机的结构件上应用的胶黏剂，出现了"结构胶黏剂"这一名称，主要是酚醛 - 缩醛、酚醛 - 丁腈、酚醛 - 氯丁胶黏剂。1941 年，英国 Aero 公司发明了酚醛 - 聚乙烯醇缩醛树脂混合型结构胶黏剂，牌号为"Redux"，1944 年 7 月用于战斗机主翼的粘接，并获得了成功。此后，又用于另一架名为"彗星"的飞机上。但不久该飞机不幸坠落，引起轩然大波。然而在追查事故的原因中，发现引起飞机事故的原因是金属发生疲劳而断裂，相反粘接部分却完好无损。因此，胶黏剂的信誉大增，在结构件上的应用更加广泛。1944 年，胶黏剂第一次成功粘接坦克上的离合器。

20 世纪 50 年代，美国在胶黏剂研制中独领风骚。1953 年，乐泰公司成功研制出厌氧胶黏剂，Emhart 公司 Bostik 分部生产的聚酰胺热熔胶用于鞋帮缝边抿边。1955 年，Dupout 公司最先取得聚酰亚胺专利。1957 年，美国 Eastman Kodak 公司发明了氰基丙烯酸酯瞬间胶，开创了瞬间粘接的新时期，该胶几秒钟粘接定位并形成强有力的粘接。1959 年，杜邦公司的甲基丙烯酸环氧丙酯问世，翌年又使 EVA 聚合物投入生产。1959 年，美国 Eastman Kodak 公司批量生产 Eastman910 瞬间胶。之后，该类胶还用于粘接人体组织并进行了临床应用。

20 世纪 60 年代，开始出现 EVA 热熔胶黏剂，胶黏剂的研制达到了高峰，大大地丰富了胶黏剂品种，拓宽了胶黏剂市场。1961 年，美国的 Narmco 公司开发出高性能耐高温的聚苯并咪唑；同年，杜邦公司又研制出同类聚酰亚胺胶黏剂。1962 年，美国 Westing House 公司开发出聚二苯醚胶黏剂，同年 Dow Corning 公司也研究出无溶剂硅树脂胶黏剂。1963 年，SBS 由美国 Philips 石油公司首先工业化生产。1965 年，Shell 化学公司生产 SBS，并生产苯乙烯、异戊二烯的嵌段共聚物 SIS。1965 年，空气产品公司开发了 VAE 共聚物乳液。1969 年，英国的 Midland 公司试制成功聚酚醚胶黏剂。

20 世纪 70 年代，胶黏剂出现新品种的速度略有下降，但胶黏剂工业逐步转入系列化和完善化阶段。这一时期也出现了不少品种，如日本曹达公司于 1970 年使 1,2- 聚丁二烯商品化生产，英国的 ICI 有限公司开发出的聚苯醚砜，美国 1975 年试制的端烯型无溶剂硅树脂胶黏剂以及同期杜邦公司研制的液晶聚合物和瑞士 Ciba Geigy 公司的加聚型三嗪树脂胶黏剂等。1975 年，美国 Du Pont 公司用氯磺化聚乙烯橡胶对第一代丙烯酸酯胶进行了改性，首先生产出第二代丙烯酸酯胶黏剂（SGA）。

20 世纪 80 年代以来，胶黏剂的研制逐步向功能化、专用品级化和规模化发展。Rohm & Haas 公司开发了热熔压敏胶，Loctite 公司研究结构型厌氧胶、紫外线固化胶黏剂。1984 年，美国市场上首先出现反应性热熔型聚氨酯胶黏剂，标志着热熔胶技术的新发展。

胶黏剂历久弥新，已形成品种齐全、种类繁多的胶黏剂家族。如今，胶黏剂已成为建筑、汽车、机械、电子电器、新能源设备、船舶、航空航天、医疗、包装、印刷、服装、制鞋等领域不可缺少的材料和专门技术之一。

胶黏剂有多种分类方法，一般按化学成分、形态、工艺、用途等进行分类。

（1）按化学成分分类

胶黏剂按化学成分可分为有机胶黏剂和无机胶黏剂两大类。

胶黏剂按化学成分分类

天然胶	动物性		皮胶、骨胶、虫胶、酪素胶、血蛋白胶、鱼胶等
	植物性		淀粉、糊精、松香、阿拉伯树胶、天然树胶、天然橡胶等
	矿物性		矿物蜡、沥青等
有机胶黏剂	合成胶黏剂	合成树脂型 热塑性	聚乙酸乙烯、聚乙烯醇、乙烯 - 乙酸乙烯共聚物、聚乙烯醇缩醛类、过氯乙烯、聚异丁烯、饱和聚酯类、聚酰胺类、聚丙烯酸酯类、热塑性聚氨酯等
		合成树脂型 热固性	酚醛树脂、脲醛树脂、三聚氰胺 - 甲醛树脂、环氧树脂、有机硅树脂、不饱和聚酯树脂、丙烯酸酯树脂、聚酰亚胺、聚苯并咪唑、酚醛聚酰胺、酚醛环氧树脂、环氧聚酰胺、环氧有机硅树脂等
		合成橡胶型	氯丁橡胶、丁苯橡胶、丁基橡胶、丁腈橡胶、异戊橡胶、聚硫橡胶、聚氨酯橡胶、硅橡胶、氯磺化聚乙烯、SBS、SIS 等
		树脂橡胶复合型	酚醛 - 丁腈、酚醛 - 氯丁、酚醛 - 聚氨酯、环氧 - 丁腈、环氧 - 聚氨酯、环氧 - 聚硫等
无机胶黏剂			硅酸盐、磷酸盐、硫酸盐、低熔点金属等

（2）按形态分类

胶黏剂按形态可分为液体胶（俗称胶水，如水溶胶、乳胶、溶剂型液体胶、无溶剂液体胶等）、固体胶（如胶粉、胶块、胶棒、胶带、胶膜等）以及膏状 / 糊状胶等。

（3）按固化工艺分类

胶黏剂按固化工艺可分为室温固化胶、热固性胶、厌氧胶、湿固化胶、光固化胶、电子束固化胶、热熔胶、压敏胶等。

（4）按用途分类

胶黏剂按用途一般可分为结构胶黏剂、非结构胶黏剂和特种胶黏剂。

① 结构胶黏剂。能长期承受大负荷、有良好的耐久性。

② 非结构胶黏剂。有一定的粘接强度和耐久性。

③ 特种胶黏剂。特殊用途，如密封胶、导电胶、导热胶、应变胶、水下胶、高温胶等。

另外，胶黏剂按用途还可以分为工业用胶黏剂和家用胶黏剂。

① 工业用胶黏剂（Industrial Adhesives）。主要用于工业领域的制造、装配、维修等，如工程胶黏剂、建筑胶黏剂、汽车胶黏剂、电子胶黏剂、鞋用胶黏剂、包装胶黏剂、医用胶黏剂等。

② 家用胶黏剂。主要用于家庭装修、日常维修及手工制作等，国外称为 DIY 用胶。

2 α-氰基丙烯酸酯瞬间胶的神奇发明

α-氰基丙烯酸酯瞬间胶黏剂（Cynoacrylate Adhesive，CA）是单组分、液状、遇潮气瞬间固化型胶黏剂，被粘接表面不必进行特殊预处理，不必加温加压，使用非常方便。它广泛应用于橡胶与橡胶、塑料与塑料、塑料与金属之间的粘接与定位以及人体组织医用粘接等，常被称为"万能胶"。

α-氰基丙烯酸酯瞬间胶的发明很有趣，其粘接性是偶然发现的，目前有两种说法。

一种说法是：1947年，首先由B.F.Goodrich公司的Alan Ardis首先合成了α-氰基丙烯酸酯化合物，但未发现其粘接性。直到1957年，Eastman Kodak公司的Harry Coover博士在鉴定氰基丙烯酸酯单体时，不小心把Abbe折光仪的棱镜粘在一起后，从而发现了它的粘接性。之后，1958年，Eastman Kodak公司首先推出了第一个α-氰基丙烯酸酯胶产品Eastman910——一种令人感兴趣的、神奇的、昂贵的珍品，1959年投入批量生产。

另一种说法是：α-氰基丙烯酸酯瞬间胶黏剂的发现要追溯到1942年，当时Harry Coover（哈里·库弗）博士供职于Eastman Kodak（伊斯曼柯达）公司，这是一家享誉全球的照相机及相关产品的知名企业。库弗博士的工作是制作一种透明塑料，使武器瞄准器的精度更高。在第二次世界大战期间，这种材料的用途很大。库弗和助手原打算制造塑料瞄准镜材料，因α-氰基丙烯酸酯黏性强而放弃使用。有一段时间，库弗非常沮丧，有一次库弗博士一气之下将氰基丙烯酸酯扔到了窗外。此时，库弗博士完全没有意识到他已发明了有史以来使用最方便的"万能胶黏剂"。库弗用在瞄准镜上的功夫其实白费，因为美国两颗原子弹就结束了第二次世界大战。但直到战后的1951年，库弗才发现α-氰基丙烯酸酯的潜在市场价值。当时库弗注意到过去盛放氰基丙烯酸酯的容器仍旧粘在垃圾桶底部，他想尽一切办法也不能将其取下来，这样，才发现了这种材料的神奇之处。库弗重新获得了本属于他的发明，体会到失而复得的狂喜。1957年，库弗说服了Eastman Kodak的老板相信氰基丙烯酸酯蕴含的市场潜力。不久之后柯达公司推出了一种名为"Eastman（伊斯曼）910"的神奇胶水。柯达公司还绞尽脑汁去宣传这款产品，公司有人出了一个主意：用吊车将一辆轿车吊在街道上空，让人们误以为是使用"Eastman 910"的结果。这一招果然收到奇效，人们将这种胶水称为"Krazy Glue"。"Krazy"其实是借用英文"疯狂"（crazy）的意思。"伊斯曼910"早期的广告宣传语是，"记住，在它完全在管子上凝固前，你只能用一次！"

不管是哪种说法，α-氰基丙烯酸酯瞬间胶黏剂的粘接性首先是由Harry Coover博士发现的，他不愧为α-氰基丙烯酸酯瞬间胶黏剂之父。早年，库弗曾在电视节目中亲身示范以一小滴万能胶，把自己悬挂在钢管上。

2011年3月26日，α-氰基丙烯酸酯"万能胶之父"哈里·库弗在家中去世，享年94岁。库弗生于1917年，先后获纽约霍巴特学院（现名霍巴特-威廉·史密斯学院）化学专业学士学位、康奈尔大学硕士和博士学位。库弗随后进入伊士曼柯达公司旗下田纳西伊士曼公司工作，直至升任副总裁。他和研究团队获得过460多项专利，包括有机磷酸酯化学物、煤炭气化技术。他1982年获美国工业研究院金质奖章，2004年入选美国全国发明家名人堂。2010年，美国总统贝拉克·奥巴马授予库弗国家技术创新奖章（见上图）。

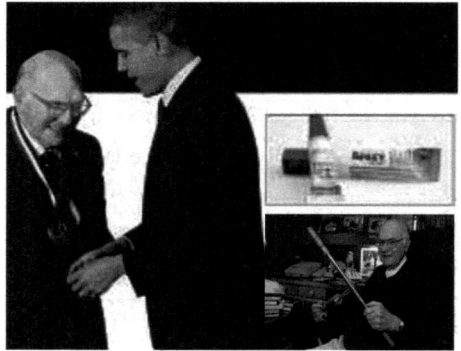

α-氰基丙烯酸酯瞬间胶由α-氰基丙烯酸酯单体、增韧剂、催化剂、稳定剂等组成，其固化机理是湿气中的—OH攻击单体中的碳原子产生阴离子聚合反应，进而固化。α-氰基丙烯酸酯有许多种，如氰乙酸甲酯、氰乙酸乙酯、氰乙酸丁酯、氰乙酸异丁酯、甲氧基氰乙酸乙酯、乙氧基氰乙酸乙酯多种类型，其特性与用途见表。

物质的特性与用途

烷基	甲基	乙基	异丙基	丙烯基	丁基	异丁基	甲氧基乙基	乙氧基乙基
沸点 /℃	约 50	约 55	约 55	约 80	约 83	约 72	约 98	约 102
气味	催泪		有刺激性气味，催泪				基本无臭	
白化现象	高		中			低		
韧性	差		中			好		
固化速度	快		中			慢		
强度	高		中			低		
用途	工业用		医用			工业用		

　　α-氰基丙烯酸酯胶黏剂虽然具有瞬间固化、使用方便等优点，但其也存在许多缺陷：如抗冲击 / 剥离性能差，耐热性低，耐湿 / 热交变性差，对酸性及多孔性表面固化敏感，有使人流泪的刺激性气味，裂缝填充能力差、胶液流淌，使光亮或透明表面发雾等。因此，需要对α-氰基丙烯酸酯胶进行改性以满足不同的工况需要，如增加韧性、改进耐热性、改进固化性能、提高触变性、降低气味、降低结霜性等。20 世纪 70 年代，由 Eastman Kodark 首先制得的以烯丙基酯为基础的氰基丙烯酸酯耐热产品，后由 Permabond 公司生产，牌号为 Powerbond。20 世纪 80 年代，Loctite 公司对瞬干胶进行改进，推出系列瞬干胶产品用于工业装配需要，如耐温瞬间胶、低白化瞬间胶、触变性瞬间胶等。α-氰基丙烯酸酯胶黏剂国外主要生产厂家有 Loctite、Permerbond、Pacer、Cyberbond、日本东亚合成、Threebond、Alpha Techno（安特固）等。

　　自 1957 年美国 Eastman Kodark 公司率先研制成功并向市场提供性能奇特、价格昂贵的 Eastman910 瞬间胶后，至今世界各国有众多的生产厂商，通过科技创新，生产并销售各种高性能的 CA 瞬间胶。技术进步和市场竞争，使 CA 瞬间胶的生产成本和售价不断下降，它逐渐成为用途广泛、大众化的胶种之一。α-氰基丙烯酸酯胶黏剂已广泛用于粘接电子器件、仪表零件、胶接应变片，制作工艺美术品、粘接硫化橡胶密封条与框格，临时加工用固定、定位，机器的修复，器皿的修补，手术缝合等方面。瞬干胶代替传统缝合技术在 20 世纪 60 年代曾风靡一时，在动物实验和临床应用中取得了丰硕成果。但到 20 世纪 70 年代中期，世界各国对它的兴趣有所减弱，主要原因唯恐引起癌症。但多年来，数以千万计的病例还没有发现产生肿瘤的后果。因此，目前国内外对医用胶黏剂的研究又活跃起来。在临床应用方面，氰基丙烯酸酯类胶黏剂用于闭合创口、皮肤移植、管腔器官连接以及肝、肾、肺、脾、胰、胃肠道等损伤的止血。此外，眼科、骨科、口腔科都广泛地使用了氰基丙烯酸酯类胶黏剂。

中国研究 α- 氰基丙烯酸酯胶黏剂始于 20 世纪 60 年代初期，最早开展研究的是中国科学院化学所，研制出 KH-501、KH-502 胶，KH 意思是科化，即中国科学院化学所，葛增蓓等人做出了突出贡献。20 世纪 70 年代，葛增蓓等又研发甲醛水溶液 - 二氯乙烷法生产氰基丙烯酸乙酯的方法并在国内得到普遍的推广应用。20 世纪 70 年代后期，502 胶在中国投入工业化生产，生产 502 胶的主要厂家有辽宁盖县化工厂、上海珊瑚化工厂、黄岩有机化工厂（浙江金鹏化工公司）、北京化工厂、西安化工研究所、山东省禹王实业总公司等。中国台湾地区主要生产厂家有长春石化人造树脂公司、同声股份有限公司和北回化学股份有限公司等，2000 年后，台商开始到内地投资建厂，如同声在台山建立友顺公司等。2000 年后，中国有几十家公司生产销售 α- 氰基丙烯酸酯胶。目前中国已成为全球最大的 α- 氰基丙烯酸酯胶生产和消费国。经过几十年的发展，502 已成为家喻户晓的产品。

3　环氧胶黏剂寻根问底

环氧胶黏剂（Epoxy Adhesive）是指以环氧树脂为基料的胶黏剂的总称。环氧胶黏剂主要由环氧树脂和固化剂两大部分组成，为改善某些性能，满足不同用途，还可加入增韧剂、稀释剂、填料、促进剂、偶联剂等辅助材料。环氧树脂中的环氧基与含有活泼氢的固化剂按离子加成聚合反应而固化，生成三向立体结构提供最终用途。环氧树脂的种类有 100 多种，而固化剂的种类则远远超过环氧树脂，实用的固化剂有多元胺、多元硫醇、多元羧酸及其酸酐等。不同和类的环氧树脂与不同种类的固化剂配合，再辅以多种改性剂，可以制成种类繁多的环氧胶黏剂，以满足不同工况和用途。可通过合理而巧妙的配方设计，使胶黏剂具有所需要的工艺性（如快速固化、室温固化、低温固化、水中固化、低黏度、高黏度等），并具有所要求的使用性能（如耐高温、耐低温、高强度、高柔性、耐老化、导电、导磁、导热等）。

下面让我们探寻一下环氧胶黏剂的发展历史。早在 1891 年，德国的 Lindmann 用对苯二酚与环氧氯丙烷反应，缩聚成树脂并用酸酐使之固化，但它的使用价值并没有被揭示。1930 年，瑞士的 Pierre Castan 和美国的 S.O.Greenlee 进一步研究，用有机多元胺使上述树脂固化，显示出很高的粘接强度，这才引起了人们的重视。1934 年，德国的 Schalack 研究了双环氧化合物同有机酸、无机酸、胺和硫醇的反应，并用胺类化合物使含有大于一个环氧基团的化合物聚合制得高分子聚合物，并作为德国专利发表。

Araldite®

1946年，瑞士Ciba公司
全球首个环氧胶黏剂产品

1936 年，Pierre Castan 制备了琥珀色环氧氯丙烷 - 双酚 A 树脂，并同邻苯二甲酸酐反应生产出用于浇铸和模塑制品的具有工业意义的热固性制品。1939 年，S.O.Greenlee 也独自制备出高分子量双酚 A 环氧氯丙烷树脂，并用于高级热固性涂料。1937 年到 1939 年欧洲曾尝试用环氧树脂补牙，但没有成功。1938 年，Pierre Castan 申请了瑞士环氧树脂技术专利，1943 年专利获得授权。1946 年，全球首个环氧胶黏剂由 Ciba 公司投入生产并在瑞士工业展览会上展出，Ciba 公司牌号为

Araldite（爱牢达）的环氧胶黏剂开始引人注目，环氧胶黏剂从此以万能胶闻名于世。

环氧树脂的第一次具有工业价值的制造是在 1947 年由美国 Devoe & Raynolds 公司完成的，它开辟了环氧氯丙烷 - 双酚 A 树脂技术的历史，环氧树脂开始工业化生产。不久，瑞士 Ciba 和美国 Shell 以及 Dow 公司开始环氧树脂的工业化生产和应用开发。美国 Shell 公司生产的环氧树脂常用的牌号有 Epon828、Epon834、Epon1001、Epon1004、Epon1007、Epon1009 等。1955 年，环氧树脂在美国获得生产许可证，Dow 公司和 Devoe & Raynolds 公司建立了环氧树脂生产线。在普通双酚 A 环氧树脂生产应用的同时，一些新型的环氧树脂相继问世。1956 年，美国 Unio Carbide 公司开始出售脂环族环氧树脂。1957 年，Shell 公司申请了有关环氧树脂的应用工艺的专利，该专利研究了固化剂和添加剂的应用工艺方法，揭示了环氧树脂固化物的应用。20 世纪 50 年代后期，Ciba 和 Devoe & Raynolds 继续研究开发缩水甘油醚型环氧树脂。1959 年，Dow 公司开始生产酚醛环氧树脂。大约在 1960 年，Koppers 公司生产邻甲酚醛环氧树脂，1965 年初，Ciba 开始生产和销售该种树脂。1965 年，Ciba 引进 Unio Carbide 公司的多官能团环氧品种，专注于环氧树脂的生产。1970 年后，英国、瑞士、联邦德国、比利时、阿根廷、波兰、捷克斯洛伐克和苏联都开始制造双酚 A 环氧树脂和一些新型环氧树脂。同时，根据不同的需要，开发出了多种环氧树脂胶黏剂。

20 世纪 70 年代，低氯含量的电子级环氧树脂开始应用，五元环海因环氧、氢化双酚 A 环氧等耐老化树脂和四溴双酚 A 环氧、含溴环氧化合物等阻燃性环氧树脂得到发展。20 世纪 80 年代又开发了复合胺、酚醛结构的新型多官能团环氧树脂，以满足复合材料工业的需要。20 世纪 90 年代，随着电子工业的快速发展，单组分环氧 SMT 贴片胶开始应用，生产厂家有 Loctite（Chipbonder 系列）、Heraeus（贺利士 PD 系列）、Ciba（汽巴 Epibond 系列）等。2000 年 12 月，Shell 公司的树脂业务由阿波罗集团收购，于 2005 年 6 月更名为瀚森化工有限公司。

中国研制环氧树脂始于 1956 年，在沈阳、上海两地首先获得了成功。1958 年上海开始了工业化生产，上海树脂厂生产的环氧树脂的品种颇近于 Shell 公司产品编号，当时按上海树脂厂产品分类定名为 618、628、634、601、604，后来国内兄弟工厂常沿用此命名。此后，无锡树脂厂、岳阳石化总厂等多个厂家生产环氧树脂。20 世纪 60 年代中期，中国开始研究一些新型的环氧树脂和脂环族环氧树脂、酚醛环氧树脂、聚丁二烯环氧树脂、缩水甘油酯环氧树脂、缩水甘油胺环氧树脂等。20 世纪 70 年代末，我国又开发了改性环氧树脂和特种环氧树脂等品种。

1965 年开始，中国研制和生产了多种环氧胶黏剂，相关资料表明，20 世纪 60、70 年代，环氧胶黏剂在我国农机维修、机床维修、电器灌注和密封、扬声器粘接领域取得了很好的应用（见右图资料）。20 世纪 60 年代，上海合成树脂研究所研制出了 E-1 ~ E-7 系列环氧胶黏剂和 DAD-1 ~ DAD-6 环氧导电胶黏剂，中科院化学所研制出了 KH-511、KH-514、KH-520、KH-802 等环氧胶黏剂。中科院广东化学所研制后由番禺农机修造二厂生产的农机 1 号胶、2 号胶在当时的农机修理中发挥了很大的作用。20 世纪 70 年代，天津合成材料工业研究所研制出 911、914 环氧胶黏剂，后由天津延安化工厂生产；北京航空材料研究院研制出自力 2 号环氧胶黏剂用于航空领域，黑龙江石油化学研究院研制出 J-11、J-19 等环氧胶黏剂。20 世纪 80 年代，中科院大连化学物理研究所研制出系列建筑结构胶，晨光化工研究院研制出快固环氧胶黏剂等。20 世纪 90 年代，北京天山新材料技术有限公司开始批量生产多种环氧修补剂。2000 年以后，上海康达化工新材料有限公司等将环氧结构胶应用于风能发电风机叶片的结构粘接。经过 50 余年的努力，我国环氧树脂及环氧胶黏剂的生产和应用得到了迅速的发展，目前生产厂家已达 100 余家。生产的品种、产量日益增多，质量不断提高，在国民经济建设中正起着越来越重要的作用。

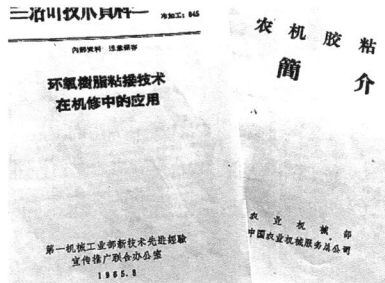

环氧树脂胶黏剂主要品种有室温固化环氧胶黏剂、高温固化环氧胶黏剂、耐热环氧胶黏剂、环氧结构胶黏剂、水性环氧胶黏剂、环氧丙烯酸 UV 胶、环氧导电胶黏剂等，广泛应用于建筑、机械、汽车、船舶、轨道交通、电子电器、风能发电等领域。环氧胶黏剂的粘接强度高、通用性强，曾有"万能胶""大力胶"之称。环氧胶黏剂与其他类型胶黏剂比较，具有以下优点：①环氧树脂含有多种极性基团和活性很大的环氧基，因而与金属、玻璃、水泥、木材、塑料等多种材料具有很强的粘接力；②环氧树脂固化时基本上无低分子挥发物产生，胶层的体积收缩率小，线胀系数也很小，因此内应力小，对粘接强度影响小，加之环氧固化物的蠕变小，所以胶层的尺寸稳定性好；③与多种有机物（单体、树脂、橡胶）和无机物（如填料等）具有很好的相容性和反应性，易于进行共聚、交联、共混、填充等改性，以提高胶层的性能；④耐腐蚀性及介电性能好。能耐酸、碱、盐、溶剂等多种介质的腐蚀。尽管如此，环氧胶黏剂也有其不足之处，例如不增韧时，环氧胶固化物一般偏脆，抗剥离、抗开裂、抗冲击性能差。还有，环氧胶黏剂有些原材料如活性稀释剂、固化剂等有不同程度的毒性和刺激性。设计配方时应尽量避免选用，施工操作时应加强通风和防护。

4　聚氨酯胶黏剂探源

聚氨酯胶黏剂（Polyuathane Adhesive）是分子链中含有氨酯基（—NHCOO—）和/或异氰酸酯基（—NCO）类的胶黏剂的总称。由于聚氨酯胶黏剂含有极性强的活性基团，因此对各种材料都有良好的粘接性。另外，聚氨酯胶黏剂含有柔性基团，可制成弹性较好的胶黏剂，它耐低温、抗冲击性好，可以粘接金属、木材、塑料、皮革、陶瓷、玻璃等材料，广泛用于纺织、建筑、交通运输、电子曰器、制鞋、包装等行业。

1937 年，德国化学家 Otto Bayer 与他的同事在 I.G. FarBen 染料工业公司（Bayer 拜耳公司的前身）实验室发现含有活泼氢的化合物能与异氰酸酯发生聚合反应，为聚氨酯化学奠定了基础。1940 年，I.G.FarBen 公司的研究人员发现异氰酸酯具有特殊的黏合性能，将三苯基甲烷 -4,4',4"- 三异氰酸酯成功地用于金属与橡胶的粘接，在第二次世界大战中使用到坦克履带上，并最早开发出了以多元醇和三异氰酸酯为基础的双组分溶剂型聚氨酯胶黏剂，商品被命名为 Polystal。20 世纪 50 年代，Bayer 公司又开发了 Desmodurs 系列（二异氰酸酯和多异氰酸酯）和 Desmophens 系列（低分子量端羟基聚酯多元醇）产品。Desmophens 与 Desmodurs 按一定的比例就可配制成 Polystal 系列双组分溶剂型聚氨酯胶黏剂。Bayer 公司的工作为日后聚氨酯胶黏剂工业的发展奠定了基础。

美国于第二次世界大战后开始学习德国的聚氨酯制造工艺，1953 年引进了德国聚氨酯胶黏剂技术，同时开发了以蓖麻油和聚醚多元醇为原料的聚氨酯胶黏剂。之后，美国 B.F.Goodrich 公司也开发了聚酯型热塑性聚氨酯胶黏剂。1968 年，Goodyear 公司开发出无溶剂型聚氨酯结构胶黏剂"Pliogrip"，成功地应用于汽车玻璃纤维增强塑料部件的粘接；1978 年又开发了单组分湿固化型聚氨酯胶黏剂，并开始在汽车工业与建筑部门应用。20 世纪 80 年代，Sika、Teroson、Esswx（Dow）、Bostic、EFA、Yomatite（日本横滨橡胶）等公司开始生产单组分湿固化聚氨酯胶黏剂，广泛用于汽车、建筑等领域。1984 年美国市场上又出现了反应型热熔聚氨酯胶黏剂，解决了聚氨酯胶黏剂便用时的公害问题，使聚氨酯胶黏剂在电器、汽车、包装、书籍装订等领域的应用更为广泛。

日本于 1954 年开始引进德国和美国聚氨酯技术，1960 年生产聚氨酯材料，1966 年开始生产聚氨酯胶黏剂。1975 年日本光洋公司开发成功"乙烯类聚氨酯"水性胶黏剂，并于 1981 年投入工业化生产。

我国大连染料厂于 1956 年最早研制并生产三苯基甲烷三异氰酸酯（列克纳胶），牌号定为 JQ-1，很快又生产了甲苯二异氰酸酯 (TDI)，为我国聚氨酯工业打下了基础。1965 年，上海合成树脂研究所研制出双组分溶剂型聚氨酯胶黏剂，后由上海新光化工厂生产，牌号为"铁锚"101，它至今仍为我国聚氨酯胶黏剂中产量较大的品种。20 世纪 80 年代末，洛阳黎明化工研究院开发出单组分湿固化聚氨酯胶。1994 年国家正式批准成立中国聚氨酯工业协会，下设聚氨酯胶黏剂委员会；中国胶黏剂工业协会也下设聚氨酯专业委员会。

聚氨酯胶黏剂主要由软链段聚酯或聚醚多元醇及硬链段多异氰酸酯聚合而成，根据不同的要求，可以通过分子设计在制备聚氨酯时选择不同的原料，调节适当比例用量进行加成聚合反应，既可以制成热塑性弹性体材料，也可制成刚性的热固性材料。通过添加适当的催化剂，聚氨酯胶黏剂既可在室温固化，也可加热快速固化；分子链一般是柔性的，但也可以是刚性的，更可以是刚性链段与柔性链段的嵌段共聚物。

聚氨酯胶黏剂种类繁多：有单组分的，也有双组分的；有溶剂型的，也有无溶剂的；有水性胶，也有热熔性胶。下面简要介绍一下常用的聚氨酯胶黏剂。

通用型双组分聚氨酯胶黏剂。一般以聚己二酸乙二醇酯与 TDI 反应得到端羟基氨酯树脂溶于有机溶剂为主成分，以三羟甲基丙烷（有的用丙三醇）与 TDI 反应所得加成物的乙酸乙酯溶液为固化剂的双组分胶。两组分混合后，—NCO 与 —OH 或 —NH$_2$ 在催化剂作用下发生反应固化。目前该产品全国约有 30 多家生产单位，其中上海新光、江苏金坛、浙江新东方油墨等规模较大。目前已开发出防冻型、耐温型、增强型、快固型及柔软型等系列产品，国内不少单位还开发出了双组分无溶剂聚氨酯结构胶。

制鞋用氨酯胶黏剂。我国是世界上最大的制鞋出口国，20 世纪 80 年代末开始使用溶剂型氨酯胶黏剂，最早在大陆投资建厂生产聚氨酯鞋用胶的是我国台湾的鞋用胶企业。目前我国已有各类鞋用胶生产厂

200多家，南海南光、南海霸力、广东多正等是中国乃至世界上最大的鞋用胶生产厂。鞋用氨酯胶黏剂一般以端羟基的TPU溶于有机溶剂配制成主剂，与多异氰酸酯固化剂和处理剂配套使用。近几年我国一些鞋厂已开始使用水性氨酯胶黏剂。

包装复膜胶。复合薄膜用聚氨酯胶黏剂主要用于食品、医药、化妆品及饮料等的软包装领域。1981年上海轻工业研究所率先开发成功耐蒸煮的聚氨酯复膜胶，此项技术于1984年在浙江临海化工三厂投入生产。1982年，北京市化工研究院从德国汉高引进聚氨酯复膜胶黏剂，有溶剂型产品，也有无溶剂产品。30多年的发展，我国生产聚氨酯复合膜胶的厂家已有30多家，其中北京高盟、中山康和、上海烈银、浙江新东方等规模较大。无溶剂复膜胶环保、安全、卫生，是食品复合包装的主要发展方向。水性聚氨酯复膜胶的研发和应用也已取得一定的进展。

单组分聚氨酯液体胶。反应型单组分聚氨酯胶主要有湿固化型、潜固化型、封闭型等。湿固化型聚氨酯胶利用端—NCO与微量水分反应固化。封闭型的聚氨酯胶则是用封闭剂将预聚体的端—NCO封闭起来，使用时加热使其解封闭，释放出—NCO立即与组分内的活泼氢组分反应交联。非反应型胶是热塑性、溶剂型胶黏剂，一般用于PVC复合、纺织品、纸品涂层及对粘接要求不高的场合。

水性聚氨酯胶黏剂。我国水性聚氨酯的研究起步于20世纪70年代，至20世纪80年代才有所突破。1982年由上海纺织印染行业和上海光化工厂联合攻关成功水溶性非离子型聚氨酯树脂。目前我国已有约20余家单位生产水性聚氨酯胶黏剂。如广东江门新力立时得、上海新友、安徽安大华泰、无锡市万力、顺德东方树脂等公司均有水性聚氨酯胶生产。该胶主要用于真空吸塑、PVC贴膜、汽车内饰、玻纤集束、涂料印花、热转印胶、喷墨打印等方面。

单组分湿固化聚氨酯密封胶。单组分湿固化聚氨酯密封胶主要有弹性密封胶和泡沫密封剂两类。单组分湿固化弹性密封胶通过湿气固化后可形成具有优良粘接性、伸长率、抗撕裂、耐磨、耐热等性能的弹性密封材料，广泛用于汽车、建筑、船舶、集装箱等行业的密封粘接。20世纪80年代末，黎明化工研究院在国内首先研制出单组分聚氨酯密封胶。1993年山东化工厂引进欧洲技术生产单组分湿固化聚氨酯胶。2000 年以后，汽车、建筑业的快速发展带动了聚氨酯密封胶的迅猛发展，目前我国生产单组分湿固化聚氨酯密封胶的单位已有 30 多家。如北方现代、深圳奥博、东莞市普赛达、洛阳吉明、濮阳万泉、淄博海特曼、北京天山、杭州之江、湖北回天等。单组分 PU 泡沫密封剂是一种发泡型的密封剂，密封包装于气雾罐中，主要用于建筑门窗与墙体之间、冷库设备、管道安装等的缝隙孔洞间的密封。20 世纪 90 年代中期德国公司首先在上海建立威固化工有限公司。时隔不久，国内已有多家生产该产品的企业问世，目前全国已有 30 多家单位生产，其中上海昊海、上海裕中、上海宇晟、北京瑞纳佳、浙江凌峰等公司的规模较大。

反应型聚氨酯热熔胶。反应性热熔型聚氨酯胶黏剂主要有两种类型：一种是端—NCO 预聚物型，另一种为含封闭—NCO 潜固化剂型。反应型聚氨酯热熔胶（PUR）因含有端—NCO，可吸收环境中的湿气和基材表面的活泼氢基团进一步反应固化，使粘接强度、耐温、耐介质、耐蠕变等性能进一步提高。反应型聚氨酯热熔胶已开始在特种书籍装订、木工、汽车内外装修等方面大量应用。

目前我国聚氨酯胶黏剂仍以溶剂型的为主，为适应环保、安全、健康的要求，聚氨酯胶黏剂会不断向无溶剂、少溶剂、水基型、热熔型、UV 固化型、反应性热熔型等方向发展。

5 有机硅胶黏剂发展概览

有机硅胶黏剂（Silicone Adhesive）可分为以硅树脂为基料的胶黏剂和以有机硅弹性体为基料的胶黏剂（包括密封剂）两类。二者的化学结构有所区别，硅树脂是由硅-氧键为主链的三向结构组成，在高温下可进一步缩合成为高度交联的硬而脆的固体；而有机硅弹性体是一种线型的以硅-氧键为主链的高分子量的橡胶态物质。

有机硅化学和聚合物化学是有机硅工业技术的两大基石。英国化学家 Frederick S. Kipping 教授是有机硅化学的主要创始人，1899～1944 年间，他发表了 54 篇关于有机硅化学的报告。有机硅聚合物化学始于 20 世纪 20 年代，是由瑞士的 Staudinger 和美国的 Carothers 创立的。有机硅化学与聚合物化学的结合则是由美国 Corning Glass（康宁玻璃）公司的 J.Franklin Hyde 博士实现的。1930～1936 年，Hyde 博士研究了聚合物理论并深入了解了 Frederick S. Kipping 教授的研究工作，取得了有机硅聚合物和聚合反应的经验。1937 年，Hyde 用格氏法合成出耐热的、有实用价值的有机硅树脂，用于电器绝缘，为有机硅化合物的开发揭开了新的一页。这种产品引起了美国 GE（通用电气）公司和 Westinghouse 公司研究人员的兴趣。1940 年，GE 公司的学者 E.G.Rochow 发明了氯烃在铜催化剂存在时、于高温下与硅直接反应合成烃基氯硅烷的方法。与此同时，德国学者 R.Muller 也发明了此直接法。直接法合成烃基氯硅烷在有机硅化学史上是划时代的成就之一。后来，通用电器公司开发出有历史意义的第一台合成甲基氯硅烷的流化床，为有机硅的大规模工业化生产奠定了基础。

1940～1942 年，Corning Glass 公司的 Sullivan 博士请Dow Chemical（道化学）公司的 E.C.Britton 博士研究制造硅树脂的可能性。从此，Dow Chemical 公司开始了有机硅产品和生产研究工作。1942 年，Dow Chemical 公司建立了二甲基硅油和甲基苯基树脂的中试装置。1942 年 4 月，Corning Glass 公司和 Dow Chemical 公司决定建立联合机构 Dow Corning 公司。1942 年 7 月，联合机构首次出售 990A 硅树脂作为电气绝缘的玻璃布涂料。1943 年 6～9 月，Dow Corning 公司正式建立。1945 年，GE 公司的 E. G. Rochow 首先开发出硅橡胶。1948 年，Dow Corning 公司的 Earl Warrick 博士研究成功首个具有实用价值、综合性能好的硅橡胶。

1951～1954年，Dow Corning公司的 Edwin. P. Plueddemann博士（被称为胶水博士"Dr. Glue"，见右图）开发出第一个双组分RTV硅橡胶，并开始在建筑密封中应用，该产品后来在电子、航空航天和其他工业中起了重要作用。1958～1959年，Edwin. P. Plueddemann博士又开发成功单组分RTV硅橡胶，1963年RTV硅橡胶密封剂开始在汽车制造中应用。

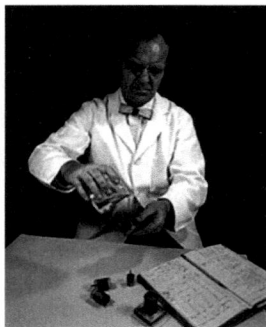

进入20世纪50年代，德国的瓦克（Wacker，1951）、拜耳（Bayer，1952后与GE合资）及戈特斯密特（Goldschmidt），日本的信越化学（1953）、东京芝浦电气（1953年并入东芝有机硅公司，后与GE合资）及东丽有机硅公司（1966，后与Dow Corning公司合资），法国的罗纳-普朗克（Rhone-Poulenc）等纷纷建立有机硅生产装置。20世纪60年代后期，GE、WAKER、信越等生产RTV硅橡胶密封剂，目前该产品已用于浴缸填隙、高层建筑幕墙连接、汽车工业的就地成型垫圈等。

1972年，Dow Corning开发出无腐蚀的硅橡胶密封剂，用于电子工业。1973～1975年，Dow Corning开发出第一个低模量、高伸长建筑密封剂（中国称"硅酮胶"），用于伸缩达±50%的接缝。1976年，硅酮结构胶用于半隐框中空玻璃幕墙，1978年用于全隐框中空玻璃幕墙。从此，硅酮结构胶开始在欧美、亚洲及全世界的隐框、半隐框玻璃幕墙中大量使用。1979年，道康宁DC88公路连接密封剂问世，该产品在冬夏均能保持紧密连接。20世纪80年代，美国自由女神像修复工程中采用了有机硅密封胶。

我国最早从事有机硅研究，是1951年在重工业部北京化学工业试验所开始的，目的是为解决抗美援朝期间避免收发报机等在山洞中因受潮而失效。1954年，该所迁到沈阳与前东北人民政府化工局研究室合并成沈阳化工综合试验所（沈阳化工研究院的前身）后不久，就接受仿制一种耐500℃高温的有机硅涂料的任务，以满足国产飞机尾部喷气管绝热的需要。1956年，沈阳化工研究院建成有机硅中间试验车间。1958年上海树脂厂建成直接法合成有机氯硅烷生产装置。1958年，化工部又将沈阳化工研究院的有机硅专业组搬迁到北京，在北京化工研究院内成立了专门的有机硅研究室和车间。

沈阳化工研究院在有机硅专业组迁京后，于 1960 年重新组建新的有机硅研究室，我国的室温硫化硅橡胶的研究就是从此开始的。20 世纪 60 年代初，黄文润、韩淑玉等就开始了室温硫化硅橡胶的基础胶料（现在的商品名称为 107 胶）的研发。最初的室温硫化硅橡胶是双组分的，是将端羟基聚二甲基硅氧烷与交联剂如正硅酸乙酯在有机锡催化作用下交联成硅橡胶，用这种交联方法，黄文润、陈昌等人还开发出了耐烧蚀隔热腻子。鉴于双组分室温硫化硅橡胶使用很不不便，黄文润、孟繁国等人又开始开发单组分室温硫化硅橡胶。1967 年北京化工研究院及沈阳化工研究院有机硅部分并入晨光化工研究院。黄文润、孟繁国等人在晨光化工研究院继续开发室温硫化硅橡胶，相继开发出多种类型的 RTV 硅橡胶并投入实际应用。

20 世纪 80 年代初，原国家科委和化工部为使化工新型材料能"寓军于民"、扩大其应用领域，在北京召开了全国化工新型材料的推广应用会，并组织了化工新型材料全国 7 大城市的巡回展览，从此晨光化工研究院的研究成果向全国推广。1992 年，白云化工实业有限公司（原广州白云粘胶厂）从晨光化工研究院引进室温硫化硅橡胶技术，成功用于建筑领域。从此，中国室温硫化硅橡胶开始突飞猛进地发展。广东南海嘉美公司在 1993 年建成了第一条 4000 吨 / 年酸性胶生产线，首次实现了我国硅酮胶的大批量国产化。1993 年中国台湾互力与北京化工七厂合资成立北京丹灵公司，生产脱肟型室温固化有机硅密封胶。之后，中国众多厂家开始生产室温固化有机硅密封胶，如生产建筑硅胶的有广州白云、广州新展、杭州之江、杭州陵志、郑州中原等；生产机械密封硅胶的有北京天山、湖北回天、上海康达、广州机床所等；生产电子硅胶的有北京天山、上海回天、广州白云等。2000 年后，北京天山新材料技术有限公司把有机硅胶黏剂用于光伏发电设备装配。

室温硫化硅橡胶种类繁多。根据包装形式，可分为单组分和双组分室温硫化硅橡胶。前者是将基础聚合物、填料、交联剂或催化剂在无水条件混合均匀，密封包装、遇大气中湿气进行交联反应。后者是将基础胶料和交联剂或催化剂分开包装，使用时按一定配比混合就发生交联。根据固化机理，又可分为缩合型、加成型室温硫化橡胶两大类。

根据固化时放出的气体，又可分为脱酸型、脱肟型、脱醇型、脱酮型等。各类有机硅胶黏剂的优缺点见下表。

各类有机硅胶黏剂的优缺点

固化方式			优　　点	缺　　点
缩合型	单组分	脱乙酸型	有良好的强度、透明性和粘接性、固化迅速	有乙酸味、腐蚀安全性差
		脱醇型	无气味，无腐蚀性	固化慢，难保存，黏性稍差
		脱胺型	固化迅速	有胺臭味，腐蚀性、毒性
		脱酰胺型	无气味，可低模量化	粘接性稍差
		脱肟型	基本不臭，易与各种材料粘接	对铜系金属有腐蚀性
		脱丙酮型	无臭、无毒、固化快、储存性好、耐热性好	价格稍高
	双组分	脱氢型	可作发泡体、保温、隔热	固化稍快
		脱水型	固化性好	水缩合时难脱出，电气性差
加成型（双组分）			固化无副产物，无臭、无毒、无腐蚀，收缩率小	催化剂易中毒造成不固化

6 丙烯酸酯结构胶溯源

丙烯酸酯结构胶黏剂（Acrylate Struture Adhesive）也称为"反应型丙烯酸酯结构胶黏剂"，具有操作方便、固化速度快、可油面粘接、耐冲击、抗剥离、粘接材料广泛等特点，可以实现金属、非金属（一般指硬材料）自粘与互粘，具有广泛的应用前景。

1901 年，在德国 Tuebingen 市的一位名叫 Otto Rohm 的博士生发表了一篇博士论文，描述醇钠作用于丙烯酸甲酯和丙烯酸乙酯所得到的缩合产物，他也讨论了在这些反应中同时形成的聚合物的化学性质。Otto Rohm 博士的这一工作开始了丙烯酸酯单体及聚合物的发展历程，从此各类丙烯酸酯单体及其制成的聚合物如胶黏剂、塑料、涂料等逐步发展起来。

20 世纪 50 年代，EASTMAN 公司首先发明了以过氧化苯甲酰 / 芳香胺为氧化还原体系（MMA-BPO-AM）的丙烯酸酯胶黏剂，被称为第一代丙烯酸酯胶黏剂（FGA），由于固化慢、脆性大、强度低，应用并不广泛。

1975 年，美国 Du Pont 公司用氯磺化聚乙烯橡胶对第一代丙烯酸酯胶进行了改性，首先生产第二代丙烯酸酯胶黏剂（SGA）。SGA 引入了杜邦公司，生产 Hypalon 橡胶和新的氧化还原体系。新的氧化还原体系以过氧化氢型的过氧化物为引发剂，DuPont808 醛胺缩合物为促进剂。单体与弹性体之间发生接枝反应，形成韧性固化物，剥离强度和冲击强度都有明显提高。

1975 年以后，美国 Lord、Hysol、Devcon、Dymax、日本电器化学、Bostic、德国 Henkel 等多家公司发表过第二代丙烯酸酯胶黏剂的专利或产品广告。

1982 年，美国化学与工程公司首先报道的一种新型非挥发性反应性丙烯酸结构胶，被称为"需氧"胶黏剂。它兼具厌氧胶与 SGA 的优点，并且弥补了它们的缺点，主要以低蒸汽压、非挥发性丙烯酸酯单体为原料，与特定的催化剂、能提供弹性的填料配制而成。与 SGA 比较，它具有低气味、低毒性、不燃烧等特性，而且提高了抗蠕变及耐热性，固化速度快（10 ～ 60s）；与各种丙烯酸胶黏剂的区别在于对空气阻聚不敏感，能对多孔性表面及较大间隙进行粘接，制成的胶用于金属、玻璃、塑料、陶瓷及硬木等材料的粘接。

在中国，1980年前后，黑龙江石油化学研究院陆企亭等人首先研制出第二代丙烯酸酯胶黏剂。之后上海康达化工新材料有限公司等几家公司开始生产销售第二代丙烯酸酯胶黏剂。1990年后国内生产第二代丙烯酸酯胶黏剂的有几十家，如辽宁哥俩好、湖北回天、北京天山、广东恒大等。2000年后，ITW、北京天山新材料技术有限公司等研制生产出热固化丙烯酸酯胶黏剂，70℃ 1min快速固化，用于笔记本、PAD等结构件粘接。

改性丙烯酸酯结构胶分底涂型和双主剂型两大类。底涂型有主剂和底剂两部分，主剂中包含聚合物（弹性体）、丙烯酸酯单体（低聚物）、氧化剂、稳定剂等；底剂中包含促进剂（还原剂）、助促进剂、溶剂等。双主剂型不用底剂，两个组分均为主剂，其中一个主剂中含有氧化剂，另一个主剂中含有促进剂及助促进剂。使用的氧化-还原反应体系必须匹配且具有高效，才能室温快速固化，并达到完全固化的目的。

丙烯酸酯结构胶黏剂的反应性实际上是丙烯酰基双键的反应，主要是通过自由基聚合反应固化，固化应满足如下条件：一个强有力的氧化还原引发体系（先决条件）；尽量使体系的黏度增高（减少氧气的阻聚作用），引入弹性体接枝、交联反应；增加单体分子的官能度（但多官能团的小分子不能过多）；尽量提高单体纯度，少加阻聚剂。

丙烯酸酯胶黏剂的组成和配制方法，多见于专利文献，虽然保密性很强，但仍不难看出其技术关键和难点如下。

①一个强有力的氧化还原体系。一个强有力的氧化还原体系是室温下产生活性自由基，从而引发聚合的先决条件。引发剂必须与促进剂、助促进剂有效地配合才能发挥作用。除了合理选择强有力的氧化还原体系外，过氧化物、促进剂的添加量也对胶的固化速度和机械性能有显著影响。

②一个决定固化产物基本性能的单体组合。一般选用甲基丙烯酸甲酯、甲基丙烯酸、甲基丙烯酸羟乙酯或甲基丙烯酸羟丙酯中的一种或多种混合，添加5%～20%的甲基丙烯酸可改善胶的固化速度；添加甲基丙烯酸双酯如三缩四乙二醇二甲基丙烯酸酯等可提高胶层的交联程度；用（甲基）丙烯酸异辛醇酯、（甲基）丙烯酸十八烷基酯等代替甲基丙烯酸甲酯，可得到基本无味的产品，但胶的固化速度和强

度下降许多。

③嵌段、接枝共聚物或高分子弹性体的制备与选用。胶黏剂中添加弹性体如氯磺化聚乙烯、氯丁橡胶和丁腈橡胶、热塑性聚氨酯和聚合物如 ABS、SBS 等，可显著改善胶液的脆性，并且可增加胶液黏度。这样一方面可使氧气在胶液中的扩散，不断在长链自由基上进行链增长反应，结果链增长速率相对较大，自加速作用提前出现，引起聚合速率和分子量迅速上升。但胶液黏度也不易过高，黏度过高不利于单体和引发剂的扩散，固化速度反而会减小。

胶液中引入弹性体的目的还在于，当分子链中存在可能参与反应的官能团或某些分子链的叔碳原子上的氢原子在活性自由基作用下发生歧化反应时，将引起接枝反应和交联反应。

④胶液的快速固化与储存稳定性矛盾的解决。在主剂中加入过氧化物引发剂，虽说在室温下活性较低，但由于其中含有易聚合的丙烯酸酯单体，一般难于达到 20℃下保存半年，这其中根本的问题在于体系中的过氧化物能否在储存条件下不分解而稳定下来，为此用 2,6- 二叔丁基 -4- 甲基苯酚作为高效稳定剂，既能保证储存稳定性，又不影响固化速度。其使用量为总量的 0.01% ～ 10%，聚合引发剂：该稳定剂 =2：1（质量比）是可取的。也有加入锌、镍、钴的乙酸盐、丙烯酸盐或加入甲酸、乙酸、甲基丙烯酸的铵盐等，可在一定程度上提高储存稳定性。

丙烯酸酯结构胶黏剂目前已形成许多不同的品种，如低气味丙烯酸酯结构胶、耐温型丙烯酸酯结构胶、加热快速固化丙烯酸酯结构胶等，都是近乎百分之百地反应，基本上无污染，无浪费，又具有节能、

交通运输业

涂胶部位

粘接大巴底盘

省工的优点，是一类高性能的工程胶黏剂。它广泛应用于交通运输（汽车、飞机、卫星等塑料、复合材料与金属的粘接；结构和准结构粘接）

（上页图为汽车车体部件的粘接）、电子电器（扬声器磁钢、夹板 T 铁、音圈、纸盆、弹簧板、泡沫和盆架等；小型电机钢铁氧体等；电子元件；电路板上集成电路块粘接；线圈导线端子；笔记本电脑、PAD 结构件粘接）以及珠宝、首饰的粘接、塑料玩具粘接、日常 DIY 修理等。

7 厌氧胶黏剂的发展

厌氧胶黏剂（Anearobic Adhesive，简称"厌氧胶"）是指能起粘接、固定、密封作用的具有厌氧固化特性的化合物。厌氧胶在与空气（氧气）接触时保持液态或膏状，一旦隔绝空气（氧气）后立即反应，迅速聚合成三维固体聚合物，完成粘接和固定、密封，它主要用于紧固件的防松、锁固、圆柱件的装配固定、管路及平面密封防漏和真空浸渗等。

20 世纪 40 年代，GE 公司的研究人员 R.E.Burnett 首先发现了多缩乙二醇双甲基丙烯酸酯具有厌氧的特性。R.E.Burnett 发现，在 60 ～ 80℃的温度下，用空气处理三缩四乙二醇双甲基丙烯酸酯时，连续通入空气液体没有变化，一旦停止通入空气，液体的三缩四乙二醇双甲基丙烯酸酯就会发生交联生成固体的聚合物。之后，R.E Burnett 通过加入一定量低活性过氧化合物制成了厌氧胶，申请了专利，并发表了厌氧固化机理。

1953 年，Vernon Krieble 教授为厌氧胶发明了一种固化抑制系统，研制出第一个具有实用价值的厌氧胶，并在康涅狄格州哈特福德 Trinity College 地下实验室创立了 Loctite 公司（见右图）。

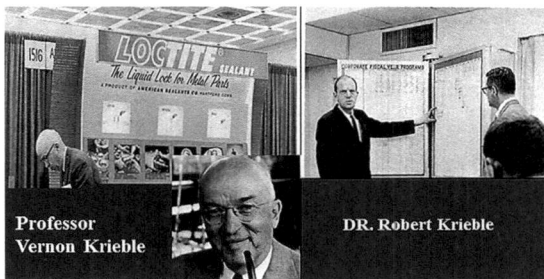

1956 年 7 月 26 日，Loctite 厌氧胶在纽约举行的大学俱乐部新闻发布会上首度公开亮相。Vernon Krieble 教授在会上宣布：Loctite 解决了长期以来困扰业界的机器和设备中螺钉和螺帽松脱问题。顿时，掀起了一场难以置信的咨询热潮。1956 ～ 1968 年的 10 多年间，Loctite 的产品从 A 级到 C 级（低强度）再到 D 级（高黏度），形成了系列化的厌氧胶产品，并投入规模化生产。20 世纪 60 年代，Loctite 厌氧胶主要是以甲级丙烯酸多元醇酯为主的产品。日本及欧洲一些国家在 20 世纪 60 年代也开始了厌氧胶的研究。1968 年，Loctite 公司在纽约证券交易所成功上市。之后，Vernon Krieble 的儿子 Robort Krieble 也加入了 Loctite 公司。1975 年，Loctite 开发出聚氨酯改性的厌氧结构胶；随后，又陆续开发了大间隙的平面密封胶及 UV/ 厌氧双重固化型结构胶；20 世纪 80 年代，Loctite 开发出微胶囊型预涂干膜厌氧胶及浸渗胶。1987 年 9 月，Loctite 在中国烟台建厂生产厌氧胶，大大促进了中国厌氧胶的发展。Loctite 是全球最知名的厌氧胶企业，1997 年被德国汉高公司收购。

　　20 世纪 70 年代，中国开始研制厌氧胶黏剂，参与研制的单位有中科院大连化学物理研究所（Y 系列）、中科院广州化学所（GY 系列）、北京大学、济南五三所（BN 系列）、天津合成材料研究所（YY 系列）、浙江机电研究院（ZY 系列）、上海新光化工厂（铁锚 300 系列）等，杨颖泰等人做出了突出贡献。1972 年，杨颖泰在中科院大连化学物理研究所研制成功我国第一个厌氧胶品种 XQ-1 及促进剂 C-1，XQ-1 属于一般不饱和聚酯为主体的胶液，实际试用后性能不太理想，随后经过不断改进，于 1973 年研制成功用环氧树脂改性制得的厌氧胶 Y-150（Y 字是厌氧胶汉语拼音的第一个字母）和促进剂 C-2，于 1974 年在大连红卫化工厂（后来的大连第二有机化工厂）投入了生产，并建立了我国首个年产百吨级的厌氧胶生产车间。1978 年，杨颖泰转到中科院广州化学所工作，继续进行厌氧胶的研究，1979 年研制成功 GY-340 厌氧胶（G 字表示广州研制、Y 字表示厌氧胶，340 的 3 字是分类号）。GY-340 胶是我国自行研制和生产的第一个单组分（一液型）室温快固化厌氧胶。1979 年 11 月，GY-340 以技术合同方式移植到大连红卫工厂（即大连第二有机化工厂）；1980 年 5 月移植到广州永红化工厂（即广州红化工厂）；1989 年移植到中科院广州化学研究所技术开发部厌氧胶车间（即广州科纳精细化工公司）。进入 20 世纪 80 年代以后，杨颖泰不断进行 GY 系列化的研究工作，共研制了约 20 个 GY 系列产品。20 世纪 90 年代，北京天山新材料技术有限公司、烟台德邦科技有限公司、上海康达新材

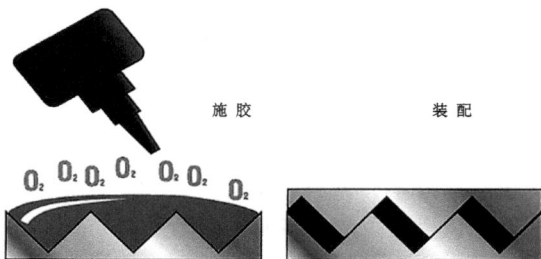

施胶　　　装配

O_2 O_2 O_2　O_2 O_2 O_2

料有限公司、湖北回天胶业有限公司等十几家单位开始规模化生产厌氧胶。

厌氧胶由甲基丙烯酸双酯为主体配以改性树脂、引发剂、促进剂、阻聚剂、增稠剂、染料等组成。厌氧胶的包装一般采用高压低密度聚乙烯，由于较好的透气性，厌氧胶的储存期大大延长。厌氧胶是一种引发和阻聚共存的平衡体系。当胶液涂于金属后，在隔绝空气的情况下就失去了氧的阻聚作用，金属则起促进聚合作用而使之粘接牢固。厌氧胶的固化原理见下图。

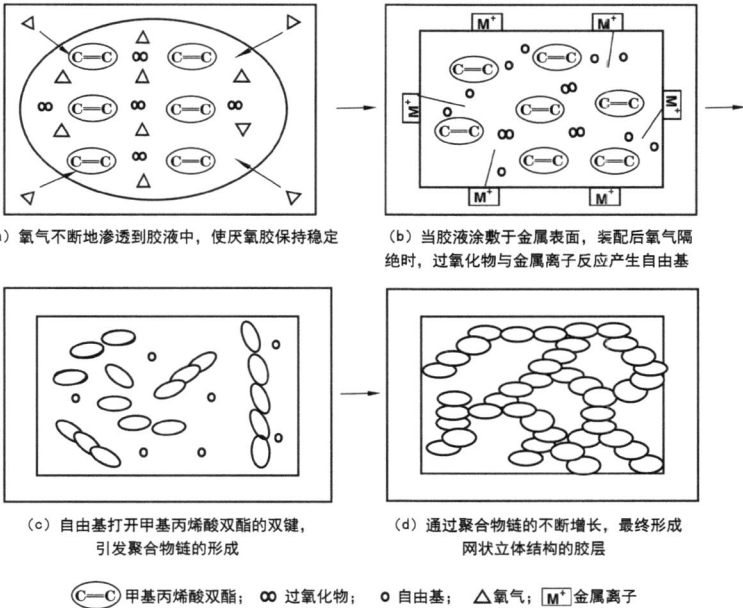

（a）氧气不断地渗透到胶液中，使厌氧胶保持稳定

（b）当胶液涂敷于金属表面，装配后氧气隔绝时，过氧化物与金属离子反应产生自由基

（c）自由基打开甲基丙烯酸双酯的双键，引发聚合物链的形成

（d）通过聚合物链的不断增长，最终形成网状立体结构的胶层

⊂C—C⊃甲基丙烯酸双酯；∞ 过氧化物；○ 自由基；△氧气；M⁺金属离子

由于厌氧胶为单组分，胶液中既有氧化剂，又有还原剂，稳定性很难处理，氧化还原体系必须更加精密。厌氧胶技术的关键是引发和阻聚的平衡，即要有一个较好的氧化还原体系，达到既能快速固化又能长期储存的目的。

胶液的组成越复杂，对储存稳定性的研究越复杂。尤其加入过氧化物后，厌氧胶的储存稳定性更差。另外，由于原材料中不可避免地含有杂质，特别是过渡金属离子，它们将促进过氧化物分解，引起自由基聚合反应，促使过早凝胶。因此，对于胶液来说，为提高其储存稳定性，仅仅加入阻聚剂是很不够的，阻聚剂只能消灭已经产生的自由基，是治标的办法。治本的办法是使胶液中的过氧化物稳定下来，即在储存过程中不发生自由基的分解反应。目前，厌氧胶工业生产中一般采用乙二胺四乙酸二钠盐处理丙烯酸单体和低聚体，用这样处理过的单体金属离子含量大大降低，这样就可以减少阻聚剂的添加量，可获得既快速固化又高度稳定的厌氧胶，取得了令人满意的效果。

8 溶剂型胶黏剂还有前途吗？

溶剂型胶黏剂（Solvent Based Adhesive）是指天然橡胶、合成橡胶、合成树脂等高分子化合物溶于有机溶剂并添加适量的改性剂而制成的胶黏剂，它靠溶剂的挥发而固化。溶剂型胶黏剂所用的溶剂主要有脂肪烃、酯类、醇类、酮类、氯代烃类、醚类、砜类、缩醛类、脂肪烷烃类和酰胺类等多种。其中苯、甲苯、乙酸乙酯、丙酮、甲乙酮、二氯乙烷、三氯甲烷、二氯乙烯、四氯化碳、正己烷、溶剂汽油等最为常用。实际应用时往往采取混合溶剂体系，几种溶剂的混用可以彰显协同效应，效果突出。

早在 1791 年，人们就认识到天然橡胶具有粘接性，当时人们把天然树胶溶解在石脑油或汽油中制成胶浆，再用胶浆制造层压板和防水织物产品。1925 年，开始使用环化橡胶，出现了环化橡胶制成的胶黏剂。从 1939 年起，合成橡胶快速发展，这期间出现了丁苯橡胶、丁基橡胶、丁腈橡胶、氯丁橡胶胶黏剂。第二次世界大战期间，由于天然橡胶短缺，合成橡胶作为替代品发挥了关键的作用，例如美国有几家政府控制的工厂生产丁苯橡胶，产品被称作 GR-S（政府橡胶 - 苯乙烯）。从 1942 年起，出现了树脂改性橡胶胶黏剂，如氯丁 - 酚醛等改性胶黏剂，20 世纪 50 年代之后，出现了接枝型橡胶胶黏剂。

除了橡胶外，沥青、松香、合成树脂如酚醛树脂、脲醛树脂、聚酰胺、过氯乙烯树脂、聚苯乙烯、聚（甲基）丙烯酸酯都能溶于有机溶剂制成溶剂型胶黏剂。还有许多纤维素衍生物，如硝酸纤维素、乙基纤维素和乙酸丁酸纤维素也可用于制备溶剂型胶黏剂。溶剂型胶黏剂也可由环化橡胶、聚乙酸乙烯与共聚物和聚异丁烯制备。这些胶黏剂可用于粘接热塑性塑料、木材、皮革、纤维、金属等。其实，溶剂本身或含少量树脂的溶液就可以用于粘接热塑性塑料和薄膜。热塑性聚氨酯也可制成溶剂型聚氨酯胶黏剂，用于粘接皮革、纤维、木材等。

目前溶剂型胶黏剂用量最大的是氯丁橡胶胶黏剂、SBS 胶黏剂和聚氨酯胶黏剂。下面主要介绍这三类胶黏剂的历史和发展前景。

溶剂型氯丁橡胶胶黏剂。溶剂型氯丁胶黏剂也称"万能胶""强力胶""大力胶"等，它是由氯丁橡胶（或接枝氯丁橡胶）、增黏树脂、金属氧化物、混合溶剂、防老剂、填充剂、硅烷偶联剂等溶解混合配成的溶剂型胶黏剂。氯丁橡胶最早研制始于 Notre Dame 公司的 Nieunland 博士，他用氯化亚铜作催化剂从乙炔合成二乙烯基乙炔。Du Pont 公司的科学家根据 Nieunland 的研究并和他一起继续研究从乙烯生产合成弹性体的可能性。1931 年，美国杜邦公司的 Nieuwland 和 Carothers 研制成功氯丁橡胶，于 1932 年投入工业化生产，商品名称为 Duprene，1936 年改名为 Neoprene（意为新橡胶）。20 世纪 40 年代，氯丁橡胶胶黏剂开始投入批量应用。20 世纪 50 年代以后，氯丁橡胶的品种不断增多，后来还出现多种接枝型氯丁胶。接枝氯丁胶黏剂简称接枝胶，由于 CR 的主链接枝了聚甲基丙烯酸甲酯支链，与 PVC 的溶解度参数接近，且含酯基呈碱性，促进了接枝氯丁胶对显酸性 PVC 材料的亲和性，大大提高了对软质 PVC 如人造革的粘接性和耐久性。

溶剂型氯丁胶黏剂是性能优越、产量巨大、耐久性好、用途广泛的胶黏剂，自 1942 年问世，盛销不衰。中国大约在 20 世纪 60 年代初，首先由山东化工厂研制成功溶剂型氯丁胶黏剂 NF303。溶剂型氯丁胶黏剂是典型的接触性胶黏剂，其独特优点是初黏力相当大、黏性保持期长、室温快速固化、强度提高迅速、粘接强度较高、柔韧性非常好、使用耐久性佳、耐温耐油耐磨、抗水、抗油、抗溶剂、抗酸碱性能以及抗老化、抗蠕变性能都很优良，性价比还很高，因此在皮革、家具、木材、纸品和塑料的粘接以及建筑业等领域得到了广泛的应用。

溶剂型氯丁胶黏剂因性能优异、应用广泛、价格较廉而辉煌了几十年，当今却受到日益严格的环保法规制约。值得庆幸的是，水性氯丁胶黏剂研发成功并推向市场，为氯丁胶黏剂的发展带来新的曙光。但溶剂型氯丁胶优异的综合性能是水基胶无法比拟的。尽管面临环保的挑战，若弃用有毒有害溶剂，完全可实现环境友好，因此在短期内它还不会退出市场。即使水性氯丁胶性能得到全面提高，溶剂型和水性氯丁胶仍会长期共存。氯丁胶黏剂今后的发展趋势是依靠技术创新提升性能，开发节能环保、阻燃安全、性能更好的新产品。

SBS（苯乙烯－丁二烯－苯乙烯嵌段共聚物）胶黏剂。1963 年，SBS 由美国 Philips 石油公司首先工业化生产。1965 年，Shell 化学公司阴离子三步聚合法生产 SBS，并生产了苯乙烯、异戊二烯的嵌段共聚物 SIS。热塑性弹性体 SBS 自 1963 年问世以来，就引起了人们的极大关注，因为它溶解性好，与很多聚合物相容，无须塑炼与混炼，也不需高温高压硫化，能够简化工艺，节省能源，同时，具有与普通硫化橡胶类似的弹性和强度，被称为第三代橡胶，国外 SBS 胶黏剂发展异常迅速。我国自行研制和设计的技术于 1984 年开始千吨级的 SBS 试生产，1989 年在湖南岳阳巴陵石化公司合成橡胶厂建年产万吨级的 SBS 装置，其牌号为 YH-792、YH-801 等。1993 年北京燕山石油化工公司合成橡胶厂也开始生产 SBS 橡胶。20 世纪 90 年代以来，SBS 胶黏剂在我国发展十分迅速，目前该类产品产销量已超越氯丁胶黏剂。

溶剂型 SBS 胶黏剂，其独到之处是高固含量却有低黏度，初黏力很大，持黏时间还很长，可用无毒或低毒溶剂制造。近几年，业内同仁不断改进，对原材料的选择突出新颖性，调整配方更加科学合理，采取的工艺更具先进性，更为重视产品的环保性。显而易见，SBS 胶黏剂性能优化更上一层楼，强劲发展必成后起之秀。因此，其发展方向是选用无毒或低毒溶剂，绝不能再使用纯苯及 1,2- 二氯乙烷等有害溶剂，尽力生产无苯无卤的 SBS 胶黏剂，尽快研发并生产以水部分替代有机溶剂甚至完全替代的水性 SBS 胶黏剂。

目前辽宁哥俩好、辽宁吕氏、广东常青树、广东南光、广东霸力、上海晨祥、北方现代（山东化工厂）、福建三棵树、深圳固强、广东江门快事达等单位均生产各类氯丁橡胶万能胶及 SBS 胶黏剂，形成一定的生产规模。

溶剂型单组分聚氨酯胶黏剂。20 世纪 50 年代，德国 Bayer 公司首先开发出聚氨酯热塑性弹性体 Desmocll-176，之后美国 B.F Goodrich 化学公司也开发出类似的聚氨酯热塑性弹性体 Eatane5711、5712、5713。溶剂型单组分聚氨酯胶黏剂，是将快速结晶线型聚氨酯弹性体溶于有机溶剂丙酮、甲乙酮、甲苯中制成的胶黏剂，广泛用于 PVC、ABS、橡胶、皮革的粘接，如用于制鞋行业聚氨酯鞋底与猪皮革、牛皮革鞋面的粘接等。聚氨酯热塑性弹性体是羟基聚氨酯，羟基聚氨酯的结晶速率高，初黏强度高，热塑性大，柔软性好，既具有塑料的高强度，又具有橡胶的高弹性，耐磨性非常优异，是天然橡胶的 2 ～ 10 倍。它具有优良的耐油、耐低温、耐臭氧、耐辐射和绝热、吸振特性。其耐油性可与丁腈橡胶媲美，粘接人造革等软质 PVC 制品效果非常好，还可用作织物和纸张的涂层，起增强和防水作用。我国 20 世纪 80 年代开始在制鞋工业中使用溶剂型氨酯胶黏剂，最早在大陆投资建厂生产聚氨酯鞋用胶的是我国台湾的鞋用胶企业。目前南海南光、南海霸力、广东多正等是中国乃至世界上最大的鞋用胶生产厂。鞋用氨酯胶黏剂一般以端羟基的 TPU 溶于有机溶剂配制成主剂，与多异氰酸酯固化剂和处理剂配套使用。近几年我国一些鞋厂已开始使用水性氨酯胶黏剂。

溶剂型胶黏剂因存在大量有害的溶剂，高 VOC 的有机溶剂引发的安全、污染等弊端，致使受国家环保和法规的限制日益严苛。对此，我国已于 2008 年 9 月颁布了 GB 18583—2008《室内装饰装修材料胶粘剂有害物质限量》。溶剂型胶黏剂正面临着未来市场风险。这种开发较早、用量巨大、性能优异、用途广泛的产品未来前景到底如何？水性化、热熔化肯定是发展方向。但与水基胶和热熔胶相比，溶剂型胶黏剂有着初黏力大、耐水性好等优点。溶剂型胶黏剂可能在很长时间内非但不会被淘汰，或许还会有所发展，其关键是顺势而为，求新图变，重视环保，突出绿色，创新优质。根据我国的具体情况，溶剂型胶黏剂仍然会在相当一段时间内占有重要地位，若使溶剂型胶黏剂得以继续发展，必须着力研发环保、高性能、高固含量、节省能源的新型胶种。因此，探索符合国家环保标准的低毒溶剂型胶黏剂就显得十分必要。例如采用不参与大气光化学反应的且毒性较低的"豁免溶剂"如丙酮、碳酸二甲酯、乙酸甲酯等作为溶剂来生产胶黏剂等。

9 水基胶黏剂的历史与前景

水基胶黏剂（Water-based Adhesives）是指可溶于水的高分子物质溶解成适当浓度的水溶液，或不溶性高分子物质借助于表面活性剂的作用在水中分散成微粒子（乳液）配制成的胶黏剂的总称；简单来说，由能分散或溶解于水中的材料制成的胶黏剂就是水基胶黏剂，也常常被称为水性胶黏剂。水基胶黏剂可分为以下几类：①水溶液型，如淀粉或糊精、纤维素及蛋白质类天然胶黏剂，聚乙烯醇、酚醛树脂、脲醛树脂、三聚氰胺树脂等合成胶黏剂；②乳液型或水分散型，如PVAc、EVA乳液，聚丙烯酸酯乳液，环氧树脂乳液，丁苯、丁腈、氯丁胶乳，聚氨酯乳液等；③水性分散液，如水基再生胶或丁基胶等。

水性胶黏剂可以说是最古老一个胶黏剂品种，人类使用水性胶黏剂有着悠远的历史，我国数千年前就已开始使用以水为介质的胶粘物，如用水调和黏土、淀粉粘接石块，用骨胶、鱼胶粘接铠甲、刀鞘等。有许多水基胶黏剂都是从胶乳制得的，初期胶乳指来自橡胶树的天然橡胶分散液，这些早期的水性胶黏剂几乎都是天然材料。天然胶黏剂工业化生产是近代的事，英国在1700年建立了以生产骨胶为主的工厂；美国于1808年建成了第一家胶黏剂工厂，生产血纤蛋白和大豆蛋白胶。天然胶黏剂沿用了几千年，但由于其本身粘接强度不高，耐水、耐温、耐老化、耐介质等性能较差，其使用上受到很大的局限。随着合成高分子化合物的出现，人们开始研制出各种合成树脂胶黏剂，供各种粘接场合使用，这些天然水性胶黏剂便逐渐被取代。直到20世纪初，从美国发明酚醛树脂且发现其可以用作制作胶合板的胶黏剂开始，水基胶黏剂才得到了快速发展。下面主要介绍几个常用水性胶品种的发展历程。

脲醛树脂胶黏剂。脲醛树脂胶克服了溶剂型酚醛树脂的储存稳定性差、易变色、可燃、成本高等缺点，主要用于耐水胶合板、纤维板等。脲醛树脂于1844年由B.Tollens首次合成，1896年前后在C.Goldschmidt等的研究后首次使用，1929年IG公司开发了名叫Kanrit Leim并能在常温固化的脲醛树脂，并于1930年后投入生产。日本1937年开始生产脲醛树脂胶黏剂，1939年将其投放市场。中国自1957年开始生产脲醛树脂，1962年其已成为木材加工中最主要的胶种，占比80%左右。

20世纪70年代末，由于脲醛理论的发展，人们采用反传统合成脲醛树脂的制备方法。合成具有 Uron 环链节的高分子，所合成的树脂有利于提高其胶接制品的耐水性和降低甲醛释放量，缩聚程度较高，树脂的初黏性较好，预压性能提高。脲醛树脂胶的消费主要集中在亚洲、西欧和北美等。

近年来，为了有效控制人造板的游离甲醛释放量，世界各国相继制定了一系列强制性标准和认证。2002年1月，我国颁布了标准《室内装饰材料、人造板及其制品中甲醛释放量》，脲醛树脂中游离甲醛的含量指标分别定为 E_0、E_1、E_2 三个含量的等级标准。2004年，E0级首次正式出现在国家标准 GB/T 9846.1 ～ 9846.2—2004《胶合板》中。强制性国家标准的推行，促进了低甲醛释放量人造板用脲醛树脂胶的研究推广工作。近十年来，环保型的低甲醛释放量脲醛树脂胶黏剂在国内大型人造板企业得到广泛的开发与应用。2006年到2015年，我国人造板工业用胶黏剂消耗量年均增长率为10.1%，脲醛树脂胶消耗量约为1392万吨，占人造板工业胶黏剂用量的91%。

尽管脲醛胶有很多优点，但也存在一些明显缺点，主要是耐水性差、耐老化性差，最主要的是产品使用过程中存在甲醛释放超标问题，造成对环境的污染和危害。脲醛树脂胶的缺点非常明显，制约着其应用的范围，为了扩大其应用范围，必须根据不同用途采用不同方法对脲醛树脂进行改性，获得不同性能的脲醛树脂，所以其本身也处在不断的改进和完善之中。

聚乙烯醇缩醛胶。早在1924年，德国科学家 W.O.Herrmann 和 W.Haehnel 发现聚乙烯醇在适当的介质中、酸的存在下，可与羰基化合物发生缩醛反应并申请了专利。不久，I.G.Farben 公司合成了聚乙烯醇缩甲醛。1930年，加拿大开始小批量生产聚乙烯醇缩甲醛。1938年，美国成功研制出聚乙烯醇缩丁醛。中国1956年开始研制聚乙烯醇缩醛，参与研制的有天津有机化工实验厂、贵州有机化工厂等。商品化的聚乙烯醇缩醛主要有聚乙烯醇缩丁醛、缩甲醛及少量的缩甲乙醛等混合醛。聚乙烯醇缩醛具有很高的机械强度、卓越的电性能，是生产高韧性、可挠性、耐磨性及高介电度漆包线的重要材料。其生产工艺简单、价格低廉、性能较好，因而得到了迅速的发展，主要用于土木建筑、建筑装修、印刷装订、木材加工、标签粘贴、涂料制造、办公用品、工艺品制造、制鞋、箱包等行业。20 世纪 80 年代后期，聚乙烯醇缩甲醛胶（107 胶）在中国大量应用，有建筑行业的"万能胶"之称，但由于存在一系列缺点及游离甲醛刺激性大等问题，国家发改委《产业结构调整指导目录》（2013 年修订版）中要求淘汰 107 胶的使用。

聚乙酸乙烯酯（PVAc）乳液。 俗称白乳胶，一般是以乙酸乙烯单体（VAc）为主单体，水为分散介质，聚乙烯醇（PVA）为保护胶体，在引发剂作用下借助乳液聚合或其他聚合方法，均聚或与其他单体共聚制成的聚合物乳液，它具有单组分、使用方便、价格低廉、无毒无害、不易燃等优点，目前，聚乙酸乙烯酯乳液胶黏剂主要用于木材加工中的榫接合，细木工板的拼接，单板的修补及拼接，胶合板的修补以及人造板的二次加工等方面。此外，还用于纸张、布、皮革、陶瓷等多孔性材料的胶合，在建筑业中用作内部装修胶黏剂，或用作乳胶漆的基料。

1929 年，德国的 H.Plauson 首先采用乳液聚合法制得聚乙酸乙烯酯乳液，于 1937 年实现了工业化生产。20 世纪 40 年代，美国为弥补动物胶的不足，开发出了聚乙酸乙烯酯乳液胶黏剂，主要用于木制品和纸制品的加工，由于这种乳液的粘接性能优于动物胶，又具有良好的工艺性能，因此在家具工业及木制品加工工业中，逐渐代替动物胶，应用面也日益扩大，合成工艺日趋成熟；PVAc 胶适应了当时造纸和包装领域的新型、高速机械，加之产品综合性能较好，虽然比动物胶贵，仍受用户的青睐。1950 年，日本锤纺、大同化成实现 PVAc 乳液的商品化生产。20 世纪 70 年代聚乙酸乙烯酯乳液在美国就达到 22.7 万吨，其中 6.35 万吨（1972 年）用于胶黏剂工业。早期使用的 PVAc 乳液为聚乙酸乙烯酯均聚物，为了满足不断发展的应用和工艺技术需要，PVAc 产品技术自 20 世纪 50 ～ 60 年代，开发了许多先进的均聚物与共聚物产品如 VAE 等。1965 年，美国空气产品公司开发了乙烯 - 乙酸乙烯 EVA 共聚物乳液。1967 年，Bayer 公司发表了溶液自由基聚合法制备乙烯 - 乙酸乙烯共聚物。

我国 PVAc 乳液的研制工作始于 20 世纪 50 年代，北京有机化工厂于 1965 年 8 月引进日本技术建成我国第一套乙酸乙烯装置，1975 年 6 月自行设计建成了聚乙酸乙烯乳液生产装置。1987 年，从日本引进的 20 个品种聚乙酸乙烯乳液项目建成投产；1988 年，我国又引进美国技术建成投产了国内第一套乙酸乙烯 - 乙烯共聚乳液（VAE 乳液）生产装置，极大地推动了我国白乳胶生产技术和市场应用的发展。乙烯的引入，使 VAc 均聚物高分子链中无规则的嵌段共聚了乙烯软单体，活性增加，产生了内增塑作用，改善了聚乙酸乙烯胶黏剂的粘接性、柔韧性及耐水性等。长期以来，人们一直致力于聚乙酸乙烯酯乳液的改性研究，通过共聚、共混、交联、互穿网络等方法来克服聚乙酸乙烯酯乳液聚合物固有的缺点，改善聚合物的性能，大大拓宽了其应用领域。目前，聚乙酸乙烯酯及其共聚物水性胶黏剂相当廉价易得，它们具有良好的起始胶接强度，有广泛的相容性，易与各种添加剂混溶，可以调节黏度，可配制性能多样的品种而成为用途广泛的通用胶黏剂。1980 年世界 VAE 乳液产量达 22 万吨，1988 年产量已达 50 万吨，到现在，全球 VAE 乳液产量已达到 300 多万吨。国内在 2016 年 VAE 乳液产量达到 48.5 万吨，PVAc 乳液产量达到 76 万吨。随着我国经济的快速发展，VAE 乳液的市场前景将一片光明，VAE 的应用领域必然将不断拓展。同时相关企业不断努力提高产品质量性能，不断提高固含量满足高速施胶应用；提高乙烯含量，改善对低表面能物质的粘接力；采用多元共聚，适应不同条件下的粘接需求等。

丙烯酸酯水基胶。丙烯酸酯类胶黏剂是由多种丙烯酸酯类单体共聚所得到的一类乳液型胶黏剂。由于丙烯酸酯类单体容易发生自聚或与其他乙烯基单体发生共聚反应，因此可通过分子设计来制备不同性能的丙烯酸酯乳液。作为水性胶黏剂的一种，丙烯酸酯乳液具有安全无公害、合成容易、聚合时间短、使用方便、聚合物分子量较高以及对多种材料具有较好的粘接性能等优点，因而有巨大的商业价值。

1901 年，H.V. Pechmann 和 O. Rohm 报道了丙烯酸酯的系统研究；1927 年，Rohm & Haas 在德国开始了溶液聚合的聚甲基丙烯酸酯的生产；1928 年，有丙烯酸树脂用于生产压敏胶标签及标价条等的报道。1929 ～ 1930 年，德国的 Badische Anilin & Soda Fabrik AG 公司开始首先生产聚甲基丙烯酸酯类分散体，当时以商品名"Corialground"在皮革领域出售。自 1930 年以来，已有大量关于丙烯酸酯单体、溶液和乳液聚合方法的报道，同时，丙烯酸酯树脂作为胶黏剂的原料也迅速增长，乳液型丙烯酸酯系列胶黏剂在许多应用领域代替天然胶乳。1940 年，H.Frikentscher 和 R.Gath 报道了用丙烯酸共聚物分散体粘接皮革、木材、纸张。1954年，织物层压用丙烯酸酯树脂胶黏剂就为人所知，到1965年，不少于80%的织物层压胶黏剂是用丙烯酸酯树脂胶生产的。在1960年前后，丙烯酸分散体作为建筑胶黏剂就站稳了坚实的脚跟。1980年后，丙烯酸乳液（主要为共聚物型）逐步占领市场，而聚乙酸乙烯酯乳液则逐步衰退。1984年，我国第一套从日本引进的丙烯酸溶液和乳液装置在北京东方化工厂建成投产，从此结束了国内该产品长期依赖进口的局面。进入20世纪90年代，北京东方工厂又扩大规模，陆续引进第二和第三套丙烯酸及酯类装置，使其近20个产品在同类产品中名列前茅。1993年，北京东方化工厂又与美国罗门哈斯合资成立东方罗门哈斯有限公司，大大促进了我国丙烯酸酯乳液的发展。

近年来，丙烯酸酯乳液胶黏剂发展逐渐成熟，应用范围也逐步扩大，广泛用于木材加工、材料包装、织物印花、压敏胶、建筑用胶、皮革以及纸张制造等各行业。压敏胶作为丙烯酸酯乳液胶黏剂的一个重要应用，它具有聚合物分子量较大、安全性、经济性等优点，在美国和欧洲，丙烯酸酯乳液型压敏胶在卫生、标贴、日用、保护等方面所占比例较大，但在一些高质量的胶带方面仍难取代溶剂型的胶黏剂。在我国的包装、卫生及标贴方面，丙烯酸酯乳液型压敏胶的用量也是很大的。到2007年，我国生产的各类压敏胶中，丙烯酸酯乳液型压敏胶占总压敏胶市场份额的79.4%。

丙烯酸酯乳液胶黏剂行业不仅有广阔的市场，而且是一个急需发展的行业。目前聚丙烯酸酯乳液胶黏剂正朝着制备工艺精细化、应用多样化的方向发展，具有耐水性、耐候性、耐光性、耐低温、柔韧性的新型聚丙烯酸酯乳液胶黏剂有待进一步开发，重点是通过多元共聚、添加助剂、改进聚合技术等方法。中国胶粘剂和胶粘带工业协会统计，2016年我国聚丙烯酸酯乳液的产量达到304万吨，随着用量的逐日递增，部分企业扩张规模或新建生产线等，陶氏化学计划在四川投资8000万美元建设两条丙烯酸酯乳液生产线，上海东方罗门哈斯拟在上海松江投资1亿元，建设生产用于涂料、胶黏剂等领域的丙烯酸酯聚合乳液，产能提升至5.5万吨/年。

橡胶乳液胶黏剂。氯丁胶乳水性胶是一种常用的水基产品，1965年前后，杜邦公司将水性氯丁橡胶胶黏剂商业化，1972年日本小西公司开始有这类商品出售。水性氯丁橡胶的机械强度与溶剂型氯丁橡胶相近，但存在干燥速率慢与适用时间不当等问题。20 世纪 70 年代，杜邦公司开始销售含羧基氯丁胶乳，它固含量高，可以加少量溶剂改进其干燥性与接触性，此外，还有双组分的胶黏剂，它是将氯丁橡胶胶乳和凝结液两组分用喷枪进行喷雾混合，使之凝胶。20 世纪 90 年代，汽车和木工家具为水性氯丁胶黏剂提供了良好的发展机遇，这时为了改进干燥性与接触性，开发了高固含量、低乳化剂量的胶黏剂，固含量由 20 世纪 50 年代的 50% ～ 60% 提高到了 60% ～ 70%。近年来，杜邦公司又推出新产品，如 Aquastik 2161 氯丁胶乳，它的固含量达 58%，其特点是耐高温性、后成型性、触黏性和储存稳定性都好，可粘接金属材料。CR 胶乳特别适合制备皮鞋绷帮胶，它可粘接鞋底、鞋尖、帆布、合成纤维，2016 年水性氯丁胶乳的用量大约为 0.33 万吨。天然胶乳来自于橡胶树上流出的胶乳，是一种以异戊二烯为主要成分的天然高分子化合物，天然胶乳具有很好的粘接性，又是优良的弹性体，是各类橡胶中最适合做胶黏剂的，因而在胶黏剂领域得到广泛应用。

聚氨酯水基胶黏剂。1942 年，德国人 P.Shlack 首次成功制备了水性阳离子型聚氨酯，但当时因成本高、稳定性差并未引起重视，直至 20 世纪 60 年代末才因环保因素开始迅速发展起来。聚氨酯型水分散体的特点是黏度与分子量无关，具有无毒、无污染、不可燃的性质，且足够高的分子量可以使它形成性能优良的粘接膜，对多种材料具有良好的粘接性。Bayer 公司的 Dieterich 博士发明了内乳化法，合成聚氨酯乳液稳定性提高，成膜性优良，具有极大的工业价值。1967 年，聚氨酯乳液首次实现工业化并在美国市场问世。20 世纪 70 ～ 80 年代，美国、德国、日本等国的一些水性聚氨酯产品已经从研究试制阶段发展为实际生产和应用。1972 年，Bayer 公司正式将聚氨酯乳液用作皮革涂饰剂，水性聚氨酯开始成为重要商品。其水性聚氨酯胶黏剂的发展速度明显快于其他的胶黏剂产品，且品种多、产量大。国内水性聚氨酯的研究工作始于 1972 年，最初目的是用于水性电泳漆的研制，随后开始了皮革涂饰剂、织物整理剂等方面的水性聚氨酯开发。直到 20 世纪 90 年代，水性聚氨酯才在中国快速发展。现在水基聚氨酯胶黏剂已开始用于汽车一些零部件的粘接，如汽车内饰件 PVC 人造革、仪表板、挡泥板、门板、地毡和顶棚内衬粘接等，还可以用于制鞋。复合薄膜及、水性聚氨酯鞋用胶黏剂的使用，近年来一直呈上升趋势。研究表明，若聚氨酯水基胶固含量提高到 50% 以上，在 40 ～ 60℃下其干燥速度与普通溶剂型聚氨酯胶黏剂相当。

据报道，2004 年 Bayer 公司的 Dispercoll U 系列水性聚氨酯胶黏剂用作旅游鞋胶黏剂原料在世界约粘接了 2.05 亿双旅游鞋（其中中国 1.6 亿双）。在 2006 年举办的第十一届世界皮革和鞋材展览会上，2005 年中国主要外资合资出口旅游鞋厂几乎全部应用水性聚氨酯胶黏剂，用量已超过万吨。德国是水性聚氨酯胶黏剂用量最多的国家，预计今后水性聚氨酯胶黏剂的用量，每年会增加 8% ～ 10%。新型汽车的出现，大大提高了塑料的使用，内饰物上胶黏剂的用量也在增加，荷兰 ZENECA RESINS 估计，为了满足汽车工业新型塑料零部件粘接的需要，欧洲市场每年需要水性聚氨酯胶黏剂 6000 多吨。水性聚氨酯胶黏剂是一种极有发展前途的新型复合薄膜胶黏剂。2016 年我国聚氨酯水分散体的产量已达到 3.7 万吨。

水基（性）胶黏剂具有突出的优点，主要是无毒害、无污染、不燃烧、使用安全、易实现清洁生产工艺等，因此有着广泛的应用前景。随着社会的进步和科技的不断发展，水性胶黏剂在建筑业、汽车业、制鞋业、包装业等方面都将得到很大的发展。水基（性）胶黏剂的缺点也非常明显，干燥速度慢、耐水性差、防冻性差。目前水基胶还不能完全取代其他胶黏剂。需要指出的是，现在水基胶黏剂也并非是 100% 无溶剂的，为了控制水基胶黏剂的流动性，方便现场施胶，往往添加挥发性有机化合物作为其水性介质的助剂。部分水基胶有游离甲醛释放，也并非都环保。

20 世纪 90 年代以来，欧洲生产商更注重产品的高品质，由于欧盟禁止在胶黏剂中使用溶剂，许多公司转向研制新型的高效水基胶黏剂，这也促使了近代胶黏剂和粘接技术的迅速发展。近年水性胶黏剂在产量增长的同时，产品质量也在不断提高，品种增多，一些技术含量高、性能较好的水基胶黏剂不断出现。"十三五"时期，我国水性胶黏剂行业仍处于重要发展机遇期，2016 年 7 月，工信部、财政部联合发布《重点行业挥发性有机物削减行动计划》，要求低（无）VOC 胶黏剂产品比例到 2018 年达到 85% 以上，这必将对中国胶黏剂行业带来巨大影响，一大批环保不过关的胶黏剂企业将面临淘汰出局的命运，而以水性胶黏剂为代表的环保型胶黏剂产品将获得迅猛发展的机会。相信在可预见的将来，水性胶黏剂等环保型胶黏剂产品将迎来快速发展的春天。2013 年，水性胶黏剂在国际市场中占主导地位，占到总销售量的 46%。2013 年，我国水基型胶黏剂销量持续增长至 360.6 万吨。预测从 2014 到 2020 年，水性胶黏剂市场的年均增长率达 5.4%。

10 热熔胶黏剂的来龙去脉

热熔胶黏剂(Hotmelt Adhesive,简称热熔胶)是指在室温下呈固态,加热熔融后成黏稠液态,涂布、润湿被粘物后,经压合、冷却,在几秒内完成粘接的胶黏剂。它以热塑性材料为基料,并添加少量增黏剂、流动改性剂、增塑剂、填充剂、防老剂等经熔融混合而制成,有粉状、粒状、棒状、块状等形态(如下图所示),具有固化迅速、无污染、无公害等特点,所以热熔胶黏剂享有"绿色胶黏剂"的美称。

热熔胶有着十分悠久的历史,最早人们使用沥青、石蜡、松香等天然材料熔化后粘接器物,这些材料可以称为天然热熔胶。由于这些材料存在强度低等缺点,并没有得到广泛应用,直到高分子合成材料的出现才使热熔胶有了广泛的发展前景。最早研究应用的合成热熔胶为热塑性的聚乙烯树脂,尽管聚乙烯是非极性聚合物,黏合性差,但由于嵌入、铆钉等机械作用,用它粘接多孔材料如木材、纸张、布类时也有一定的粘接力,加上聚乙烯价格便宜,因此在某些领域取得了应用。随着对热熔胶性能要求的不断提高,聚酯(PES)、聚酰胺(PA)、苯乙烯-丁二烯-苯乙烯嵌段共聚物(SBS)、乙烯-乙酸乙烯共聚物(EVA)、聚氨酯(PU)等热熔胶相继被开发出来。

20 世纪 50 年代末,合成热熔胶开始应用于包装行业。20 世纪 60 年代,热熔胶在瓦楞纸板制造、瓦楞纸箱成型、纸袋制造等方面取得了广泛应用。20 世纪 70 年,欧美国家环境污染日趋严重,对胶黏剂的环保要求越来越严,热熔胶开始风行欧美,深受印刷(书籍装订等)、服装、制鞋、装饰、家具等行业的欢迎。20 世纪 70 年代热塑性橡胶的出现使得热熔压敏胶在胶带、标签上的应用得到了发展;20 世纪 80 年代中期又出现了反应性热熔胶。由于热熔胶本身特有的优点,与其他胶黏剂品种相比有着不可比拟的优势,成为胶黏剂中发展最快的品种之一。下面主要介绍一下几类常用的热熔胶的发展情况。

聚酯（PES）热熔胶。聚酯树脂是由英国化学家 Whinfield 和 Dixon 于 1944 年发明的，1949 年率先于英国实现工业化生产。聚酯热熔胶在世界上的出现是在 20 世纪 60 年代。我国的聚酯热熔胶始于 20 世纪 70 年代，我国从 20 世纪 70 年代中期开始着手纺织品用热熔胶的研究与开发，纺织品用热熔胶主要应用于服装、鞋帽以及复合面料、地毯、非织造布、热熔网膜等方面。

聚酰胺（PA）热熔胶。聚酰胺树脂是由 Du Pont 公司的 Wallace Carothers 开发的。20 世纪 50 年代初，聚酰胺树脂开始用于热熔胶。Emhart 公司 Bostik 分部在 1953 年生产的聚酰胺热熔胶用于鞋帮缝边抿边。20 世纪 60 年代，Bostik 又开发出印刷用聚酰胺热熔胶。

聚烯烃及乙烯共聚物热熔胶。聚烯烃热熔胶是指由聚乙烯、聚丙烯为基料制成的热熔胶，它是最早应用的热熔胶之一。乙烯 - 乙酸乙烯共聚物（EVA）热熔胶是 20 世纪 60 年代末、70 年代初发展起来的一个品种，产品呈半透明到不透明白色蜡状。20 世纪 70 年代，我国书刊印刷业开始使用 EVA 热熔胶。1971 年，我国开始使用国产无线胶粘生产线，到了 70 年代中后期，我国又进口了 10 条马天尼的无线胶粘生产线，同时引进 EVA 热熔胶，当时热熔胶的价格相当高，但只能依靠进口。从 20 世纪 70 年代末到 80 年代初，我国开始自己研发制造 EVA 热熔胶。

嵌段共聚物热熔胶。1965 年美国 Shell 化学公司将 SBS（苯乙烯 - 丁二烯 - 苯乙烯）和 SIS（苯乙烯 - 异戊二烯 - 苯乙烯）商品化之后，就开始用于热熔压敏胶，并将 SIS 作为热熔压敏胶的首选原料。

聚氨酯（PU）热熔胶。聚氨酯热熔胶分热塑性聚氨酯弹性体热熔胶和反应型聚氨酯热熔胶两大类。后者又分封闭型和湿固化（PUR）热熔型。封闭型由于封闭剂解离温度高达 100℃以上，会引起胶层产生气泡等缘故，仅用于维护处理等。而湿固化热熔聚氨酯胶为单组分、无溶剂，符合环境保护法规的要求，使用方便，性能又可与溶剂型胶黏剂和反应型胶黏剂相媲美，所以发展前景很好。1984 年，美国市场上出现反应性热熔型聚氨酯胶黏剂，标志热熔型聚氨酯胶黏剂技术的新发展。反应型热熔胶是在抑制化学反应的条件下，加热熔融成流体以便于涂敷，两种被粘体贴合冷却后胶层凝聚起到粘接作用；之后借助于存在空气中或者被粘体表面附着的湿气与之反应、扩链，生成的高分子聚合物，使黏合力、耐热性等显著提高。反应型热熔胶广泛用于汽车、电子、家用电器等领域。

目前，市场销售的热熔胶大部分是采用乙烯 - 乙酸乙烯（EVA）、聚酯（PES）、聚酰胺（PA）等热熔性树脂制备的。EVA热熔胶用量最大，约占市场销售量50%的份额，其次是采用热塑性弹性体（即合成橡胶）中的SBS、SIS、SEBS（氢化苯乙烯 - 丁二烯嵌段共聚物）和SEPS（苯乙烯 - 乙烯 - 丙烯 - 苯乙烯嵌段共聚物）等为主成分的嵌段共聚物热熔胶，约占市场销售份额的30%。

20世纪90年代以来，热熔胶黏剂的性能通过接枝改性、共混改性和反应固化等技术在逐步完善和提高，热熔胶的新品种和新工艺也在不断发展。开发了一系列新型热熔胶，包括水溶性热熔胶、再湿型热熔胶、热熔压敏胶、水敏性热熔胶、耐热热熔胶、溶剂型热熔胶、生物降解型热熔胶等。从各个角度改进了热熔胶的性能，拓宽了热熔胶的应用范围，使它的应用更加广泛。

欧美国家经过多年的市场整合，热熔胶市场向少数大企业集中。一些跨国公司如汉高、富乐等已成为热熔胶行业的世界性领导者，这些企业已经占领了全球热熔胶市场份额的一半以上。这些大公司因其巨大的规模、资金与人才的丰富资源，在研发、采购、制造、销售和品牌建设等环节具有明显的优势。随着全球化趋势的进一步深入，预计大公司的市场份额还将继续增加。当然，由于热熔胶行业存在着很大的差异化和个性化需求，以及中小企业的创新能力和组织活力，中小热熔胶企业仍在全球范围内大量存在。

我国热熔胶的研究开始于20世纪70年代中期，当时一些科研院所如河北工业大学、华南理工大学等开始热熔胶方面的研究。1977年，中国青年出版社印刷厂应用进口的EVA热熔胶技术装订《毛泽东选集》第五卷；1978年浙江省化工研究所用于服装黏合衬热熔胶通过浙江省科技厅小试验收；1979年连云港热熔粘合剂厂销售的热熔胶已达200吨。1981年上海市轻工研究所鞋用热熔型胶黏剂获中华人民共和国轻工业部四等奖。1985年浙江省化工研究所与杭州西湖橡胶厂合作，采用日本瑞翁公司的SBS生产妇女卫生巾热熔压敏胶，该项目于1987年10月获得浙江省科技进步三等奖。1987年5月，浙江省化工研究所又立项研发反应型EVA热熔胶膜用于太阳能电池板的粘接。1987

年以前，我国热熔胶的生产尚处于起始阶段，一批热熔胶先驱者开始生产热熔胶，如无锡的书本无线装订胶、温州的标签胶、顺德的胶棒、恒安的卫生巾胶、天津盛鑫旺木工胶等，当时热熔胶的生产规模小、发展慢，但基本的品种都已经研发出来。

1987年以后，中国热熔胶工业迎来了快速发展阶段。1987年，连云港市热熔粘合剂厂从日本引进我国第一条年产1000t的热熔胶生产线，用于生产EVA无线装订热熔胶和热熔胶棒。之后，我国民营企业如雨后春笋般出现，全球黏合剂的巨头德国汉高、美国富乐等跨国公司都已在中国建立了合资或独资企业，带动了中国热熔胶品种的增加和应用范围的扩大，以及技术水平与质量的提高。1990年4月，中国胶粘剂工业协会在江苏连云港成立热熔胶专业组，组长单位是连云港市热熔粘合剂厂，这标志着中国热熔胶行业已经形成。1993年中国大陆的热熔胶销售量达到了1万吨，1997年销售量达到了2万多吨。其中一次性卫生制品和标签、胶带用的热熔压敏胶发展最快，其次是用于书本装订、服装及鞋类的热熔胶。

1997年以后，我国热熔胶发展进入了高速发展阶段，特别是我国加入WTO以后，热熔胶原料的逐步国产化，热熔胶技术不断创新提高、施胶设备的不断完善、应用领域的不断扩大，极大地促进了热熔胶的发展。2003年，中国大陆热熔胶的年销售量达到了10万吨，首次超过日本，成为亚洲最大的热熔胶市场。2007年中国大陆热熔胶的年销售量达到了21.75万吨，是1997年销售量的10倍。10年间各种热熔胶生产大小厂家数量大约发展到300家以上，规模在2000吨/年以上的企业有20家以上。

2007年以来，我国热熔胶的发展开始进入成熟期，随着技术人才和经营人才的加盟，一些国内厂家异军突起，技术水平、产品质量大幅提高。由于热熔胶固化快，特别适用于在连续化生产线上使用，热熔胶应用面不断扩大。目前我国热熔胶的应用范围已从传统的卫生制品、服装、包装、书籍装订等领域扩展到制鞋乃至木工、建筑、电子、家电、汽车等行业。2012年，中国热熔胶年销售量达到了51.08万吨，超过了北美地区的50.3万吨，成为全球最大的热熔胶市场国家。2016年中国热熔胶市场年销售量更是达到了83.35万吨。

进入21世纪，全球绿色、环保意识日渐加强，绿色环保的胶黏剂越来越受到青睐。在胶黏剂家族中，热熔胶作为最典型的环保胶黏剂。热熔胶黏剂本身不含任何溶剂，无毒、无味、不污染环境，在生产和使用过程中也不添加和生成有毒有害及有 VOC 排放的物质，不会产生三废，也不会对环境造成二次污染和危害人体健康，所以享有"绿色胶黏剂"的称号。热熔胶是我国大力推广的环保产品，2011 年 2 月 16 日国家发展改革委 21 号令公布《国家发展改革委关于修改"产业结构调整指导目录（2011 年本）"有关条款的决定》明确将热熔胶列为国家鼓励类项目。热熔胶固化快，特别适用机械化、连续化生产线上使用。热熔胶应用面不断扩大，是当今世界胶黏剂的发展方向之一。大力发展热熔胶等环保型胶黏剂，符合胶黏剂产业结构调整方向，顺应时代潮流。目前发达国家热熔胶已占合成胶黏剂市场的 20% 以上，而我国约为 10%。随着中国对于环保要求的不断提升，热熔胶产品将成为中国胶黏剂市场的发展方向。中国市场将成为未来一段时间热熔胶的主要增长市场之一，根据《我国胶黏剂市场及"十三五"发展规划》，我国热熔胶的年增长率仍以 9% 的速度发展。

热熔胶的品种和应用方面，今后我国应加强以下两方面的研究与应用：

①热熔胶品种。尽管热熔胶具有很多优点，但也存在明显的缺点，如耐热性不够、粘接强度不高、耐药品性差、需配备专门的热熔胶机或热熔胶枪等，其应用上也有许多局限，不可能完全替代传统的溶剂型胶黏剂和反应型胶黏剂。热熔胶企业应该通过多元共聚、共混、接枝等办法对现有品种进行改性以提高热熔胶的性能。企业还应着力研究开发应用潜力巨大的一些高性能热熔胶产品，如反应型热熔胶、水分散型热熔胶、高档 PA 热熔黏合衬用胶粉以及高强度热熔压敏胶等。同时国内有关原材料生产厂家也应认识到热熔胶行业的发展潜力，加快提高原材料的国产化率。

目前，湿固化聚氨酯（PUR）热熔胶已经开发出来并投入批量生产，但聚氨酯的原料 TDI（甲苯二异氰酸酯）、MDI（二苯甲烷二异氰酸酯）不符合现在发展绿色环保产品的要求。因此，应该考虑开发非聚氨酯系列，可考虑用硅烷（如 KH-550 硅烷偶联剂，3-氨丙基三乙氧基硅烷）接枝 EVA 或 APAO（非晶态 α-烯烃共聚物），目前已有研究报道。

②应用领域。EVA 热熔胶物美价廉，应扩大其应用领域，如扩大

其在包装热封、各行业产品出厂的纸盒、纸箱等的包装封固等领域的应用。热熔压敏胶用途广泛，应扩大其在儿童尿布、妇女卫生巾、老人病床垫褥、老年失禁用品等领域的应用。

11 压敏胶与胶黏带的历史渊源

压敏胶（Pressure-Sensitive Adhesive，PSA）是一类使用过程中无须借助于溶剂、热或其他手段，只需施加轻度压力，即可与被粘物黏合产生实用粘接强度的一类胶黏剂，它通常被加工成胶黏带、标签或各种片状制品来应用。压敏胶的主要成分包括各类橡胶（如天然橡胶、合成橡胶等）、丙烯酸酯聚合物和各类树脂（如石油树脂、萜烯树脂、萜烯酚醛树脂、松香树脂等）。压敏胶黏剂的特点是"粘之容易、揭之不难、剥而不损"，在较长时间内胶层不会干涸，因而压敏胶黏剂也称为不干胶。压敏胶制品是指将压敏胶涂覆于各种基材表面形成的制品。通常来说，压敏胶制品可以分为压敏胶黏带（Pressure-Sensitive Adhesive Tape）、压敏标签和医用压敏胶制品三类。压敏胶制品基材包括织物类（如棉布、玻璃布或无纺布等）、塑料薄膜类（如 PE、PP、PVC 和聚酯薄膜）、纸类（如牛皮纸、玻璃透明纸等）等。压敏胶制品具有非常广泛的用途，从办公、包装用的胶带，到涂装、刻蚀用的遮蔽胶带；从电工、电器用的绝缘胶带到各种汽车用的保护胶膜以及各种压敏标签，还有种类繁多的医用胶布、创可贴……压敏胶及其制品已经形成了一个非常庞大的产业。

在《草药补遗》《黄帝内经》等书籍中，均记载着治疗伤痛的膏药贴布之物，这应该是最早的压敏胶制品。而用中草药与松脂、动物胶熬制的药膏应该是压敏胶的雏形，膏药制品在中医界一直延续至今。

19 世纪中叶，Henry.Day 博士开始应用天然橡胶、树脂制成橡胶类压敏胶。1845 年，Shecut 和 Day 发表了第一个用天然橡胶制造橡皮膏的专利。1870 年，美国 Johnson 兄弟公司开始研究医用橡皮膏，经过长期的研究，他们在 1889 年发明了具有长期黏性的医用橡皮膏。1882 年，德国药剂师 Beiersdorf 将能中和松香酸性的氧化锌加入天然橡胶和松脂中，制成了对皮肤刺激性较小的白色橡皮膏，这是最早的现代压敏胶制品。

20 世纪 20 年代，电器绝缘用的塑料压敏胶带的出现，使压敏胶带制品开始进入工业应用领域。但直到美国 3M 公司的 Richard.G.Drew 在 1925 年发明了纸基的遮盖用胶黏带和透明的赛璐玢胶黏带以后，压敏胶黏制品的工业应用范围才真正得到扩大。20 年代早期，3M 公司的研究人员 Richard.G.Drew 偶然听到汽车车身制造车间的工人们不停地抱怨，说在油漆车身时用的强力胶纸会造成大量的油漆剥落，害得他们不停地补漆。于是 Drew 开始着手研制一种低黏度胶纸，这也是世界上最早的遮蔽胶纸。3M 的总裁开始并不支持遮蔽胶纸的推广，但 Drew 并未放弃。他抓住少量订单的机会，继续开展自己的研究工作。几年之后，Drew 又发明了玻璃纸胶带，并于 1928 年 5 月 30 日在英国和美国申请了专利。当时流传着一个有趣的故事，说 Drew 开发出了一种很轻的、一压即合的黏合剂，客户使用时发现粘接强度很低，因而德鲁被告知："把这玩意儿拿回到你那些吝啬老板那里去，要他们多放一些胶"1930 年，3M 公司的 Richard.G.Drew 又开发出皱纹纸胶黏带印刷技术。1943 年，美国和德国开发出双面胶黏带。1945 年，电绝缘塑胶带开始投产。1939 年，美国 R.S.Avery 开发成功胶粘标签，此后印刷胶粘片、BOPP（定向拉伸聚丙烯）包装胶带以及许多其他用途的压敏胶制品相继出现。同时，所用的压敏胶也由天然橡胶扩展到各种合成橡胶、聚乙烯基醚、聚丙烯酸酯、有机硅聚合物以及热塑性弹性体等合成材料。第二次世界大战期间，Johnson 兄弟公司在其医用绷带上增加防水涂层，这种胶带后来演变为世界闻名的管道胶带。在战后大搞房屋重建的过程中，它被广泛用于管道工程，成了连接世界的胶带。1949 年，英国研制成功聚丙烯酸酯系列压敏胶。1956 年，美国开发成功有机硅系压敏胶。1957 年，英国聚乙烯胶黏带投入生产。从 20 世纪 50 年代后期起，人们还对压敏胶粘接现象、黏附特性、结构与性能的关系等一系列基本理论问题进行了逐步深入的研究，使压敏胶及其制品的开发逐渐建立起坚实的基础，尤其进入 20 世纪 60 年代以后，各种性能优良的丙烯酸酯压敏胶的系统开发，使压敏胶制品的应用范围得到了迅速扩大，压敏胶及其制品工业也因此得到了高速的发展。20 世纪 60 年代后期，美国 Shell 公司开发成功热熔型压敏胶。20 世纪 70 年代中期起，由于世界石油危机以及消除环境污染和公害的社会呼吁，迫使压敏胶从溶剂型向无溶剂型转变。于是，乳液型、水溶液型、热熔型、射线固化型以及反应型压敏胶相继得到了研究和开发。20 世纪 80 年代初期，美国 3M 公司率先开发出辐射固化型压敏胶及其制品。

中国现代意义上的胶黏带起步于 1930 年前后，当时由于第二次世界大战的原因，橡皮膏作为军用物资在中国上海、天津等地开始半手工生产。20世纪30年代，由于电灯、电器的使用，中国电工用的绝缘胶带也应运而生，但此时产品少之又少。20世纪40年代，橡胶布和黑胶布的生产也未形成规模。直到1953年，政府在上海、天津、北京、广州等一些重要的城市才建立了橡皮膏和黑胶布的生产工厂。1958年，橡皮膏和黑胶布的生产有了进一步发展，产量约为5000万平方米。1963年开始，北京、天津、广州、上海的卫生材料厂进行设备改造和扩建，研制出PVC绝缘胶布、玻璃纸胶带、牛皮纸胶带。1965年，上海制笔零件三厂、上海橡胶制品研究所等也把玻璃纸胶带、PVC胶带投入生产。同时，中科院化学所研究成功印刷用双面胶带，天津胶纸厂开始生产自湿性牛皮纸胶带。1968年，北京粘合剂厂建立了PVC绝缘胶带生产线。同时，北京、天津、广州三地开始生产印刷用双面胶带。1971年开始，上海合成树脂研究所、上海橡胶制品研究所、北京粘合剂厂开始研究丙烯酸系压敏胶，并在PET和PVC胶带上得到应用。在漫长的岁月中，我国虽然很早就有压敏胶制品的雏形，但真正得到迅速发展则是20世纪80年代以后的事。

　　中国压敏胶黏带工业的快速发展始于1983年。当时佛山塑料一厂、北京燕山石化及北京化工六厂等单位共引进4条BOPP薄膜生产线。同时以北京东方化工厂为代表的国有企业也引进相关技术和设备，建立较大规模的聚丙烯酸酯和BOPP膜基材等的原料基地。之后，以南方广东中山永大胶粘制品有限公司和宏昌胶黏带制品有限公司以及北方的河北华夏实业有限公司为代表的民营企业相继创建成功，使我国压敏胶行业进入了快速发展阶段。其中以中山永大胶粘制品有限公司为代表，陆续引进我国台湾地区的设备、技术，生产丙烯酸酯压敏胶及其制品。接着在浙江地区得到了迅速发展，逐步进入遍地开花时期。20世纪80年代中后期，北京东方化工厂建成年产4万吨丙烯酸酯单体的装置，并从美国引进9317压敏胶黏剂乳液配方。其后北京东方化工厂与美国罗姆哈斯组建东方罗姆哈斯公司，开始大规模生产丙烯酸乳液压敏胶，从而推动了我国压敏胶黏带工业的发展。

　　20世纪90年代之后，中国市场的巨大潜力吸引了国外许多厂家及我国台湾地区的胶带厂纷纷来大陆投资设厂，使中国的胶黏带产业逐步走向成熟，在此期间由于中国经济的发展，绝缘胶带及特种胶带在中国快速发展，以北京天坛胶带厂和河北华夏实业有限公司为代表的民族企业相继做出了适用于绝缘保护的 PVC 胶带。进入 20 世纪 90 年代，美国 3M 公司、日本日东电工、中国台湾四维、亚洲化学等开始在中国大陆建厂。

中国胶粘剂工业协会于 1988 年 5 月成立了压敏胶制品专业委员会，2003 年更名为压敏胶及制品分会，2012 年中国胶粘剂工业协会更名为中国胶粘剂和胶粘带工业协会。经过 30 多年的发展，我国胶黏带工业已走向成熟，无论是产量、产品种类，还是产品的市场竞争力都在不断提高。生产厂家已达到 300 多个，但是厂家分布不均衡，70% 以上的厂家集中于沿海地区，如广东、江苏、浙江以及上海等，其中广东的生产厂最多，约占全国厂家的 25% 以上；其次是中部地区及北京地区，而西部地区生产厂家最少。我国压敏胶黏带品种齐全，包装胶带的产量最大，大约占 48%；其次是压敏标签纸，大约占 17%。双面胶带、电气胶带、美纹纸胶带、保护胶带以及防腐胶带等大约占 30%。20 世纪 80 年代以前，我国压敏胶黏带产量不足 1 亿平方米，品种仅限于牛皮纸胶带和医用止痛膏等。20 世纪 80 年代后，产品品种及产量成倍增长。至 1998 年产量已达到 24.9 亿平方米。2016 年，中国胶黏带年产量已达到 218.6 亿平方米。

12 紫外线固化胶黏剂（UV 胶）探秘

紫外线固化胶黏剂（UV Curing Adhesive，简称"UV 胶"）是一种在紫外线照射下快速固化的胶黏剂，广泛应用于玻璃与珠宝业、玻璃家具、医疗、电子、电器、光电子、光学仪器、汽车等领域粘接。

紫外线化胶黏剂与一般胶黏剂相比，尽管其应用受到一定的限制，如需要 UV 固化设备、被粘物必须有一面透光等，但 UV 胶还是有着十分优越的特点，它完全符合"3E"原则，即 Energy（节能），Ecology（环保）和 Economy（高效、经济），它有着如下不可替代的优势：①无须混合的单组分体系；②固化快，可控制，以秒记；③无溶剂、环保、无污染；④适合高度自动化施工。

20 世纪 50 年代，美国首先把紫外光固化技术应用于感光树脂印刷版的制造。1968 年德国拜耳公司开发出不饱和聚酯光固化涂料，UV 涂料开始广泛使用。1972 年，美国 Sun 化学公司、Immont 公司开发了丙烯酸系列光固化涂料。1977 年，Ciba 研制成功 UV 固化丙烯酸酯胶黏剂。20 世纪 80 年代，美国 Loctite 公司开发出紫外线固化胶黏剂，之后美国 Dymax、日本 ThreeBond 等多家公司开始生产 UV 胶。

我国在 20 世纪 70 年代已经开始了对紫外线固化材料及其工艺的研究。天津合成材料工业研究所于 1977 年开始研制光固化型阻焊剂，于 1979 年进行了 BH-7 光固化阻焊涂料的技术鉴定，用于印刷线路板波峰焊的防焊涂料。20 世纪 90 年后，中国许多单位开始生产 UV 胶，如济南五三所、北京天山新材料技术有限公司等。

紫外线固化胶黏剂是指在光引发剂的存在下胶液经紫外线（200～450nm 波长）催化聚合固化的一种胶黏剂。紫外线固化胶黏剂一般由光交联聚合物、光聚合性单体、助剂和光引发剂组成（如图所示），其基本组成如下。

①光交联性聚合物。分子量在 1000 以上，一般在 1000～5000 之间，称为基础聚合物。如聚酯-（甲基）丙烯酸酯树脂、环氧-（甲基）丙烯酸酯树脂、

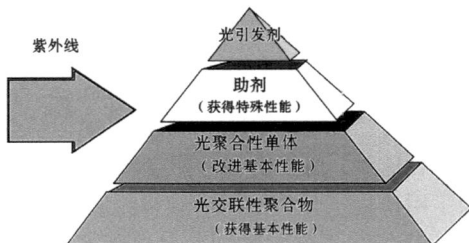

氨基甲酸酯 -（甲基）丙烯酸酯树脂、螺环 -（甲基）丙烯酸酯树脂、聚醚 -（甲基）丙烯酸酯树脂等。

②光聚合性单体。称为单体或活性稀释剂，指带有可自由基聚合的乙烯基官能团。如甲基丙烯酸羟乙酯、（甲基）丙烯酸异冰片酯、（甲基）丙烯酸十六醇酯、乙二醇双（甲基）丙烯酸酯、新戊二醇双（甲基）丙烯酸酯、丙氧基化新戊二醇双（甲基）丙烯酸酯、聚乙二醇双（甲基）丙烯酸酯、三羟甲基丙烷三（甲基）丙烯酸酯、季戊四醇四（甲基）丙烯酸酯等。

③助剂。如阻聚剂（或稳定剂）、着色剂、触变剂、增黏剂、填充剂、增塑剂等。

④光引发剂。自由基聚合光引发剂有安息香异丙醚、安息香异丁醚、二苯甲酮、联苯甲酰二甲基缩酮、苯甲酰二乙基缩醛、α- 羟基环己基苯基酮等。正离子光引发剂有二芳基碘鎓盐、三芳基硫鎓盐、三芳基硒鎓盐、二烷基苯酰甲基硫鎓盐和二烷基羟苯基硫鎓盐，其中最实用的是二芳基碘鎓盐（DPI）和三芳基硫鎓盐（TPS）等。

紫外线固化胶黏剂的配方组成是影响其性能的关键因素，其中光聚合性预聚物是最重要的组分，最终材料的性能如黏附性、硬度、韧性、耐溶剂性等都主要取决于预聚物的种类和结构。另外，所用紫外灯的类型、功率、照射时间、照射距离对 UV 胶的固化性能都有一定的影响。紫外线可以由碳弧光灯、荧光灯、超高压汞灯、金属卤化物灯和氙灯等产生，比较实用的是超高压汞灯和金属卤化物灯。超高压汞灯的发光管是由石英玻璃制造的，其中封入高纯度的水银和惰性气体。金属卤化物灯是高压汞灯的改良形式，封入发光管的物质，除了水银和惰性气体之外，还有铁和锡的卤化物。金属卤化物灯的优点是光源强度、发光稳定性、分光能量分布均匀性都比较好。照射装置中，为了使发射紫外线的效率稳定，必须对高纯度铝制反射板和灯进行冷却，照射器就由这些冷却机构、反射板和保护挡板所构成。反射板的形状分为集光形、平行光形和散光形三种。还有，氧气对紫外线固化胶黏剂的固化过程有重大的阻碍作用，氧的阻聚作用的结果是产生诱导期，降低聚合速率，使不饱和官能度不能完全消耗。为了降低氧的阻聚作用，除了用惰性气体或透明薄膜隔绝氧之外，也可以采用石蜡。

紫外线固化胶黏剂分自由基聚合光紫外线固化胶黏剂和正离子聚

合光紫外线固化胶黏剂两类。目前，大多数有工业价值的紫外固化体系均利用光引发剂的自由基聚合反应。在紫外线照射下，光引发剂分解产生自由基，引发聚合反应，反应过程如下。

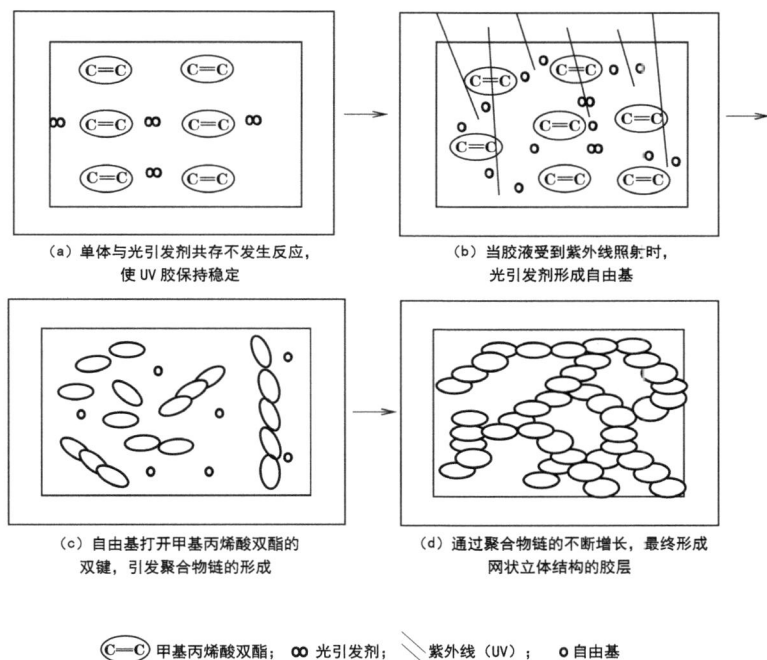

(a) 单体与光引发剂共存不发生反应，使 UV 胶保持稳定

(b) 当胶液受到紫外线照射时，光引发剂形成自由基

(c) 自由基打开甲基丙烯酸双酯的双键，引发聚合物链的形成

(d) 通过聚合物链的不断增长，最终形成网状立体结构的胶层

C=C 甲基丙烯酸双酯； ∞ 光引发剂； 紫外线（UV）； ○ 自由基

　　近些年，紫外线固化技术有了新的发展，例如，应用新型的光引发剂可使固化波长向可见光方向扩展，可用可见光固化；应用高效的光引发剂可用于有色或含填料体系的粘接，可在透光率低至 0.01% ～ 20% 的基体之间进行黏合。又如，将 UV 固化技术和厌氧固化、热固化技术相结合制造出双重固化的产品，它不仅能对透光部分进行光固化，非透光部分也可进行厌氧或热固化。

　　如今 UV 胶已在许多工业装配领域取得了成功应用，尤其是需要快速装配的高技术产业领域，例如 LCD 制造业、照相机等光学产品制造业、光盘制造业（CD、VCD、DVD、DVD-R）、手表制造业、蜂鸣器、手机按键的装配、电子线路板的制造、偏光部件的制造等光电信息产业的电子部件制造。在日用品领域，例如玻璃家具的制造、玻璃工艺品的组装、玩具、珠宝等装饰品的组装上也普遍使用 UV 胶。甚至传统产业也在大量使用 UV 胶进行装配，例如磁电机的装配，可获得快速、高效的生产率。汽车行业 UV 胶的应用也越来越多，如汽车车灯装配、倒车镜的粘接；气袋部件的粘接和燃油喷射系统粘接。医疗行业 UV 胶的应用也越来越多，如一次性针头、氧气导管、氧气面罩、导尿管、医用过滤器等装配中的粘接以及齿科补牙等。

13 无机胶黏剂的历史与现状

无机胶黏剂（Inorganic Adhesive）是指以无机化合物或单体为基料配制而成的胶黏剂的总称。无机胶黏剂的基料有硅酸盐、磷酸盐、硫酸盐、硼酸盐、氧化镁、氧化铝、氧化铅（密陀僧）、硫黄、氮化物以及低熔点合金等。

用黏土和石灰作为胶黏剂建造房屋应该是最早的无机胶黏剂的雏形。古埃及人采用尼罗河的泥浆砌筑未经煅烧的土砖。我国在公元前16世纪的商代，开始采用黄泥浆砌筑土坯墙。古埃及人采用煅烧石膏作建筑胶凝材料，埃及古金字塔的建造中就使用了石膏。古希腊人也将石灰石经煅烧后制得的石灰作为胶凝材料。我国周朝出现石灰，周朝的石灰是用大蛤的外壳烧制而成。到秦汉时代，石灰的使用方法是先将石灰与水混合制成石灰浆体，然后用浆体砌筑条石、砖墙和砖石拱券，以及粉刷墙面。古罗马人对石灰使用工艺进行改进，在石灰中不仅掺砂子，还掺磨细的火山灰。这种砂浆在强度和耐水性方面较"石灰-砂子"的二组分砂浆都有很大改善，用其砌筑的普通建筑和水中建筑都较耐久。有人将"石灰-火山灰-砂子"三组分砂浆称为"罗马砂浆"。我国秦、汉、明三个朝代修筑的万里长城，均采用黏米加石灰制成的灰浆进行粘接。

1756年被尊称为英国土木之父的工程师史密顿（J.Smeaton）在建造灯塔的过程中发现，含有黏土的石灰石，经煅烧和细磨处理后，加水制成的砂浆能慢慢硬化，在海水中的强度较"罗马砂浆"高得多，并且能耐海水的冲刷。史密顿使用新发现的砂浆建造了举世闻名的普利茅斯塔的漩岩（Eddystone）大灯塔。1796年，英国人派克（J.Parker）将黏土质石灰岩，磨细后制成料球，在高于烧石灰的温度下煅烧，然后进行磨细制成水泥。派克称这种水泥为"罗马水泥"（Roman Cement），并取得了该水泥的专利权。"罗马水泥"凝结较快，可用于与水接触的工程，在英国曾得到广泛应用，一直沿用到被"波特兰水泥"所取代。1824年10月21日，英国泥水匠阿斯普丁（J.Aspdin）获得英国第5022号的"波特兰水泥"专利证书，从而一举成为流芳百世的现代水泥的发明人。"波特兰水泥"制造方法是：把石灰石捣成细粉，配合一定量黏土，掺水后以人工或机械搅和均匀成泥浆。置泥浆于盘上，加热干燥。将干料打击成块，然后装入石灰窑煅烧，烧至石灰石内碳酸气全部逸出。再将煅烧后的烧块冷却和打碎磨细，制成水泥。使用水泥时加入少量水分，拌和成适当稠度的砂浆，可应用于各种不同的工作场合。该水泥水化硬化后的颜色类似英国波特兰地区建筑用石料的颜色，所以被称为"波特兰水泥"。如今水泥已广泛用于建筑中，是用量最大的胶黏剂，尽管没人说水泥为胶黏剂，但从胶黏剂的定义来讲，水泥无疑就是无机胶黏剂。

无机胶黏剂可以按以下方法分类：①按基料的主要化学组分可分为硅酸盐类、磷酸盐类、硼酸盐类、硫酸盐类等；②按固化机理（方法）可分为气干型、水硬型、反应型及热熔型，也可按室温或加热固化分；③其他可按胶接强度、用途及包装形式等分类。

按固化机理来分，无机胶黏剂一般可以分为以下四类。

①空气干燥型。典型的是水玻璃、黏土等。水玻璃（硅酸钠）等水溶性硅酸盐随着水分的蒸发而固化。水玻璃的价格低廉，阻燃性好，使用方便，其应用已有上百年的历史。可用于纸、纸板、波纹纸盒及箱，也可用于铸造业中型砂等粘接以及配制耐火胶泥、耐酸胶泥等。

②水固化型。以水为固化剂，加水产生化学反应而固化，例如石膏（硫酸盐）、水泥（硅酸盐）等。石膏、水泥通常不被称作胶黏剂。

③热熔型。如低熔点金属、低熔点玻璃、硫黄等，它们通常不被称作胶黏剂，其实是无机热熔胶，先加热到材料的熔点以上，然后进行粘接，最后冷却固化。

④化学反应型。通过加入水以外的固化剂来产生化学反应而固化，如硅酸盐类、磷酸盐类、胶体氧化铝、牙科胶泥等。

无机胶黏剂的突出优点是耐高温（可承受1000℃或更高温度）性能极为优异，而且又能耐低温，可在广泛的温度范围内使用，另外，它耐油性优良，而且原料易得，价格低廉，使用方便，经济环保。其缺点是耐酸碱性和耐水性差，脆性较大，不耐冲击，平接的粘接强度较低，而且耐老化不够理想。

水泥、石膏、水玻璃、石灰、黏土等已广泛用于建筑、模型、铸造、水利、医疗、设备安装等方面，这些材料通常不被称为胶黏剂。而真正被称为无机胶黏剂的主要是磷酸盐和硅酸盐反应性胶黏剂。

①磷酸盐类胶黏剂。据考证，秦始皇兵马俑博物馆出土的秦代大

型彩绘铜车马中，银件连接处就使用了无机胶黏剂，其成分与现代的磷酸盐胶黏剂基本相同。20世纪50年代，苏联就以防热材料为目的开始了磷酸盐材料的研究，后将该项技术推广到耐高温材料领域。20世纪60年代初，美国海军航空局资助通用电器公司着手研究低成本磷酸盐耐高温材料，得到了能在315℃以下固化，而在650℃仍保持较好力学和电性能的石英织物增强磷酸盐基复合材料。

我国在20世纪60年代初哈尔滨军事工程学院贺孝先先生首先研制成功磷酸氧化铜胶黏剂，其在机械工业领域得到了广泛应用。此胶是由磷酸与氧化铝配成的溶液同氧化铜配合使用。用于硬质合金车刀、铰刀的粘接，具有简便、经济效果好的优点，并开拓用于断裂轴的胶接，壳体裂缝、铸件砂眼等修复及粘堵等方面，成为无机胶黏剂中的一个主要品种。1975年，日本研制出具有较好稳定性的铝铬磷酸盐胶黏剂。20世纪80～90年代，磷酸盐基复合材料的固化温度已经降到了170℃，使用温度可达1200℃。

②硅酸盐类胶黏剂。此类胶黏剂一般以碱金属硅酸盐为粘料，加入固化剂和填料等组成。该胶为双组分反应型胶黏剂，其中的粘料是用碱金属锂、钠或钾改性水玻璃构成。模量为2.7左右，相对密度40°Be（即1.38），具有较好的吸附性和较高的胶接力。固化剂是由二氧化硅、氧化铝及助剂等配合而成的，经烧结处理后粉碎成粉料。以硅铝酸盐制成的无机胶黏剂性能最好，可以耐温1350℃，线胀系数同钢铁相近，对金属、陶瓷、石英及玻璃等有良好的胶接性。C-2无机胶黏剂是襄樊胶粘技术研究所钟克煌先生20世纪80年代初研制的，它是一种白色水基糊状硅铝酸盐无机胶。粘接件的接头形式以套接和

槽接为佳，配合间隙应小于 0.3mm，固化时必须逐渐升温以防过大的收缩。它适用于发动机、电热设备、炼油设备等在高温场合使用的材料的粘接。硅酸盐无机胶黏剂可在室温至 350℃下固化，有的使用温度可达 1000℃以上。因此，这些胶黏剂已广泛用于需要耐热性的各行各业中。如用于荧光显示管内电极的固定，热电偶的涂覆，各种陶瓷和金属材料的粘接等。也可用于陶瓷元器件组装、炉子和耐火材料内衬物的粘接，以及各种耐腐蚀涂层的粘接等。

目前，无机胶黏剂正向结构胶黏剂和功能胶黏剂发展，这对于开发航空航天、飞机、汽车和电子等广大市场是非常有利的，并已广泛应用于金属、陶瓷等各种材料的耐热粘接。无机胶黏剂更广泛用于以下几个方面。

①用于材料的粘接，特别是高温环境中材料的粘接，如刀具、高温炉内部零件及附件、石英器皿、陶瓷耐火材料、绝缘材料、高温电器元件、石墨材料、灯头、火箭、导弹、飞机、原子能反应堆等中的耐热部件。无机胶黏剂用于金属材料和无机材料的粘接，可以达到节材、节能、简化工艺等目的。

②密封与充填，如加热管管头、电阻线埋设、热电偶封端、电器元件的绝缘密封、石英炉与反射炉端部密封、高温炉中管道密封等。

③浸渗堵漏，如充填受压铝合金、铜合金、铸铁及其他有色合金铸件中的微气孔，提高铸件质量。

14 微胶囊技术在胶黏剂中的应用

　　微胶囊技术（Microencapsulation）是一种用成膜材料把固体或液体包覆使形成微小粒子的技术。得到的微小粒子叫微胶囊，一般粒子大小在微米或毫米范围。微胶囊是由被包囊材料和包囊材料组成的。包于内部的材料一般称作活性物、活性剂、芯材料、内相、核或填充物，它可以是药物、固化剂、催化等。包囊材料通常称作壁、载体、壳、涂层或膜，它可以是有机聚合物、糖、蜡、脂肪、金属或无机物。一般将被包囊材料称为芯材料，形成胶囊的材料称为壳材料。微胶囊的基本组成见下图。

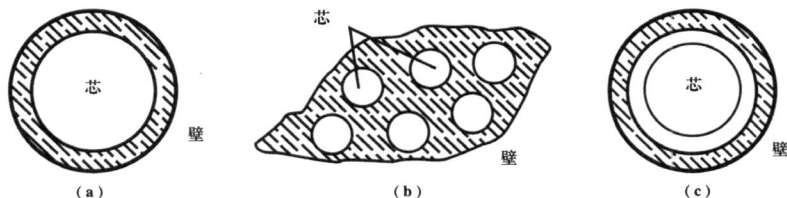

（a）　　　　　　　　　　（b）　　　　　　　　　　（c）

　　微胶囊按用途和破囊方式可分为以下几种。

　　①缓释型微胶囊。该微胶囊的壳相当于一个半透膜，在一定条件下可允许芯材料透过，以延长芯材料的作用时间。一般用于医药和农药领域。

　　②压敏型微胶囊。此种微胶囊包裹了一些待反应的芯材料，当作用于微胶囊的压力超过一定极限后，微胶囊破裂而漏出芯材物质，由于环境变化，芯材物质产生化学反应而发生一些现象，一般用于涂料、胶黏剂领域。

　　③热敏型微胶囊。由于温度升高使壳材料软化或破裂释放出芯材物质，有时是芯材物质由于温度的改变而发生分子重排而显现出变化。一般用于热固化涂料或胶黏剂领域。

　　另外还有光敏型微胶囊、膨胀型微胶囊等。

　　微胶囊化产品可以以干燥、易流动的粉末形式或以浆料形式加以应用。被包囊的物质可以是单一化合物，也可以是混合物。很多物质可以被微胶囊化，例如把固化剂组分微胶囊化之后就可以与环氧树脂混合在一起制成单一组分的胶黏剂，而不必担心在存放期间会发生固化反应了。毒性大的杀虫剂农药形成微胶囊后，对人畜的危害也大大降低。味道极苦的医药在形成微胶囊后，儿童和老人在服药时也不再感到痛苦难咽了。微胶囊技术广泛用于医药、农药、油漆、涂料、胶黏剂等领域。

近年来，微胶囊技术在胶黏剂领域得到了广泛应用，从厌氧胶扩大到环氧胶、聚氨酯胶等许多通用胶及特种胶，而且其中很多产品已经工业化。微胶囊胶黏剂多为固态，应用简单、效果好，所以越来越受到欢迎。

微胶囊型厌氧胶主要应用于涂到螺栓的螺纹中制成专用螺栓。目前已有预涂厌氧胶微胶囊的螺栓作为商品销售。当螺栓套入螺母并紧固时，压破微胶囊，使厌氧胶固化，即能起到把螺栓、螺母锁固作用。目前微胶囊型厌氧胶有两种类型，一种是包覆厌氧胶液滴的厌氧胶，另一种是含有包覆过氧化物引发剂的微胶囊厌氧胶。

①包覆厌氧胶液滴的微胶囊。厌氧胶组分是预催化可聚合的液态物质。在有氧存在下，例如在大气中，厌氧胶组分是不能固化的。然而当在无空气存在时，例如在密闭的金属材料表面间，固化会在短时间内迅速地进行。为保证微胶囊中厌氧胶在平时不自行固化，微胶囊必须是透气的。用此法所得到的厌氧胶微胶囊的主要特点是：a. 预涂布工艺在专业工厂进行，有利于提高生产率和涂布质量；b. 使用中免去涂胶工艺，还可以省去弹簧垫圈等，比机械锁紧更可靠、更方便；c. 降低了某些物质的毒性和挥发性，延长作用时间。

②含有包覆过氧化物引发剂的微胶囊厌氧胶。Loctite 在 20 世纪 80 年代研制出含有包覆过氧化物引发剂的微胶囊厌氧胶，也称预涂干膜型厌氧胶，国内中科院广化所也研制出同类产品，黏附材料、促进剂制成主剂 A 组分，B 组分为包覆过氧化物引发剂的微胶囊。使用时主剂和微胶囊按 100 : 3 混合均匀，涂敷到螺栓上，在 70 ～ 80℃烘干 30min，冷至室温后，隔潮包装即可，保质期三个月。当装配时，与螺母接触胶囊会破裂，被包囊的过氧化物释放出来，引发厌氧胶固化，螺母和螺栓会在半小时内固化并增强。

大多数环氧胶黏剂是双组分的，即由环氧树脂与固化剂组成。当应用时，将两种组分混合，再将混合物用于要粘接的表面，使用起来很不方便。而将环氧树脂或固化剂微胶囊化制成单组分胶就方便多了。包囊后的固化剂或树脂不能反应,因此,可将胶黏剂直接用于粘接面上。当胶囊破裂时,树脂和固化剂会相互反应。

目前微胶囊型环氧胶有两种类型,一种是包覆环氧树脂液滴的环氧胶,另一种是包覆固化剂的环氧胶。

①包覆环氧树脂液滴的环氧胶。US4536524 专利介绍了这种胶的制作方法,该胶具有较高的脱离转矩、粘接强度和重复使用性。涂有胶黏剂的螺栓对湿度敏感性低,胶黏剂适用期增长。该胶黏剂体系为单组分、可直接应用型的水基环氧胶黏剂。将上述胶黏剂产品,涂到螺栓头上,在 100℃干燥 15min,所得螺栓在 6 个月内均会具有较高的粘接性能。

②包覆固化剂的环氧胶

a. 包囊脂肪胺固化剂和烷基单酚的混合物。由于脂肪胺固化剂具有高活性和低稳定性,因而很难包囊。然而向被包囊的脂肪胺中加入一种或多种水不溶性烷基酚,可以克服上述困难。烷基酚可以改善脂肪胺液体的流动性,防止脂肪胺乳化,延长含胺微胶囊的寿命,增加胶囊填充量。胺与酚的比例变化取决于固化用胺的活性和胺的被包囊能力。被包囊的胺 - 酚混合物可以用于固化双酚 A 环氧树脂。固化剂微胶囊在液体环氧树脂中分散,在挤压时胶囊会破裂使体系固化。胶囊中的膜材料由可溶性海藻酸钠或海藻酸盐与聚乙烯醇、聚氧乙烯醚、丙烯酸聚合物、明胶的混合物组成。

b. 包囊固化剂和固体吸附剂的混合物。将固化剂在具有内孔结构和活性孔位的吸附剂上吸附,然后用屏蔽剂吸附到吸附剂上。当所得到的包囊固化剂与环氧化合物被加热时,固化剂会从孔位上脱附出来。

聚氨酯密封胶中含有异氰酸酯预聚物(由二异氰酸酯与多元醇反应制得),其固化受湿度的影响。当使用芳香族异氰酸酯时,向其中加入锡化合物可以使固化速度加快。

在汽车制造中,可以应用单组分聚氨酯胶黏剂直接安装玻璃。但是如果空气中湿度低,特别是冬天低温情况下,则存在一定问题。胶黏剂固化太慢,在镶玻璃或板时,必须要用适当的固定装置固定较长时间,而且必须要等到密封剂完全固化后,才可能进行下一步的安装工作(例如安装门的工作或需要使车身倾斜的工作)。虽然可以使用能够快速固化的双组分聚氨酯,但是这样非常难以操作,而且更加复杂。因此,需要一种单组聚氨酯密封剂,它能快速固化并达到适当的机械稳定性。然而受温度影响的完全固化需要较长时间。

为了解决上述问题,US4950715发明了新的封闭剂和胶黏剂,它们能够热固化、湿度固化或引发固化,即可以先加热固化后再湿度固化。该工艺采用异氰酸预聚物与4,4'-二氨基二苯甲烷和氯化钠的混合物进行高温交联。采用软化点为100℃的聚甲基丙烯酸甲酯或其他丙烯酸类聚合物来包囊固化剂。当固化剂在室温为固态且软化点小于60℃时,在温度升高到100℃时,微胶囊壳材料软化并释放出交联固化剂,而且这种交联固化剂可以不含NaCl。

微胶囊技术是近些年来飞速发展的先进技术,它以自己具备的独特的优点而广泛应用于许多领域。对微胶囊化胶黏剂进行研究开发对发展我国的胶黏剂工业一定会有很大的促进作用。

15 互穿网络技术在胶黏剂中的应用

互穿聚合物网络（Interpenetrating Polymer Networks，IPN）是由两种或两种以上聚合物通过网络互相贯穿缠结而形成的一类独特的聚合物共混物。1960 年，Millar 首次提出"互穿聚合物网络"概念；1969 年，Sperling 和 K.C.Frisch 等分别发表关于 IPN 的研究论文。之后，IPN 作为一个新的研究领域开始引起人们的注意。20 世纪 70 年代，IPN 的理论和应用基础研究取得了进展。20 世纪 80 年代，IPN 技术在补强橡胶、增强塑料、热塑性弹性体、阻尼材料、涂料、胶黏剂、复合材料及某些功能材料等方面得到了应用。20 世纪 90 年代以来，IPN 技术的研究和应用快速发展。

IPN 聚合物不同于接枝共聚物，因为在 IPN 中聚合物（见右图）Ⅰ（实线部分）和Ⅱ（虚线部分）之间未发生化学键结合。它也不同于相容的共混物，因为聚合物Ⅰ和Ⅱ在 IPN 中存在各自的相。互穿聚合物网络的合成方法主要有分步法和同步法两种。分步法是将已经交联的聚合物（第一网络）置入含有催

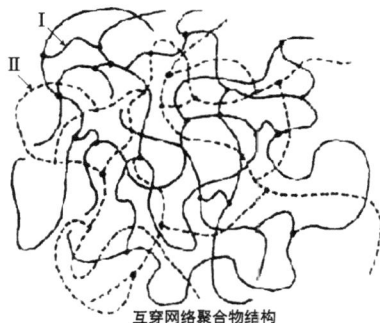

互穿网络聚合物结构

化剂、交联剂等的另一单体或预聚物中，使其溶胀，然后使第二单体或预聚体就地聚合并交联形成第二网络，所得产品称分步互穿聚合物网络。同步法是将两种或多种单体在同一反应器中按各自聚合和交联历程进行反应，形成同步互穿网络。在由两种聚合物形成的网络中，如果有一种是线型分子，该网络称为半互穿聚合物网络（Semi-IPN）。

IPN 技术以其独特的拓扑结构和协同效应，为制造特殊性能的聚合物材料开拓了崭新的途径。其独特的贯穿缠结结构，在提高高分子链相容性、增加网络密度、使相结构微相化及增加结合力等方面，可达到均聚物和其他高分子材料难以达到的效果。

IPN 技术在胶黏剂中的应用越来越广，涉及胶黏剂的 IPN 体系非常多，其中相当多的体系是聚氨酯与其他组分构成的 IPN。这是由聚氨酯类胶黏剂众多的优点决定的。由于聚氨酯（PU）网络与其他网络

的相容性较好，聚氨酯 IPN 材料具有许多独特的化学性能。而且 PU 分子中既含羧基又含氨基，可以与许多极性基团相互作用形成氢键以提高彼此的相容性，因此，制备聚氨酯 IPN 的原料种类较多。另外还有一些新的体系，如聚酰亚胺型 IPN 等。

聚氨酯（PU）的高弹性、耐磨性与环氧树脂（EP）的良好粘接性可通过 IPN 技术互补与强化。人们在研究 PU／EP 互穿聚合物的协同效应时发现 PU／EP-IPN 的网络互穿程度越大，两相强迫互容性越好，力学性能所显示的正协同效应越大，且同步 IPN 的正协同效应比顺穿 IPN 和溶液 IPN 更大，力学性能更好。IPN 胶黏剂力学性能的正协同效应是由两独立网络互穿引起的，由于两网络相互缠结、穿插、环套，所以使得在拉伸时，网络可以有一定滑移，由于两网络强迫互穿的增加，网链更为卷曲，从而对断裂伸长率的贡献更大。由于两网络的互穿，应力分散可传递到另一个网络中，显示出更高的力学强度。K.C.Frisch 等用几种聚氨酯／环氧树脂同步互穿网络和半互穿网络（PU/EP-SIN 及 Semi-SIN）粘接铝片和高密度聚乙烯，测定了搭接剪切强度和剥离强度，发现当 PU/EP-IPN 处于中等比例组成时体系的搭接剪切强度具有最大值，表现出协同效应。研究表明，先合成聚醚型 PU 预聚体，再与环氧树脂相混后加入多元醇和有机锡固化，并加入其他组分制成的半互穿网络（Semi-IPN）胶黏剂，其性能得到全面改进，剥离强度、剪切强度大大提高，且经过 Semi-IPN 改性的 EP 反应活性与纯 EP 相当。

有人制备了一种蓖麻油型聚氨酯／聚甲基丙烯酸甲酯 IPN（蓖麻油型 PU/PMMA-IPN）胶黏剂。制备方法是在氮气中处理蓖麻油、PMMA、二月桂酸二丁基锡、二苯甲烷二异氰酸酯（MDI）或甲苯二异氰酸酯（TDI）1h，加入偶氮二异丁氰（AIBN）或过氧化二苯甲酰和苯胺反应 1h，剥离强度比纯 PU 大大提高。Stanley Henry 制成了用于水性胶黏剂的聚氨酯／丙烯酸或乙烯基树脂胶乳。用一种异氰酸酯或多种活泼氢化合物与一种或多种亲水性化合物反应制成反应完全的可乳化聚氨酯。在这里，丙烯酸或乙烯基单体起溶剂或稀释剂的作用。单体和聚氨酯共乳化，加入自由基引发剂，丙烯酸或乙烯基单体聚合得到有互穿网络结构的聚合物。

聚氨酯还能与聚苯乙烯、聚醚、聚氯丁二烯、不饱和聚酯等形成 IPN 结构的胶黏剂。

通过 IPN 技术可制备出压敏胶，如一种 PU 改性聚丙烯酸酯（PAA）IPN 型压敏胶，PU 主要提供压敏胶的耐热性能，PAA 主要提供压敏胶的初粘性能，通过调节 PU/PAA 的比例，可制得粘接性能和耐热性均好的压敏胶，最高使用温度可达 125℃。当 PU/PAA 比例为 20/80 时压敏胶的剥离强度达最大。当 PU/PAA 比例为 20/80 时压敏胶体系形成微相分离结构，PU 组分出现部分相分离。橡胶状分散相分布在 PAA 组分的连续相中，PU 颗粒分散相限制了 PAA 分子链在高温下的黏性流动，整个体系的弹性模量难以急剧下降，因而压敏胶耐热性好。

P. Susidharan 等人制备出聚酰胺基氨固化环氧 / 乙烯基聚酯（VE）SIN 型胶黏剂。加入 CTBN 使搭接剪切强度、T- 剥离强度提高，出现最高值时 VE/EP 的比例是 20/80 和 30/70。性能改善的原因是接枝 IPN 使环氧树脂与乙烯基树脂间形成了紧密的网络互穿。

另外，还可以制成环氧树脂 / 聚酯树脂 IPN 胶黏剂、聚硫橡胶 / 环氧树脂 SIN 或 IPN 胶黏剂。

高耐热 IPN 胶黏剂一般具有良好的综合性能，不仅在高温下稳定，而且可克服一般胶黏剂高温下脆性大等缺点。美国专利 US5494951 介绍的 IPN 胶黏剂是一种在 300℃下能稳定 1h（隔绝氧气则能耐更长时间）的耐高温胶黏剂，在如此高温下胶黏剂仍然具有柔韧性。这种胶黏剂的配方由脂环环氧树脂、氰酸酯树脂、聚醚、布鲁斯特酸（Bronsted acid）、布氏酸稳定剂等构成。IPN 的生成通过阶段聚合实现，脂环环氧树脂和氰酸酯树脂的聚合温度至少差 20℃，所以能生成分布 IPN。引发温度取决于组分比例和固化剂种类，这种胶黏剂的一个优点是能制成"B- 阶段"胶黏剂，即在较低的温度下使一部组分预固化而具有一定的初粘力，高温固化后强度变得更大。用该胶黏剂粘接的钢片（0.02cm）的 T- 剥离强度达 1120N/m，聚酰亚胺（PI）膜片（0.005cm）的 T- 剥离强度为 440N/m。布氏酸对 IPN 的形成有决定性的作用。

聚硅氧烷具有较低的表面能、低温挠曲性、良好的气体渗透性、较好的热稳定性和氧化稳定性以及优良的介电性能，但其机械强度和粘接性能不高。聚硅氧烷可以和下列合物形成紧密的 IPN 结构从而改善某些性能，诸如聚氨基甲酸乙酯、聚甲基丙烯酸甲酯、聚苯乙烯、聚苯醚、聚碳酸酯、聚酰胺等。

互穿聚合物网络在胶黏剂中的应用具有如下的特点。

①IPN 技术能使不同材料形成良好的共混，如非极性聚合物 / 极性聚合物、亲水 / 疏水聚合物、阴离子 / 阳离子聚合物等，因而能改进胶黏剂对各种被粘物的适应性。

②就胶黏剂本体性质而言，IPN 具有强迫互容、界面互穿、双相连续等结构形态特点，能较好地控制相区尺寸和分子混合程度，因而 IPN 胶黏剂在力学性能（如剪切强度）上表现出特殊的协同效应。

③IPN 技术能使具有不同功能基团的两种以上高分子通过网络缠结结合在一起，或者将树脂与填料、纤维很好地粘接，或者将低 T_g 和高 T_g 聚合物形成半互溶 IPN，在室温附近的宽温度范围内具有强力学损耗，能有效地阻尼声音和震动，因而通过 IPN 技术能开发出阻尼性胶黏剂及其他功能性胶黏剂。

20 世纪 80 年代，Frisch 和 Klemper 首次合成了聚氨酯 / 环氧树脂 / 聚甲基丙烯酸正丁酯，三元 IPN 体系，其拓扑结构更为复杂，综合性能更为优异。相信 IPN 技术在胶黏剂中的应用会越来越广，IPN 胶黏剂可广泛地应用于各种材料的粘接，包括玻璃、金属、聚合物、水泥、木材等，同时可用作密封剂、防水材料等。

16　形形色色的功能性胶黏剂

功能性胶黏剂（Functional Adhesive）指除了粘接功能以外，还同时兼具密封、导电、导热、导磁、耐高温、耐低温、光学透明等功能的胶黏剂，有时也称这类胶黏剂为特种胶黏剂。

密封胶黏剂。简称密封胶，是指可防止气体或液体渗漏，水分、灰尘侵入的胶黏剂。密封胶一般为液状或膏状，使用方便，能与密封件完全吻合，有较好的耐介质、耐水、耐油等性能。与传统的密封材料相比，其密封性好、耐压性高。常用的密封胶有有机硅、聚氨酯、改性硅烷 MS、丁基橡胶、聚硫橡胶、环氧树脂、聚酯树脂、尼龙等。密封胶黏剂在汽车、轨道车辆、飞机、船舶等交通工具及建筑工程、机械设备、工业管道、泵体、阀门、电机等器件中广泛应月。

导电胶黏剂。指具有导电功能的胶黏剂。目前使用的导电胶主要是添加型的，由胶黏剂和导电材料组成，胶黏剂主要有环氧树脂、酚醛树脂、丙烯酸树脂、醇酸树脂、聚酯树脂和聚氨酯等，导电材料有金属粉、石墨粉、炭粉等。其中金属粉应用最广，金属粉中金粉最好但价贵，铜粉价廉但易氧化，应用最多的是银粉。各种导电胶因其树脂品种、导电材料以及固化剂种类和固化条件不同而具有不同的性能。导电胶固化后，导电材料间能保持紧密接触形成电通路而导电，广泛用于无线电、电子仪表工业中以胶代焊或不能焊接而又需要电的元件间的连接，还可用于电子线路的临时修补。

导热胶黏剂。指具有导热功能的胶黏剂。由金属粉或其他传热性好的材料粉末与胶黏剂制成。根据传热系数及工作温度要求，可以选择导热材料及用量。导热胶的填料一般为金属粉（银、铜、铝等粉）或无机材料（石墨、炭黑、氧化铝、氧化铍等）。配制导热胶时多用价廉质轻的铝粉，在考虑绝缘性时应选用氧化铝、氧化铍等。

导磁胶黏剂。指具有导磁功能的胶黏剂。导磁胶黏剂主要是在胶黏剂中添加羰基铁粉，主要用于磁性元件（变压器、磁棒）等的粘接。

耐高温胶黏剂。一般胶黏剂的使用温度很少超过 200℃，能在200 ～ 500℃温度下长期使用的胶黏剂为耐高温胶黏剂。耐高温胶黏剂大多为以含芳杂环的耐高温聚合物为基料配制成的胶黏剂。耐高温胶黏剂可按其刚性链节组成分为聚酰亚胺类、聚苯并咪唑类、聚苯并噻唑类、聚芳砜类、聚苯硫醚类、有机硅类、改性环氧类和聚芳醚类等。

超低温胶黏剂。指在超低温条件下具有粘接性能的一类胶黏剂，能在液氮（−269℃）等条件下使用并具有一定的粘接强度，主要用于导弹飞行器，使用液氮、液氢的医疗及实验设备上的粘接。常用的超低温胶黏剂，通常以聚氨酯或用环氧树脂改性的聚氨酯以及聚氨酯、尼龙改性的环氧树脂等为材料主体配制而成。

光学透明胶黏剂。指具有光学透明功能的胶黏剂。主要用于粘接光学透明元件，一般需要符合如下要求：无色透明，在指定的光波波段内透光率大于90％，并且固化后胶的折射率与被粘接光学元件的折射率相近。光学透明胶黏剂可分为天然树脂光学胶和合成树脂光学胶两大类。目前，作为光学元件用的合成树脂透明胶黏剂有不饱和聚酯、环氧胶黏剂、聚氨酯胶、有机硅凝胶、光固化胶等。

点焊胶黏剂。用于焊点周围填缝或粘接后再辅助以点焊的胶黏剂称为点焊胶黏剂。目前使用的点焊胶绝大多数是环氧树脂胶，环氧树脂可用各种型号的，固化剂多为胺、咪唑、酸酐等类化合物。

应变胶黏剂。指用于粘接应变片，能承受和准确传递应变作用的胶黏剂，用于应变测量。应变测量要求应变胶固化后应力小，抗蠕变性能好，刚性大。对基片与电阻丝无腐蚀作用，热膨胀系数与金属相近，弹性系数大，绝缘性与耐热性好。应变胶有环氧应变胶、酚醛应变胶、有机硅应变胶和聚酰亚胺应变胶等。

17 胶黏剂固化、粘接机理及施工工艺

要形成持久牢固的粘接，应具备如下两个条件。

①胶黏剂必须以液状或膏状的形式涂于被粘物表面。

②胶黏剂必须固化。

一般来说，胶黏剂的固化机理分为以下几种。

①热塑性高分子冷却。热塑性高分子加热到一定温度成液状，涂敷于被占表面后冷却固化，如热熔胶等。

②溶剂或载体的逸散。如溶剂型胶黏剂溶剂挥发固化，水溶液胶黏剂、乳液胶黏剂中的水被基材吸收后固化。

③现场聚合反应

a. 混合后反应固化。如双组分环氧胶、双组分聚氨酯胶、第二代丙烯酸酯胶等两个组分混合后产生聚合反应固化。

b. 吸收潮气固化。如室温固化硅橡胶、单组分湿固化聚氨酯、氰基丙烯酸酯胶等吸收空气中的水分后固化。

c. 厌氧固化。如厌氧胶，缺氧时固化。

d. 辐射固化。如紫外线（UV）固化胶、电子束（EB）固化胶等，紫外线、电子束照射后固化。

e. 加热反应固化。如单组分环氧胶等，环氧树脂与潜伏性固化剂、催化剂制成单组分胶，室温下（或低温储存时）胶液不活跃，当加热到一定的温度胶液开始固化。

另外，还有还有非固化型胶黏剂，如压敏胶黏剂也能形成一定的粘接力，但它可被剥离下来，不能形成牢固的粘接。

粘接力的产生，主要有以下机理，但每种理论只能解释一部分粘接现象。

①机械理论。机械理论是胶黏剂对两个被粘物的粘接面机械附着作用的结果。以固体表面粗糙、多孔为基础，胶黏剂流动、扩散、渗入被粘物表面，固化或胶凝后，与被粘物表面通过互相咬合，形成"钩键""钉键""锚键"等，将两个被粘物牢固结合在一起。

②化学键理论。由于胶黏剂分子与被粘物表面通过化学反应形成化学键而结合，因此使粘接层获得高强度的粘接。

③吸附理论。吸附理论是把胶黏剂粘接归于胶与被粘物之间分子

间力的作用。这种相互作用包括化学键力、范德华力和氢键力。

④静电理论。又叫双电层理论，在胶黏剂与被粘物接触的界面上形成双电层，由于静电吸引而产生粘接。

⑤扩散理论。扩散理论认为，高分子材料之间的粘接是由于胶黏剂与被粘物表面分子或链段彼此之间处于不停的热运动引起的相互扩散作用，使胶与被粘物之间的界面逐渐消失，形成相互交织的牢固结合，粘接接头的强度随时间延长而达到最大值。

⑥配位键理论。胶黏剂与被粘物在粘接界面上由胶黏剂提供电子对，被粘物提供空轨道形成配位体系，提高粘接强度。

⑦酸碱理论。在粘接体系属于酸碱配对的情况下，酸碱作用能提高界面的粘接强度。

⑧弱边界层理论。妨碍粘接作用形成并使粘接强度降低的表面层称为弱边界层。发生胶黏剂和被粘物之间黏附力破坏，即弱边界层破坏。

影响粘接强度的因素主要有化学因素、物理因素和环境因素。影响粘接强度的化学因素主要指胶黏剂和被粘材料的分子极性、分子量、分子形状（侧基多少及大小）、分子量分布、分子的结晶性、分子对环境的稳定性（转变温度和降解）等。影响粘接强度的物理因素主要有被粘表面粗糙度、表面空隙、表面状况（吸附气体、吸附水膜、油脂、尘埃等及氧化层、镀铬层、磷化层、脱模剂等形成的"弱边界层"）、压力、胶层厚度等。影响粘接强度的环境因素有温度、化学介质、户外气候（热、水、光、氧气）等。

粘接过程是一个复杂的物理、化学过程，持久牢固的粘接的形成不仅取决于胶黏剂和被粘物表面的结构与状态，而且和粘接过程的工艺条件密切相关。胶黏剂的施工过程一般包括胶黏剂的选用、粘接接头设计、被粘表面的处理、涂敷与固化、质量检测与后处理等。胶黏剂的施工过程总结如下。

①胶黏剂的选用。依据被粘材料、性能要求、工况条件、固化条件、成本等选择胶黏剂。

②粘接接头设计。合理设计接头，尽可能避免应力集中，减少产生剥离、劈开和弯曲。

③被粘接表面预处理。通过预处理的表面特别利于浸润，这一点是相当重要的。常见的表面处理方法有机械处理（磨、铣、车和喷砂等）、

化学预处理（浸蚀液洗）、物理预处理（烘烧、电晕法、低压等离子法）等。

④胶黏剂涂敷。可采用刷涂、刮涂、滚涂、喷涂、丝网印胶、机械手自动涂胶等方法涂敷，均匀地涂敷胶黏剂成一薄层，越均匀越好。

⑤预干燥和排气。一般只是在扩散粘接、溶剂粘接和接触粘接时实施。

⑥黏合和固定。粘接零件时无须预应力。可用适当的设备固定粘接部件，应用的设备要容易使用，传热性较好，保证绝对均匀的温度分布。

⑦压实粘接面。只是在要求时应用。

⑧胶黏剂固化。要遵守生产厂家所提供的固化条件如压力、温度、真空和时间等数据进行固化。

⑨粘接质量检测与后处理。可采用破坏性和非破坏性检验方法，不合格的粘接应再处理。

如果以上各点在粘接过程中都能遵守的话，就会获得最佳的粘接效果和强度。导致粘接缺陷的主要原因有如下几种。

①胶黏剂导致的原因。主要有胶黏剂错用和胶黏剂沉淀、过期、变质等。

②施工导致的原因。胶层太厚，表面处理不当，未遵守混合比例、固化温度、压力及时间等。

③设计导致的原因。接头设计不当，未考虑静态、动态、热和化学作用等。

④被粘材料导致的原因。被粘材料内部收缩、结构变化、表面能低等。

⑤人为情绪导致的缺陷。这类缺陷纯粹是由工作人员的性能和体力状态引起的。

⑥不可预见的原因。主要由气候变化、温度波动、空气湿度变化引起。

粘接破坏发生在接头最薄弱的地方，不一定总是发生在胶黏剂和被粘物的界面上。破坏的形式有如下几种。

①内聚破坏。破坏发生在胶黏剂层内。

②黏附破坏。破坏发生在胶黏剂与被粘物界面上。

③被粘材料破坏。破坏发生在被粘材料内部。

④混合破坏。即胶黏剂的内聚破坏和黏附破坏与被粘材料破坏的混合。

胶黏剂破坏（即 100% 的内聚破坏）或被粘材料破坏是理想的破坏形式，因为这种破坏在材料粘接时能获得最大强度。

胶黏剂固化时的自然收缩和胶黏剂与被粘物性质上的差异，致使粘接接头存在内应力。为了减少因热交变或高温固化冷却后产生的应力，尽可能使胶黏剂与被粘物的热膨胀系数相接近。

18 拆胶：向胶黏剂的弱点进攻

由于粘接失误或者处于维修的目的，有时需要把粘接好的接头拆开；有时不小心，胶黏剂粘到了手上或者不该粘的地方，需要清除。这些情况我们可以称为"拆胶"（或者"解粘"）。

未固化的胶液一般用溶剂如丙酮或洗甲水即可清除。而胶黏剂一旦固化，清理起来就变得非常麻烦，分解粘接好的接头更不容易。

拆胶，首先应考虑胶黏剂和粘接技术的弱点。找出弱点，我们就可以从粘接接头的最薄弱处各个击破。对于大多数合成胶黏剂来说，一般都存在三个明显的弱点：①抗剥离和冲击强度低；②耐高温性能差，随着温度的提高，粘接强度会大大降低，大多数胶黏剂耐不了150℃以上的高温；③耐介质性能弱，大部分胶黏剂不耐溶剂特别是混合溶剂，有的胶黏剂不耐有机酸，有的不耐碱。

考虑到胶黏剂以上弱点，我们就可以采用机械方法（如剥离、冲击等）、物理方法（加热）、化学方法（腐蚀）等来拆胶。但一定要注意，拆开粘接接头时要保证所使用的方法不损坏粘接零件材料本身。

①机械分离。对粘接接头施加剥离力，可将一楔子插入粘接件的结合处将粘接件剥离开。注意，只有分离特大型粘接制件时才能施加拉应力、拉剪切应力或压剪应力、扭力，因为胶黏剂这些力量很强，施加这些力有可能使粘接件变形。

②施加振动力和冲击力。通过此手段可以使大多粘接后的零件互相分离，因为胶黏剂粘接冲击强度低于粘接制件的强度。

③化学分离。化学试剂或溶剂可以浸蚀、溶化和分解粘接胶层，但要注意粘接件材料不能遭腐蚀，特别是塑料部件容易受溶剂和有机酸侵蚀。

在利用化学分离时，应预先选择由弱到强的腐蚀性试剂。腐蚀性由弱到强的溶剂如下：

冷水；热水；乙醇；汽油；丙酮；酯、乙酸酯、丁烯酯；酮、丁酮；芳香类、甲苯、二甲苯；氯化碳氢化合物（高氯酸盐、三氯和四氯结构）；二甲醛胺（溶解粘接和连接，在高温度下储存制件要加速该过程）。另外，甲酸、乙酸、苯酚对胶黏剂的拆解也非常有效，但对塑料腐蚀性强。

④物理分离方法。可以采用加热的方法拆开粘接接头，加热温度

依胶黏剂类型不同而不同，这种方法对热熔胶最有效，对金属粘接的分离也特别有效，因为金属的耐温性高，可以把工件加热到很高的热度。加热有两个作用：一是可以降低胶黏剂的粘接强度，二是可以分裂胶黏剂交联分子结构。

常用的胶黏剂的拆胶方法见下表。

常用胶黏剂的拆胶方法

胶黏剂种类	温度法	溶解法
环氧胶	100~150℃ ,1h	二氯甲烷、甲酸、苯酚、甲苯酚混合液，浸泡 1~2h
酚醛 - 缩醛胶	200℃ ,1h	滚烧碱煮，10% 硫酸浸泡
聚氨酯胶	100℃ ,1h	丙酮、冰乙酸混合液
氰基丙烯酸酯胶	100℃ ,1h	丙酮、甲苯混合液
厌氧胶	150~200℃ ,1h	二氯甲烷
第二代丙烯酸酯胶	100~150℃ ,1h	四氢呋喃
有机硅胶		冰乙酸
热熔胶	80~150℃ ,1h	
白乳胶		水
磷酸盐无机胶		氨水
硅酸盐无机胶		水

19 环境保护与胶黏剂危害源分析

改革开放以来，胶黏剂在我国各个工业领域的制造与装配中得到了广泛的应用。胶黏剂的作用和应用越来越受到人们重视，而胶黏剂的环保问题却往往被人们忽视。胶黏剂所用的芳香烃溶剂、氯化溶剂、芳香胺固化剂、苯乙烯、氯乙烯、甲醛、甲醇、石棉粉等都会造成环境污染和对人体造成危害。苯已被列为致癌物质，长期接触有可能引发膀胱癌。甲苯具有较大毒性，对皮肤和黏膜刺激性大，对神经系统作用比苯强，长期接触有引起膀胱癌的可能。甲醛具有强烈的致癌和促癌作用，大量文献记载，甲醛对人体健康的影响主要表现在嗅觉异常、刺激、致敏、肺功能异常、肝功能异常和免疫功能异常等方面。游离 TDI 会对人体造成伤害，主要是致敏和刺激作用，出现眼睛疼痛、流泪、结膜充血、咳嗽、胸闷、气急、哮喘、红色丘疹、斑丘疹、接触性致敏等症状。

我国工业生产中胶黏剂危害致死的案例时有发生。1992 年，广东两家外资玩具厂先后发生 4 例因使用含二氯乙烷的 3435 胶水及其他有机溶剂粘接生产玩具而致的 1,2-二氯乙烷急性中毒，其中 3 人死亡，工龄仅为 1～5 个月。1997 年 7 月 22 日至 8 月 7 日，某独资制鞋有限公司发生 3 起含苯汽油中毒事件。中毒的 3 名患者均为女性手工刷胶工，发病工龄 1.5 年。1997 年 9 月 23 日，某服装有限公司 43 名实习学生在无任何防护设施的条件下，用氯丁胶粘接皮衣，4～8h 后，10 人发生苯中毒。1999 年，广东某皮具厂发生 4 例涂胶工慢性重度正己烷中毒事故，模拟现场正己烷浓度严重超标，中毒表现为头痛、头昏、恶心、呕吐、下肢无力，病情进行性加重。中毒者接触毒物工龄 6 个月，无任何防护设施。2002 年初，河北省保定市白沟镇苯中毒事件，箱包生产企业数名外地务工人员中，陆续出现中毒症状，并有 6 名工人死亡。2011 年 9 月 28 日至 2012 年 2 月 27 日，广东省广州市白云区、荔湾区先后发生多例职业性 1,2-二氯乙烷中毒事故。此次事故先后造成 39 人中毒（其中 4 人死亡），

涉及 39 家制鞋、箱包制造及皮革加工企业，其中 34 家为无牌无证小作坊（见上图）。

据 2002 年全国职业卫生情况的通报调查，全国共有制鞋、箱包加工、家具制造、装饰材料等有毒有害化学品企业 67061 家，其中，制鞋企业占 25.7%、家具制造企业占 14.3%、装饰材料加工企业占 9.5%；按企业性质划分，私营企业占 42.3%、股份制企业和乡镇企业占 20.9%。涉及从业人员共 972 万余人，其中接触有毒有害化学品的 249 万余人，健康问题不可轻视。胶黏剂使用而引发的健康相关问题也日益引起人们的重视。2001 年我国制定了《室内装饰装修材料 胶粘剂中有害物质限量》（GB 18583—2001），2003 年制定了《鞋和箱包用胶粘剂》国家标准（GB 19340—2003），在这两个标准中均对胶黏剂中的有害物质含量做了规定，2008 年对胶黏剂中有害物质限量标准做了修订，且为强制性标准；2014 年对鞋和箱包用胶黏剂国家标准进行了修订。

胶黏剂的环保问题主要是对环境的污染和人体健康的危害，危害源来自胶黏剂中的有害物质，如挥发性有机化合物（苯、甲苯、苯乙烯、游离甲醛、甲醇、三氯甲烷、四氯化碳、1,2- 二氯乙烷、甲苯二异氰酸酯）、有毒的固化剂（芳香胺类、间苯二胺、磷酸三甲酚酯、乙二胺、二甲基苯胺）、增塑剂（邻苯二甲酸酯类）、稀释剂以及其他助剂 [防老剂 D、BHT、MOCA、偶氮二异丁腈（AIBN）、二月桂酸二丁基锡等]、有害的填料（石棉、石英粉、重金属）等。

很多胶黏剂都不同程度地存在着对环境造成污染的潜在因素，只有清楚地了解其中的污染物类型及危害，才能设法消除与防治其对环境造成的污染。具体胶黏剂品种中的有害物质简要分析见下表。

不同类型胶黏剂的危害源及其危害

胶黏剂品种	危害源	危害
环氧树脂胶黏剂	芳香胺、乙二胺、二甲基丙胺、顺酐、十二烯基丁二酸酐等固化剂；磷酸三甲酚酯、DBP、DOP 等增塑剂；501、690、丁二烯双环氧、环氧化苯乙烯等	芳香胺类物质能诱发泌尿系统的癌症如膀胱癌等。乙二胺刺激眼睛、皮肤和黏膜，并被皮肤吸收，引起中毒，且影响女性生育
	石英粉、石棉粉、铬酸锌、氧化铍等	硅沉着病

续表

胶黏剂品种	危害源	危害
酚醛、脲醛、三聚氰胺甲醛胶黏剂	游离苯酚和甲醛，六次甲基四胺	恶心、鼻炎、支气管炎和结膜炎，接触皮肤会引起过敏或皮炎。甲醛可能对人体有致癌作用
聚氨酯胶黏剂	异氰酸酯、MOCA、二月桂酸二丁基锡	TDI 对皮肤、眼睛、黏膜有强烈的刺激性，MOCA 致癌
厌氧胶黏剂	N,N- 二甲基苯胺和二甲基对甲基苯胺	芳香胺类物质能引发膀胱癌
改性丙烯酸结构胶	甲基丙烯酸甲酯（MMA），N,N- 二甲基苯胺、N,N- 二乙基苯胺等芳香胺	芳香胺类物质能引发膀胱癌
不饱和聚酯胶黏剂	苯乙烯，N,N- 二甲基苯胺和 N,N- 二乙基苯胺	苯乙烯造成淋巴瘤、造血系统瘤；芳香胺类能引发膀胱癌
氯丁橡胶胶黏剂	苯、甲苯、混合苯、二氯乙烷、三氯甲烷、二氯乙烯、四氯化碳、正己烷、溶剂汽油、接枝单体 MMA、防老剂 D	眩晕、头痛、乏力，严重时因呼吸中枢痉挛而死亡。苯被列为致癌物质。氯化溶剂危害健康，破坏臭氧层
4115 建筑胶	甲醇	损害视神经和视网膜，可能致盲
107 胶	甲醛	甲醛可能对人体有致癌作用
溶剂型压敏胶	甲苯和其他易挥发性有机溶剂	对皮肤和黏膜刺激性大，长期接触有引起膀胱癌的可能
溶剂型纸塑复合胶	甲苯、乙酸乙酯、溶剂汽油等	同溶剂型压敏胶
PVC 塑溶胶	邻苯二甲酸酯、氯乙烯	氯乙烯单体是致癌物质，邻苯二甲酸酯类增塑剂对人有低毒性

在环境和健康意识日益提高的今天，胶黏剂的生产与使用的环保问题越来越受到人们的重视。我们绝不能以牺牲环境和危害健康为代价而换取经济的一时增长，无论是胶黏剂的生产单位，还是使用单位，都必须增强环保意识，采取必要的措施。

①发展环保型胶黏剂。为了避免污染环境和破坏生态，发展低污染或无污染的环保型胶黏剂势在必行。所谓环保型绿色胶黏剂，是指

对环境无污染，对人体无毒害，符合"环保、健康、安全"三大要求的胶黏剂。为适应社会及环保的需要，胶黏剂的品种应加速更新换代，其发展方向是水性化、固体化、无溶剂化、低毒化。

②采用先进的清洁生产新工艺。在胶黏剂配制和生产过程中不使用有毒原料，如甲醛、氯化溶剂、芳香烃溶剂、有毒重金属填料等。清洁生产新工艺能实现经济效益和环境效益的统一，生产环境友好的胶黏剂。

③完善环保标准法规。解决胶黏剂的环保问题也必须有法律保障，制定胶黏剂的环境质量标准，加强监督，严格管理，不达标者不准生产、不准销售，限制"三苯"胶的生产与使用，限制"三醛"胶的游离甲醛含量，限制有害气体的排放量，限制氯化溶剂的使用。

20 胶黏剂的应用领域及其世界格局

目前，欧洲和美国都把胶黏剂市场细分为胶黏剂（Adhesive）和密封剂（Sealant，中国称密封胶）两个市场，行业协会的名称中也包括胶黏剂和密封剂，如欧洲胶黏剂和密封剂制造商协会（FEICA），美国胶粘剂与密封剂委员会（ASC，the Adhesive and Sealant Council）。欧美胶黏剂和密封剂技术分类与应用领域分别见以下两表。

胶黏剂与密封剂技术分类

胶黏剂	密封剂
（1）天然聚合物型 　• 植物　• 蛋白质　• 动物 （2）聚合物分散体/乳液 　• 聚乙酸乙烯 　• 乙烯-乙酸乙烯 　• 丙烯酸　　　• 丁苯橡胶 　• 聚氨酯　　　• 天然乳胶 （3）热熔型（包括湿固化） 　• 聚烯烃 　• 乙烯-乙酸乙烯 　• 聚酰胺　　　• 饱和聚酯 　• 苯乙烯嵌段共聚物 　• 聚氨酯　　　• 丙烯酸 （4）溶剂型 　• 天然/合成橡胶 　• 聚氯丁二烯 　• 聚氨酯　　　• 丙烯酸 　• 有机硅 （5）反应型 　• 环氧型　　　• 聚氨酯 　• 不饱和聚酯　• 丙烯酸 　• 甲醛缩聚物 （6）水基型 　• 聚乙烯醇 　• 乙基纤维素 　• 羧甲基纤维素 　• 甲基纤维素 　• 聚乙烯吡咯烷酮 　• 其他（如聚乙烯甲醚）	（1）油基填缝剂 （2）丙烯酸酯胶乳密封剂 （3）聚乙酸乙烯填缝剂 （4）溶剂型丙烯酸酯 （5）丁基密封胶 　• 溶剂挥发 PIB 　• 预成型聚异丁烯胶带 　• 热应型聚异丁烯密封剂 　• 枪式喷涂料、泵式喷涂料 　• 反应型聚异丁烯密封剂 （6）聚硫化合物 　• 单组分和双组分系统 （7）聚氨酯类 　• 单组分和双组分 （8）聚硅氧烷化合物类 　• 单组分和双组分系统 　• 液态密封剂和泡沫密封胶 （9）硅烷改性聚合物 　• "SPUR" 单组分和双组分系统 　• 反应型热熔胶、密封剂和泡沫 　　密封胶 　• "MS" 聚合物 　• "SiPiB" 聚合物 　• 聚脲主链 （10）其他 　• 沥青 　• PVC 糊树脂密封胶

胶黏剂与密封剂的应用领域

胶黏剂的应用领域	密封剂的应用领域
（1）纸、板及相关产品 • 加工／包装 • 干式＆湿式复合材料 • 高光装饰图案复合板 • 装订、印刷行业 • 无纺织物　　• 压敏胶产品 （2）交通运输 • 客车／轻型卡车 • 修理和维护　　• 卡车、汽车 • 自行车、摩托和休闲车辆 • 航空航天　　• 铁路 • 造船和海洋用 （3）制鞋与皮革 • 制鞋　　　　• 皮革制品 （4）民用消费（零售） （5）建筑／土建工程 • 现场应用　　• 民用工程 • 工厂装配部件　• 装配式移动房 • 热绝缘材料、幕墙板等 （6）木工 • 家具制造　　• 橱柜制造 • 窗框、门制造　• 室内装修 （7）装配作业 • 夹芯板　　　• 仪表和电器／电子 • 暖通空调　　• 织物／服装 • 医疗应用　　• 运动器械和玩具 • 研磨材料、过滤设备 • 新能源装备	（1）交通运输 • 客车／轻型卡车 • 卡车、巴士、拖车 • 修理＆维护（售后） • 商用和休闲用船只 • 航空航天 • 铁路 • 船舶 （2）消费／自用（零售） • 家用 （3）建筑行业 • 建筑／装修 • 制造和养护 • 隔热玻璃／玻璃制品 • 民用工程、基础设施 （4）装配作业 • 家用电器 • 电子设备 • 金属机壳和外罩

　　胶黏剂是指能将至少两个表面持久有力地连接在一起的物质，密封剂是指能将至少两个表面连接在一起，同时为充满其间的空间形成屏障或保护层。胶黏剂和密封剂的组成相似，而且其生产工艺、施工工艺、应用领域、粘接与失效机理也相似。因此，胶黏剂和密封剂通常放在一起讨论。

　　与世界经济的格局一样，目前世界胶黏剂和密封剂行业格局也可划分为北美、西欧、亚太三大板块，其余地区可以划归其他地区。据不完全统计，2015 年全球胶黏剂、密封剂总销量约为 1780 万吨，其中北美 380 万吨，占比约 21%；西欧 342 万吨，占比约 19%；亚太 888 万吨，占比约 51%；其他地区 168 万吨，占比约 9%。而 2015 年全球胶黏剂、密封剂总销售额约为 480 亿美元，其中北美 135 亿美元，占比约 28%；西欧 125 亿美元，占比约 26%；亚太 187 亿美元，占比约 39%；其他 33 亿美元，占比约 7%。各地区胶黏剂、密封剂销售量和销售额占比见下图。

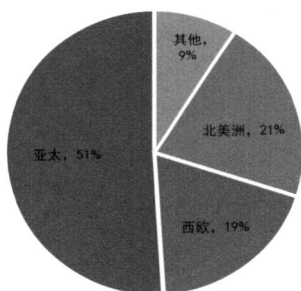

全球胶黏剂/密封剂各地区销售量占比

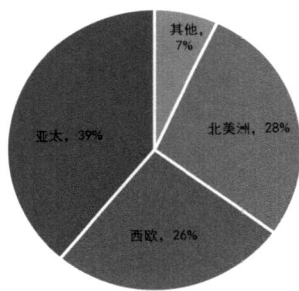

全球胶黏剂/密封剂各地区销售额占比

全球胶黏剂、密封剂用量最大的是水基胶黏剂，其次是热熔胶，各类胶黏剂、密封剂占比见下图。全球胶黏剂、密封剂用量最大的行业是建筑业，其次是包装市场，各类胶黏剂、密封剂各应用领域占比见下图。

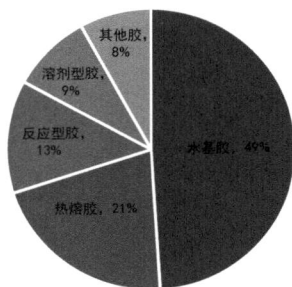

全球各类胶销售量占比

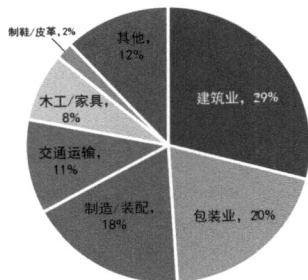

全球胶黏剂/密封剂行业销售量占比

据中国胶粘剂和胶粘带工业协会统计，2015 年，中国胶黏剂（含密封胶）的销量为 687 万吨，约占世界胶黏剂、密封剂总销量的 39%。中国胶黏剂、密封剂的销售额为 844 亿元，约占世界胶黏剂、密封剂总销售额的 26%。可见，中国胶黏剂（含密封胶）与北美、西欧相比，附加值较低。中国胶黏剂（含密封胶）用量最大的是水基胶黏剂，其次是反应型胶黏剂，各类胶黏剂（含密封胶）占比见下图。中国胶黏剂（含密封胶）用量最大的行业是包装业，其次是建筑业，各类胶黏剂、密封剂各应用领域占比见下图。

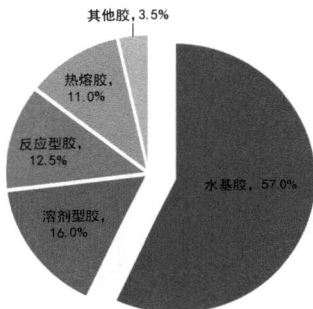

中国各类胶黏剂/密封剂销售量占比

其他胶, 3.5%
热熔胶, 11.0%
反应型胶, 12.5%
溶剂型胶, 16.0%
水基胶, 57.0%

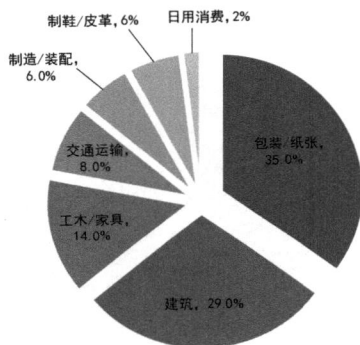

中国胶黏剂/密封剂各行业销售量占比

制鞋/皮革, 6%
日用消费, 2%
制造/装配, 6.0%
交通运输, 8.0%
工木/家具, 14.0%
包装/纸张, 35.0%
建筑, 29.0%

第二篇

Chapter two

中国胶黏剂发展回眸

21　如胶似漆：中国古代胶黏剂历史故事

　　早期，人类受到自然界粘接现象的启发，开始使用天然胶黏剂，如淀粉、松脂、血胶、骨胶、天然沥青、石灰等。我国是世界上应用胶黏剂和粘接技术最早的国家之一。4000多年前，我国就利用生漆作涂料和胶黏剂制作漆器。生漆是我国的特产，也称"中国漆"，它是由天然漆树分泌出来的黏性液体。《禹贡·夏书》记载："兖州，厥贡漆丝。"可见，生漆与丝绸齐名，同为我国古代的贡品。有个成语叫"如胶似漆"，胶和漆密不可分，胶黏剂和涂料（油漆、油墨）许多时候采用类似的原材料制成，使用时都必须具备对物件较强的附着力。用松烟和胶黏剂制成墨块是我国的独有技术，大约在公元3世纪，我国以松烟和动物胶等为原料制成松烟墨，作为书画所用的黑色颜料。《齐民要术》"笔墨第九十一"对墨块的制作有详细说明："墨屑一斤，以好胶五两，浸……皮汁中。"清华大学化工学院赵世琦教授说过一句很有意思的话："粘两面的是胶黏剂，粘一面的是涂料（油漆、油墨）。"这很好地说明了胶黏剂与涂料的关系。

　　"如胶似漆"一词最早出现在《诗经》中，意思是"如同胶和漆黏合性很强的物质，若粘接在一起，就不可分离"，比喻两种事物或两个人的关系亲密、难舍难分。《古诗十九首·客从远方来》中有诗句："以胶投漆中，谁能别离此。""如胶似漆"这个成语的使用频率很高，但人们并不一定知道胶和漆这两样物质的发明对世界文明的贡献。科学史家李约瑟说过："漆器可能是人类所知最古老的工业塑料。"

　　我国古代的胶和漆都是天然材料，胶是由动物的皮等经过熬制而产生的，漆却是从树上采割来的，漆来自漆树的分泌液。我们祖先很早就发现了漆树自然分泌的树汁干燥固化后能形成坚硬光亮的涂层，于是开始使用这种天然涂料保护和装饰木器、陶器等许多器具，并且逐渐开始种植漆树。春秋战国时代，漆树已经被大量栽培。庄子曾官至漆园吏，就是说做过掌管漆树园的官吏，当时战国各国都有官营的漆园。

　　古人发现，生漆不仅具有涂饰的保护作用，而且还有较强的黏合能力，这个黏合性特点和胶很相像，所以文人才会创造出"如胶似漆"这样的比喻。早在商代，人们就利用生漆的这一特性，将金银珠玉镶嵌在漆器上，到战国时期发展到把金属构件和漆器粘接在一起，使漆器更加坚固耐用。后来还把金银薄片镂刻成各种图案的花片，或者把贝壳磨制成人物花鸟等图案，用胶漆粘贴于胎体表面，再上漆若干道，然后打磨，使闪闪发光的金银贝壳等花纹在器物表面形成华美的装饰（见右图）。

胶，繁体字"膠"，字从肉从翏。"肉"意为"肉汁样的"，"翏"意为"合并""结合"。"肉"与"翏"联合起来表示"肉质样的胶黏剂"，指用动物的皮、角制成的能黏合器物的东西。古代人类还发现某些植物具有天然黏性，例如橡胶、树胶等。广义来说，黏土、石灰也具有胶的作用，它们应该才是最早的"胶黏剂"。早些年我们都用过的浆糊也是最原始的胶水，浆糊的制作很简单，将面粉或米浆混合加热后即可熬制成浆糊。

古代真正被称为胶的应该是动物胶。早在三千多年前的中国，人们就用动物皮、角、骨来熬制骨胶、牛皮胶等，用来黏合各种物件。本书开篇讲述了一个"煎胶续弦"的故事：汉朝东方朔所著的《海内十洲记》记载，天汉三年（公元前98年），汉武帝深山猎虎，由于力大如神，加之用力过猛，"嘣"的一声，居然将祖传宝弓的弓弦拉断，汉武帝看着断弦，心中不悦。方士李少君便献上了一种"神胶"，将宝弓的断弦粘好，汉武帝将粘好的宝弓用力拉开，与原来的居然没有什么区别，特地重奖方士李少君。这种神胶因此名声大震，并得名"续弦胶"，这种神胶其实就是动物胶。

我国的一些古代书籍中，对胶黏剂的制造与使用有详细的记载。古代化学专著如东汉魏伯阳的《周易参同契》与东晋葛洪的《抱朴子·内篇》都涉及了胶黏剂的制造。北魏贾思勰的《齐民要术》虽是农书，但对制笔、保护书籍、修理房屋等使用胶黏剂的过程与煮制动物胶的方法却做了专门的叙述。明朝宋应星的《天工开物》记述了我国农业与手工业的生产技术，其中包括胶黏剂的制造和大量的应用经验。

《帝王世纪》之"胶船"中记载了楚国人把不耐水的胶制成的船

只献给周王朝的军队从而获胜的故事："昭王南征济于汉，汉江人恶之，以胶船进王，王御船至中流，胶液船解，王及祭公俱没于水中。"周昭王十六年，约在公元前980年，周昭王为了教训已经不再顺从自己的楚国，亲领大军讨伐楚国，周军势如破竹，所向披靡。周王朝大获全胜，胜利班师还朝。三年之后，也就是公元前977年，周昭王十九年，深受伐楚之战的鼓舞，周昭王为了彻底打垮楚国，将其消灭殆尽，再次率军南下伐楚。周昭王此次率六军伐楚，举全国之兵而为。周昭王踌躇满志，志在必得，结果却事与愿违。楚国已经从上次的惨败中吸取了教训。他们知道，面对强大的周王朝，硬拼是绝对不行的，要取胜，唯有智取。周昭王北兵南下，为汉水所阻，四处征调船只渡河，早已依计用事的楚人假装民夫，将大批用树胶粘接的船只献给了周军。周军用征调而来的船只渡河，船行进到了河的中间，树胶溶解，船板分散，许多士兵掉入水中，北方人大都不识水性，不会游泳，基本上都溺水而亡。周昭王虽贵为天子，身为统率，也落入水中，魂丧汉水。

《齐民要术》的"燔石"篇对石灰密封舟船做了介绍："凡灰用以固舟缝……"《天工开物》"燔石第十一"更详细介绍了石灰及其添加物在建筑、舟船中的应用："凡石灰经火焚炼为用。成质之后，入水永劫不坏。亿万舟楫，亿万垣墙，窒隙防淫，是必由之……凡灰用以固舟缝，则桐油、鱼油调，厚绢、细罗和油杵千下塞舱。用以砌墙、石，则筛去石块，水调黏合。甃墁则仍用油、灰。用以垩墙壁，则澄过，入纸筋涂墁……"

我国在4000年前就开始烧制石灰，以此黏固土石建造房舍与桥梁。举世闻名的万里长城也是用石灰、糯米糊等混合调配的胶黏剂把无数的石块粘接起来而建成的，这种无机-有机混合胶，强度高，防腐，经久不坏。以糯米灰浆为代表的传统灰浆是中国古代的重大发明之一。考古学的证据表明，西周（公元前1046～公元前771年）中晚期的建筑遗址中，石灰已经广泛用于柱基处理、增强地基、屋顶面处理等。东周时期已经使用石灰修筑陵墓。据《左传》记载："成公二年（公元前635年）八月宋文公卒始厚葬用蜃灰"。蜃灰就是用蛤壳烧制而成的石灰。秦汉以后，石灰材料的使用更为广泛。秦（公元前221～公元前206年）咸阳宫殿遗址的地面是用猪血、石灰、料姜石拌和抹成，呈暗红色，表面光滑美观，具有防潮装饰作用。西汉（公元前206～公元8年）以后的墓葬中也多有石灰使用。石灰或用作壁画地仗层，或用作墓室四壁罩白，或用于墓门密封，或用作棺底的灰衬。值得一提的是，我国至少在西汉早期就已经使用类似于后世称为"三合土"（石灰、黄土和砂子）的石灰混合材料了。东晋十六国时期（317～420年），北燕用"三合土"构筑墓葬，大夏用"三合土"修筑其都城"统万城"。北宋科学家沈括在亲自踏勘统万城之后，在《梦溪笔谈》中写道："赫连城紧密如石"。

至少不晚于南北朝时期（386～589年），以糯米灰浆为代表的中国传统灰浆已经成为比较成熟的技术。成书于明朝的《天工开物》对糯米灰浆的组成、制作方法和性能都有详细记载："灰一分入河砂，黄土二分，用糯米、羊桃藤汁和匀，经筑坚固，永不隳坏，名曰三合土"。这种加入糯米汁的三合土，即糯米灰浆，有强度大、韧性好、防渗性能好等优点，它的出现使建筑胶凝材料的粘接性有了质的飞跃，代表了我国古代石灰基胶黏剂的最高成就。后世对糯米灰浆的评价很高，宋代江修复在《邻几杂志》中说它"其坚如石"。

糯米石灰浆的使用，使建筑的稳固性有了历史性的突破。经现代分析技术检测，糯米灰浆粘接性能优良，堪比现代水泥。除糯米浆外，植物汁液，如杨桃藤汁、蓼叶汁和白及浆等，蛋清和动物血等在建筑灰浆中也有使用；另外用桐油或鱼油拌和石灰制作的油灰在建筑物、木结构和船舶等方面也有十分广泛的应用和悠久的历史。

欧洲古代使用的建筑灰浆全是无机材料，而添加了糯米汁、杨桃藤汁或桐油的中国传统灰浆则明显是一种有机/无机复合材料。以糯米灰浆为代表的中国传统灰浆在粘接性、韧性和防渗性等方面明显好于纯无机灰浆。中国由于糯米灰浆等有机/无机复合胶凝材料的发明而比西方技高一筹。糯米灰浆强度大，韧性强，防渗性能好，且"其坚如石"。如南京明代徐埔夫妇墓系用糯米灰浆浇筑，坚固异常。1978年发掘时推土机也无可奈何，还搞坏了不少钢钎、铁锹。始建于隋开皇年间，重修于宋建炎二年的台州国清寺塔，使用糯米灰浆为砌筑砂浆，异常坚固。唐代开元寺石经幢的粘接材料也是糯米灰浆，建于唐宋的泉州古塔、寺、桥的抗震性能好，能抵御1604年的7.5级大地震，这和使用糯米灰浆作胶黏剂是分不开的。湖北当阳玉泉铁塔，北宋嘉祐6年（公元1061年）铸造，塔基底部青石板之间用糯米灰浆封实。河南登封少林寺墓塔群中的几座宋塔、明塔，对其砌筑的胶泥标本进行"碘 - 淀粉"试验，也发现沉淀物中有糯米淀粉存在。始建于元代至大年间的上海嘉定法华塔，其地基砖用糯米浆白灰泥勾缝。最让人称奇的是重庆荣昌县包河镇的一座清代石塔，该塔已有 300 余年，高 10m，倾斜度达 45°，却至今未倒塌。该塔也是采用了糯米灰浆为黏合材料，这种糯米灰浆粘接材料的韧性竟比现代水泥还要好。

压敏胶带起源于我国公元前 160 年的西汉时期，在《草药补遗》《黄帝内经》等书籍中均记载着治疗伤痛的膏药贴布之物，这应该是最早的压敏胶制品。而用草药与松脂、动物胶熬制的药膏应该是压敏胶的雏形，膏药制品在中医界一直延续至今。

用胶黏剂粘接书刊本册的方法，在我国已有一千多年历史。早在公元 868 年所加工的卷轴装《金刚经》就完全是用胶黏剂装订成卷册的，最初人们主要用鳔胶、淀粉浆糊、松香等作为胶黏剂。

《天工开物》乃服第二："凡糊用面觔内小粉为质。纱罗所必用，绫绸或用或不用。其染纱不存素质者，用牛胶水为之，名曰清胶纱。糊浆承于筘上，推移染透，推移就干。"说明了淀粉胶在服装上浆中的应用。

《天工开物》舟车第九："凡船板合隙缝，以白麻斫絮为筋，钝凿扱入，然后筛过细石灰，和桐油春杵成团调舱。"说明桐油拌石灰制成的胶泥在舟船密封中的应用。

《天工开物》"佳兵第十五 —— 弧矢"："凡胶乃鱼脬、杂肠所为，煎治多属宁国郡，其东海石首鱼，浙中以造白鲞者，取其脬为胶，坚固过于金铁。北边取海鱼脬煎成，坚固与中华无异，种性则别也。天生数物，缺一而良弓不成，非偶然也。"这里的"胶"指的是制造弓箭所用的鳔胶，看来当时胶的质量很好，强度竟然可以与金属相比，是造弓不可或缺的材料。

"凡箭笴，中国南方竹质，北方萑柳质，北边桦质，随方不一。竿长二尺，镞长一寸，其大端也。凡竹箭削竹四条或三条，以胶粘合，过刀光削而圆成之。"翻译成现代汉语是说："箭杆的用料各地不尽相同，我国南方用竹，北方使用薄柳木，北方少数民族则用桦木。箭杆长二尺（1 尺 =33.3cm），箭头长一寸（1 寸 =3.3cm），这是一般的规格。做竹箭时，削竹三四条并用胶黏合，再用刀削圆刮光。"看来胶也是制箭不可缺少的材料。

22 1958 年：中国合成胶黏剂工业元年

为什么说 1958 年是中国合成胶黏剂工业元年呢？我认为有以下几个理由：① 1958 年以前，中国使用的胶黏剂都是天然胶黏剂，即使使用一些合成胶黏剂，也是进口的或者是实验室合成的，而且量很少；②我国最早的合成胶黏剂酚醛树脂和脲醛树脂胶黏剂于 1958 年开始工业化生产，广泛用于木材加工；③合成胶黏剂所用的原材料如有机硅树脂、环氧树脂、氯丁橡胶于 1958 年开始规模化生产，为以后胶黏剂的开发与工业化生产打下了基础。

20 世纪 50 年代以前，中国使用的大都是天然胶黏剂。20 世纪 20 年代，上海建立了上海明胶厂，但只生产皮胶；同时，济南、青岛建立了骨粉厂，以后又从骨粉中提取骨胶。1932 年，济南建立了第一个骨胶厂。1935 年，上海开始生产明胶。到 50 年代初，全国共有 7 家工厂生产动物胶，合计生产能力 2500 吨 / 年。

酚醛树脂在 20 世纪 30 ～ 40 年代我国就有生产，但主要用于塑料加工，产量也很低。1952 年，锦西化工厂磺化法生产苯酚生产装置建成；1956 年，吉林化学公司甲醛生产装置建成；1958 年，中国开始规模化生产酚醛树脂胶黏剂。1948 年，上海扬子木材厂从美国进口脲醛树脂用于胶合板生产。1957 年，林业部森林工业科学研究所与化学工业部北京化工研究院、第一机械工业部庆阳化工厂、长春胶合板厂及哈尔滨香坊木材加工厂等单位协作，开始进行尿素 - 甲醛胶黏剂的研制，1958 年投入工业化生产，广泛用于木材加工。

1951 年，因朝鲜战争之需，原重工业部北京化工试验所建立有机硅研究组，开展有机硅树脂的研制。1957 年，沈阳化工研究院建立我国第一个有机硅车间 —— 硅树脂涂料中试车间，标志着中国有机硅工业的开端；1958 年，林一先生在中科院化学研究所建立了有机硅研究室。同年，中科院兰州化学物理研究所成立有机硅研究室。1957 年前后，苏联有机硅专家马丁洛夫来华讲学，南开大学周秀中、武汉大学卓仁禧、南京大学周庆立和山东大学杜作栋等人参加了学习，之后在各自的学校成立了研究室。1958 年 9 月 12 日，毛泽东主席视察武汉大学化工厂。

1954 年，沈阳化工综合研究院（沈阳化工研究院前身）首先从原料开始，进行了环氧树脂的研制，并于 1956 年研制成功；1958 年，环氧树脂在上海树脂厂、无锡树脂厂投入生产。1957年，天津市合成材料工业研究所成立，开始低分子聚酰胺环氧树脂固化剂的研究。

1958年，国家科委和化工部在沈阳召开了"有机硅与环氧树脂现场推广会"，向全国多家树脂厂、油漆厂、绝缘材料厂推广有机硅和环氧树脂技术。

1950年，世界上只有美国、苏联、德国等为数不多的国家掌握合成橡胶生产技术。为了掌握这门技术，重工业部1951年派出武冠英、吴嘉祥、吴金城等技术人员赴苏联学习合成橡胶专业。1951年，东北科学院（中科院长春应用化学研究所前身）在实验室制得以乙炔为原料的氯丁橡胶。1953年，该院在日产20kg的100L聚合釜扩试装置上制得通用型和苯溶型两种氯丁橡胶。1955年后沈阳化工试验所（沈阳化工研究院的前身）继续进行了氯丁橡胶和聚硫橡胶工业化开发研究。1957年7月，氯丁橡胶生产装置由长春迁往四川长寿，同年12月落成投产。随后，经过不断改进，长寿化工厂于1958年10月建成年产2000t的氯丁橡胶车间，标志着中国合成橡胶工业的起步。

1953年至1959年期间，苏联援助中国新建改建156个项目，有化工项目14项，其中包括兰州合成橡胶厂，1956年兰州合成橡胶厂开始建设，设计年产丁苯橡胶1.35万吨，丁腈橡胶0.15万吨，聚苯乙烯0.1万吨。1958年，聚氯乙烯在锦西化工厂投入生产，聚甲基丙烯酸甲酯树脂在上海珊瑚化工厂投入生产。

1958年，脲醛胶黏剂投入工业化生产，同时合成胶黏剂所用的许多原材料开始工业化生产，为中国合成胶黏剂的发展打下了基础。因此，1958年是中国合成胶黏剂工业元年。

23 20世纪60年代：艰难起步，众志成城

中国胶黏剂基础薄弱，以美国为首的西方国家对中国进行技术封锁，向"苏联老大哥"学习就成了必然。20世纪50年代，苏联向中国提供了一些胶黏剂配方，中国开始研制相关胶黏剂产品。20世纪60年代初，中苏关系破裂，中国胶黏剂的研究步履艰难。20世纪60年代，中国胶黏剂的研究主要是从军工需求出发的。

1960年，中国研制歼击机需要结构胶，中科院、国家科委、航空部决定把航空结构胶的研制任务交给中科院长春应用化学研究所。20世纪60年代初，王致禄、黄应昌等人首先设计合成了酚醛-丁腈接枝共聚物，研制成功耐高温有孔蜂窝结构胶J-01，用于某歼击型战斗机粘接有孔蜂窝结构操纵舵面，为我国歼击机开创了以粘接结构代替铆接结构的先例，填补了我国航空结构胶黏剂的空白。1962年，中国科学院东北石油化学研究所（黑龙江省科学院石油化学研究院前身）在哈尔滨成立，王致禄、黄应昌等人转入黑龙江石油化学研究所继续从事胶黏剂方面的研究。在王致禄先生的主导下，陆续研制出J-02、J-03、J-04、J-05等结构胶黏剂。1967年，黄应昌、陆企亭等人研制出J-06中温应变胶，用于航空等设计中的应力测试。石化所研制的产品陆续于1965～1969年通过鉴定，转入哈尔滨油漆厂生产。

中国科学院化学研究所成立于1956年，是由上海有机化学研究所部分迁京而成的。1962年，葛增蓓等人首先在实验室合成了α-氰基丙烯酸乙酯，并于1964年以产品名称为KH-502投放市场，502胶从此诞生。1965年，葛增蓓又合成了α-氰基丙烯酸甲酯，命名为KH-501。KH-501、KH-502产品于1965年转入辽宁盖县化工厂生产。1964年，余云照在化学所读研究生期间，参加了"有机硅耐高温胶黏剂研制"课题，毕业后留所工作。1966年，刚开始在中国科学院化学研究所工作的杨玉昆参加了当时国防军工迫切需要的"高温点焊胶"研制工作"大会战"，王葆仁（我国高分子化学的开拓者，当时是化学所副所长）组织攻关，由卢凤才、葛增蓓、杨玉昆、余云照等组成攻关小组，研制成功了有机硅高温点焊胶黏剂，在我国的飞机制造工业中得到了应用。1966年5月，KH-505有机硅高温胶黏剂、KH-509酚醛环氧胶通过技术鉴定。之后，廖增坤、余云照、金士久、李宗禹、

王百更等人还研制出多款环氧树脂胶黏剂，如 KH-511、KH-514 环氧结构胶、KH-520、KH-223、KH-225 环氧胶黏剂等。20 世纪 60 年代，印刷毛主席著作是很重要的大事，当时采用的是德国进口的海德堡印刷机。海德堡印刷机需要将印刷版粘贴在印刷辊筒上印刷，其中的粘贴问题需要从德国进口大量双面压敏型胶纸来解决。为研制出我国自己的胶纸而替代进口，国家新闻出版局下达任务给北京中国印刷技术研究所和中国科学院化学研究所。经过 1 年多的集体攻关，以朱善浓、李培基、吕凤亭共同研制成功的双面印刷版粘贴用压敏型胶纸成功应用于海德堡印刷机。1968 年，中国与苏联在珍宝岛发生军事冲突，包敷当时用来打坦克的手执火箭炮的炮弹中的柱形火药需要用亚麻布基材的双面压敏胶黏带包覆（苏联工艺），而这项急迫的双面压敏胶黏带研制任务下达到北京粘合剂厂，吕凤亭接受了此项军工任务并且调到北京粘合剂厂工作。接到任务后，吕凤亭夜以继日的工作，不到半年时间就完成了任务，满足了军队所需。

航空部 621 所（航空材料研究院前身）1956 年 5 月成立，研究所的前身是第二机械工业部第六研究所。1961 年，621 所研制成功 SY-5 丙烯酸酯胶；1963 年，郑瑞琪、赖士洪等人研制成功 SY-7 胶，是国内用于飞机成批生产的有孔蜂窝结构胶。1969 年研制成功 SY-10 胶棒和 SY-32 胶（膜）。同时，密封胶组曹寿德、马启元、张德恒、胡少枝、聂清武等人，研制出 XM-1/XM-15/XM-16 系列聚硫密封胶。621 所研制的胶黏剂大都转入沈阳油漆厂生产。

上海市合成树脂研究所成立于 1961 年 5 月，最初以军工配套试制服务为方向，研究所在成立之初，王澍等人就开始了聚氨酯胶黏剂的研究，研制的产品在上海新光化工厂投入生产，最早的牌号是铁锚 101 聚氨酯胶黏剂。1965 年，上海市合成树脂研究所正式设立了胶黏剂研究大组，全面启动胶黏剂的研发和小试，从事胶黏剂研究的有 30 余人，科研成果不断涌现。1969 年以前，上海市合成树脂研究所已经研制出丙烯酸酯胶黏剂（BS-1、BS-2、BS-3）、酚醛 - 缩醛结构胶黏剂（FSC-1、FSC-2、FSC-3）、尼龙型胶黏剂（GXA-2）、聚氨酯胶黏剂（AZ-1、AZ-2）、环氧胶黏剂（E-1 ～ E-7）、导电胶黏剂（DAD-1 ～ DAD-6）、聚酰亚胺耐高温胶黏剂、ER- 压敏胶、高分子液态密封胶、塑料胶黏剂等胶种，可谓是硕果累累。

上海橡胶制品研究所成立于 1960 年 4 月,它的前身是中国橡胶厂,是我国较早从事胶黏剂研究的单位之一。上海橡胶制品研究所最早的胶黏剂研究是从 1963 年 4 月开始的,周木英等人经过近两年的研制,于 1965 年 3 月研制成功所里第一款胶黏剂产品 JX-1 橡胶树脂复合胶黏剂。此后,1965 ~ 1969 年期间,上海橡胶制品研究所相继研制出 JX-1~JX-10 橡胶树脂复合胶黏剂,JG-1、JG-2 有机硅胶黏剂,GT-1、GT-2 有机硅灌封胶,GPS-1、GPS-2、GPS-3 有机硅胶黏剂,D01 耐低温胶黏剂、JN-2(1101)氯磺化聚乙烯腻子等产品。上海橡胶制品研究所研制的部分产品转入上海新光化工厂、上海制笔零件三厂等单位生产。

20 世纪 60 年代初,天津市合成材料工业研究所朱佐栋、刘静娴等人研发成功低分子聚酰胺,并转入天津延安化工厂生产,用作环氧树脂固化剂;随后,柴润良、柏孝达等人研发成功不饱和聚酯胶黏剂,用于玻璃钢制造。

在 20 世纪 60 年代初期,山东化工厂为解决炮弹架橡胶与金属的粘接,刘慎和等人研制出 FN-303 胶黏剂,FN-303 是由通用型氯丁橡胶混合物与对叔丁基酚醛树脂进行溶解加工而制成的一种产品,初期是专为军工方面的使用而试制,而后逐步扩展到刚性较强的材料(如钢、铝、水泥制品等)之间以及帆布、橡皮、皮革等之间的粘接。

兵器部五三所最早属于山东化工厂研究所,1960 年独立成立五三所。1961 年,吴崇光、孙维斤、王毅等人为解决部队野外修理问题,开始研究室温固化环氧胶。1964 年,研制成功 6401 和 6402 环氧胶;1965 年,研制成功 6501 室温固化环氧胶;1966 年,研制成功 6601 橡胶改性环氧胶和 66-04 改性环氧胶。1968 年,为解决 20 年大庆阅兵坦克履带、负重轮挂胶问题,吴崇光等人研制成功 69-01 坦克履带挂胶胶黏剂,1969 年投入生产。

1962 年 12 月,哈尔滨军事工程学院贺孝先研制成功磷酸 - 氧化铜无机胶,成功用于陶瓷刀片和硬质合金刀头的粘接,解决了难加工钢材的问题。1965 年 8 月,在哈尔滨召开了"第一次全国无机粘接经验交流会",200 余名代表出席会议,无机胶应用在全国全面铺开。

20 世纪 60 年代,沈阳化工研究院黄文润、韩淑玉等就开始室温硫化硅橡胶的基础胶料(现在的商品名称为 107 胶)的研发。最初开发的室温硫化硅橡胶是双组分的，是将端羟基聚二甲基硅氧烷与交联剂如正硅酸乙酯在有机锡催化作用下交联成硅橡胶。鉴于双组分室温硫化硅橡胶使用不便，黄文润、孟繁国等人在 20 世纪 60 年代末又开发出了单组分室温硫化硅橡胶。

1964 年，中国林业科学研究院木材研究所吕时铎研制成功 NQ64 脲醛树脂胶，进一步提高了胶接质量及降低游离甲醛含量，而后在全国进行推广，并与上海扬子木材厂及上海轻工研究所协作研究成功装饰贴面板浸渍用三聚氰胺树脂及胶压工艺，使纸质装饰贴面板质量大为提高。

我国乙酸乙烯和聚乙烯醇的生产始于 20 世纪 60 年代初期最早由天津有机化工实验厂试产，1965 年在吉林四平联合化工厂建成千吨级生产装置。1965 年 8 月，北京有机化工厂引进日本的技术和装置建成万吨级生产装置。中央对这项工程十分重视，周恩来总理亲自指挥，中日友协会长廖承志、国家计委主任柴树藩、化工部副部长张珍、北京市副市长万里直接领导，抽调了全国最强的化工工程技术人员及施工队伍参加建设。

以上事实可以看出，20 世纪 60 年代，我国胶黏剂研发可谓是艰难起步，但取得了惊人的成就。

24 J-01 结构胶和 101 聚氨酯胶诞生记

J-01 结构胶和 101 聚氨酯胶是我国最早研制的两个合成胶黏剂品种，让我们了解一下这两种胶研制背后的故事。

J-01 结构胶的研制者是王致禄等人，作者于 2016 年 9 月 10 日拜访了王致禄先生，时年老先生已是 88 岁高龄。王老回忆说："1958 年，长春中国一汽要生产 250 辆解放牌卡车，当时刹车片用传统的铆接方法合不上，厂里非常着急，于是找到了我们中科院长春应化所高分子所，看看能否用胶黏剂粘接。我与丁开爽一起接受了研制任务，从此开始了胶黏剂的研究。"当年应化所没有胶黏剂实验室，他们俩就在地下室搞起了研究，他们采用的是丁腈橡胶和聚乙烯醇缩醛增韧酚醛树脂的技术路线，经过 1 年多的努力，刹车片结构胶研制成功，为一汽解决了技术难题。王老接着回忆道："一个偶然的机会，我把经过改进的汽车刹车片胶用在了飞机的结构粘接上。"根据航空部规划，"歼 8"战斗机某些部件要用耐温 210℃ 的结构胶粘接，研制任务本来是由航空部某研究所承担的，可是该研究所没能按时完成计划。王老继续说道："在 1960 年前后，由航空部工艺所配合，将我们研制的汽车刹车片用的耐温 210℃ 结构胶，经过半年多的探索与改进，最终成功用于'歼 8'战斗机胶接结构中。"1962 年，王致禄、黄应昌转入黑龙江石油化工研究所工作，对这款结构胶进行了完善，后来被命名为"J-01 耐高温有孔蜂窝结构胶"。J-01 用于"歼 8"战斗机，粘接有孔蜂窝结构操纵舵面，为我国歼击机开创了以胶接结构代替铆接结构的先例，大大减轻了结构重量，使飞机高空高速性能接近了世界先进水平。后来 J-01 结构胶用于"歼 8"水平尾翼、副翼等 9 个零部件的粘接，使"歼 8"成功上天。J-01 结构胶填补了我国航空结构胶黏剂的空白，满足了高速歼击机对胶接蜂窝结构的性能要求，从此胶接结构在我国各种飞机上推广应用，在航天领域也得到了迅速推广，为提高武器装备性能做出了贡献，J-01 结构胶于 1965 年获国家发明奖。

铁锚 101 聚氨酯胶黏剂最早是王澍、林国光等人于 20 世纪 60 年代初期在上海化工研究院的小试成果，开始称为"乌利当"聚氨酯胶。后来上海化工院并入上海合成树脂研究所，树脂所准备把该成果转产到上海溶剂厂，由于上海溶剂厂不愿意做，后来转到上海新光化工厂，经过反复改进，产品最后定型为"铁锚"101聚氨酯胶黏剂。

1965年，朱世雄（后来曾任上海新光技术厂厂长、上海化工局副局长等职务）从上海科大毕业分配到上海新光化工厂工作。看到这个又破又旧的小厂，他于心不甘，就去上级公司找到了当时的经理谭竹洲（后来曾任上海化工局局长、化工部副部长）并提出搞新产品的想法，他的想法得到了上级认同，并当即拨给5000元开发经费，让他与上海合成树脂研究所和上海橡胶制品研究所合作搞胶黏剂。1965年下半年，根据厂部安排，朱世雄去上海溶剂厂接产"乌利当"胶黏剂并负责放大。"乌利当"胶放大时，采用的是一个个2.5L敞口的小铁锅，在油浴中用电热棒加热。将预先合成好的聚酯树脂与计量好的异氰酸酯反应，经眼观、鼻闻、手粘等经验来控制，制得的弹性体倒入含滑石粉的大盘中，经冷却、切割、溶解、过滤制得胶，这就是101聚氨酯胶的雏形。当时生产是工人"三班倒"，不停地做，个个满身都是滑石粉，操作人员都成了"白毛女"。高温下的油浴味混杂着TDI的刺激味，生产环境十分恶劣。为了减轻劳动强度，改善劳动环境，提高生产率，同时提高固化剂的稳定性，1968年，在朱世雄、邵立坡、黄兆稳等的带领下分别对聚氨酯101胶的初期产品甲、乙胶组分进行重大技术革新。甲组分主要由邵立坡、黄兆带领从敞开油加热的"弹性体法"，改革成在不锈钢釜内合成的溶液聚合法，即"溶剂法"，密闭性生产大大改善了环境，也提高了产量。朱世雄则对甲组分树脂合成中的醇酸比例进行了计算和大幅度调整，大大降低了甲组分的成本，并对101胶的乙组分交联剂采用了原料取代，缩短了流程，使原料的纯度和含水量易于控制，大大提高了产品的稳定性，进一步降低了成本。以上这些改革为大生产奠定了坚实的基础，这就是后来定型的铁锚聚氨酯101胶黏剂，也是国内首个工业化生产的聚氨酯胶黏剂。

25 20世纪70年代：自力更生，硕果累累

20世纪70年代，由于中苏关系恶化，加上西方对中国的技术封锁，中国胶黏剂的研究只能立足于自力更生。1970年，北京有机化工厂经过自行设计研究，建成投产了我国第一套聚乙烯醇1788生产装置。1972年，航空部621所"自力-2"无孔蜂窝结构胶黏剂通过技术鉴定，标志着我国自力更生研制胶黏剂取得了重大成果。20世纪70年代，在众多胶黏剂研究单位的努力下，中国胶黏剂的研究取得了重大进展。

航空结构胶。1972年，航空部621所郑瑞琪、赖士洪等人研制成功"自力-2"无孔蜂窝结构胶黏剂。20世纪70年代初期，根据国防工业的要求，黑龙江石油化学研究所王致禄等人研制出耐温350℃高温胶J-08（用于航空仪表中）及耐温450℃高温胶J-09；20世纪70年代中期，为了提高结构胶的耐水性能，黑龙江石油化学研究所又研制出耐湿热老化性能优异的J-15结构胶，成功用于"水轰-5"水上飞机的船舱承力粘接壁板和某歼击机扩散器的粘接中，以及某项核能工程设施中。之后，黑龙江石油化学研究所配合无孔蜂窝工艺的研究，开发出无孔蜂窝结构用改性环氧高温固化结构胶。20世纪70年代末，又开始了中温固化环氧结构胶黏剂的研究。高温固化结构胶方面，黑龙江石油化学研究所在20世纪70年代中后期开发出以双腈胺固化的丁腈橡胶改性酚醛环氧的无孔蜂窝结构胶J-23，用于某直升机、歼击机、运输机的操纵舵面。1978年，上海橡胶制品研究所研制出SF1、SF2航空结构胶。

环氧胶黏剂。1971～1973年，天津合成材料工业研究所李固、王泽洋、白南燕、刘建华等人研制成功HY-910中温固化环氧胶、HY-911常温快固环氧胶、HY-914室温快固环氧胶；1974～1975年，经过改进，研制出HY-911-2常温快固环氧胶、HY-914-2室温快固环氧胶；之后，又研制出HY-916多空材料环氧胶、HY-917环氧抗蠕变胶、YY-921环氧丙烯酸酯胶等产品，还研制出了改性胺、咪唑类、酸酐类系列固化剂。合成材料工业研究所研制的部分产品转入天津延安化工厂生产。中科院广州化学研究所在1974～1975年研制出农机1号、2号胶和常温固化1号胶、2号胶、3号胶，后转入番禺农机二厂生产。1970～1977年，上海市合成树脂研究所先后研制出了E-8耐热环氧胶、

E-9 环氧点焊胶（又称 425 胶）、E-10 环氧结构胶（又称 JW-1）、E-11（又称 SW-2）和 E-12（又称 SW-3）室温环氧胶。西安黄河机器厂夏文干等人于 1970 年研制出 703 环氧胶黏剂，1977 年研制出 778 环氧胶黏剂。晨光化工研究院孙韶瑜等人研制出室温快固环氧胶黏剂。航天部 703 所研制出 HYJ-6、HYJ-12 等环氧胶黏剂。

聚氨酯胶黏剂。 1970 年，解放军后勤部提出要求搞聚氨酯涂层雨衣以取代笨重的橡胶雨衣，上海新光化工厂朱世雄、邵立坡成功开发了 102 聚氨酯涂层胶。之后又开发出铁锚 104 聚氨酯超低温发泡型胶黏剂，用于石化超低温区的管道、设备及冷库、冷藏车的保冷材料——泡沫塑料与金属或泡沫塑料之间的粘接。1971 年，太原化工研究所研制成功聚氨酯胶黏剂。1972 年，中科院广州化学研究所研制成功聚氨酯弹性密封胶。

橡胶型胶黏剂。 1971 年，西北橡胶厂天然橡胶胶黏剂 XY-101、XY-102、XY-103 通过鉴定投入生产；1972 年，北京橡胶工业研究所研制成功氯-甲接枝共聚物胶黏剂。上海橡胶制品研究所研制成功 JX-15、JX-18、JX-19 氯丁胶黏剂。20 世纪 70 年代，丁腈-酚醛胶黏剂、氯丁-酚醛胶黏剂在国内几家橡胶厂投入生产，主要有四川长寿化工厂的 LDN 系列氯丁胶，重庆橡胶厂的 CH-500 系列丁腈-酚醛胶黏剂和 CH-400 系列氯丁-酚醛胶，北京橡胶十二厂的 XY-400 系列氯丁胶黏剂，北京椿树橡胶厂 CX-400 系列氯丁-酚醛胶，西北橡胶厂的 XY-500 系列丁腈-酚醛胶等。

厌氧胶黏剂。 1970 年，杨颖泰在中科院大连化学物理研究所开始厌氧胶方面的研究，经过攻关，1972 年研制成功我国第一个厌氧胶品种 XQ-1 及促进剂 C-1，并在大连地区应用于压力管道的密封及进口工程机械的维修中。1973 年，杨颖泰又研制成功用环氧树脂改性的厌氧胶 Y-150 和促进剂 C-2，填补了我国厌氧胶的空白。Y-150 于 1974 年在大连红卫化工厂（大连第二有机化工厂）投入生产，建立了我国首个年产百吨级的厌氧胶生产车间。1974 年，兵器部五三所刘初三研制成功 BN-501、BN-601 厌氧胶。1978 年，杨颖泰转到中科院广州化学所工作，继续进行厌氧胶的研究，1979 年研制成功 GY-340 厌氧胶，GY-340 胶是我国自行研制和生产的第一个单组分（一液型）室温快固化厌氧胶。上海新光化工厂于 1978 年前后研制生产铁锚 300、304、

350 厌氧胶。20 世纪 70 年代，参与厌氧胶研究的还有浙江机械科学研究所陈熊飞、王锦林、北京大学曹维孝、天津合成材料工业研究所的路太平等。

有机硅胶黏剂。1971 年，晨光化工研究院研制成功 716 型单组分常温硫化硅橡胶腻子，之后陆续研制出 GD-145、GD-401、GD-402、GD-404 有机硅密封胶、GD-420 室温硫化硅橡胶以及 GN-521、GD-522 粘接性有机硅凝胶、GN-581、GD-585 航空透明有机硅凝胶，于 1978 ～ 1979 年通过技术鉴定，转入晨光化工二厂生产。同时，上海橡胶制品研究所研制出 JG-3 有机硅胶黏剂、GT-3 有机硅灌封胶、GPS-4 有机硅胶黏剂、D03 单组分耐烧蚀腻子等产品。1979 年，北京化工二厂研制生产 107 甲基室温硫化硅橡胶及 231、232、233 嵌段甲基室温硫化硅橡胶，1979 年通过北京化工局鉴定。南京大学周庆立、曹永兴等人于 20 世纪 70 年代末开发成功南大 -701、702、703、705 室温硫化硅橡胶胶，在南大抗大化工厂生产。

乳液型胶黏剂。北京有机化工厂 1975 年 6 月自行设计研究建成了聚乙酸乙烯乳液生产装置。1975 年开始，吕时铎带领团队开始乳液胶黏剂研究，研制的乳液胶黏剂主要用于人造板表面装饰，也可用于纺织、造船、电子、轻工等行业。1975 ～ 1977 年期间研制成功的"乙酸乙烯 - 羟甲基丙烯酰胺共聚乳液"，1978 年获得江苏省科学大会奖。1978 ～ 1979 年期间研制成功的"乙酸乙烯 - 丙烯酸丁酯 - 羟甲基丙烯酰胺共聚乳液"（牌号 VBN），主要应用于以化学纤维为原料的无纺布。研制成功的热固性乙酸乙烯二元及三元共聚乳液（VNA、VBN 乳液）为国内首创，研制的高黏度乙烯 - 乙酸乙烯共聚乳液在国内处于领先地位。

热熔胶黏剂。我国热熔胶的研究开始于 20 世纪 70 年代中期，当时一些科研院所如河北工业大学、华南理工大学等开始热熔胶方面的研究。1975 年，由于天津某企业委托并在天津市科委立项，河北工业大学王润珩承接了"服装黏合衬用胶黏剂"课题，他凭借自己在留学苏联期间有机物合成和共聚反应的扎实基础，经过 1 年多的研究，首先研制成功聚酯热熔胶，继而在河北工学院化工厂试生产并首先在天津市服装衬布厂用于服装黏合衬的生产。1977 年，中国青年出版社印刷厂应用进口的 EVA 热熔胶技术装订《毛泽东选集》第五卷；1978

年浙江省化工研究所研制的用于服装黏合衬的热熔胶通过浙江省科技厅小试验收；1979 年连云港热熔粘合剂厂销售的热熔胶已达 200t。

特种胶黏剂。1971～1972 年，上海合成树脂研究所研制成功 DW-1、DW-2、DW-3 超低温胶及 DAD-7 导电胶；哈尔滨工业大学化学教研室魏月贞、王春义研制成功 301、303、305 环氧导电胶；西安黄河机器厂研制出 701、711 环氧导电胶；黑龙江石化院 1973 年研制成功 J-17 导电胶。1978～1979 年，襄樊生物化学研究所李健民、崔守福研制出了 BC-1 铜粉导电胶，李新等人研制出了 AR-4、AR-5 耐磨胶。1974 年，上海合成树脂研究所研制出 425 点焊胶，上海有机化学所研制出 TF-3 点焊胶，哈尔滨工业大学研制出 203 点焊胶，621 所研制出 SY-74 点焊胶。北京航空学院（北京航空航天大学前身）1973 年研制出 F182 型 400℃应变片胶，1978～1979 年又研制出 P122 型 700℃应变片胶和 P129 型 800℃应变片胶。1971 年中科院大连化学物理研究所研制出 P32/P36 聚酰亚胺胶。1975 年，天津合成材料研究所研制成功 GM-924 光敏胶。1978 年，晨光化工研究院研制出光敏防龋胶。

压敏胶带。1971 年，江苏省化工研究所、南京军区总医院联合研制成功 703 护创压敏胶；1970～1975 年，上海橡胶所连振顺等人研制成功 JY-4 压敏胶、88-Ⅱ 聚乙烯胶黏带、83-Ⅱ 聚乙烯防腐胶黏带，后转入上海制笔零件三厂生产。之后又研制出 SF-7A 双面压敏胶黏带、SF-7B 涤纶压敏胶黏带等产品。上海合成树脂研究所研制出丙烯酸系列压敏胶 PS-1、PS-2、PS-3 等。

26 "自力—2、自力—4胶"研制背后的故事

20世纪60年代，我国歼击机采用的是有孔蜂窝结构。由于有孔蜂窝结构在应用中暴露出开胶、进水、增重等质量问题，20世纪60年代后期，我国开展了第二代蜂窝结构——无孔蜂窝结构的研究。1968年底至1969年初，保定550厂工程技术人员梅赛亚为了解决直升机尾桨粘接问题，带领工人一起研制成功环氧-丁腈-间苯二胺体系结构胶，并命名为自力-1胶黏剂，意思是突破西方技术封锁、消除中苏关系恶化的影响，自力更生研制出的胶黏剂，但该胶性能不够理想。为了进一步解决有关技术问题，梅赛亚来到航空部621所（北京航空材料研究所）寻求合作，促成了621所、550厂和北京航空学院三个单位的协作（研制新型航空结构胶）。项目主要负责人是621所郑瑞琪和550厂梅赛亚，参加人员有621所赖士洪、北京航空学院李凤德等。研制过程中，郑瑞琪提出了采用二氰二胺潜伏固化剂代替自力-1胶的间苯二胺固化剂，原环氧-丁腈体系不变，并且进行了温湿疲劳、湿热老化等全面性能试验。经过反复试验，环氧-丁腈-二氰二胺体系结构胶研制成功，命名为"自力-2胶"。由于研制成的"自力-2胶"是一种环氧-丁腈-双氰胺型结构胶黏剂，固化时环氧加聚反应无低分子物析出，这种胶黏剂挥发物少，固化后胶层致密无气泡，适用于制造无孔蜂窝结构旋翼，成为我国第一个实用的无孔蜂窝结构胶。

1970年初，郑瑞琪（图片中右者）去了"五七干校"，"自力-2胶"的试产和推广工作落到了621所赖士洪（图片中左者）等人头上。赖士洪首先和550厂梅赛亚、陈义及北京航空学院李凤德到哈尔滨122厂，开展自力-2胶的生产制膜工艺及应用研究工作。试验中，赖士洪发现原来确定的由两个单组分胶黏剂做成复合胶膜的配方和制膜工艺有不少缺陷，胶膜性能偏低，且不稳定，胶膜自黏性大，生产工艺复杂，不易控制，无法满足实际生产要求。在哈尔滨油漆厂转厂生产时，赖士洪对胶膜

配方和制膜工艺进行了大胆的改进。当时从 122 厂到哈尔滨油漆厂交通极其不便，为了尽早解决胶膜技术问题，赖士洪、陈义吃住在油漆厂。他们的工作热情换来了油漆厂负责人毕吉才和吕宝华的信任，于是把原先堆放杂物的仓库安排给赖士洪与 550 厂陈义住宿，还把实验室的钥匙交给他们。虽然这里条件很差，没有像样的床铺，晚上还要受到不计其数臭虫的攻击，但住宿于此节省了往返两厂之间的时间，还可以日夜坚守在实验室开展试验。赖士洪从配方设计、胶液配制、胶接试片表面处理、试样制备到固化及性能测试均亲自动手。由于技术路线正确，时间也抓得紧，经过一个多月的奋战，终于研制出性能优良，可以一次流延成型制膜的自力 -2 胶膜。赖士洪最后编制出自力 -2 胶膜生产工艺说明书，该胶膜在哈尔滨油漆厂正式生产，胶膜提供给 122 厂开展胶接无孔蜂窝工艺试验以及直升机旋翼大梁和梳形接头粘接试验。

在 122 厂，为了促进自力 -2 胶粘接"直 -5"飞机旋翼梳形接头的大梁接头能早日开展疲劳振动试验，赖士洪和陈义亲自抬着 100 多千克重的胶接大梁，从粘接车间送到几百米远的铆接车间厂房振动试验台上，使得试验能如期进行，赢得时间。试验结果表明，采用自力 -2 胶粘接和螺栓连接的旋翼梳形接头，不但胶层致密，气密性好，而且具有更高的振动疲劳性能。因此，用自力 -2 胶取代原来有问题的胶粘接旋翼梳形接头就顺理成章了。用自力 -2 胶粘接的 800 架"直 -5"飞机旋翼比原产品可延寿一年（200 飞行小时）。之后，赖士洪又协助 122 厂在"水轰 -5"机上采用自力 -2 胶开展全胶接试验工作。经过各方面的努力还在运输机上和水上飞机上获得推广应用。全胶接包括运输机机身壁板、地板和整体油箱等的胶接，仅整体油箱一项可减重 30kg。

1971 年，课题负责人郑瑞琪从"五七干校"回所，继续带领那万才、卢华、萧静芝等从事自力 -2 胶的推广应用工作，解决了胶黏剂生产中出现的凝胶问题。1972 年自力 -2 胶通过部级鉴定，三机部、石化部和六院联合批复了鉴定书和技术条件。第一副无孔蜂窝旋翼在 2964 部队通过了全科目飞行试验。自力 -2 胶在 1978 年获得全国科学技术大会的表扬。之后，该项成果应用于近千架直升机、运输机等五个机种并获得适航性认证。

在完成了自力-2胶研制和推广应用研究的先期工作以后，赖士洪1971年参加了"150℃无孔蜂窝结构胶黏剂研制"的探索性试验。1972年，赖士洪任课题负责人，当时胶黏剂专业组大部分同志都参与了项目的研制。1973年，赖士洪又开展了适合高温胶性能要求的潜伏固化剂研制工作。他查阅了大量资料，组织人力分头进行几种固化剂合成及相应的配方试验，但未收到预期的综合效果。1974年，通过调研和对有关专利资料进行分析对比，赖士洪确定并具体负责了环氧-聚砜-二氰二胺体系的研究路线，唐发伦和陈倩一起参加了这方面的试验工作。1976年，赖士洪带领课题组完成了自力-4胶实验室阶段研究工作，并组织编写了研制总结，同时制定了技术条件、编写了使用工艺说明书和配制工艺说明书。自力-4胶黏剂是国内第一个不需要浸胶瘤的无孔蜂窝面板胶，简化了蜂窝结构件的生产工序，可显著提高生产效率，避免了大量溶剂的污染，改善了生产条件，并可减轻结构质量。之后，在航空部主持下由601所、621所、625所和沈阳112厂共同组成了"歼-8"飞机无孔蜂窝胶接结构的研究与应用课题组。经过三年的刻苦攻关，赖士洪、唐发伦和邹贤武等在625所进行了三次基本性能和工艺性能的对比试验。最后终于选定了自力-4胶黏剂首先用于"歼-8"飞机副翼无孔蜂窝结构粘接。在此期间，七机部选用了自力-4胶粘接导弹体口盖和弹翼。

1978年，赖士洪负责自力-4胶推广应用研究，重点解决胶黏剂的韧性和制膜方法。之前采用的溶液流延法制备胶膜的工艺方法落后，存在生产效率低、消耗大量溶剂、污染环境和胶膜性能不稳定等问题。为此，他除了查阅大量国内外资料，反复探讨研制方案，还到许多生产塑料薄膜和橡胶制品的工厂及研究所进行深入调研。通过调研和对胶料混合工艺方法的探索试验，已经对挤出制膜方案有了较清晰的思路：①通过溶液共混和减压蒸馏制得无溶剂环氧-聚砜共混物，避免了热熔共混带来的物料不均匀性和烧焦问题；②采用橡胶的混炼工艺解决了坚韧固体共混物与潜伏固化剂的混合问题，克服了在反应釜制备无溶剂胶料易引起爆聚现象；③采用挤出工艺制备胶膜具有生产效率高，胶膜厚度随时可调，产品质量稳定的特点。经过艰苦的摸索，1978年下半年自力-4胶（聚砜改性环氧树脂胶膜，后来改称SY-14胶）研制成功，这是国内第一个采用无溶剂挤出机连续制膜的工艺方法。

为胶黏剂在"歼-8"飞机上的推广应用打下了坚实的基础。1979年初，自力-4胶还用于长征三号运载火箭尾翼壁板的蜂窝结构粘接。

　　1979年，航空部召开选胶会，经过与会各方理性讨论，最终决定选用"自力-4胶"作为"歼-8"飞机无孔蜂窝结构用胶。"自力-4胶"挤出胶膜生产线于20世纪80年代初建成投产，之后赖士洪协助沈阳112厂开展无孔蜂窝结构部件的试制工作，使得无孔蜂窝结构副翼、襟翼、平尾和方向舵部件通过了试飞要求。1984年8月，航空部主持召开了"'歼-8'飞机无孔蜂窝胶接结构的研究及应用"的鉴定会。"自力-4胶"（SY-14胶）在"歼-8"飞机无孔蜂窝结构上的应用，由于蜂窝芯不用浸胶瘤，单机节省工时172h，直接减重5.85kg，全机减重收益达20kg。这是国内首次采用"自力-4胶"（SY-14胶）成功解决了在高空高速歼击机各个活动舵面上制造无孔蜂窝结构部件的应用问题，达到了国内先进水平。1985年，"自力-4胶"（SY-14胶）荣获航空部科技进步奖二等奖。

27 最早成立的胶黏剂乡镇企业和地方研究所

如果要问中国最早成立的胶黏剂乡镇企业有哪些？无锡县后宅中学化工厂（无锡百合花胶黏剂厂有限公司的前身）和黄岩路桥有机化工厂（浙江金鹏化工股份有限公司的前身）肯定是其中的两个。而最早成立的地方胶黏剂研究所非襄樊生物化学研究所（湖北回天新材料股份有限公司的前身）莫属。

无锡百合花胶黏剂厂的前身是无锡县后宅中学化工厂，它是无锡县后宅中学的校办厂，开始于 1972 年。当时学校遇到了办公费用不足的问题，为了解决每个学期 500 元左右的办公经费，俞铮先生带领几个家境贫寒的学生开始勤工俭学，做起了为学校赚钱的工作。在一无所有的条件下，找到了为公社有限广播站修理舌簧喇叭线圈的差事，修理一个大概 5 角钱。后来从修理线圈发展到生产线圈和制造日光灯镇流器、机床变压器等。1974 年，工厂正式成立，厂名是无锡县后宅中学电器厂。

创始人俞铮说："校办工厂解决了学校的经费问题，自身也有了积累，后来就想着工厂的发展，寻找更好的产品和项目。"1978 年，俞铮遇到了南京大学周庆立教授（见右图）和曹永兴老师，他们开发出了南大 703、704 室温硫化硅橡胶产品，可用于密封与粘接。1979 年，在南京大学曹永兴老师的指导下，开始生产室温硫化硅橡胶黏合剂 703 和 704，工厂也更名为"无锡县后宅中学化工电器厂"，从此，胶黏剂所占的比例越来越大，后来就专门生产胶黏剂了，厂名也更改为"无锡县胶黏剂厂"，后来曾使用过"锡山市胶黏剂厂""无锡百合花胶黏剂厂"，改革开放转制以后改成"无锡市百合花胶黏剂厂有限公司"。无锡百合花生产的 703 和 704 有机硅黏合剂成了后来的知名产品，广泛用于电器、家用、维修等市场。再后来，无锡百合花在吉化公司研究院吕绍良高工的指导下开发出 HZ-1213 耐油硅硐密封胶，被认定为国家级新产品，产品曾出现供不

应求的局面，成为一汽、二汽、南汽的配套产品。HZ-1213 耐油硅砜密封胶还广泛应用到汽车维修行业中。

浙江金鹏化工股份有限公司的前身是浙江黄岩化工厂。20 世纪 70 年代后期，我国乡镇企业如雨后春笋般地蓬勃发展。在东海之滨的浙江省原黄岩县路桥镇，一个新生的镇办小企业 —— 路桥有机化工厂，在刘鹏厂长的筹划下于 1976 年 8 月诞生。这家条件十分简陋的小厂，做的产品却十分前沿 —— 微电子工业和军工十分急需的光刻胶，一种制造大规模集成电路用的聚乙烯醇肉桂酸酯光刻胶。产品不久就应用于我国第一颗航天火箭的发射，为我国电子工业和航天事业的发展尽了绵薄之力。之后，企业更名为黄岩有机化工厂。20 世纪 80 年代初，黄岩有机化工厂又开发生产了 502 瞬间胶。多年以后，浙江金鹏化工股份有限公司生产的神功牌 502 瞬间胶声名鹊起，产量和市场占有率曾一度位于中国首位。

20 世纪 70 年代，襄樊市（现襄阳市）工业基础薄弱，时任市委书记曹野为了襄樊的发展，大批引进人才，吸引夫妻两地分居或老婆孩子在农村的人才到襄樊来，给解决户口和住房。因此，一大批来自北京、上海、天津、武汉等地的各类人才来到了襄樊。襄樊市生物化学研究所（湖北回天新材料股份有限公司的前身）就是在这样的背景下诞生的。1977 年 5 月，襄樊市生物化学研究所创立，创立时所里就 10 几个人，分化工和生化两个研究室，所长是乔国政。化工室主任是崔守福，成员有李健民、李新、陆佩丽、刘盛仪。在极其艰苦的条件下，李健民、崔守福于 1978 年研制出 BC-1 铜粉导电胶，李新等人于 1979 年研制出 AR-4、AR-5 耐磨胶。

28 改革开放前中国胶黏剂发展总结

石油化学工业部技术情报研究所 1976 年 6 月编印的《国内胶粘剂品种汇编》，收集了国内近 50 个胶黏剂研制和生产单位正式投产供应的各类胶黏剂 271 种，具体介绍了每个品种的配方、工艺条件、性能指标、用途及特点、包装及价格、研制及生产单位等。1982 年 12 月，化工部二局在北京举办了首次"全国胶黏剂新产品展览会"，会后展会举办者喻华清、马学明编写了《胶粘剂产品汇编》，由《粘接》杂志编辑部刊印，书中介绍了 110 家胶黏剂研究和生产单位的 600 多个胶黏剂产品，分类列出名称、牌号、主要组分、主要性能、用途、生产、试制单位及鉴定日期。由这两份内部资料分析可知，截止到 20 世纪 70 年代末，我国已有胶黏剂研究和生产单位 100 余家，试制和投入生产的胶黏剂产品 500 种以上。改革开放以前，我国胶黏剂的主要研制和生产单位列举如下（单位名称均按当时的叫法）。

北京 17 家。中科院化学研究所，航空部 621 所，北京航空学院，航天部 703 所，北京粘合剂厂，北京有机化工厂，北京化工学院，化工部北京化工研究院，北京市化学工业研究院，化工部橡胶工业研究设计院，北京粘合剂二厂，北京椿树橡胶制品厂，北京橡胶十二厂，北京化工二厂，北京建筑材料研究院，北京童车一厂，北京轻工印刷厂。

上海 9 家。上海市合成树脂研究所，上海市橡胶制品研究所，上海市新光化工厂，上海市珊瑚化工厂，上海市振华造漆厂，上海市制笔零件三厂，上海市材料研究所，上海市轻工研究所，上海市沪东造船厂。

天津 4 家。天津市合成材料工业研究所，天津市延安化工厂，天津市有机化工实验厂，天津市七一橡胶厂。

黑龙江、吉林 9 家。黑龙江石油化学研究所，哈尔滨工业大学，黑龙江省化工研究所，哈尔滨油漆厂，哈尔滨化工研究所，中科院长春应化所，吉化公司研究院，吉林榆树县农机修造厂，长春轻化工业研究所。

辽宁 12 家。中科院大连化学物理所，大连第二有机化工厂（原大连红卫化工厂），大连染料厂，大连第二橡胶厂，大连合成纤维研究所，大连台板厂，沈阳油漆厂，沈阳市化工设计研究所，沈阳石油化工二厂，沈阳树脂厂，锦西化工研究院，辽宁盖县化工厂。

山东 8 家。兵器工业部第 53 研究所，山东化工厂，山东省化学研究所，济南树脂厂，青岛市化工研究所，青岛化工厂，淄博市化工研究所，淄博市工农化工厂。

江苏 12 家。南京大学，中国林科院林产化学工业研究所，南京市化工设计研究所，常州市化工研究所，常州曙光化工厂，南通市化工研究所，徐州化工研究所，徐州化工厂，无锡县后宅中学化工厂，连云港有机化工厂，苏州水泥制品研究所，苏州安利化工厂。

浙江、安徽、江西 5 家。浙江省机械科学研究所，浙江省黄岩有机化工厂，湖州市双林压敏胶材料厂，芜湖市造漆厂，江西前卫化工厂。

河南、湖北、湖南 7 家。化工部黎明化工研究院，湖北大学，武汉化工研究所，襄樊生物化学研究所，襄樊市化学试剂厂，襄樊市橡胶二厂，衡阳市粘合剂厂。

广东 7 家。中科院广州化学研究所，广州市化工研究所，华南工学院，广州东风化工厂，广州永红化工厂，广州市机床研究所，广东番禺农机修造二厂。

陕西、山西 6 家。西北大学，总后勤部建筑工程研究所，西安市化工研究所，西安黄河机器制造厂，西北橡胶厂，太原化工研究所。

四川 7 家。化工部晨光化工研究院一分院，成都工学院，成都化工二厂，长寿化工厂，重庆长江橡胶厂，重庆天然气化工研究所，重庆长风化工厂。

我国胶黏剂的研发经过 20 世纪 60 年代的艰难起步，20 世纪 70 年代的自力更生，20 年的艰苦努力，可谓硕果累累。截止到 20 世纪 70 年代末，我国各类胶黏剂都已经开发出来，而且当时配方是公开的，石油化学工业部技术情报研究所 1976 年 6 月编印的《国内胶粘剂品种汇编》，收集了国内有关单位正式投产供应的各类胶黏剂配方 271 个，为 20 世纪 80 年代以后中国胶黏剂行业的快速发展打下了良好的基础。

下面主要介绍一下主要胶黏剂品种的研制和生产单位（括号内是研制的主要产品）。

环氧胶黏剂。天津市合成材料研究所/天津延安化工厂（HY-910、HY-911、HY-914、HY-915、HY-917、HY-918、HY-919、HY-962），上海市合成树脂研究所（E系列环氧胶、ZW-3），中科院化学研究 所（KH-101、KH-120、KH-505、KH-509、KH-514、KH-515、KH-520、KH-712、KN-511、KH-225、KH-802、点焊胶），上海材料所（4-2008、4-2018单组分环氧胶），航空部621所（SY-201点焊胶、自力-2、自力-4环氧结构胶），黑龙江石化所（J-18、J-19、J-22、J-23、J-37），哈尔滨工业大学（211胶、420胶膜、203点焊胶），西北大学（YAG激光器粘接剂），黄河机器制造厂（HH-703、HH-712、HH-713、HH-778），中科院大连化物所（H-02环氧胶），兵器工业部53研究所（HN-601、HN-605、HXN-601～604、6604），广州永红化工厂（YH-610），广州市东风化工厂（东风万能胶），晨光化工研究院一分院（DG-2、GHJ-01、GHJ-02、CJ-90、CJ-91、CJ-93、CJ-915），襄樊生物化学研究所（R-4、R-5耐磨胶），上海橡胶制品研究所（SL系列结构胶、SLP-1），中科院长春应化所/榆树农机修造厂（Jn-1、-2、-3修补胶），衡阳粘合剂厂（HT通用环氧胶），中科院广化所/广州番禺农机二厂（尺寸恢复胶、农机1、2号）。

聚氨酯胶黏剂/密封胶。黎明化工研究院（SUR胶），上海新光化工厂（铁锚101、102、103、104、107、601），上海制笔零件三厂（长城牌404、405胶），大连第二有机化工厂（LPA-1皮塑胶），上海家具涂料厂（691聚氨酯黏合剂），大连染料厂（JQ-1、JQ-4、PU-1），济南五三所（AZN-501）。

有机硅密封胶。晨光化工研究院一分院（GN-581、GN-585航空透明有机硅胶、GD-420、GN-521、GN-522有机硅胶），北京化工二厂（107硅橡胶、231、232、233系列室温硫化硅橡胶、KH-80胶），南京大学化工厂/无锡县后宅中学化工厂（南大703、704、705），上海橡胶制品研究所（D02、D03室温硫化硅橡胶胶黏剂，GT-1、GT-2、GT-3有机硅灌封料，GPS-2），吉化研究院（SDL-1有机硅胶、GT-1有机硅黏合剂）。

氰基丙烯酸酯瞬间胶。中科院化学研究所/盖县化工厂（KH-501、

KH-502），上海珊瑚化工厂（502），西安化工研究所（504、508 医用黏合剂）。

丙烯酸酯结构胶。航空部 621 所（SY-5、SY-69），黑龙江石化所（J-39 快速固化黏合剂），上海珊瑚化工厂（801、802 丙烯酸树脂黏合剂），上海新光化工厂（铁锚 301 胶），上海合成树脂研究所（SA-101、SA-200 快速固化丙烯酸胶）。

厌氧胶 /UV胶。中科院大连化物所 / 大连第二有机化工厂（XQ-1、Y-150、Y-80、Y-82），中科院广州化学所 / 广州永红化工厂（GY-200、GY-340、GY-168），天津合成材料工业研究所 / 北京椿树橡胶制品厂（YY-101、YY-102、YY-301、YY-302、YY-921），兵器工业部第 53 研究所（BN-501、BN-502、BN-503、BN-601 厌氧胶，GBN-501、GBN-502、GBN-503 光学光敏胶），上海新光化工厂（铁锚 300 系列），浙江省机电设计研究院（ZY-800 系列），晨光化工研究院一分院（光敏防龋胶），中科院化学研究所（KH-820 光敏胶）。

水基胶

a. 聚乙烯醇缩醛。上海南汇防水涂料厂（107 胶），上海振华造漆厂（聚乙烯醇缩丁醛、烟嘴胶、DA-45 乳液卷烟胶），连云港有机化工厂（聚乙烯醇缩丁醛），天津有机化工实验厂（SD-1 ～ SD-5），北京粘合剂二厂（106 胶），哈尔滨化工六厂（106 胶、107 胶）。

b. 聚乙酸乙烯及共聚物。上海振华造漆厂（D-505、DA-45），上海彭浦化工厂、上海纺织科学研究院、上海墨水厂、上海合成树脂研究所 / 上海建筑涂料厂（SJ-1、SJ-2 水基胶），天津有机化工实验厂（GCY-101、GCY-202、BCY-403），林科院林产所 / 芜湖造漆厂（WD-505、WG-505、VNA、VNF），中国林科院林产化工研究所、北京市化工研究院（BH-415 塑料贴面黏合剂），北京有机化工厂（PK-480、PK-555、PK-575、PK-577、PK-5105、PK-5705），成都科技大学 / 成都化工二厂（EF 型胶黏剂），四川维尼纶厂、上海纺织科学研究院（VA、FA、165 乳液胶、植绒胶、无纺布乳液胶、180 自交联型丙烯酸酯乳液胶），徐州化工厂（XN-1 乳液）。

c. 聚丙烯酸酯乳液胶。常州化工研究所（静电植绒胶）。

d. 酚醛 / 脲醛树脂胶。上海家具涂料厂，广州东风化工厂，江西前卫化工厂，上海家具涂料厂，济南树脂厂。

橡胶型／溶剂型胶黏剂。长寿化工厂（LDR-403、LDR-503、LDR-501、LDN-6），重庆长江橡胶厂（CH-404、CH-406、CH-501、CH-503、CH-504、CH-507），上海皮革工业研究所，上海橡胶制品研究所（JX 系列胶），上海卢湾皮鞋厂（7701），上海制笔零件三厂（202、730），北京皮革研究所（G-2 鞋用胶），北京椿树橡胶制品厂（CX-402、CX-403、CX-404、CX-405、CX-406），北京橡胶十二厂（XY-401、XY-402、XY-405、XY-406、XY-407），西北橡胶厂（XY-403、XY-502、XY-503），天津市七一橡胶厂（812、813、814、816、CG-801），广州永红化工厂（YH-810）、山东化工厂（FN303、FN309），上海新光化工（铁锚 705）。

热熔胶。上海合成树脂研究所（HM-1、HM-2），河北工学院／天津服装研究所（791/792 型聚酯热熔胶），连云港有机化工厂（79-1型 EVA 热熔胶），华南工学院（ME 型热熔胶），上海轻工研究所（HE-R聚烯烃热熔胶、HA-A 聚酰胺热熔胶），成都科技大学成都化工二厂（CKD-1 聚烯烃热熔胶、PA-1 名牌胶）。

压敏胶／胶黏带。上海合成树脂研究所（PS 系列压敏胶带），北京市粘合剂厂（塑料胶黏带、透明胶黏带、双面胶带、PS-1 聚氯乙烯胶带），上海橡胶制品研究所（JD 系列胶带），晨光化工研究院一分院（F-1、F-4G 四氟乙烯胶带），天津有机化工实验厂（BCY-401 压敏胶乳），上海振华造漆厂（M-64 丙烯酸酯压敏胶），湖州双林压敏胶材料厂（SL 系列胶黏带、PS-7 黄色聚酯胶带），江苏化工所与南京军区总医院联合研制 703 护创压敏胶，重庆橡胶厂（CH-201）。

无机胶。襄樊市化学试剂厂（C-2 无机胶、磷酸 - 氧化铜无机胶）。

特种胶。上海合成树脂研究所（DAD 系列导电胶、聚酰亚胺胶），哈尔滨工业大学（301、303、307 导电胶），西安黄河机器厂（HH-701、HH-711 导电胶），常州化工研究所（SD-101 导电胶），襄樊胶粘技术研究所／哈尔滨风华机器厂（铜粉导电胶），大连化物所（P-32/P-36聚酰亚胺胶），天津合成材料工业研究所（KY-4 应变胶），黑龙江石油化学研究所（J-06 应变胶），锦西化工研究院（JLC-1、JLC-2 聚硫密封胶），上海橡胶制品研究所（S-2、S-3、S-6、JN-11、MF-1 聚硫密封胶），新光化工厂（601、603 密封胶），621 所（XM 系列聚硫密封胶）。

29 20 世纪 80 年代：改革开放迎来新契机

1978 年 12 月，中国共产党召开了十一届三中全会，从此拉开了我国改革开放的序幕。改革调动了全国人民的积极性，开放使我们看到与西方的差距，引来了新的技术活水。20 世纪 80 年代，全国呈现出一派欣欣向荣的景象。改革开放为我国胶黏剂行业发展迎来了新契机，我国胶黏剂行业从此进入快速发展时期。

20 世纪 80 年代，改革春风吹遍大地，技术交流十分活跃。全国各大城市在各地技术交流中心粘接服务队的基础上，成立了粘接协会、学会。1979 年 11 月，经上海市科协批复，"上海粘接技术交流队"改名为"上海市粘接技术协会"；1980 年，西安粘接技术协会成立；1982 年 5 月，武汉粘接学会成立；1982 年 11 月，北京粘接学会成立。之后，哈尔滨、大连、天津、昆明……全国 30 多个胶黏剂和粘接技术协会、学会相继成立。1982 年 12 月，化工部二局在北京举办了首次"全国胶黏剂新产品展览会"，来自全国 100 余家胶黏剂研究和生产单位参加了展会，展会共展出 600 多个胶黏剂产品。1983 年 11 月，以上海合成树脂研究所王澍为团长的中国胶黏剂考察团赴德国考察，参观了 BASF 等企业。1985 年 8 月，受北京粘接学会邀请，日本接着学会原会长佃敏雄先生率团来华交流，并举办了"中日粘接学术交流报告会"，从此开启了中外粘接学术交流的大门。1987 年 9 月，中国胶粘剂工业协会成立。1987 年 9 月 8 日，中国胶粘剂工业协会举行了第一次全体会员大会，协会共有会员 178 个，其中科研、院校 50 个，其余大部分为国有企业。

20 世纪 80 年代，我国引进国外先进技术和设备，大大促进了胶黏剂行业的发展。1981 年，北京市化学工业研究院从德国汉高引进纸塑覆膜聚氨酯胶黏剂，促进了纸塑包装胶的发展。1984 年，我国第一套由日本引进的丙烯酸及其酯类装置在北京东方化工厂建成投产，大大促进了我国丙烯酸酯乳液和压敏胶带的发展。1987 年，北京有机化工厂从日本引进的 20 个品种聚乙酸乙烯乳液项目建成投产，极大地推动了国内白乳胶生产技术和市场应用的发展。1987 年，北京化工厂引进日本年产 50t 氰基丙烯酸酯瞬干胶先进生产线和工艺技术，应用多聚甲醛 - 甲醇溶剂法生产 ECA，大大提高了我国 502 瞬间胶的技术和生产水平。1987 年，连云港市热熔粘合剂厂从日本引进我国第一条年产 1000t 的热熔胶生产线，用于生产 EVA 无线装订热熔胶和热熔胶棒。1988 年，北京有机化工厂引进美国技术建成投产了我国第一套乙酸乙烯 - 乙烯共聚乳液（VAE 乳液）生产装置，推动了我国 VAE 乳液产品从无到有、从应用单一到应用广泛的不断发展壮大。

20 世纪 80 年代，国有研究所仍然是新产品开发的主力。黑龙江石油化学研究所研制出 J-30 无孔蜂窝结构胶（酸酐固化羧基丁腈改性的脂环族环氧）、J-39 丙烯酸酯结构胶、J-40 改性环氧结构胶、J-44-1 环氧胶黏剂、J-47A 板金胶膜、J-47B 底胶、J-47C 板芯胶膜、J-47D 带状 / 粒状发泡胶、J-71 环氧改性酚醛橡胶型胶黏剂、J-80 纸蜂窝芯条的胶黏剂。上海合成树脂研究所研制出了 DAD-8 导电胶、PS 系列水基压敏胶。上海橡胶制品研究所先后研制出了 SF-1 结构胶，SF-2 高强度蜂窝结构胶，SF-45 泡沫胶，JD-11 铅箔胶带，JD-12 玻璃布压敏胶黏带，JD-13 压敏胶黏带，JD-14、JD-15 吹砂保护胶黏带，JD-16 喷漆保护胶黏带，JD-17 模壳胶粘纸，JD-19-1 布基胶黏带，JD-22 金属喷涂保护用胶黏带，JD-70 绝缘耐热有机硅自粘带，JD-71 绝热有机硅自粘带，JN-3（7010）硅橡胶密封腻子，D04 ～ D18 单组分室温固化有机硅胶黏剂 / 密封剂，S-3、S-7、S-8 聚硫密封胶，GT-4、GT-8 硅橡胶灌封料，BS-7、BS-10、BS-12 丁基密封胶，JX-23 氯丁胶黏剂等产品。晨光化工研究院一分院研制出 GHJ-02 光学用环氧胶、CJ-915 弹性环氧胶、CHG-333 快固环氧胶。黎明化工研究院研制出 SUR 聚氨酯胶黏剂。中科院大连化物所贺曼罗研制出 JGN 建筑结构胶。西安化工研究所研制出 J-2 节育粘堵剂等医用胶。1982 年 10 月，山西维尼纶厂研制出聚乙酸乙烯乳液产品（白乳胶），滑仁、周振纲、王勤旺、田建文等人设计建成一套产能为 500t/a 的装置。天津有机化工实验厂推出 4115 建筑胶黏剂、CY-101 冰峰牌聚乙酸乙烯乳液。

20 世纪 80 年代，郑州中原、哥俩好、璜时得、黑松林粘合剂厂、苏州粘合剂厂、上海康达化工实验厂、中山永大胶带、河北华夏胶带、福清县友谊塑料包装带厂等一批胶黏剂和胶黏带企业相继成立和发展起来。

1983 年，响应科技兴国号召的张德恒先生从北京来到了郑州，创立了中国第一个把军工技术转化为民用建筑应用领域的专业密封胶研究与生产单位——中原应用技术研究所。张德恒生于 1936 年，毕业于北京化工大学有机化工系合成橡胶专业，1964～1983 年在航空工业部 621 所从事航空密封胶研究工作，是我国聚硫密封胶方面的专家，XM 系列密封材料转厂定型项目的负责人。作为飞机座舱及整体油箱密封材料 XM-21 密封剂研究的负责人，1978 年获全国科学大会成果奖。作为郑州中原应用技术研究所创始人，他组织研发了 MF830 系列双组分室温硫化聚硫密封剂、MF840 双组分聚硫中空玻璃专用密封胶、MF881 双组分硅硐结构密封胶等产品。经过多年的发展，郑州中原俨然成为建筑密封胶行业的佼佼者。张德恒董事长把自己全部的精力放在改变中国密封胶行业落后的局面上，实现了自己创业当初设立的"梦想"——建立聚硫、丁基、硅硐、聚氨酯、环氧、合成等几大系列密封胶产品。

1984 年 11 月，内地与香港中山市永大胶粘制品厂成立。1985 年 5 月，永大引进的第一条年产 2500 万平方米的 BOPP 涂胶生产线一次性试产成功。同年 12 月从中国台湾地区引进的全套制胶生产技术和设备正式投产。之后，另外两条涂胶生产线也陆续建成投产。

1985 年，王凤借款两万元，成立了河北华夏胶粘带厂，并以他出生的永乐村村名注册了"永乐"商标。在无技术、无设备、无人才的情况下，王凤等人自己动手研制设备，经过艰苦努力，试制出了中国第一台 BOPP 胶黏带涂布机，继而成功地生产出了中国第一卷 BOPP 压敏胶黏带。

"北有华夏，南有永大。"经过多年的发展，河北永乐胶粘带有限公司和永大（中山）胶粘制品有限公司一度成为中国两大最大的胶黏带生产企业。

福建福清市友谊胶粘带制品有限公始创于 1986 年，其前身为福清县友谊塑料包装带厂。经过多年的发展，公司已拥有三十多条先进的胶黏带生产线，员工 1200 人，占地面积 23 万平方米，专业生产 BOPP 胶带、美纹纸胶带、牛皮纸胶带、双面胶带及其他各种特殊胶黏带产品，是当前国内最大的美纹纸胶带和牛皮纸胶带制造商之一。

辽宁哥俩好新材料股份有限公司的前身是抚顺南杂木镇的一个采石厂，1985 年底，采石厂转产，开始做胶黏剂。1986 年初，厂名改为"辽宁省新宾县兴京粘合剂厂"，准备生产丙烯酸酯 AB 胶。改性丙烯酸酯 AB 胶是新产品，当时还停留在实验室阶段。厂长姜铁军不辞辛劳，到哈尔滨、上海等地请教专家，潜心研究，反复试验，终于在1986 年研制成功改性丙烯酸酯 AB 胶，在中国第一个把改性丙烯酸酯AB 胶装到铝管里形成了市场化商品。当时生产工艺很原始，用木棒在塑料桶里将原料搅拌后制成了胶黏剂，又用手工将胶黏剂注入牙膏管里。牙膏管外面又贴上印有"改性丙烯酸胶 XJ-301 胶"字样的标签，最后装到纸盒里。检验也只是对金属、木材等多种材料粘接试验，觉得很难用手掰开即视为合格。开始，生产的 AB 胶储存不稳定，姜铁军曾去上海拜访改性丙烯酸酯胶专家陆企亭先生。当时陆企亭刚从黑龙江石油化学研究所回上海创办康达化工实验厂，据陆企亭先生回忆，姜铁军等了 7 天，才在下班路上的一座桥上等到陆企亭。他们两个谈了半个多小时，因为是冬季，陆企亭还因此冻感冒了。可见创始人姜铁军是多么求知若渴。辽宁新宾满族自治县成立后，工厂的名称也随之改为"新宾满族自治县胶粘剂厂"。之后企业改制，名称又改为"抚顺合乐化学有限公司"，最后公司名称改为"辽宁哥俩好新材料股份有限公司"。哥俩好生产的改性丙烯酸酯 AB 胶走进了千千万万的家庭当中，已经为国内 1 亿多用户解决了粘接修补问题。经过多年的发展，哥俩好开发出了白乳胶、建筑胶、装饰胶、原子灰、硅硐密封胶、玻璃胶、拼板胶、502 胶、液态密封胶、氯丁胶、SBS 胶等系列化产品，已成为新三板挂牌企业。

江苏黑松林粘合剂厂有限公司创立于 1986 年 4 月，其前身是泰兴县胶粘剂二厂，系黄桥镇人民政府邀请 2 名上海新光化工厂的技术人员加盟而成立的一家乡镇企业。创立之初，一直租赁黄桥不球化工厂

的几间平房进行生产。1988 年，企业征用 2000m² 土地，建了 3 间平房作为厂房，安装了 2 台 1t 的反应釜，生产唯一的产品——801 万能胶。之后，刘鹏凯到企业主持工作，从此改变了企业"一口缸、两只棒、十二个人、几十万产值、负债累累"的窘况。刘鹏凯决定运用借力的策略理念，单刀直入，借他山之石、联合经营、开发产品、发展企业、开拓市场，使企业不断发展壮大起来。经过多年的实践，刘鹏凯先生还发展出了一套自己独创的"心力管理"，即以"心力开发为核心，细节管理为手段，文化管理为归宿，和谐管理为灵魂"的文化管理模式，其精髓是"用心管理，管到心里"，归结为"知心、聚心、塑心"三个维度。

宜昌市璜时得粘合剂开发有限公司的前身是葛洲坝粘合剂厂，成立于 1986 年 12 月。公司创始人黄世德是多分子预聚多异氰酸酯交联促进剂专利发明人，公司早期研发的第一款胶黏剂产品是 LDJ-243、450 双组分黏合剂。1982 年原葛洲坝工程局拌和厂成立了"输送带粘接试验小组"，由黄世德、何正山、孙泽明、陈永俊等人组成，主攻在葛洲坝工程中砂石骨料输送带接头的冷粘接技术。同年 12 月粘接试验成功，并成功应用至葛洲坝工程拌和系统第一条过桥输送带上。在此基础上，通过不断的改进技术，提高粘接强度，简化粘接工艺，于 1984 年试验成功 LDJ-243、450 双组分胶黏剂，在水电施工混凝土拌和楼和骨料输送系统中广泛使用，效果良好。之后，葛洲坝拌和厂决定成立黏合剂厂，葛洲坝粘合剂厂于 1986 年正式成立，由此开始了葛洲坝粘合剂厂的发展之路。公司在完善输送带胶系列的同时，又开发了瓶盖专用胶系列、建筑结构胶系列等产品。公司自行研制的环保型输送带胶、建筑结构胶等多项产品被湖北省科学技术厅认定为湖北省重大科学技术成果。

苏州金枪新材料股份有限公司的前身是苏州市胶粘剂厂，成立于 1988 年 3 月。公司主要产品是以"金枪"牌为主导的系列胶黏剂产品，经过多年的发展，产品已涵盖溶剂胶、水性胶、聚氨酯胶、环氧胶、丙烯酸酯胶五大类共计 200 多个品种，广泛应用于地铁、家电、电子、扬声器、汽车、工艺品、工具等诸多领域。

上海康达新材料股份有限公司的前身是上海康达化工实验厂，创建于 1988 年 7 月，由陆企亭等人创办，创建之初主要生产改性丙烯酸酯AB胶。经过多年的发展，康达新材已拥有改性丙烯酸酯胶、有机硅胶、环氧树脂胶、聚氨酯胶、PUR热熔胶、SBS胶等多种类型，300多种规格型号的产品，主要应用于风力发电、光伏太阳能、轨道交通、航空航天、海洋船舶工程、软包装复合、橡塑制品、建筑工程、家用电子电器、汽摩配件、电机、电梯、矿业设备、工业维修等多个领域。2012年4月，康达公司成功登陆A股成为上市公司，已发展成为中国最大的结构胶黏剂和工业胶黏剂供应商之一。

20世纪80年代创立的公司还有天津东海胶粘剂制品有限公司（成立于1988年07月）、丰华科技发展有限公司（创办于1989年2月）、深圳市顾康力化工有限公司（创建于1989年）、台州市椒江勤丰胶业有限公司（成立于1989年8月）、广州一江化工有限公司（始创于1989年）等，这里不再一一列举。

30　领导题词大力发展黏合剂

　　喻华清先生 1970 年 4 月到石油化学工业部二局工作，负责胶黏剂行业。化工部二局原是军工局，后改为新材料局。20 世纪 80 年代，喻华清是胶黏剂行业的活跃人物，组织举办新展品展示会，向部里写报告大力发展黏合剂（当时黏合剂一词和胶黏剂并行使用），组织胶黏剂专家编写《胶粘剂应用手册》……1989 年，喻华清离开化工部到中国化工新材料总公司工作，之后于 1996 ～ 2006 年担任中国氟硅有机材料工业协会秘书长。

　　20 世纪 80 年代，改革春风吹遍祖国大地，我国胶黏剂研究与应用异常活跃。为了加强国内胶黏剂研制、生产单位的技术交流，1982年 12 月，化工部二局在北京举办了首次"全国胶粘剂新产品展览会"。据展会负责人喻华清先生介绍，参加展出的有北京、上海、天津、黑龙江、辽宁、山东、江苏、安徽、浙江、湖北、广东、陕西、四川十三个省市及化学工业部直属的晨光化工研究院、北京化工研究院、黎明化工研究院，共计一百一十个胶黏剂科研、生产单位。据喻华清先生回忆，当年举办的展会，经费由化工部拨款 5 万元，厂商免费参展。因为是第一次举办这样全国性的活动，事前也做了宣传，人声鼎沸，因此当时公安部还派警力保障安全。展会后，喻华清、马学明编写了《胶粘剂产品汇编》，由《粘接》杂志编辑部刊印，书中介绍了 110 家胶黏剂研究和生产单位的 600 多个胶黏剂产品，分类列出名称、牌号、主要组分、主要性能、用途、生产、试制单位及鉴定日期。

　　展会大大促进了中国胶黏剂研究机构、企业之间的技术交流，也给喻华清带来了信心。1983 年，喻华清给原化工部领导写报告，建议大力发展黏合剂（胶黏剂）。部里非常重视，报告上报了国务院。1984 年 12 月 22 日，原化工部新材料局在北京虎坊桥北京技术交流站举办"全国胶粘剂产品及应用汇报展览"。展览前夕，新材料局金洪涛局长找到喻华清说："你的报告有批文了，国家领导人要参观全国胶粘剂产品及应用汇报展览。"喻华清先生回忆，当时他很吃惊，按捺不住激动的心情。

　　"全国胶粘剂产品及应用汇报展览"会上，喻华清担任讲解员。参观后，两位国家领导人分别题词："发展粘合剂的科学研究与推广应用""粘合剂效果显著，应大力发展"这次展会共展出了 50 余家胶黏剂研究和生产单位近 300 多种胶黏剂产品，展出了胶黏剂在国防与尖端科学、交通运输、电子电器、文化卫生、农业机械和生活用品等八个方面的应用情况，反映了胶黏剂在经济建设和人民生活中的重要作用。

1986 年，喻华清先生组织我国著名胶黏剂专家编写了一本长达 1008 页的胶黏剂巨著《胶粘剂应用手册》，该手册于 1987 年 11 月由化学工业出版社出版，该书由王孟钟、黄应昌主编，潘慧铭、梁星宇、阮传良、金成娟、喻华清、方谓生、马学明、王文举、王孟希、邬宜梁、安应赞、关常参、孙观敏、杨善德、李固、李健民、连振顺、张在新、张庆德、张启耀、易家鎏、周木英、周伟俊、居隐翰、赵可丰、赵素清、钟云杰、钟克煌、洪爱薇、桂文娟、徐纵雄、凌柳娜、彭荣椿、彭程纪、董惠珍、靳万山、廖明等参与了编写。该书涉及面广，是一本"胶黏剂行业的百科全书"，对我国胶黏剂行业的发展起到了巨大作用。

31 引进国外先进技术设备促进行业发展

经过 20 多年的发展，我国胶黏剂研究取得了长足进步。20 世纪 80 年代初，我国已有胶黏剂研究和生产单位 100 多家，研制与生产的胶黏剂品种 600 余个。尽管品种已经非常齐全，但生产工艺落后，产品性能与发达国家相比有很大差距。随着改革开放的不断深入，引进外国先进技术和生产设备成为可能。1979 年，中美建交，中国和西方国家的关系得到改善。20 世纪 80 年代，中日关系处于良好的时期。这些都为中国引进先进技术和设备奠定了良好基础。

1978 年，北京东方化工厂成立，引进日本技术和成套设备生产丙烯酸酯及乳液项目，是"六五"期间国家重点项目之一。该项目 1978 年签订合同，1979 年开始整体设计并得到化工部批复，1980 年 2 月得到国家建设委员会批复并开始建设。1984 年，我国第一套由日本引进的丙烯酸及其酯类装置在北京东方化工厂建成投产，从此结束了国内该类产品长期依赖进口的局面。进入 20 世纪 90 年代，东方化工厂又扩大规模，陆续引进第二和第三套丙烯酸及酯类装置，使其近二十个产品在同类产品中名列前茅，享誉海内外，成为我国当时规模最大、品种最全、质量最优的丙烯酸及酯类产品的生产、科研、开发基地。从 1993 年起，东方化工厂先后与美国和法国合资，建成了国内最大的丙烯酸树脂工厂——东方罗门哈斯有限公司和先进的表面活性剂工厂——东方罗地亚化工有限公司，大大促进了我国丙烯酸乳液和压敏胶带的发展。

1981 年，北京市化学工业研究院从德国汉高引进纸塑覆膜聚氨酯胶黏剂，促进了纸塑包装胶的发展。据曾任北京市化学工业研究院分院总工的沈传忠介绍，当时花了 50 万美元引进了 6 个纸塑覆膜聚氨酯胶黏剂品种，3 个溶剂型、3 个无溶剂型。引进的产品 1982 年投入生产，先投入生产的是溶剂型的。当时国内的同类产品初粘力好，但烘烤后最终强度不好；而引进汉高的产品初粘力一般，烘烤后最终强度好，由于使用习惯的原因开始还遭用户埋怨，但最终被接受。引进的产品由于最终性能好，推广很快。

1984 年 11 月，与中国香港合资创办的"中山市永大胶粘制品厂"宣告成立，占地面积 4 万平方米的工厂在中山永宁破土动工。第一期总投资 420 万美元，引进 3 条国际先进水平的 BOPP 全自动涂布生产线和制胶专利配方、制胶整厂设备及配套设备设施。1985 年 5 月，第一条年产 2500 万平方米 BOPP 的涂胶生产线一次性试产成功。同年 12 月从中国台湾引进的全套制胶生产技术和设备正式投产。之后，另外两条涂胶生产线也陆续建成投产。1988 年，永大公司还先后引进了多套自动和半自动的多用途分切设备和涂布线，大大加快了永大的发展。

1987 年，北京化工厂引进日本年产 50t 氰基丙烯酸酯瞬干胶先进生产线和工艺技术，应用多聚甲醛 - 甲醇溶剂法生产 ECA，大大提高了我国 502 瞬间胶的技术和生产水平。

1987 年，北京有机化工厂从日本引进的 20 个品种聚乙酸乙烯乳液项目建成投产，极大地推动了国内白胶生产技术和市场应用的发展。1988 年，北京有机化工厂引进美国技术建成投产了国内第一套乙酸乙烯 - 乙烯共聚乳液（VAE 乳液）生产装置，推动国内 VAE 乳液产品从无到有、从应用单一到应用广泛的不断发展壮大。1995 年 3 月，北京有机化工厂引进意大利技术建成投产了国内第一套乙烯 - 乙酸乙烯共聚树脂（EVA 树脂）生产装置，开拓了国内 EVA 薄膜、片材、热熔胶等应用领域。

1987 年，连云港市热熔黏合剂厂从日本引进我国第一条年产 1000t 的热熔胶生产线，用于生产 EVA 无线装订热熔胶和热熔胶棒。

20 世纪 90 年代初，山东化工厂从欧洲引进单组分湿固化聚氨酯密封胶技术，经过果断消化吸收，成为当时中国规模最大、性能先进的聚氨酯密封胶企业，大大促进了我国聚氨酯密封胶的发展。

2000 年以后，杭州之江有机硅有限公司、广州新展新材料有限公司等硅酮密封胶企业引进意大利和德国生产搅拌和自动化包装设备，大大提高了产品的生产效率和产品稳定性。

32 修复"秦始皇陵铜车马"的故事

"国之瑰宝,重现英姿。"夏文干先生曾参与秦始皇陵铜车马的修复,是 11 人修复小组成员之一,是用粘接技术修复秦始皇陵 2 号铜车马的重要贡献者之一。

夏文干先生 1944 年出生,1965 年大学毕业分配到国营黄河机器制造厂工作。工作期间根据单位科研和生产需要,他曾研制出环氧系列结构和密封胶黏剂、厌氧系列胶、聚氨酯绝缘灌封胶、冰箱用热熔胶、ABS 胶、HIPS 胶、导电胶、650 防水密封胶以及玻璃纤维、芳纶纤维、碳纤维树脂型复合材料等。夏文干先生曾在国内外发表论文报告 70 余篇,主持编著《胶粘剂和胶接技术》《胶接手册》,分别于 1980 年 6 月和 1989 年 2 月由国防工业出版社出版,并多次刊印。夏文干先生曾获得部、省级科技进步一、二、三等奖八项,局级、厂级多项奖,1988 年被评为国家有突出贡献中青年专家、1989 年陕西省有突出贡献专家;1991 年享受国务院特殊津贴专家。1986 ~ 1997 年曾担任陕西省青年联合会副主席,1987 年率陕西省青年联合会代表团访问日本;1998 年 3 月至 2003 年 2 月任陕西省政协委员会常务委员。1980 年起任西安粘接技术协会副会长、会长、名誉会长至今。下面让我们听一听夏文干先生讲述的"修复秦始皇陵 2 号铜车马"的故事。

1980 年 12 月,西安临潼秦始皇陵西侧深约 20m 的陪葬内出土了两乘铜车马,大小为真车马的二分之一。这是我国考古史上的一次里程碑式的发现。铜车马出土后,因年代久远残破不堪(见右图)。面世的文物只是一堆残片,面临着急待修复的难题。国家文物局报中宣部批准由陕西省尽快组织修复,陕西省委、省政府极其重视,指示省文物局组织实施修复铜车马工作并在陕西省展出。

1982 年初至 4 月,陕西省考古所、省博物馆、秦俑博物馆、省国防工办、国营黄河机器制造厂、西安交通大学、西北工业大学、西安

冶金学院、红旗机械厂、省化工研究所、市化工研究所和西安粘接技术协会等单位的领导、专家、工程技术人员五次开会，研究讨论修复技术方案。经过激烈辩论，研讨通过了"以粘接为主，综合治理"为原则修旧如旧的修复方案，决定将破损成碎片的铜车马尽最大可能恢复到历史原貌；保护铜车马出土时的彩绘花绘，避免磨损和脱落；修复好的铜车马外部尽量无支撑物，并在较长的时间内不能因自重、必要移动和外界轻微震动而发生破碎。修复方案要求修复过程中所用金属材料的化学成分应与出土文物一致，并对文物不产生副作用，无论采用粘接、焊接、钻孔、打楔钉、除锈等技术进行修复都要坚持保护好文物，一般情况下不采取熔焊等。

1982 年 4 月，陕西省专门成立了铜车马修复领导小组，由陕西省文物局、黄河厂领导分别任组长、副组长，修复具体工作由黄河机器厂承担。为了完成这项光荣而艰巨的任务，黄河机器厂领导高度重视，在全厂内选派精兵强将，组成 11 人的修复小组。

2 号铜车马出土时已严重损坏，经清理出土铜车马零件 3462 件，总重量 1241kg，其中铜铸件 1742 件；金制件 737 件，重 3033g；银制件 983 件，重 4342g。很多零件已残破严重，有断口、破洞和裂缝，残破 1555 片，断口 1877 个，破洞 92 处，裂缝 55 处。很多构件（残件）已严重变形，不矫形是无法将它们组合连接在一起的。矫形也很困难，它们彼此约束，到底矫多少？怎么矫？秦代这车是什么样子，构件彼此的尺寸、位置关系如何？面对接踵而来的问题，修复工作完全靠逐步摸索来进行，工作非常困难。这是因为铸铜车本身缺乏韧性易脆断，又长期埋在地下，自然环境造成腐蚀并在历史上经过了一次受砸变形，再要矫形回来更容易断裂。矫形时还不能破坏文物表面的彩绘，这就更加棘手。例如车盖弓 36 根，形状似龟壳骨，竟无一根保持原状，严重扭曲变形，断口有 296 个，残缺 6 处，观察断口，疏松，取样粉末呈赭红色，已深层氧化、质脆。又如车盖形似龟甲壳，破碎成 199 片，几乎每片都发生了变形而且厚度不均，厚的地方有 4mm，薄的地方仅有零点几毫米，而且完全锈蚀。再如车舆（车底盘和部分车栙），后右下角下垂，前左角上翘，相差 8mm 之多。底面四周有厚边，中间有辀，辀的两侧有轸，横向有轴，纵横交错，互相牵连。由于舆底变形，造成车厢左壁相差 90mm，根本无法合拢，修复难度非常大。

　　尽管矫形难度很大，怀着让国家瑰宝重现英姿的决心，研究考虑了多种方案，最终确定的矫形方法是自制了一台门式压力机，该机加压头丝杠可在横梁上左右上下移动，并可适度偏转倾角，解决了矫形难题。修复组用这种方法，对出土残片逐个进行矫形，矫形工作是严谨而细致的，其中仅舆底的矫形修复就花去了近 20 天的时间。

　　全部的残片矫形工作完成后，紧接着就开始了下道工序。无论是粘接，还是粘接 - 机械混合连接，个别构件的焊接，其粘接、焊接的车构件的化学成分至关重要。为此对铜车马材料进行了直读光谱、半定量光谱、原子吸收光谱、化学容量等多种分析。综合研究分析结果并与现代铸造用青铜化学成分进行比较，发现秦陵 2 号铜车马的化学成分与现代铸铜某牌号基本一致，只是杂质稍微多了一点，说明秦代的冶金和铸造技术已经达到相当高的水平。

　　以"粘接为主，综合治理"为原则修复大型青铜国家一级文物，在我国文物修复的历史上并没有先例。为了保证修复工作的可靠性，修复组依据文物的化学成分，铸造了模拟试件，将试件砸成几块，对其进行了锈蚀、机械除锈、化学除锈、反复清洗，同时研究了相应胶黏剂、偶联剂及其粘接工艺等。并根据黄河厂多年研究、生产和掌握的粘接接头耐久性的实践经验和文献资料，得出了粘接、粘接机械连接可以在较长时间内保持可靠的结论。从而打消了论证会上部分专家、领导的疑虑。图为修复中的铜车马。

　　铜车马四匹马全身覆盖有 0.1mm 厚的白色涂层，车盖和车厢壁的内外面，底层为白色涂层，白色涂层上为彩绘层。只要有涂层，铜车马就没有腐蚀产生，涂层脱落的地方，就发生了氧化变黑，直至长出了绿色铜锈，可见祖先们对铸铜保护的工艺技术在当时已达到了很高的水平。在进行车辖与辖销之间的修复时，修复组发现制造者用白色固体块状物将两者连在一起，以免辖销脱落。经过分析研究认为它可能是一种无机胶黏剂。对白色涂层和块状物用红外光谱、发射光谱、X 射线衍射及化学分析后综合判断，它们是含有树胶的矿物，是一种磷酸盐和碳酸盐化合物。据此撰写了《公元前 207 年的一种无机胶黏剂的研究》文章，在美国化学学会 1987 年春季年会上发表，推翻了国外学者关于金属胶接历史仅有几十年的结论，引起会议轰动，大会执行主席评价为："对中国科技有重大贡献，有引起世界关注的可能。"

铜车马修复组攻克了种种难题，修复小组除周末休息外，几乎天天加班，经过一年多的艰辛工作，攻克了种种难题。1983 年 6 月，2 号铜车马修复工程圆满完成，并通过了国家文物专家的评审，展出至今。上图为修复后的铜车马全景。

33 "夭折"的"中国粘接学会"

20世纪80年代，技术交流十分活跃，全国各大城市在各地技术交流中心粘接服务队的基础上成立了粘接学会、协会。上海、西安、长沙、武汉、北京、哈尔滨、沈阳、大连、天津、宁波、昆明、成都、重庆……全国30多个粘接技术协会、学会相继成立。

1981年11月23日至27日，由上海市粘接技术协会和西安市粘接协会发起，在上海召开了"全国粘接技术组织座谈会"，来自全国各地的43名代表参加了会议，会上决定筹办"中国粘接协会"，由化工部新材料局喻华清具体负责组织协调。1982年7月，在西安召开了"中国粘接协会"筹备会及首届年会审稿会。会议讨论决定，由化工部新材料局金洪涛局长任"中国粘接协会"筹委会主任，王澍、阮传良、王致禄任副主任，喻华清任筹委会秘书。首届年会共收到222篇征文，审稿会议讨论确定，109篇大会宣读，81篇大会技术交流。1982年12月，"中国粘接协会（筹）"首届年会在北京成功召开。之后，为了与国际粘接学会对接，"中国粘接协会（筹）"名称改为"中国粘接学会（筹）"，北京粘接学会理事长杜璇也被推选成为"中国粘接学会（筹）"筹委会副主任委员。

1985年5月10日至12日，"中国粘接学会（筹）"在武昌召开了工作会议，会议由筹委会主任化工部新材料局局长金洪涛主持，筹委会副主任杜璇、王致禄、王澍、阮传良，《中国粘接通讯》编委会主任李宝库，调研组成员——上海、北京、哈尔滨、西安等协会的代表出席了会议。武汉粘接学会理事长李建宗出席了会议并对会议给予大力支持。会上，杜璇、喻华清介绍了筹委会工作情况。与会代表对设立机械、电子、建筑、轻工、纺织、包装专业委员会的问题进行了热烈的讨论。会议最后确定机械、电子、建筑、轻工、纺织、包装专业分别由哈尔滨、西安、北京、天津、湖北、上海的协会/学会负责，要求尽快成立专业委员会，早日开展专业技术服务和学术交流活动。后来，轻工、纺织合并在一起成为"轻纺专业委员会"。最后确定"中国粘接学会（筹）"下设5个专业委员会："建筑专业委员会"，由北京粘接学会负责；"机械专业委员会"，由哈尔滨胶粘技术协会负责；"轻纺专业委员会"，由武汉粘接学会负责；"包装专业委员会"，由上海粘接技术协会负责；"电子与仪表专业委员会"，由西安粘接技术协会负责。

"中国粘接学会（筹）"建筑专业委员会成立大会及第一次学术交流会于 1987 年 10 月在北京举行，会议由北京粘接学会主办，冶金部建筑科学研究总院郎希贤任专业委员会理事长。第二次学术交流会于 1990 年 10 月 18 日至 23 日在成都举行，由化工部成都有机硅研究中心承办。来自全国各地的科研单位、大专院校、工矿企业从事胶黏剂研究、生产和应用的科技工作者共 69 人参加了这次会议。本次学术会共宣读论文 34 篇，与会代表就建筑密封胶、建筑内外装修用胶、建筑胶黏剂进行了广泛交流，提出了科研的方向，评选了"喷射混凝土粘接剂"等 5 篇论文为优秀论文。

1988 年 1 月 20 日，在哈尔滨胶粘技术协会牵头下，"中国粘接协会（筹）"机械专业委员会成立暨首届年会在哈尔滨市召开，出席的代表有来自省市粘接协会、科研院所、大专院校、生产应用等单位共 120 余名，会议历时三天圆满闭幕。机械专业委员会理事长由王致禄先生担任，下设组织、学术、咨询和信息部，分别由哈尔滨、长沙、重庆和吉林粘接协会承担。首届年会会上交流 90 篇论文报告，其中大会报告 3 篇，分组会上宣读 45 篇，其余则为书面交流。会议初步商定，由重庆粘接协会筹备组织第二届年会。

1987 年 9 月，中国胶粘剂工业协会在北京成立。为了促进我国胶黏剂工业及粘接科学技术事业的发展，密切中国胶粘剂工业协会（以下简称协会）与"中国粘接协会（筹）"（以下简称学会）之间的联系，两会于 1988 年 2 月 25 日至 27 日在北京召开了工作联席会。参加会议的有协会理事长，在京的副理事长、常务理事、秘书长及常设机构主要负责人和学会的正、副主任及各专业委员会部分负责人等 26 位。会议期间，两会交流了各自的活动情况，通报了各自的活动计划，并为协会与学会协同工作一致达成了下面几点安排意见：一、在技术交流方面，由两会联合召开的有：①建筑用胶黏剂技术交流会，由学会建筑专业委员会主办，协会技术部协助；②合成乳液技术交流会，由协会信息部主办，学会轻纺专业委员会协助；③压敏胶及其制品技术交流，由协会技术部主办；二、对国内胶黏剂行业现状进行调查，调查由各地粘接组织和协会会员单位协同进行，协会信息部负责归口。

1989 年 7 月 10 日，"中国粘接学会（筹）"轻纺专业委员会筹备会在湖北大学召开。会议由武汉粘接学会主持。中国粘接学会（筹）秘书处、中国化工部新材料开发公司派员出席会议。中国胶粘剂工业协会陈万里秘书长发来贺信。会议初步拟定 1990 年 5 ～ 6 月份在武汉召开轻纺专业委员会成立暨第一届学术年会。

1990 年 6 月 25 日至 29 日，"中国粘接学会（筹）"轻纺专业委员会成立大会暨学术报告会在湖北大学举行。来自全国 11 个省市的高等院校科研院所、胶黏剂研制生产与应用单位的代表 100 余人出席了大会。李建宗当选为轻纺专业委员会理事长，大会还选举了 13 位理事。会议期间，代表们还就胶黏剂的研制合成、结构性能、应用开发、国内外发展概况进行了学术交流。会后代表们反映这次会议受益匪浅。

1991 年 5 月 19 日至 21 日，"中国粘接学会（筹）"包装专业委员会成立大会暨第一届学术年会在宁波召开。会议由上海粘接技术协会主办，出席会议的代表 110 余人，分别来自全国各地协会、大专院校和企业，会议进行了包装胶黏剂学术交流和信息发布，讨论了包装专业委员会章程，选举产生了专业委员会理事会。上海粘接技术学会秘书长李宝库致开幕词，上海纺织局印刷厂副厂长崔汉生当选为包装专业委员会理事长。

1992 年 12 月，轻纺专业委员会第二届学术年会在无锡市召开。全国各地 70 多名代表参加了会议，交流了学术论文 15 篇，还进行了胶黏剂的信息发布、技术交流及咨询技术转让洽谈等活动。1995 年 11 月 1 日，由葛洲坝粘合剂开发总公司出资协办的"中国粘接学会（筹）"轻纺专业委员会第三届年会在葛洲坝峡光饭店召开。参加会议的有"中国粘接学会（筹）"秘书长喻华清，轻纺专业委员会理事长、武汉粘接学会理事长、湖北大学化学系主任李建宗教授以及化工部胶黏剂信息中心站、武汉大学、华中理工大学、化工部海洋涂料研究所、北京有机化工厂、上海新光化工厂、湖南维尼仑厂等学术团体、科研和企事业单位的领导、专家近 60 人。

从 1981 年 11 月在上海筹划成立"中国粘接协会"开始，到 1995 年 11 月"中国粘接学会（筹）"轻纺专业委员会在葛洲坝峡光饭店召开第三届年会，整整度过了 14 个年头，"中国粘接学会"一直没有审批下来。1987 年 9 月，中国胶粘剂工业协会成立后，"中国粘接学会"

的成立更是希望渺茫。为成立中国粘接学会，许多粘接界的老前辈为之付出了心血。1996 年以后，再也没有听到"中国粘接学会（筹）"的声音，"中国粘接学会（筹）"就这样夭折了。

中国粘接学会一直没有成立起来的确是中国粘接领域的一大憾事。因为国际上，几乎每个国家都有自己的粘接学会和胶粘剂工业协会两套组织。中国与国际粘接界的交流曾一度落到了中国金属学会金属粘接学会和北京粘接学会头上。

1993 年 5 月 2 日至 6 日，由中国金属学会金属粘接学会组织的中日双边国际粘接技术交流会在重庆召开，来自全国各地的 75 名代表参加了交流会。会议确定组织"中国粘接代表团"参加 1994 年在日本横滨举行的"国际粘接研讨会"。2001 年，作者任中国金属学会金属粘接学会副秘书长，曾与秘书长贾永升、副理事长李宝库到民政部申请"中国粘接工程学会"之事，结果未能如愿。后来，由于秘书长贾永升年事已高，加上未能处理好交接事宜，中国金属学会金属粘接学会也夭折了。

2001 年以后，北京粘接学会成了国际上认可的中国国家级粘接学会，曾举办过多次国际粘接技术学术交流会。2005 年前后，北京粘接学会也曾联合 50 家中国各地粘接学会、研究机构，再次申请成立"中国粘接学会"，结果没有成功。

34 20世纪90年代:"南方谈话"引发创业潮

20世纪90年代的中国和世界,从一开始就很不太平。刚刚经历了风波的中国,许多事情尚未理顺头绪,接连又遭遇苏联解体、东欧剧变。面对这些世界性的历史难题,党内和一部分干部群众中一度出现了对党和国家改革开放政策的模糊认识,甚至出现了姓"资"姓"社"的争论。1992年1月18日至2月21日,邓小平视察了武昌、深圳、珠海、上海等地,发表了重要讲话。邓小平的"南方谈话",为社会主义市场经济体制的创建指明了方向。邓小平"南方谈话"也引发创业潮,我国许多知名的胶黏剂民营企业就是在20世纪90年代创立和发展起来的。

1990年。浙江黄岩光华胶粘剂厂创立于1990年1月,法人任周青,公司生产502瞬间胶、氯丁胶、室温快固化全透明环氧胶、丙烯酸酯胶黏剂、水基胶等30个品种。无锡昌盛胶粘制品有限公司成立于1990年8月,法人侯一鸣,公司生产20多种用于不同领域的保护膜产品。万事达胶带(湖北)股份有限公司创始于1990年,是孝感万事达集团旗下的一家胶带专业制造企业。中山市皇冠胶粘制品有限公司始建于1990年,生产高性能双面胶黏带和高端保护膜系列产品。

1991年。永一胶粘(中山)有限公司成立于1991年,法人谢昭榴,公司生产不干胶商标纸系列产品及PVC类电工绝缘胶带、PVC/PE类保护胶带、各种常规及特殊胶黏带、单双面离型纸和多种类型的压敏胶黏剂等。永益集团股份有限公司创建于1991年,法人林尔生,公司生产不干胶系列产品。天津市天狗装饰化工有限公司成立于1991年,生产腻子、勾缝剂、瓷砖胶、106印刷专用胶、107建筑胶、801万能胶、白乳胶、包覆胶等产品。南海南光化工包装有限公司成立于1991年11月,法人张澍生,公司生产万能胶、接枝胶、PU胶、表面处理剂、皮鞋涂料、硬化剂等80多个产品。广东达美新材料有限公司成立于1991年12月,法人杨家欢,公司生产胶粘制品、表面保护材料、包装材料等。

1992年。潮州市莲云锦云涂料厂成立于1992年3月,法人蔡锦植,公司生产白乳胶系列、万能胶系列、复膜胶系列、PVC胶系列、纸盒胶系列、起坯胶系列、PU胶系列胶黏剂。西安汉港化工有限公司成立于 1992 年 5 月，法人蒋智广，公司拥有现代化的万吨白乳胶及乳胶漆生产线。广州宏昌胶粘带厂始建于 1992 年 7 月，法人冯广森，已发展成为国内最大的胶粘制品产销及出口企业之一。北京通达必胜粘合剂有限公司创建于 1992 年 10 月，法人徐建华，公司是生产胶黏带、胶黏剂等系列产品的专业厂家。沈阳万合胶业有限公司创立于 1992 年，是一家专业从事胶黏剂（热熔胶、水基胶）和润滑剂研发、生产、经营一体化的企业。广州白云化工实业有限公司（其前身是成立于 1985 年的广州白云粘胶厂），法人李和昌，公司 1992 年引进成都晨光化工研究院硅硐胶生产技术，开发和生产硅硐胶系列产品。北京龙苑伟业新材料有限公司成立于 1992 年 10 月，总经理聂清武，公司生产汽车密封胶、粘接剂、补强材等产品。天津市盛旺电子化工成立于 1992 年，法人王剑苏，公司供应木工胶、热熔包覆胶、水性包覆胶、浥性包覆胶、真空吸塑胶、水性吸塑胶、油性吸塑胶、大板胶、PVC 贴面胶等。龙口市宇龙密封材料有限公司成立于 1992 年，公司生产丙烯酸酯建筑密封胶、建筑乳液、硅硐建筑密封胶、硅硐结构胶、硅硐中空胶、聚硫中空胶等。连云港市映辉胶业有限公司始建于 1992 年，主要产品有聚乙酸乙烯酯乳液（白乳胶）系列产品、卷烟胶系列产品、VAE 白乳胶、聚合物水泥基防水涂料、接缝王（环氧型双组分）、墙锢（墙体界面剂）、万能装饰胶、PVC 贴皮胶、实木拼板胶、集成材胶、干酪素贴标胶（玻璃瓶贴标胶）、彩钢瓦夹芯用胶、涂装胶、水性内外墙乳胶漆等。

　　1993 年。 上海东和胶粘剂有限公司始建于 1993 年 7 月，法人陆林森，公司生产和研发水性乳液胶、溶剂型胶黏剂，用于家具、木制品、汽车内饰、建筑装饰装潢业、电子、皮革、轻纺等行业。浙江永和胶粘制品股份有限公司创建于 1993 年，法人朱家炼，生产 BOPP 薄膜、丙烯酸酯及乳液到 BOPP 胶黏带。孝感舒氏（集团）有限公司创办于 1993 年，公司致力于绝缘布带、高压橡胶带、PVC 电气胶带、工业胶带等多种胶带的研发与生产。湖南福湘木业有限责任公司创建于 1993 年，法人刘建新，生产胶合板、脲醛树脂、白乳胶、涂料等产品。广东博罗县石湾聚龙化工有限公司成立于 1993 年，生产销售 PP 专用胶水、PVC 胶水、羽毛球胶水、塑料溶胶水等产品。联冠（中山）胶粘制品有限公司成立于 1993 年，生产不干胶商标系列纸和 BOPP 上光膜以及双面、泡棉胶黏带、保护胶黏带和压敏胶黏剂。江门亿源生化工程有限公司的前身是 1993 年成立的江门保时捷化工胶粘有限公司，公司生产百宜贴、免钉胶、透明钉、PU 胶、水性 PVC 地板胶、导（防）静电 PVC 地板胶、木地板胶、水性氯丁胶、水性喷胶、水性压敏型胶黏剂等多种新型水性胶黏剂。广东冠豪高新技术股份有限公司于 1993 年筹建，1995 年初建成投产，后来发展为国内首家大规模生产热敏纸的专业公司。1993 年 12 月，北京天山新材料公司成立，法人王兵，公司开始主要生产工业修补胶，后来发展成为国内最具实力的工程胶黏剂企业。

1994 年。福建友达胶粘制品有限公司（原惠安县友达包装制品有限公司）始创于 1994 年 3 月，法人林碧海，公司生产 PVC 电气绝缘胶带、警示胶带、BOPP 胶带、美纹胶带、牛皮胶带、双面胶带、海绵胶带等。三友（天津）高分子技术有限公司成立于 1994 年 3 月，总经理李士学，公司研制、生产汽车胶黏剂、电子化工材料、水性密封胶等。江苏江永新材料有限公司创建于 1994 年 4 月，法人潘建军，公司生产703 硅硐密封胶、703 系列车灯胶等产品。辽宁吕氏化工（集团）有限公司成立于 1994 年，法人吕品，经过多年的发展，公司已建成万吨白乳胶、万能胶及硅硐密封胶生产线。濮阳市万泉化工有限公司成立于1994 年 12 月，法人任正义，公司生产聚氨酯密封胶、MS 密封胶、硅硐胶、包覆胶等产品。美邦（黄山）胶业有限公司成立于 1994 年 11 月，法人张建宏，公司生产水性聚氨酯胶黏剂、酯溶型聚氨酯胶黏剂、醇溶型聚氨酯胶黏剂。四川省隆昌县承华胶业有限责任公司成立于 1994年 12 月，法人陈广旭，生产环氧树脂系列胶黏剂及环氧树脂系列固化剂、环氧树脂灌封料等。佛山市南海霸力化工制品有限公司，成立于1994 年，法人邱伟平，总工林华玉，公司主要从事鞋业胶黏剂等产品的开发、生产、销售，后来发展成为国内最大的集开发、生产、销售于一体的鞋用胶黏剂企业。

1995 年。北京星海钢琴集团有限公司粘合剂厂 1995 年 1 月成立，法人黄跃成，公司生产乳液卷烟胶等。上海环城包装制品有限公司成立于 1995 年 7 月，法人凌幼农，公司主要经营包装胶带、印字胶带、彩色胶带、不残胶胶带、自粘牛皮纸、湿水牛皮纸、双面胶、卡通胶带、镭射胶带等。中山富洲胶粘制品有限公司成立于 1995 年，法人林观成，公司专业生产各种不干胶商标印刷专用系列材料以及格拉辛纸、淋膜离型纸、上光复合膜、双面胶、压敏胶水等产品。星宇耐力新材料公司始建于 1995 年，生产各种水性覆膜胶、白乳胶、磨光胶、彩盒糊盒胶、裱纸胶、植绒胶、水性光油等水性胶产品。绵阳惠利电子材料有限公司成立于 1995 年 7 月，总经理陆南平，公司主要生产环氧树脂灌封料、半导体及芯片封装环氧模塑料、环氧电子胶黏剂、浸渍漆、SMT 贴片胶、电子元件及光电器件的灌封、粘剂、涂敷用有机硅材料、UV 胶黏剂、UV 涂料、光刻胶等。上海路嘉胶粘剂有限公司的前身是上海新路嘉实业有限公司，成立于 1995 年 9 月，公司生产、销售高档热熔胶和水基胶，广泛应用于木材加工、书本装订、印刷加工、食品包装、卫生制品、工程、胶带、标签、制鞋、卷烟等领域。邯郸三泰胶业有限公司成立于 1995 年，法人苏海，公司主要产品为聚氨酯泡沫填缝剂、氯丁万能胶、SBS 万能胶、工业喷胶、免钉胶、白晶胶、4115 建筑胶、高固态新型白乳胶及化工类金属包装物。宁波阿里山胶粘制品科技有限公司成立于 1995 年 10 月，法人徐国刚，经营胶黏带及水溶性胶黏剂的研发、制造、加工、技术咨询等。广东恒大新材料科技有限公司成立于 1995 年 11 月，法人张国培，总经理周为民，公司主营卡夫特 UV 胶、SMT 贴片胶、有机硅胶、厌氧胶、丙烯酸酯 AB 胶。无锡市万力粘合材料有限公司成立于 1995 年 12 月，法人周其平，公司主要生产 EVA 热熔胶、热熔压敏胶、反应型聚氨酯热熔胶（PUR 胶）、水性 PU 树脂和水基胶系列产品。佛山欣涛新材料科技有限公司成立于 1995 年，法人郑昭，公司主要生产 EVA、PSA 类热熔胶等产品。上海派尔科化工材料股份有限公司成立于 1995 年，经过多年发展，公司逐步形成了以云石胶、植筋胶、AB 结构胶、石材养护剂、轨道安装胶和硅硐密封胶等为主的系列产品。

1996 年。广州原野实业有限公司成立于 1996 年 3 月，法人梁思析，公司主营产品是木胶粉、贴皮胶、拼板胶、E1 脲醛胶粉、可分散性乳胶粉、地板胶、热熔胶、黄胶、PVC 胶等。杭州之江有机硅化工有限公司成立于 1996 年 5 月，法人何永富，是一家专业从事硅硐及聚氨酯密封粘接剂、功能型涂料等化工新材料的企业。南京天力信科技实业有限公司成立于 1996 年 6 月，由马俊发等人创办，是加固建材、植筋胶、化学锚栓、粘钢胶、结构灌注胶、封口胶、碳纤维加固、封口胶、裂缝修补胶、云石胶、石材干挂胶、碳纤维布等产品专业生产加工的公司。深圳市固强粘合剂有限公司创立于 1996 年 6 月，法人许少陵，公司生产喷胶、PV 胶、鞋胶、氯丁 /SBS 万能胶。宏峰行化工（深圳）有限公司成立于 1996 年，是印后加工胶黏剂的专业供应商。广州新展有机硅有限公司创建于 1996 年，由朱以标、关颖夫妇创办，是生产、销售有机硅密封胶的企业。广州市高士实业有限公司成立于 1996 年，法人莫万全，公司生产建筑类硅硐密封胶。浙江固特热熔胶有限公司的前身是浙江亿达胶粘剂有限公司，成立于 1996 年 11 月，公司从事以 EVA、弹性体、聚氨酯、动物蛋白为主体材料的热熔胶系列产品。北京西令密封材料有限责任公司始建于 1996 年 11 月，总投资约 6000 万，主要生产硅硐密封胶和结构胶，由中国化学建材股份有限公司、北京塞力科技发展公司、中国汽车工业总公司华联汽车有限公司共同投资组建。广东东方树脂有限公司成立于 1996 年 12 月，法人林润强，公司专业从事水性聚氨酯系列产品、水性丙烯酸、鞋胶、喷胶、万能胶、热熔胶、强力贴合胶等 200 多个品种胶黏剂产品的生产与销售。

1997 年。湖南神力胶业集团成立于 1997 年 1 月，法人袁媛，产品有环氧、丙烯酸、氯丁、聚氨酯等八大系列 300 多个规格产品，产品出口到全球 86 个国家和地区。无锡市北美胶粘制品有限公司创建于 1997 年 1 月，法人华雪良，主要经营 BOPP 胶黏带、美纹胶带、双面胶带、牛皮纸胶。曲阜市慧迪化工有限责任公司成立于 1997 年 5 月，由卞杰创办，主要产品有环保型脲醛树脂系列、改性酚醛树脂系列、实木复合地板胶、聚乙酸乙烯乳液（白乳胶）、共聚乳液（VAF）、威尔顿地毯胶（VAE）、丙烯酸酯共聚乳液、环保型建筑黏合剂等八大系列 30 多个品种。广东爱必达胶粘剂有限公司于 1997 年 6 月在广州市注册成立，法人梁亚统，产品有 502 胶、AB 胶、万能胶、密封胶等。上海久庆实业有限公司（昆山久庆塑胶有限公司）成立于 1997 年 8 月，经过不断的开拓研发，公司已形成数种热熔压敏胶产品。江门市快事达胶粘实业有限公司成立于 1997 年 8 月，法人周伟，专业从事硅硐结构密封胶、硅硐耐候密封胶等各类建筑密封胶。温州市泰昌胶粘制品有限公司创办于 1997 年，法人林正贤，公司是一家集制胶、涂塑、复合、加工、电化铝于一体的中国压敏胶制品行业龙头企业。浙江凌志新材料有限公司创建于 1997 年，法人陈勇，总工程师陈世龙，生产有机硅材密封胶、硅硐结构胶。武汉市科达云石护理材料有限公司成立于 1997 年，法人辛克兰，生产云石胶、环氧干挂胶、石材液体胶、勾缝胶、嵌缝胶、环氧胶。广东泰强化工实业有限公司成立于 1997 年，法人胡赞军，生产喷胶、万能胶、氯丁 - 酚醛胶黏剂。永特耐木胶有限公司成立于 1997 年，法人朱金水，生产系列木工胶。嘉兴豪能包装有限公司创建于 1997 年，是一家专产镀铝防水纸、啤酒商标、啤酒铝箔顶标、透明不干胶水晶标、糖果 / 巧克力包装、铝箔容器、纸质食品容器、酒类外包装等高级铝箔 / 纸类彩印的专业公司。沈阳奥麦奇化学有限公司成立于 1997 年 12 月，主要生产白乳胶系列、万能胶、4115 建筑胶、专用鞋用黏合剂、原子灰、聚酯漆稀释剂、固化剂等上百种产品。

1998 年。浙江顶立胶业有限公司创始于 1998 年 8 月，法人周闰阳，公司致力于水性胶黏剂的研发、制造与销售，产品涉及建筑装修胶黏剂、木工胶黏剂、印刷包装胶黏剂及特种胶黏剂。溧阳市宏大胶业有限公司（原宏大有机硅胶厂）成立于 1998 年，法人周文亮，公司产品为非结构型胶黏剂，广泛应用于电子元器件、仪器仪表、飞机、化工管道、光学仪器、家用电器、电热电器、蒸汽电熨斗、冷藏设备、灯具等。成都硅宝科技股份有限公司成立于 1998 年 10 月，总经理王有治，主要从事有机硅室温胶、硅烷及专用设备的研究开发、生产销售。成都正光科技股份有限公司成立于 1998 年 10 月，法人薛合伦，公司自主研制的产品被广大用户誉为"中国魔胶"——"几秒钟堵住漏，半分钟硬如钢。"该产品广泛用于航空、石油、机械、电力、建筑、军事装备等。广州鹿山新材料股份有限公司创立于 1998 年 11 月，产品为功能性聚烯烃热熔胶和太阳能电池封装胶膜。广州市伟旺热熔胶科技有限公司的前身为广州成盛化工有限公司，成立于 1998 年，法人廖永平，公司专业从事研发、生产和销售热熔胶。潍坊胜达科技股份有限公司成立于 1998 年 11 月，法人辛胜芝，主要生产高端 电子保护膜、电子离型膜及建材保护膜。福建嘉德树脂有限公司成立于 1998 年，主导产品为鞋材贴合防水胶（防水糊）、泡棉布 / 贴合软胶、胸围贴合用胶、水性自粘胶、皮革涂饰乳液、无纺布乳液、喷胶棉胶浆、印花金葱浆、印花固浆，产品广泛适用于鞋材贴合、服装贴合、汽车装饰贴合、沙滩坐垫贴合、海绵胸围贴合、无纺布、印花等行业。湖北鸿丰胶业有限公司成立于 1998 年，是一家专业生产销售 502 胶的厂家。衡水新光新材料科技有限公司成立于 1998 年 12 月，法人田海水，公司主要产品有建筑乳液、密封胶黏剂、木器漆乳液、工业漆乳液、压敏胶黏剂、玻璃纤维定型乳液、彩瓦漆乳液、涂料助剂等 80 多个品种。

1999 年。烟台德邦科技有限公司创建于 1999 年 1 月，总经理解海华，开始主要生产厌氧胶，后来研发生产有机硅、环氧胶、UV 胶、胶黏带多种产品。北京高盟新材料股份有限公司创立于 1999 年，公司一直专注于高性能复合聚氨酯胶黏剂的研发和生产，后来产品种类发展为塑料软包装用复合聚氨酯胶黏剂、油墨粘接料、高铁用聚氨酯胶黏剂、反光材料复合用胶黏剂、复膜铁专用胶等 100 多种产品，上海大力士粘结剂有限公司成立于 1999 年 3 月，法人林传军，公司主要生产的产品有云石胶、AB 胶、石材养护剂和清洁剂。上海晨祥胶粘剂有限公司成立于 1999 年 4 月，法人何革，公司生产水性、油性氯丁胶、聚氨酯、SBS 胶黏剂。温州圣泰胶粘制品有限公司成立于 1999 年 7 月，法人陈邦弟，主营封箱胶带、双面胶、美文胶、牛皮胶、印字胶带、彩色胶带、文具胶带、胶带母卷、免刀切胶带、透明胶带。宁波申山新材料科技有限公司成立于 1999 年 8 月，法人张虎寅，生产 PVC 电器绝缘胶带、管道胶带、警示胶带、布基胶带、清洁纸、铝箔胶带、车用泡棉胶带等。烟台开发区泰盛精化新材料有限公司成立于 1999 年 8 月，法人代表林绍盛，生产厌氧胶、瞬干胶、UV 胶、硅胶、环氧胶、修补剂等工程密封胶黏剂及 SMT 贴片胶、COB 邦定胶、环氧灌封胶等产品。湖南把兄弟新材料股份有限公司创立于 1999 年，法人郑平云，总经理粟再详，公司主要产品改性丙烯酸酯 AB 胶、环氧树脂胶、德益 502 瞬间胶、厌氧胶、UV 无影胶、硅硐密封胶、氯丁万能胶多种品种。甘肃金盾化工公司成立于 1999 年，法人张晓军，主要产品有白乳胶、乳胶漆、万能胶、乳液、防水灰浆、光固化引发剂等。上海青晨科技有限公司成立于 1999 年 10 月，由赵永旗、张逸洪、毛继明创办，生产水性乳液等产品。上海奇想化工制品有限公司成立于 1999 年 11 月，由刘国富、左成林创办，生产乳液防伪封箱带等。后来两公司合并成立上海奇想青晨新材料科技有限公司，法人赵永旗，主要生产水性乳胶，有纸塑复合、塑塑复合及建筑涂料用黏合剂等系列产品。上海九元石油化工有限公司成立于 1999 年 11 月，法人王立东，公司经营密封条喷涂料、植绒胶、热转印胶水、喷胶、汽车内饰贴合胶、服装用面料海绵贴合胶。南京夜视丽精细化工有限责任公司成立于 1999 年 12 月，主要从事表面保护膜胶黏剂、反光布用胶黏剂、反光工程膜、高强膜用树脂和色浆等产品的生产和研制工作。

35 汉高捐助修复长城，跨国企业进入中国

1988 年，德国汉高公司在北京成立代表处，并向北京市政府捐赠 50 万德国马克用于修复北京慕田峪长城。1989 年，"爱我中华，修我长城"社会赞助活动办公室为感谢汉高公司的赞助，在慕田峪长城上立碑纪念，碑文写道："中国的长城过去是防御外族侵扰的设施，现在她是团结各国人民的纽带，愿中国的长城继续是各国人民团结的象征。对联邦德国杜塞尔多夫市西德汉高化学品公司的赞助谨致谢意。"汉高公司在北京设立代表处，标志着胶黏剂跨国公司进入中国。

1989 年，富乐（中国）粘合剂有限公司在广州注册成立。

1993 年，汉高胶黏剂业务进入中国，在天津、上海等地建立工厂。其实，1997 年被汉高收购的美国 LOCTITE 公司于 1987 年 9 月已经与烟台市经济委员会在烟台成立了合资公司——烟台乐泰有限公司，开始主要生产厌氧胶，以后逐渐扩大到有机硅密封胶、瞬干胶等工程胶黏剂领域。烟台乐泰有限公司的成立，大大促进了我国工程胶黏剂的发展。后来烟台市经济委员会退出了股份，乐泰（中国）有限公司成为美国独资公司。1997 年，乐泰（中国）有限公司并入了汉高。

1991 年，3M 中国有限公司第一家中国工厂在上海漕河泾举行奠基典礼；1994 年 3M 创新技术中心在上海落成；1998 年，3M 中国年度销售额首次突破 1 亿美元大关。

1993 年，上海橡胶制品研究所与美国洛德公司合资成立上海洛德化学有限公司。1994 年，洛德 CH205、CH220、CH252 和 CH402 四个开姆洛克胶黏剂产品在上海投入生产。

1994 年 5 月，宁波大榭开发区综研化学有限公司成立，它是日本综研化学株式会社全资子公司，生产光学洁净压敏胶带，从日本引进国内首条 1000 级高净化涂布生产线，产品用于 LCD、IC、PCB、触摸屏等领域。

1994 年，长春科技委员会与瑞士 EMS-TOGO 合资成立长春依多

科公司，生产灌装单组分湿固化聚氨酯胶。

1995 年，新加坡安特固化学有限公司（日资）在无锡成立安特固化学（无锡）有限公司，在中国开始分装及销售安特固（ALTECO）品牌的瞬干胶及各种处理剂。

1997 年，盛势达（广州）化工有限公司成立，它是日本 SUNSTAR 集团在中国投资的子公司，主要从事汽车、建筑、电子等粘接剂、密封胶的生产和研发。

1997 年，道康宁在中国的第一个生产基地在上海松江建成。

1998 年 3 月，波士胶芬得利公司在广州成立，波士胶第一个工厂于 1999 年 4 月在广州投产，总投资额 2000 万美元。

1998 年 11 月，上海松江三键精细化工有限公司成立，它是日本三键（香港）公司的全资子公司，主要生产电子用胶黏剂。

1999 年，中美合资北京东方罗门哈斯有限公司成立，成为当时中国最大的丙烯酸树脂和乳液生产基地。

还有许多胶黏剂跨国公司如瑞士 SIKA、美国 ITW 及胶黏剂原材料供应商如德国巴斯夫、拜耳等陆续进入中国。目前，几乎所有的胶黏剂跨国企业和原材料供应商都已进入中国。

36 国有胶企酝酿改制，民营胶企蓬勃发展

1992 年，邓小平"南方谈话"，为市场经济体制的创建指明了方向。随着改革开放的不断深入，为了提高企业的运营效率，调动员工的积极性，一些地方国有企业和集体企业酝酿改制。首先列入改制试点的是一些小型的地方国有企业、集体企业和乡镇企业。

浙江金鹏化工股份有限公司的前身是 1976 年成立的镇办企业——路桥有机化工厂。1983 年，为了促进地方工业经济的发展，黄岩县人民政府决定财政出资收购黄岩有机化工厂，黄岩有机化工厂变为地方国营企业。1994 年，黄岩有机化工厂列为市、区首家改制试点单位。1995 年，黄岩有机化工厂完成改制，成为一家员工持股的股份制企业。1996 年，经省政府批准，企业更名为浙江金鹏化工股份有限公司。企业改制后，由股东大会选举产生公司董事会并推选刘鹏担任公司董事长，原主管技术工作的刘万章任总经理兼技术总监，营销经验丰富的潘世国任副总经理兼市场总监。新组建的公司决定对产品结构进行重大调整，集中精力发展市场前景看好的 502 瞬间胶，从而使金鹏迈入了发展的快车道。

湖北回天新材料股份有限公司的前身是成立于 1977 年的襄樊市胶粘技术研究所，是市属研究所。1996 年下半年，襄樊市酝酿企业改制，襄樊市胶粘技术研究所列为湖北小企业改制第一家试点企业。当年，所里 108 名员工大部分人反对改制。时任所长章锋不畏困难，克服重重阻力，使襄樊市胶粘技术研究所在 1997 年由地方国营企业改制成为员工持股的民营企业——襄樊回天胶粘有限责任公司。1997 年 7 月，乔国政、邓冰葱、章锋、陈林、吴正明、刘鹏、游仁国、卢婉清 8 位股东接受 151 名出资人委托，经工商登记成为襄樊回天胶粘有限责任公司的名义股东。1998 年 7 月，公司改名为湖北回天胶业股份有限公司，15 名名义股东代表 247 名出资职工持有股份公司股权，章锋任董事长兼总经理。章锋先生大胆改革，分配制度向销售人员和研发人员倾斜，使公司效率大大提高。

辽宁哥俩好新材料股份有限公司的前身是成立于 1986 年的新宾县兴京粘合剂厂，属于镇办企业。新宾满族自治县成立后，工厂的名称也随之改为新宾满族自治县胶粘剂厂。1996 年，新宾满族自治县胶

粘剂厂被列为新宾县第一批改制试点企业。1996 年 5 月 4 日，企业召开了以职工代表组成的产权制度改革大会，会上通过了产权制度改革实行股份制经营的决议，选举改革领导小组，确定产权制度改革实施各阶段的时间安排和公司章程讨论稿等等。1996 年 5 月 23 日，在上级党政领导的领导下，南杂木镇政府与企业正式签订了产权制度改革协议，企业更名为"抚顺合乐化学有限公司"，成为员工持股的股份制企业。新体制给企业插上了腾飞的翅膀，增添了企业的活力，充分调动了员工的积极性，激发了员工无穷的创造力，企业到处呈现出一片勃勃生机。转制后的 1996 年企业的产值是 2088 万元，比转制前的 1995 年增长 911 万元。2005 年 9 月，公司由抚顺合乐化学有限公司更名为抚顺哥俩好化学有限公司，使公司的名称与注册商标相一致。

上海康达化工新材料股份有限公司的前身是成立于 1988 年 7 月的上海康达化工实验厂，属于集体企业。1993 年 8 月，上海康达化工实验厂改制为股份合作制企业，成立的股份合作制企业总股值为 115 万元，其中集体股 66.7 万元，占 58%；职工影子股（指股份合作制章程规定的按照职工工龄、岗位职责、对企业贡献等分配给职工个人名下的、职工不需持现金购买的股份，并作为分红依据，但其产权归职工共同所有，不能继承转让）17.25 万元，占 15%；职工现金股（指按股份合作制章程规定为职工持现金购买的股份，具体数额由职工名下的职工集体基金股数额确定）17.25 万元，占 15%；社会个人股 13.8 万元，占 12%。2002 年 7 月，上海康达化工实验厂改制为员工持股的上海康达化工有限公司，至此上海康达化工实验厂全部产权归陆企亭、徐洪珊等 73 名经营者和职工所有。2010 年 8 月，上海康达化工有限公司整体变更为上海康达化工新材料股份有限公司。

20 世纪 90 年代改制的胶黏剂企业还有许多，如苏州金枪新材料股份有限公司是由成立于 1988 年 3 月的苏州市胶粘剂厂改制而成的，这里不再一一介绍。

1992 年，邓小平的"南方谈话"，引发了中国第二波创业潮。许多民营胶黏剂企业建立起来，经过艰苦创业，许多企业走上了快速发展轨道。

北京天山新材料技术公司成立于 1993 年 12 月，公司以工业修补剂起家，由于工业修补剂为天山公司国内首创，是高附加值产品，当时配合国内设备维修改造，修补剂产品有很大的市场需求，并且当时只有美国 Belzona、Devcon 等少数几家竞争对手。公司 1994 年当年投产当年赢利，为公司淘到了第一桶金。由于修补剂利润较高，加上创业者的勤奋和节俭，三年的发展积累了一定的资金，为公司发展打下了基础。1997 年，公司招聘销售和研发人员，建立起公司销售、研发队伍和经销商体系。公司开始研发厌氧胶、RTV-1 硅橡胶、运输带粘接用胶等新产品。1998 年，研制的厌氧胶、RTV-1 硅橡胶、运输带冷粘用胶系列新产品投入生产。1999 年，公司取得了 ISO9001/1994 版质量体系认证，建立起公司质量保证体系。天山公司由维修市场成功转入汽车、机械制造中的装配用胶市场，由此进入了快速发展通道。

辽宁吕氏化工（集团）有限公司的前身是大石桥市金桥粘合剂厂，创立于 1994 年 10 月 1 日，由吕品等人创办。开始一没场地、二没厂房、三没设备，仅靠租用学校的两间教室和两口大缸开始了最初的艰苦创业，生产的产品是一种密封膏，是一个名不见经传的胶黏剂小作坊。经过三年的奋斗拼搏，1997 年 6 月 22 日，吕氏化工第一支以改性树脂和进口橡胶为原料的 SBS 型万能胶 —— "吕氏胶王" 终于问市了。这款无毒无害、气味淡雅而且胶液呈淡绿色的胶，迅速占领市场。从此，吕氏化工进入了快速发展阶段。经过多年的发展，公司产品扩大到万能胶、白乳胶、地板胶等 30 多个品种。

杭州之江有机硅化工有限公司创立于 1996 年，公司第一个产品 JS-222 中性密封胶于 1996 年 5 月 18 日成功投产。1996 年是创业最艰苦的一年，面对品牌不被认知和产品性能不稳定两大挑战，创业者们 "走千山、过万水、跑断腿、磨破嘴"，总算找到了些客户。创业团队克服了重重困难，当年销售额近千万元，账面上还有了 60 多万元的盈余。1997 年 12 月，之江有机硅 JS-6000 单组分硅硐结构胶研制成功。1998 年，之江双组分 JS-8000 结构胶研制成功，JS-6000、JS-8000 还通过了国家经贸委产品认定，成为首批具备硅硐结构胶生产与销售资格的企业。1999 年，中国房地产热兴起，大理石装潢墙面成为时尚，之江又开发出大理石干挂胶。产品推广方面，之江的销售人员不失时机地参加各种行业会议，在会议现场发名片、发资料，结识一些幕墙公司的采购人员和老总，使之江的影响力慢慢扩大。贾国江多次联系隶属于西安飞机制造公司的幕墙公司，反复介绍之江产品，多次被拒绝也不放弃，终于在 1999 年西飞幕墙公司在山东临沂承建的中国银行大楼幕墙装修工程中使用了之江的产品。2000 年底，之江有机硅中标深圳江苏大厦的幕墙工程用胶，该大厦 54 层高 208m，是当时中国十大高层建筑之一。从此之江有机硅进入了快速发展的轨道。

1993 ～ 1996 年，湖南把兄弟新材料股份有限公司的创始人粟再祥曾在一个胶黏剂外企公司做销售员。1996 年，他雇请了几个人，在广东顺德龙江租了一个加工厂，开始胶黏剂加工与销售。一个家庭作坊式的加工场地，员工只有七八个人、资金又紧缺，起步非常之艰难，他和工人们一起干活，接到订单后常常加班加点工作，一天的休息时间只有五六个小时，甚至常常废寝忘食。1999 年，在胶黏剂生意取得初步成功后，他把工厂搬到了长沙，创立了长沙把兄弟胶粘剂有限公司，经过不断努力，企业快速发展，已形成改性丙烯酸酯 AB 胶、环氧树脂胶、502 瞬间胶、厌氧胶、UV 无影胶、硅硐密封胶、氯丁万能胶七大系列 300 百多个品种。

20 世纪 90 年代，国营企业酝酿改制，民营企业蓬勃发展，类似上述的例子和创业故事不胜枚举。

37 胶黏剂展会三地办，粘接研讨盛况空前

20 世纪 90 年代，中国胶粘剂工业协会、化工部行业指导司、中国贸促会化工行业分会联合于 1995 年、1997 年、1999 年在无锡、北京、上海举办了三次胶黏剂及密封剂展览会。

1995 年 6 月 8 日至 10 日，"'95 无锡国际胶黏剂科技成果转让暨工业贸易展览会"在无锡市展览馆成功举办，展会由化工部行业指导司和中国胶粘剂工业协会联合主办。化工部行业指导司杨伟才司长、中国胶粘剂工业协会常务副理事长师广明以及无锡市石油化学工业局邰金生局长等领导出席了大会开幕式，为开幕式剪彩并讲了话，大会开幕式由协会秘书长陈万里主持。这次展览会展位 120 余个，参展人员达 350 人之多。开幕第一天参观展览人数近千人，直至闭幕之日还有从远道赶来报到的代表。这次展览会充分体现了"科工贸一体化"的宗旨，国内胶黏剂行业较有影响的大专院校和科研单位有 20 余个参展并提供科技成果转让项目。来自全国各省市从事胶黏剂经销工作的有 20 多个单位达 80 余人参加展览会，为胶黏剂产品的流通和推广应用起到了积极的促进作用。展会还特邀了国内知名胶黏剂专家王致禄、叶青萱、邓启明、吕凤亭等到会。

1997 年 10 月 8 日至 10 日中国胶粘剂工业协会、化工部行业指导司、中国贸促会化工行业分会合作举办的"'97 国际胶粘剂及密封剂展览会"，在北京农业展览馆 1 号馆成功举办。参加展会的国内外企业 51 家，参观人数达 4000 余人。展览会起到了互通信息、相互学习、提高企业知名度、招商引资和经贸洽谈等作用。这次展会被称为"第一届中国国际胶粘剂及密封剂展览会"。

1999 年 10 月 19 日至 21 日，由中国胶粘剂工业协会和中国贸促会化工行业分会共同举办的"'99 中国国际胶粘剂及密封剂展览会"在上海光大会展中心成功举行。参展的外国公司及三资企业共 18 家，国内厂家 57 家，比上届展览会有较大的增加，

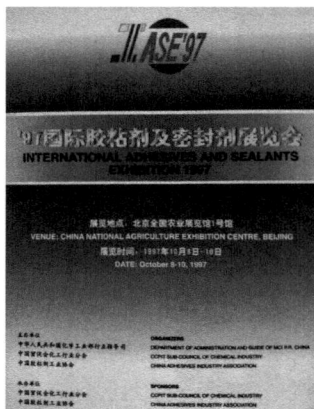

特别是参观展览会的人数很多，盛况空前。在这次展览会上，国内外各参展商以自己最精美的胶黏剂产品、优良的原材料、先进的技术和设备来展示自己的实力和创新能力，吸引着众多的参观者。参观人员包括我国各地从事和关心胶黏剂的科研开发和生产经营的厂长、经理与专家学者，同时，还有外国厂家和三资企业的代表，参观人员络绎不绝，据统计，参观人数多达 6000 余人。这次展览会对促胶黏剂行业的发展、提高我国胶黏剂的生产技术水平、加强国际交流与合作起到了积极的推动作用。

2000 年以后，每年一次的"中国国际胶粘剂及密封剂展览会"就成了常态，展会规模越来越大。每年展会前还举办"中国胶粘剂密封剂行业年会"，进行行业技术与信息交流。

20 世纪 90 年代，粘接技术研讨会也非常活跃，中国粘接学会（筹）、中国金属学会金属粘接学会、北京粘接学会举办了多次全国性的粘接技术交流会。特别是由中国金属学会金属粘接学会举办的"'98 中国粘接技术学会研讨与展品展示会"有 500 人参加，是当时粘接技术学术交流规模空前的一次盛会。

1990 年 5 月 7 日至 9 日，中国金属学会金属粘接学会首届理事会第一次会议在重庆钢铁公司召开，会上庸民伟理事长受中国金属学会的委托宣读了中国金属学会批准成立"中国金属学会金属粘接学会"的有关文件。贾永升秘书长传达中国金属学会第四届五次常务理事会会议精神和金属粘接学会工作计划，副理事长贺孝先教授做了关于应邀赴瑞典、联邦德国进行无机粘接技术交流情况的报告。

1990 年 6 月 25 日至 29 日，"中国粘接学会（筹）"轻纺专业委员会成立大会暨学术报告会在湖北大学举行。来自全国 11 个省市的高等院校科研院所、胶黏剂研制生产与应用单位的代表 100 余人出席了大会。李建宗当选为轻纺专业委员会理事长，大会还选举了 13 位理事。会议期间，代表们还就胶黏剂的研制合成、结构性能、应用开发、国内外发展概况进行了学术交流。会后代表们反映这次会议受益匪浅。

1990 年 11 月 22 日至 24 日，由上海粘接技术协会与浙江省粘接技术协会联合发起并取得中国粘接学会（筹）同意与支持的"各地粘接组织工作座谈会"在杭州石油科技中心举行。来自北京、上海、天津、杭州、哈尔滨、沈阳、济南、武汉、西安、广州、重庆、南昌、宁波等地粘接协会（学会、研究会）的负责人出席了会议。经过两天热烈的座谈讨论，各地粘接组织交流了经验，通报了信息。代表们高兴地看到，由于各地粘接组织的推动，近年来粘接技术在国民经济建设中发挥了显著作用，并呼吁尽早成立中国粘接学会。

1991年5月19日至21日，"中国粘接学会（筹）"包装专业委员会成立大会暨第一届学术年会在宁波召开。会议由上海粘接技术协会主办，出席会议的代表110余人，分别来自全国各地协会、大专院校和企业，会议进行了包装胶黏剂学术交流和信息发布，讨论了包装专业委员会章程，选举产生了专业委员会理事会。上海粘接技术学会秘书长李宝库致开幕词，上海纺织局印刷厂副厂长崔汉生当选为包装专业委员会理事长。1992年12月，轻纺专业委员会第二届学术年会在无锡市召开。全国各地70多名代表参加了会议，交流了学术论文15篇，还进行了胶黏剂的信息发布、技术交流及咨询技术转让洽谈等活动。1995年11月1日，由葛洲坝粘合剂开发总公司出资协办的"中国粘接学会（筹）"轻纺专业委员会第三届年会在葛洲坝峡光饭店召开。参加会议的有"中国粘接学会（筹）"秘书长喻华清，轻纺专业委员会理事长、武汉粘接学会理事长、湖北大学化学系主任李建宗教授以及化工部胶黏剂信息中心站、武汉大学、华中理工大学、化工部海洋涂料研究所、北京有机化工厂、上海新光化工厂、湖南维尼纶厂等学术团体、科研和企事业单位的领导、专家近60人。

1992年8月15日至19日，中国金属学会金属粘接学会主办的"全国首届金属粘接机理研讨会"在成都召开，来自各地大专院校、科研院所、大型企业从事胶黏剂研究和应用的高级工程师、工程师等各类科技人员共29人参加了会议，会议宣读论文15篇。会议期间，召开了金属粘接学会理事扩大会，讨论了1993年邀请日本粘接学者户村知之博士来华交流讲学的组织工作事宜，并讨论了1994年11月在东京召开"日本接着协会成立30周年庆典暨国际粘接学术研讨会"的征文事宜。

1993年5月2日至6日，由中国金属学会金属粘接学会组织的中日双边国际粘接技术交流会在重庆召开，来自全国各地的75名代表参加了交流会。交流会期间，日本岐阜大学户村知之博士宣讲了"高分子界面张力""用有机硅橡胶改性环氧树脂"等研究报告，中方代表交流论文 14 篇。会议期间，《粘接》杂志副主编葛青山先生与沪村博士就组织"中国粘接代表团"参加 1994 年在日本横滨举行的"国际粘接研讨会"事宜交换了意见。

1995 年 11 月 1 日至 3 日，"ICA'95 国际粘接会议"在武汉华中理工大学召开，来自中国、英国、美国、法国、日本、印度尼西亚、中国台湾的专家学者 50 余人参加了会议，82 岁高龄的日本粘接学会前会长、世界著名的粘接专家 T.Hata 教授亲临会议并做了精彩的学术讲演，与会学者就粘接理论、材料、技术与测试方法进行了广泛的学术交流和热烈讨论，这次会议是由华中理工大学发起，日本粘接学会、日本东京大学共同组织的，与会代表特别是境外代表均具有很高的学术水平，具有广泛的代表性，这样的国际粘接学术会议在我国举行尚属首次。

1997 年 10 月 6 日至 8 日，由北京粘接学会主办的"'97 年中国粘接、密封技术论文报告会及展示会"在北京中国冶金建筑研究总院招待所举行，会议收到论文 80 余篇，100 余人参加了会议。

1998 年 10 月 9 日至 11 日，由中国金属学会金属粘接学会、《粘接》杂志社、《中国胶粘剂》杂志社、《化学与粘合》杂志社、北京市天山新材料技术公司联合举办的"CCA'98 中国粘接学术研讨及产品展示会"（'98 China Conference on Adhesion） 在北京京燕饭店召开，本次大会筹委会主任由中国金属学会金属粘接学会秘书长贾永生担任，北京天山新材料技术公司总工翟海潮任秘书长，大会筹委会由翁熙祥、李健民、张在新、张斌、陶导先、李宝库、曾繁涤、张开、贺孝先、杨颖泰、潘慧铭、孙韶瑜、余云照、贺曼罗、周定沛、马启元等国内知名胶黏剂专家组成。来自中国、日本、德国、英国、瑞士五个国家的胶黏剂专家、学者及生产经营者近 500 人参加本次大会，首届粘接及相关现象大会（WCARP-1）主席

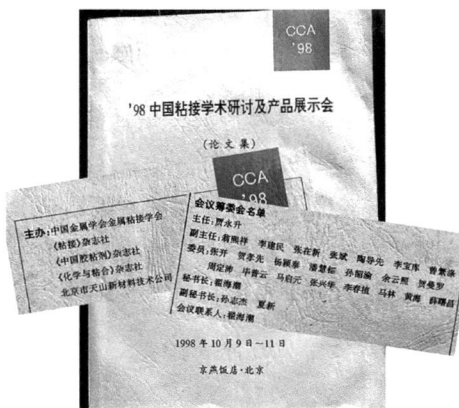

/KAISERSLAUTEWRN 大学教授 W.BROCKMANN、日本接着学会主席中前胜彦、瑞士 SWISSBONGDING 主席 E.SHINDEL-BIDINILLI、英国粘接学会副会长 JOHN.BISHOPP 等参加了本次大会。大会共收到国内外论文 98 篇，其中 28 篇在大会上宣读，60 篇以墙报形式交流，还有 14 家胶黏剂生产厂参加了产品展示。本次会议是胶黏剂行业的一次盛会，可以说规模空前。

　　1999 年 10 月 6 日至 10 日，由北京粘接学会、《粘接》杂志编辑部、中国化学会应用化学委员会、云南工业大学粘接研究所联合举办的 "'99 粘接技术回顾与展望" 学术研讨会在昆明圆满召开，本次会议是 20 世纪我国粘接技术界的最后一次盛会，来自全国各地研究院所、大学、公司的 202 名代表参加了本次学术研讨会。中科院化学研究所余云照博士为大会作了 "粘接技术回顾与展望" 主题报告，随后 23 名专家杨颖泰、贺孝先等从不同侧面回顾了粘接技术的发展历史，展望了新世纪粘接技术的光明前景。与会代表对专家们精彩的报告产生了浓厚的兴趣，并进行了现场交流。会议期间，40 余名代表经认真讨论一致认为应尽快成立中国粘接学会，这对于组织、协调国内粘接技术的学术活动和与国外进行学术交流都是十分必要的，但很遗憾，中国粘接学会一直没能成立起来。另外，不少商家在会议期间举行了新闻发布和产品展示。本次会议对我国粘接技术的发展起到了积极的推动作用。《粘接》杂志编辑部为本次大会的论文编辑刊发了名为《新世纪论坛》的增刊。会议论文集以正式出版物刊发，这在粘接技术界尚属首次。

38 21世纪00年代：
加入世贸组织促使行业快速发展

2001 年 12 月 11 日，中国加入世界贸易组织（WTO）。加入WTO 大大促进我国经济的发展。国内生产总值从 2001 年的 11 万亿元人民币增至 2010 年的近 40 万亿元人民币，年均增长超过 10%，世界排名由第 6 位跃升到了第 2 位。货物贸易进出口规模从 2001 年的5098 亿美元增长到 2010 年的近 3 万亿美元，增长 4.8 倍，其中出口规模增长 4.9 倍，进口规模增长 4.7 倍，我国成为世界第一大出口国和第二大进口国。加入 WTO 的几年间，中国逐步发展成为世界第一制造业大国。中国制造业的快速发展引领胶黏剂行业迅速崛起，房地产开发异军突起，建筑用胶成倍增长；交通运输业迅速崛起，工程用胶茁壮成长；电子电器成长迅速，电子用胶日新月异；轻纺出口增长迅速，胶黏剂用量猛增长；卫生医疗日益发展，卫材用胶逐渐普及；环保形势日趋严峻，新能源胶迅速发展。进入 21 世纪，中国又有一大批胶黏剂企业创立和发展起来，下面列举部分企业的成立时间和主要产品。

2000 年。北京东方亚科力化工科技有限公司创建于 2000 年，公司生产丙烯酸酯乳液类聚合物 70 余种产品。惠州市浩明科技发展有限公司组建于 2000 年，产品为不干胶材料及电子类产品胶黏带。广东金万得胶粘剂有限公司成立于 2000 年 3 月，法人潘少如，公司主要生产白乳胶、万能胶、热熔胶、卷烟胶、乳胶漆、建筑装饰胶、108 胶、鞋业专用胶等。杭州仁和热熔胶有限公司成立于 2000 年，法人赵庆芳，公司生产聚烯烃类、EVA 类、SBC 类、PA、PET、TPU 类热熔胶、热熔压敏胶。广东天环创新科技股份有限公司成立于 2000 年 6 月，生产环氧胶、LED 封装胶。丽水市三力胶业有限公司成立于 2000 年 9 月，法人张道明，公司生产热熔压敏胶。广东多正化工科技有限公司创立于 2000 年 9 月，法人梁津辉，公司生产水性 PU 胶、水性喷胶、水性真空吸塑胶、包覆胶、喷胶、万能胶、接枝胶、处理剂、生 / 粉胶、贴合胶、中底胶、固化剂、清洁剂等，共计 100 多个品种。三辰化工有限公司成立于 2000 年 11 月，法人张一蕙，公司产品有室温硫化硅橡胶系列、RTV 防污闪长效涂料、节能灯胶、电源胶。大连凯华新技术工程有限公司成立于 2000 年 12 月，总经理王文军，公司以中国科学院大连化学物理研究所为依托，主要从事系列建筑结构胶黏剂和其他胶黏剂的研究、开发、生产销售。温州华特热熔胶有限公司成立于 2000 年 12 月，法人陈宇，公司生产粉状、粒状热熔胶系列产品（产品包括 EVA、EVAL、COPA、COPES、HDPE、LDPE、PU），用于服装、服装面料复合、烫金、烫钻、植绒、印花、热转印、反光材料、拉链、电子产品、汽车工业。

　　2001 年。漳州立施棒复合材料有限公司创立于 2001 年 3 月，公司生产立施棒水钻瓷、环氧彩砂填缝剂、美缝瓷胶、彩缝瓷、晶钻胶、自流瓷、自流平勾缝胶、接缝大师等系列产品。佛山市嘉泰粘合剂有限公司成立于 2001 年 3 月，法人邹小平，公司生产万能胶、家具喷胶、聚苯乙烯泡沫胶、沙发转椅喷胶、箱包喷胶、SBS 万能胶、ABS 水性胶、白板专用胶、礼品盒用胶、包装复合胶等。常州市宝丽胶粘剂有限公司成立于 2001 年 4 月，公司生产丙烯酸酯胶黏剂、氯丁橡胶黏合剂、地板胶等。启东鑫天鼎热熔胶有限公司成立于 2001 年，公司生产 EVA、PA、PES、PU 胶膜、胶粒、胶粉等热熔粘接材料产品，应用于各类服装纺织用黏合衬，各类复合材料黏合、汽车内饰、过滤材料以及印花、烫钻、制鞋等工艺。广州泰鑫科技有限公司成立于 2001 年 4 月，生产纸塑胶、白胶浆、首饰盒胶、彩盒胶、水性复膜胶、植绒胶、贴标胶、文具胶、拼板胶、蜂窝纸板专用胶和万能胶等。靖江恒和胶业有限公司创建于 2001 年 5 月，公司生产 PVC 胶带。福建省南安市天马行精细化工有限公司成立于 2001 年 6 月，法人林凡，公司生产氯丁橡胶万能胶、SBS 万能胶、热熔胶、喷胶、保温材料胶、泡沫胶、节能灯胶、鞋用胶等几大系列产品。佛山新永泰胶粘制品有限公司成立于 2001 年，法人朱锦佐，公司主营产品有高档淋膜复合纸、多层淋膜复合纸、高档离型纸、离型膜、保护膜、复合加工纸类产品。三信化学（上海）有限公司成立于 2001 年，法人李国庆，公司专业生产各类油性压敏胶，包括耐高温胶带用、超强黏性胶带用、光学薄膜用、遮光薄膜用、高速道路反光膜用、反光布用、干电池标签用压敏胶。上海保立佳化工股份有限公司成立于 2001 年 8 月，法人杨文瑜，公司生产建筑乳液、纺织乳液、包装乳液、防水乳液和助剂等产品。北京赛东科技发展有限公司创建于 2001 年 9 月，法人韩海涛，公司主要经营安卡系列化学锚栓、云石胶、石材 AB 干挂胶、建筑胶黏剂、建筑粘钢胶、碳纤胶、植筋胶及其他建筑用黏合剂。义乌市长法塑胶有限公司成立于 2001 年 9 月，法人张长春，总经理张长法，公司主要产品有压敏胶水、BOPP 封箱胶带、文具胶黏带半成品及各种规格的胶黏带。上海十盛科技有限公司成立于 2001 年 9 月，公司主要生产热熔胶。绍兴市力邦胶业有限公司成立于 2001 年 10 月，法人谢吉祥，公司生产金属密着胶（橡胶金属胶）、喷胶、白乳胶、万能胶、覆膜胶。台州市康达化工有限公司成立于 2001 年 10 月，法人洪昌松，公司生产 502 瞬间胶。东莞市创纬胶粘剂科技有限公司成立于 2001 年，法人车健龙，公司主要生产转移胶、复膜胶、BOPP 铝膜转移胶、镀铝膜胶、水性糊口胶、拼板胶、木工白乳胶、压板白乳胶、木皮胶、指接胶、贴纸白乳胶、木材漂白液等，产品广泛用于烟酒盒、茶叶盒等高档礼盒及实木家具、板式家具等行业领域。

2002 年。哈尔滨绿时代胶业股份有限公司成立于 2002 年 1 月，法人代表王景旭，公司主要生产水性异氰酸酯系列拼板胶、指接胶、聚乙酸乙烯酯乳液胶黏剂、发泡胶和蜂窝纸产品。北京森聚柯高分子材料有限公司成立于 2002 年 2 月，法人余建平，公司生产和销售各种高性能聚氨酯、聚脲、有机硅等特种高分子密封胶。杭州天创热熔胶公司成立于 2002 年 2 月，法人郭建荣，公司生产热熔胶、玉敏胶、胶棒。新乡市华洋粘合剂有限公司成立于 2002 年 3 月，由毕同召等人创办，公司生产销售各类热熔胶、烟用嘴棒热熔胶、冰箱热熔胶、封箱热熔胶。太仓展新胶粘材料股份有限公司成立于 2002 年 3 月，公司经营加工、销售各类胶黏带，包括 OCA 光学胶、光学保护膜、防爆膜、半导体硅片抗酸膜、半导体晶圆和封装切割固定胶膜、光学镜片切割用固定胶膜、石墨片、Gasket 框胶、双面（泡棉）胶带、单面胶带、标签等。慈溪市七星桥胶粘剂有限公司成立于 2002 年 4 月，法人胡国康，总经理胡志煊，公司主要经营环氧类胶黏剂、粘鼠粘虫胶类胶黏剂、热熔胶类、丙烯酸酯乳液胶类、环氧胶类、氯丁橡胶、SBS 塑料胶。上海锋泾建筑材料有限公司（原上海锋泾聚氨酯有限公司）成立于 2002 年 7 月，公司生产聚氨酯泡沫填缝剂，产销量在国际同行业中处于领先地位。广东常青树化工有限公司成立于 2002 年，法人郑秀明，公司生产万能胶、白乳胶、硅硐胶、聚氨酯泡沫填缝剂、喷胶及鞋胶等多系列共数百个品种胶黏剂。上海天洋热熔粘接材料股份有限公司始创于2002年，公司专业生产热熔粘接材料。温州南力实业有限公司成立于2002年7月，法人卢汉炎，公司主要产品有天然橡胶、白乳胶、环保型PU胶、合成PU胶、表面处理剂、万能胶、接枝胶、硬化剂等。佛山市凯林精细化工有限公司成立于2002年7月，法人朱年喜，公司生产热熔胶、水性胶等。南京扬子复合材料有限公司成立于2002年8月，法人代表张苗根，公司主要经营环保白乳胶、聚乙酸乙烯乳液、地板胶、墙布胶、环保901建筑胶、聚乙烯醇（PVA）等。北京航通舟科技有限公司成立于2002年9月10日，公司主要生产环氧胶、有机硅胶等产品。杭州得力科技股份有限公司创建于2002年，法人沈良，公司生产AB干挂胶、云石胶、植筋胶、AB快干胶、瓷晶胶、水晶胶、玉石胶、石材专用硅胶。临海市东方软包装材料有限公司创建于2002年12月，法人丁奶远，公司生产软包装聚氨酯胶黏剂和印刷油墨产品。台州恒固胶业有限公司成立于2002年12月，公司主要生产502瞬间强力胶、101快干胶、氯丁胶、丙烯酸及环氧型AB胶、指甲胶等。东莞市成铭胶粘剂有限公司成立于2002年，是一家集科研、生产和销售为一体的专业的热熔胶企业，产品应用于一次性卫生用品、医疗、包装、标签胶带、防水行业、滤清器、汽车内饰、电器、工艺礼品、手袋、玩具、书籍无线装订及制鞋等。佛山市三水科鑫化工有限公司成立于2002年，法人黎满诚，公司主要生产和销售各种高性能皮具、家具、鞋等用聚氨酯、氯丁胶系列胶黏剂产品。

2003年。有行鲨鱼（上海）科技股份有限公司（上海金强粘合剂有限公司）前身为上海方行粘合剂有限公司，成立于2003年3月，公司生产瞬间胶、拼板胶、白乳胶、聚氨酯胶、PVC胶、热熔胶、特种胶等胶粘系列产品，产品广泛应用于家具、木业、复合地板、复合材料、电子电器等工业。青岛盛新世纪胶业有限公司成立于2003年3月，法人王学燕，公司生产装饰装潢万能胶（氯丁胶、SBS）、箱包专用胶、制鞋专用胶（氯丁胶、聚氨酯）等工业黏合剂。吉林辰龙生物质材料有限责任公司成立于2003年3月，公司生产改性酚醛树脂、脲醛树脂、三聚氰胺树脂。广东龙马化学有限公司创立于2003年5月，法人卢文书，公司主要产品有防水胶、白乳胶、建筑胶、界面剂、万能胶、瓷砖填缝胶及建筑涂料乳液。吉林市船营区恒帮粘合剂厂成立于2003年5月，公司主要产品有集成材专用横拼胶黏剂、集成材专用指接胶黏剂、实木门和家具组装贴面胶黏剂、改性聚乙酸乙烯胶黏剂、大白胶、苯板胶、107 胶、万能胶。淄博海特曼新材料科技有限公司成立于 2003 年 5 月，公司生产聚羧酸系高性能减水剂、萘系减水剂及单组分湿固化聚氨酯密封胶。日邦树脂（无锡）有限公司成立于 2003 年 5 月，公司生产热熔胶、湿气反应型热熔胶、溶剂型强力胶、湿气反应型强力胶、环氧树脂等产品。重庆中科力泰高分子材料股份有限公司成立于 2003 年 6 月，由杨浩东、李有刚创办，公司主要经营皮革胶黏剂（制鞋、制衣），高档家具行业胶黏剂（衣柜、橱柜、高档床垫、软体沙发），包装行业胶黏剂（医药包装、食品包装），汽车内饰行业胶黏剂（车顶、门板、座椅、地垫、搁物板、立柱、仪表台等等）。浙江恒阳粘胶制品有限公司创建于 2003 年，公司主要经营 BOPP 水性压敏胶系列胶带产品。深圳市广业电子科技有限公司成立于 2003 年，法人段先国，公司生产胶带的产品有 LED 封装胶带、PCB 用聚酰亚胺高温条码标签、AB 胶带、印刷线路板（PCB）专用红胶带、PET 喷涂遮蔽保护胶带、聚酰亚胺胶带、高温美纹胶带、PET 硅胶保护膜、Nomex 胶带、热熔胶带、撕带、冷压胶带、编带纸带、PET 固定胶带、玻璃纤维胶带、PTFE 胶带。广东普赛达密封粘胶有限公司成立于 2003 年，公司聚焦于聚氨酯密封胶领域的生产销售。衢州市东凯胶业有限公司成立于 2003 年，公司生产工业用胶、装饰用胶、民用胶水、特制胶水，应用于工艺、五金、皮革、织物、塑料、泡沫、涂布、竹木、家庭和店面装潢等领域。杭州福斯特光伏材料股份有限公司成立于 2003 年，公司专业生产光伏组件的关键封装材料 EVA 胶膜和背板。临海市春竹粘胶有限公司创办于 2003 年，法人徐西森，总经理徐西鹏，公司生产白乳胶、万能胶、氯丁胶、PVC 封口胶、903 建筑胶、复合胶等。吉安市金虎化工厂创立于 2003 年 7 月，公司生产销售白乳胶、泡沫填缝剂等。三棵树涂料股份有限公司创立于 2003 年，公司产品以涂料为主，兼顾生产特级氯丁万能胶、SBS 健康万能胶、生态白胶、双组分拼板胶、中性玻璃胶、酸性玻璃胶、免钉胶、发泡胶。东莞优邦材料科技有限公司成立于 2003 年 9 月，法人郑建中，生产黄胶、白胶、RTV 胶、热熔胶等产品。深圳市道尔科技有限公司成立于 2003 年，法人周珍泉，公司经营 SMT 贴片红胶、COB 邦定黑胶、填充胶、有机硅胶、赫能黏合剂、低温胶等电子胶黏剂。

2004 年。济南汉斯曼时代技术有限公司成立于 2004 年 1 月，由北京天山公司原办事处主任杨士勇等人创办，公司产品包括厌氧类、环氧类、有机硅类、聚氨酯类、改性丙烯酸类、PVC 类等多个系列近百个品种。烟台信友新材有限公司成立于 2004 年 2 月，公司生产厌氧胶、环氧胶、UV 胶、助焊剂等产品。浙江久而久化学有限公司成立于 2004 年 2 月，法人陈金才，公司生产氰基丙烯酸酯瞬间胶、环氧胶。怀化大自然化工有限公司创建于 2004 年 3 月，公司主要经营各种卷烟、乳白胶、纸塑复膜胶、纸箱封口胶、无纺布胶、建筑材料乳液等胶黏剂。广东荣嘉新材料科技有限公司创立于 2004 年 4 月，法人万维克，是一家专业生产、销售环保型热熔胶产品并提供相关技术咨询服务的民营企业。广东银洋树脂有限公司创立于 2004 年 4 月，法人赵志辉，公司生产丙烯酸乳液、粉末涂料聚酯，是华南水性丙烯酸类乳液最大的厂家之一。北京金岛奇士材料科技有限公司成立于 2004 年 4 月，由清华大学教授赵世琦与其两位学生刘宇星和张炜创办，公司产品包括多种环氧树脂增韧剂、环氧树脂固化剂、配合料，以及各种增韧改性的胶黏剂、绝缘材料、复合材料基质等。深圳市安品有机硅材料有限公司成立于 2004 年 5 月，法人丁小卫，公司生产 RTV 室温固化硅橡胶、LSR 液体硅橡胶、导热硅脂。湖南固特邦土木技术发展有限公司成立于 2004 年 5 月，法人单远铭，公司生产建筑结构胶等产品。河源然生新材料有限公司成立于 2004 年 6 月，从事 UV 胶黏剂、美甲胶的生产与销售。深圳市晨日科技有限公司成立于 2004 年，公司主要产品有调荧光粉胶、集成胶、透镜填充胶和贴片胶、板胶、粘钢胶、加固胶。东莞市舜天实业有限公司创立于 2004 年 6 月，法人冷先勇，公司生产聚酰胺、聚酯、聚氨酯热熔胶产品。烟台鸿庆预涂新材料股份有限公司成立于 2004 年 7 月，是 BOPP/PET 预涂膜研发和生产的专业厂家。深圳市美信电子有限公司创建于 2004 年 9 月，总经理林学好，公司主要成品有聚酰亚胺胶带、铜箔胶带、铝箔胶带、锂电池专用胶带、导电泡棉等，广泛应用于电子电气、3C 产业。深圳市古川工业有限公司创建于 2004 年，法人彭雯菲，公司主营保护膜及黑白胶带。上海和和热熔胶有限公司成立于 2004 年 11 月，法人叶书怀，公司生产热熔胶膜、胶粉产品。上虞红阳粘胶制品有限公司成立于 2004 年 11 月，法人王铭炀，公司生产 BOPP 母卷、各种包装胶带、彩色胶带、双面胶带、双面泡棉胶带、印字胶带、美纹纸胶带等。无锡精拓胶粘剂有限公司成立于 2004 年 12 月，法人程飞，公司主要有丙烯酸 AB 胶、厌氧胶、瞬干胶、石材结构胶、硅碉密封胶、室温固化硫橡胶、液态生料带、UV 胶等二十多种产品。

2005 年。上海凯密科实业有限公司成立于 2005 年 1 月，为国外多个著名胶黏剂跨国公司的中国代理。上海灼日精细化工有限公司成立于 2005 年 2 月，公司主营汽车、电子部件用有机硅灌封料、环氧灌封料。北京康美特科技股份有限公司创立于 2005 年 4 月，法人葛世立，经营 LED 封装硅胶。上海赛沃化工材料有限公司成立于 2005 年 6 月，法人陈长青，生产汽车 SMC 粘接剂、汽车折边胶、滤芯粘接剂、结构胶等。湖北应星胶粘剂有限责任公司成立于 2005 年 7 月，法人金长发，公司生产输送带接头胶、橡胶修补剂、滚筒包胶、密封胶、万能胶等产品。富兰科林（广州）胶粘剂有限公司由富兰科林国际公司全资拥有，成立于 2005 年，为家具制造业、木材加工业和建筑业提供质量优异的胶黏剂产品。北京化工大学胶接材料与原位固化技术研究室创建于 2005 年，由张军营教授创立，专业进行胶黏剂和粘接技术的研究。深圳市隆邦工业材料有限公司创办于 2005 年，生产单组分室温硫化硅橡胶系列产品、双组分室温硫化硅橡胶系列产品、加成型硅橡胶、环氧灌封、紫外线 UV 胶系列、厌氧螺栓胶系列、瞬间胶系列产品。珠海市泽涛粘合制品有限公司珠海工厂建立于 2005 年，法人叶嘉伦，公司主要生产和销售水性 PU 胶、水性黄胶、溶剂型 PU 胶、黄胶。广州能辉化工有限公司成立于 2005 年，法人江强，公司生产销售水基胶、热熔胶等。淮安嘉宝橡塑制品厂成立于 2005 年，生产和销售各类特种双面、单面胶黏带、导电胶带、高温胶带、超薄双面胶带、牛皮纸胶带、分层牛皮纸胶带、OPP 封箱带、印刷胶带、美纹胶带、聚酰亚胺高温胶带、玻璃布胶带产品。深圳同德热熔胶制品有限公司创办于 2005 年，法人孔庆灿，生产热熔胶产品。

2006 年。湖南一代天胶新材料有限公司成立于 2006 年 1 月，法人钟立良，公司生产硅碉胶、溶剂胶、环氧胶、丙烯酸酯胶、水基胶等产品。泉州金固胶业有限公司成立于 2006 年 3 月，法人蒋金海，公司主营硅碉型平面密封胶、丙烯酸酯 AB 胶、螺纹锁固密封剂、厌氧型平面密封胶、工业修补剂、缸体修补剂。苏州斯迪克新材料科技股

份有限公司成立于 2006 年 6 月，法人金闯，公司生产 PET 保护膜系
列、PE 保护膜系列、无基材系列、乙酸布系列、PET 双面胶系列、棉
纸双面胶系列、阻燃胶系列、石墨散热片系列、导电胶、铜／铝箔系
列等十几个系列及各种特种胶带和膜。上海方田粘合剂技术有限公司
成立于 2006 年，法人是杨帆，公司主要经营牛皮纸胶带、双面胶、商
标纸双面胶。上海嘉好胶粘制品有限公司创建于 2006 年，法人侯思静，
是一家专业生产热熔压敏胶的制造商。上海晶华胶粘新材料股份有限
公司成立于 2006 年，法人周晓南，公司生产经营特种纸、美纹纸胶黏
带、电子胶黏带、布基胶黏带等各种胶黏带产品。北方泰和新材料有
限公司组建于 2006 年，隶属于兵器工业集团第五三研究所，产品由聚
氨酯胶单一产品系列扩展为光学光敏胶、厌氧胶、环氧结构胶等多种
产品系列。南京艾布纳密封技术有限公司成立于 2006 年，由黄昕、赵
雅芝、黄彩萍三人出资设立，黄彩萍为法人代表，公司致力于航空、
汽车发动机缸体缸盖等轻合金承压件浸渗密封的研发以及推广，生产
甲基丙烯酸酯类浸渗剂、浸渗施胶设备，占有大陆浸渗密封 70% 以上
的高端市场。昆山圣凯利电子科技有限公司成立于 2006 年，生产、销
售聚氨酯、环氧、有机硅、丙烯酸、清洗剂等产品，应于电子行业用户。
广州集泰化工股份有限公司成立于 2006 年，是一家以生产密封胶和涂
料为主的企业，产品广泛应用于建筑工程、家庭装修、集装箱制造、
钢结构制造、石化装备、船舶游艇等领域。江苏国胶化学科技有限公
司创建于 2006 年 12 月，前身为南通中泰化工有限公司，法人张孝俤，
公司生产丙烯酸酯乳液等材料。

　　2007 年。福建省昌德胶业科技有限公司成立于 2007 年 5 月，法
人吴培煌，公司产品有热熔胶、有机硅胶、环氧胶、丙烯酸酯胶、厌
氧胶、瞬干胶。宁波洛克厌氧胶有限公司成立于 2007 年 6 月，法人杨
进，公司主营产品有螺纹锁固密封厌氧胶、UV 厌氧胶、平面密封厌
氧胶、管路螺纹锁固厌氧胶、圆柱形固持厌氧胶、液态生料带等产品。
广州德渊精细化工有限公司成立于 2007 年 7 月，法人萧锦聪，公司生
产经营各种热熔胶、UV 胶、瞬间胶、木工胶、水性胶、鞋用胶等产品。
商丘海克胶业有限公司成立于 2007 年 8 月，由宋建军创办，是热熔
胶和汽车胶的专业生产厂家。厦门祺星塑胶科技有限责任公司成立于
2007 年 9 月，法人黄贞雄，公司生产除四害专用热熔胶、环保袋专用

热熔胶、卫生制品用热熔胶、包装产业用热熔胶、汽车制造业用热熔胶、纺织品贴合业热熔胶、制鞋业用热熔胶、粘扣带用热熔胶、医疗胶带用热熔胶、标签胶带用热熔胶。苏州华柱名胶成立于 2007 年 10 月，法人赵贤柱，公司生产和销售电子热熔胶、包装胶、压敏胶、装订胶、封边胶、粘尘垫、胶棒、胶粒等系列热熔胶产品。

2008 年。佛山今佳新材料科技有限公司成立于 2008 年 1 月，生产水性涂料、黏合剂、纺织印花、硅硐密封胶、橡胶塑料、聚氨酯等产品。苏州泰仑电子材料有限公司成立于 2008 年 4 月，法人叶爱磊，公司主要产品包括 PET 保护膜、PP 保护膜、自动吸附性保护膜、硅胶保护膜、制程排废保护膜、超低黏保护膜、低黏保护膜、中高黏保护膜等。上海摩田化学有限公司成立于 2008 年 5 月，法人王以元，公司产品包括环保型水性黏合剂、涂料油墨及乳液黏合剂用的特殊添加剂等。上海密尔可胶带有限公司成立于 2008 年 8 月，公司生产及加工各种胶带（胶带衬为塑衬、纸衬、布衬、橡胶衬及铝衬）等。北京中天星云科技有限公司成立于 2008 年 10 月，总经理陈尊腾，总工戴海林，是由原北京西令密封胶公司重组而成，生产硅硐密封胶产品。上海永韬热熔胶有限公司成立于 2008 年，法人李海涛，公司生产热熔胶、热熔压敏胶、热熔胶设备。宁波速达沃克有限公司成立于 2008 年，生产瞬间胶及其他胶黏剂产品。

2009 年。华威化工（上海）有限公司成立于 2009 年，公司生产和销售压敏胶、热熔胶。杭州大伟胶粘剂有限公司成立于 2009 年 11 月，负责人徐鹏，公司生产各类热熔胶棒（粒）、热熔压敏胶。

2010 年以后。成立的胶黏剂公司有浙江多邦化工有限公司、东莞市广粘胶业有限公司、广州市大友装饰材料实业有限公司、宁波吉象塑胶制品有限公司、江苏创景科技有限公司、青岛宇田化工科技有限公司、浙江科思达粘合剂有限公司、东莞市澳中电子材料有限公司、金华市固源科技有限公司、苏州毫邦新材料有限公司、宁波力华胶粘制品有限公司、温岭市爱被赛胶业有限公司等，这里不再一一列举。

39 房地产业异军突起，建筑用胶成倍增长

20世纪90年代末，我国取消福利分房，房地产业异军突起，迎来了中国建筑业高速发展期。2001年，中国商品房销售面积为2.2亿平方米，1998～2001年累计销售面积为6.78亿平方米；到了2015年，中国商品房销售面积增至12.85亿平方米，1998～2015年商品房累计销售面积为122.71亿平方米。以前，一家人挤一间房，现在许多人有了"二房""三房"。同时，我国的高速公路及铁路建设异常迅速，桥梁、隧道遍布全国各地。建筑行业的快速发展，促使建筑用胶成倍增长。2000年，我国建筑胶黏剂用量约为60万吨，而到了2015年，建筑胶销量达到了大约240万吨，是2000年的4倍。建筑用胶已发展成为我国胶黏剂应用领域的第一大行业，建筑用胶约占整个胶黏剂用量的30%。

20世纪90年代以来，一大批建筑胶企业迅速成长起来，包括郑州中原、广州白云、广州新展、杭州之江、成都硅宝、山西三维、四川维尼纶、中冶集团建筑研究总院、大连凯华、抚顺哥俩好、辽宁吕氏、上海保立佳、上海大力士、上海东和、北京赛东、天津东海、天津天狗装饰、邯郸三泰、衡水新光、山东宇龙、曲阜慧迪、北方现代、江苏黑松林、南京天力信、南京扬子、杭州得力、南安天马行、福州全一、武汉科达、湖南固特邦、东莞竣成、广东多正、广东金万得、广东龙马、广东大友、广州一江、江门快事达、西安汉港……

如今，从一般的民用建筑到高耸入云的摩天大楼，从桥梁到隧道、大坝各类建筑工程都已离不开粘接和密封技术。建筑工程中，胶黏剂主要应用于如下领域。

①各类混凝土预制构件及金属构件的结构粘接。如屋盖系统粘接、柱子接长、地基长桩接长、大梁接头粘接、抗震框架结构的隔断墙钢筋粘接、内外墙保温材料的铺装粘接、各类管道安装粘接、金属构件的粘接等。

②各种建筑物的嵌缝、密封。包括门窗、大板墙、伸缩缝、接缝、特种建筑等。随着建筑业的现代化，此类建筑用胶会有更大发展。

③室内外装修中建筑胶的应用更加广泛。如外墙砖粘贴、玻璃幕墙的安装、室内吊顶粘接、墙纸墙布的粘贴、地板装修、地砖粘接铺装、

卫生间防水密封等。随着人们生活水平越来越高，对装修质量的要求越来越高，要求环保、节能、舒适，环保型胶黏剂的用量会不断增加。

④胶黏剂用于各类建材的制造。如木板房屋构件的制造、活动房屋组件的制造、拱形屋架的粘接制造、高强轻质预制件的制造、树脂复合板、灰泥板、装饰板的制造、合成花岗岩的制造、各类人造板的制造、房屋复合门窗构件的制造、各种人造大理石的制造、各种新型建筑用材料的制造，以及利用废旧高分子材料制造建材制品等，无一不是应用建筑胶来做粘接材料而获得高性能、低成本的制品。

⑤胶黏剂与水泥混合制成各种高性能混凝土。这类应用可提供高性能的建筑用基本材料，解决传统材料达不到高强、快干等特种要求的许多难题。

⑥建筑物维修、改造、加固与补强。在建筑物的改造与加固中，建筑结构胶应用已非常广泛，解决了许多传统工艺无法解决的难题，并向更高水平推进。

⑦各类交通设施与水利工程的加固和维修。建筑胶广泛用于公路桥梁的加固维修、公路隧道的加固维修、公路路面的铺设维修、机场跑道应急加固维修、铁路桥梁（钢筋混凝土）的加固维修、水利工程中的大坝堵漏加固维修、交通中特殊设施的加固维修等。

⑧建筑胶还可用于道路标志、水坝防漏、军事工程应急维修，以及堵漏等诸多方面。

建筑用的胶黏剂种类繁多，有环氧胶黏剂、丙烯酸酯胶黏剂、不饱和聚酯胶黏剂、有机硅胶黏剂和密封剂、聚氨酯胶黏剂和密封剂、改性硅烷密封剂、水基胶（聚乙酸乙烯乳液胶、聚乙烯醇缩醛胶、丙烯酸酯乳液胶等）、热熔胶、溶剂/橡胶型胶黏剂等。

建筑用胶黏剂有以下要求和特点。

①要求胶黏剂使用方便，固化条件不太严格，能在生产和施工现场允许的条件下使用；在室温（一般 5～35℃）适当加压的条件下，能较快地固化。

②能对湿面甚至油面进行粘接，无须进行严格的表面处理。

③用量较大，要求原料充足，价格低廉。

④无毒、无刺激性。工地没有良好通风条件，要求对操作者无害，且不污染环境。

⑤配套施工工具比其他胶黏剂更为重要。被粘材料多种多样，被粘件接头和部位又各不相同，需要多种施胶工具配合使用，如挤胶枪、喷枪、恒压注射器等。

⑥固化后不仅要求有足够高的粘接强度，还要求耐大气老化。

建筑用胶黏剂的应用见下表。

建筑行业中胶黏剂的用胶点

建筑行业用胶点	应用的胶种
墙纸、墙布的粘贴	淀粉类胶；聚乙烯醇缩醛类胶；乳液型胶
塑料地板及软质地板的粘贴	氯丁万能胶；乳液胶
木地板的铺装	乳液胶
地毯的铺设	热熔胶；乳液型胶；双面胶带
瓷砖的铺设与嵌缝	水泥＋乳液胶；乳液胶；环氧胶黏剂
内外墙保温材料粘贴	氯丁万能胶；乳液胶
管材接头粘接	热熔胶；溶剂型胶；环氧胶；聚氨酯胶；不饱和聚酯胶
竹、木、石材的粘接	乳液胶（白乳胶等）；脲醛树脂胶；酚醛树脂胶；三聚氰胺胶；环氧树脂胶
固定、锚固	不饱和聚酯胶；丙烯酸酯结构胶；环氧胶黏剂
玻璃幕墙制造装配	有机硅结构胶；有机硅密封胶；
门窗密封	RTV有机硅密封胶；聚氨酯密封胶；MS密封胶；丙烯酸酯乳液密封胶
构件之间的嵌缝、密封	聚氨酯密封胶；MS密封胶；丙烯酸酯乳液密封胶
中空玻璃的制作	聚硫密封胶；有机硅密封胶
混凝土预制构件的粘接、金属构件的粘接	环氧结构胶、丙烯酸酯结构胶
建筑物粘贴钢板加固	环氧胶、丙烯酸酯结构胶
装配式建筑中嵌缝、密封	MS密封胶；RTV有机硅密封胶；聚氨酯密封胶

续表

建筑行业用胶点	应用的胶种
大理石、铝塑板嵌缝密封	RTV 有机硅密封胶；MS 密封胶
大理石干挂	环氧胶黏剂
屋顶、屋面、墙面、地下工程防水、止漏	RTV 有机硅密封胶；聚氨酯胶；聚硫密封胶；丙烯酸酯水基密封胶
砂浆改性和混凝土修补	环氧胶黏剂；乳液胶黏剂
桥梁、建筑物加固、桥面	环氧结构胶；桥面粘接用环氧胶
公路接缝、跑道	RTV 有机硅密封胶；聚氨酯胶
高速铁路修建	聚氨酯防震胶黏剂；锚固胶
地下隧道、管廊接缝密封	单组分聚氨酯密封胶；双组分聚氨酯密封胶

40 交通运输业迅速崛起，胶黏剂用量高速增长

进入 21 世纪，中国交通运输行业迅速崛起。2001 年，中国汽车产量 246.7 万辆，中国汽车拥有量 1800 万辆；到了 2015 年，中国汽车产量高达 2450.3 万辆，中国汽车拥有量 1.72 亿辆。以前，私人汽车是奢侈品，目前私家轿车逐步普及。2001 年，中国高铁、动车产量为 0，地铁产量不足 1000 辆；2015 年高铁、动车产量超过 400 辆，地铁产量接近 4000 辆。

近年来，我国动力电池与电动汽车发展迅速。根据机动车整车出厂合格证统计，2015 年，我国电动汽车生产 37.9 万辆，同比增长 4 倍；从销售上看，根据中汽协数据统计，2015 年新能源汽车累计销售 33.1 万辆，占全国汽车市场总销量也由 2014 年同期的 0.25% 提高到 1.34%，约占全球总销量的 1/3，超过美国和欧洲成为全球电动汽车第一大市场。国际上把电动汽车占汽车市场的比重是否达到 1% 作为电动汽车发展从导入期转入成长期的重要标志。按照此标准，无论产量还是销量，2015 年我国电动汽车产业迎来产业周期转折的拐点，正从产业导入期步入成长期。中国电动汽车发展迅速，2016 年，我国新能源汽车销售 50.7 万辆，新能源汽车保有量达到 100.4 万辆。2016 年底，全国公共充电桩建设运营数量超过 15 万个，充电基础设施建设稳步增长。从趋势来看，下一代车型上会大量应用全新的一体化电动底盘、轻量化材料、智能化技术。自主的汽车企业保持了自己特点的电动化的技术路线。我国电动客车已经领先世界水平，具有加强的竞争力；城市配送电动车，技术相对成熟，具有全面替代这个领域的燃油车水准。电动汽车的快速发展，胶黏剂的应用越来越广泛。

我国交通运输行业的迅速崛起，带动了胶黏剂行业快速发展，一批企业发展起来，如北京天山、北京龙苑、天津三友、回天胶业、康达新材、上海理日、上海赛沃、上海新光、重庆中科力泰、烟台德邦、杭州之江等。

胶黏剂在车辆、船舶、飞机装配与维修中的应用具有如下突出特点。

① 节省能源，减少设备投入。

② 密封剂代替传统的垫片实现螺纹锁固、平面与管路接头密封、圆柱件固持，避免三漏（漏油、漏气、漏水）和松动，提高产品质量

和可靠性。

③ 可以实现难于焊接的材料制成零件如铸铁、硬化钢板、塑料和有橡胶涂层的连接。

④ 可以进行现场施工，解决拆卸困难的大型零部件、油、气管路的现场修复。

⑤ 可以使金属零件再生，修复因磨损、腐蚀、破裂、铸造缺陷而报废的零件，使之起死回生，延长设备的使用寿命。

胶黏剂在车辆、船舶、飞机装配与维修中的应用，提高了劳动生产率，同时节省能源和材料。对厂矿企业而言，这项技术的应用意味着每天给企业带来巨大的经济效益，这种巨大的经济效益，来自劳动生产率的提高，来自减少由于停机给机器利用和人工带来的经济损失，来自极大地减少了对配件的消耗，即减少了对配件的投资，以及大大地加强了对材料和维修费用的控制。胶黏剂在我国车辆、船舶、机械设备装配与维修中有着广泛的应用前景。

交通运输装备大都由金属零件制成，承受摩擦、振动、温度等作用，因此要求所用的胶黏剂和密封剂有一定的强度和耐久性。装备制造、装配和维修中所用的胶黏剂有环氧类胶、厌氧胶、RTV 有机硅密封胶、改性丙烯酸酯胶黏剂、氰基丙基丙烯酸酯瞬干胶、聚氨酯胶黏剂、热熔胶黏剂、溶剂型胶黏剂、水基胶黏剂等。车辆、船舶、飞机应用的胶黏剂种类见下表。

车辆、船舶、飞机应用的胶黏剂种类

胶黏剂种类	应用部位
环氧胶黏剂	结构粘接；汽车折边粘接密封；焊缝密封；零部件修补
厌氧胶	螺纹螺母锁固密封；法兰、端盖、箱体结合面密封；管路螺纹密封；键与轴、轴承、衬套、皮带轮、齿轮、转子固持；微电机铁氧体、变压器铁芯等结构件粘接；浸渗密封焊缝、铸件、粉末冶金件等
RTV 有机硅密封胶	发动机、齿轮箱的箱体结合面、端盖、法兰盘耐油密封等
改性丙烯酸酯胶	结构粘接；带油堵漏等

续表

胶黏剂种类	应用部位
氰基丙烯酸酯胶	设备铭牌粘接；工艺性暂时定位；制作密封圈；粘接装饰条等
聚氨酯胶黏剂	双组分修补剂用于传送带破损的修补，保护传送带上的铰接器，水泵和螺旋桨的耐蚀涂层，制作橡胶衬里，修补印刷胶辊，制作橡胶叶轮等；单组分密封胶用于粘接和密封车体、玻璃等
水基胶	内饰件粘接
溶剂胶	内饰件粘接
热熔胶	内饰件粘接

车辆、船舶、飞机胶黏剂的用胶点见下表。

车辆、船舶、飞机胶黏剂的用胶点

交通运输装备分类	应用部位与胶种
发动机	凸轮轴轴承盖用厌氧胶密封；汽缸垫用 RTV 有机硅密封胶密封；活塞柱销及缸体与缸筒用厌氧胶固持；基体工艺孔碗形塞及锥销用厌氧胶固持；用修补剂修补铸件缺陷，重新制作螺纹，重做或修补腐蚀或损坏的法兰盘、粘接渗漏的管子及箱体，固持松动的轴承等
动力传送装置（变速箱、减速机等）	箱体结合面用厌氧胶密封；轴承用厌氧胶固持；用厌氧胶锁固螺栓等。用修补剂修补轴的磨损或研伤部位；修补液压活塞划痕；修补松动的键槽；修补磨损或研伤的轴承座；修补箱体裂纹
底盘、后桥	有机硅密封胶、厌氧胶用于平面密封；厌氧胶用于管路接头螺纹密封；厌氧胶用于螺栓的防松密封；厌氧胶用于圆柱零件的固持
金属部件砂眼密封	厌氧胶；水玻璃胶
动力电池	溶剂/橡胶型胶黏剂用于集流体粘接；有机硅密封胶用于总装壳体密封
电动机	有机硅密封胶、厌氧胶、环氧胶黏剂用于电动机装配、粘接、密封
刹车片	丁腈-酚醛胶
滤清器粘接密封	热熔胶

续表

交通运输装备分类	应用部位与胶种
钢板补强	环氧胶片
折边粘接密封	环氧胶黏剂
焊缝密封	聚氨酯密封剂；聚硫密封剂；PVC 树脂；氯丁橡胶焊缝密封剂
车窗玻璃粘接、密封	聚氨酯胶黏剂、密封剂
车灯的粘接密封	有机硅胶黏剂；热熔胶
内饰粘接、座椅粘接	溶剂型胶黏剂；水基胶黏剂；热熔胶
飞机蜂窝结构粘接	环氧 - 丁腈胶；酚醛 - 丁腈胶

41　电子电器发展迅速，电子用胶日新月异

改革开放以来，特别是中国加入 WTO 以来，中国电子电器行业发展迅速。2001 年，中国手机产量 7000 万部，电脑产量台式 880 万部、笔记本 120 万部、平板电脑几乎为 0；到了 2015 年，中国手机产量 5 亿部，电脑产量台式 4.2 亿部、笔记本 1.2 亿部、平板 3.7 亿部。20 世纪 90 年代，一个富豪才拥有一部"大哥大"，而目前一人不止一部手机。2001 年，中国家电产量彩电 4186.6 万台、冰箱 1349.1 万台、洗衣机 1500 万台、微波炉 4183.1 万台；而 2015 年，中国家电产量彩电 1.62 亿台、冰箱 8992.8 万台、洗衣机 7274.5 万台、微波炉 8774.9 万台。20 世纪 80 年代，买台彩电还需要找关系，而目前家电在我国已经全面普及。

随着我国电子电器行业迅速发展，电子电器用胶也迅速扩大。电子电器工业各类家用电器、电子设备（包括军事电子装备）、仪器仪表及其元器件和电子材料的生产制造中，胶黏剂的应用有着重要而特殊的作用。电子电器不断向小型化、轻量化、多功能、高性能发展，采用新型的粘接工艺和胶黏剂成了必然。胶黏剂除可满足不同粘接强度的要求，有高强度、中强度；还可按生产工艺需要，设计高温、中温和室温固化；还有耐高温和超低温以及具有绝缘性、导电性、导磁性、导热性、阻尼性、吸收微波功能等性能各不相同的胶黏剂，可粘接各种性质各异、厚薄不均、大小不同乃至于微小的材料，达到以粘代焊、以粘代铆、以粘代螺纹连接，可大大简化工艺、降低成本、缩短生产周期、提高生产效率。

目前在电子电器工业领域，从各种雷达、导航，到通信、广播电视、家用电器、手持设备、仪器仪表、大型计算机；从晶体管、大规模集成电路、印制电路板、接插件，到变压器、微特电机、微电子器件等的生产，都广泛地应用各种粘接和密封材料。胶黏剂在电子 / 电器工业中的用途主要有：

① 元器件灌封；

② 芯片包封、COB 包封；

③ PCB 板覆膜；

④ 芯片粘贴；

⑤ 元器件密封、固定；

⑥ 导电、导热粘接；

⑦ 结构件粘接。

电子电器工业应用的胶黏剂、胶黏带种类见下表。

电子电器工业应用的胶黏剂、胶黏带种类

胶黏剂类型	主要用途
环氧类胶黏剂	①灌封、包封（包括 Chip On Board /COB）；②粘接、固定；③ SMT 贴片、底部填充、裸芯片粘接；④导电、导热
有机硅类（单 / 双组分）	①灌封、包封；②覆膜；③粘接、固定；④导电、导热；⑤电子装置抗辐射 / 抗静电
紫外线固化 UV 胶	覆膜、粘接、包封等
丙烯酸酯结构胶 SGA	粘接、固定等
瞬干胶	粘接、固定等
厌氧胶	螺栓锁固等
聚氨酯类（双组分）	灌封
热熔胶	粘接、固定
压敏胶黏带	固定、粘接、电线接头绝缘

电子 / 电器工业工程胶黏剂的用胶点见下表。

信息产品 / 家用电器装配用胶点

信息、家用电器	应用部位与胶种
DVD 机及光盘 / 数码音响系统	① DVD 激光头粘接（透镜的固定）、调节盘固定，UV 胶，透明环氧胶； ② 马达磁钢粘接，厌氧结构胶、单 / 双组分环氧胶、AB 胶（SGA）； ③ DVD 光盘粘接，UV 胶； ④ 扬声器组装，AB 胶、厌氧胶、UV 胶、RTV 有机硅密封胶
电视显示器（显像管/液晶）	① 高压包灌封，环氧树脂； ② 导线固定，RTV 有机硅密封胶； ③ 液晶显示屏 LCD 封口、接脚（封 PIN），UV 胶； ④ 导电粘接，导电胶

信息、家用电器	应用部位与胶种
数码相机/摄像机	① 透镜的固定，UV 胶； ② PCB 板上芯片包封，单组分环氧胶； ③ 液晶显示屏 LCD 封口、接脚（封 PIN），UV 胶； ④ 导电粘接，导电胶
移动电话	① 液晶显示屏 LCD 封口、接脚（封 PIN），UV 胶； ② 导电粘接，导电胶； ③ 蜂鸣器磁铁的粘接，单组分环氧胶； ④ 各种芯片的固定，环氧胶； ⑤ 结构件粘接，双面胶带、热熔胶、环氧胶、丙烯酸酯 　 结构胶等
电话交换机	① 散热器连接，导热胶、导热膏（非固化型）； ② SMT 贴片
智能卡（IC 卡）	① 单组分环氧、UV 胶、热熔胶、瞬干胶； ② 导电胶（单组分环氧）
电脑（台式/笔记本/平板）及配件	① 光盘/磁盘驱动器，瞬干胶、UV 胶； ② 散热片，导热胶； ③ 液晶显示屏 LCD 封口、接脚（封 PIN），UV 胶； ④ 导电粘接，导电胶； ⑤ 结构件粘接，双面胶带、热熔胶、环氧胶、丙烯酸酯 　 结构胶等
计算器/游戏机	① PCB 上芯片包封，单组分环氧胶； ② 液晶显示屏 LCD 封口、接脚（封 PIN），UV 胶； ③ 导电粘接，UV 胶、导电胶
汽车导航系统	① PCB 上芯片包封，单组分环氧胶； ② SMT 贴片，单组分环氧胶； ③ 晶体谐振器导电粘接，单组分环氧导电胶
电池/充电器	① PCB 上芯片包封，单组分环氧胶； ② 电池密封，厌氧胶
电动玩具	① 芯片 COB 包封，单组分环氧胶； ② 零件粘接固定，瞬干胶、SGA、UV 胶等
电子表	① 芯片 COB 包封，单组分环氧胶； ② 表盘粘接，UV 胶、SGA、透明环氧胶
电子秤	玻璃板与金属脚粘接，UV 胶

续表

信息、家用电器	应用部位与胶种
吸尘器	① 底板密封，RTV 有机硅密封胶； ② 螺栓固定，厌氧胶； ③ 标牌粘接，快固环氧胶、SGA、瞬干胶
洗衣机 / 干衣机	① 变速器，平面 / 法兰密封（RTV 有机硅密封胶），金属齿轮片与箱体密封（厌氧胶）； ② 马达，磁铁粘接、轴承固持、螺栓固定（厌氧胶）； ③ 泵 / 马达搅拌器，螺栓固定（厌氧胶）； ④ 皮带轮固持，厌氧胶； ⑤ 控制线路板保护，双组分聚氨酯胶
冰箱 / 冷藏箱 / 空调器	① 拉门，门的平面密封(RTV 有机硅密封胶),螺栓固定(厌氧胶)； ② 空压机 / 马达,磁铁粘接、轴承固持、螺栓固定（厌氧胶)； ③ 控制线路板保护，双组分聚氨酯胶
洗碗机	① 变速器，平面 / 法兰密封（RTV 有机硅密封胶）； ② 泵 / 马达搅拌器，螺栓固定； ③ 马达，标牌粘接、轴承固持、螺栓固定（厌氧胶）； ④ 面板装配，面板粘接、平面密封（RTV 有机硅密封胶）
热水器	① 阀门密封，厌氧胶； ② 底盘密封（RTV 有机硅密封胶），桶底密封（RTV 有机硅密封胶）
炉灶（燃气 / 电）	① 控制面板，螺栓固定（厌氧胶）； ②烹调顶板，密封（RTV 有机硅密封胶）； ③ 阀门密封，厌氧胶
电磁炉 / 微波炉	零件密封、粘接，RTV 有机硅密封胶

电子元器件封装及 PCB 板保护用胶点

元器件封装及 PCB 保护	应用部位与胶种
PCB 线路板保护	① 元器件固定，RTV 有机硅密封胶； ② 散热器连接，导热胶，导热膏； ③ 共形覆膜，硅胶、UV、丙烯酸酯、聚氨酯等（刮涂、浸涂、喷涂等）； ④ 跳线固定 / 线圈终端固定，瞬干胶、UV 胶

续表

元器件封装及 PCB 保护	应用部位与胶种
COB 芯片包封	单组分中温固化环氧胶，手工点胶／自动点胶机，用于电子表、电动玩具、计算器、电话机、遥控器、PDA 等 PCB 上芯片包封
SMT 贴片	单组分中温固化环氧胶，点胶（半自动／自动点胶机）或刮胶（移印）
倒装芯片底部 填充 Underfills	① 粘贴，单组分中温固化环氧胶，手工点胶／自动点胶机，用于各种倒装芯片、数据处理器、微处理器； ② 导电连接，单组分环氧导电银胶
裸芯片粘接 Die Attach	① 粘贴，单组分中温固化环氧胶、瞬干胶； ② 导电连接，单组分环氧银胶
液晶显示屏 LCD 封装	① 封口，UV 胶，有一定韧性，粘接力好，耐酒精和水； ② 接脚（封 PIN），UV 胶； ③ 导电粘接，单组分环氧导电胶
发光二极管 LED 封装	① 灌封，环氧、有机硅、UV 胶，要求透明，透光率 98%； ② 导电，单组分环氧导电银胶，点胶／刮胶
继电器／开关 封装	① 封边，UV 胶； ② 灌封，单／双组分环氧胶
DC/DC 电源模 块封装	灌封，加成型 1：1 中温固化硅橡胶
晶体谐振器	导电粘接，单组分环氧导电胶
电感器 SMD 封装	① 线圈固定，瞬干胶，UV 胶； ② 磁芯粘接、接脚固定，单／双组分环氧
端脚板封装	UV 胶、环氧胶
光盘／磁盘驱 动器	光头固定，瞬干胶、UV 胶等
电子装置防电 磁波辐射	EMI SHIELDING，导电硅橡胶
微电机（马 达）装配	① 磁钢粘接，厌氧结构胶、单／双组分环氧胶、AB 胶（SGA）； ② 平衡胶，单／双组分环氧胶、UV 胶； ③ 轴承固定，厌氧胶； ④ 导线固定，单组分环氧胶、UV 胶； ⑤ 端盖与外壳的密封，RTV 有机硅密封胶

续表

元器件封装及PCB保护	应用部位与胶种
扬声器（喇叭、耳机）、传话器（麦克）	① 硬件粘接（磁钢等），AB胶、厌氧胶； ② 软件粘接（纸盆等），氯丁胶、瞬干胶； ③ 八字线固定，RTV有机硅密封胶、UV胶
整流器／蜂鸣器灌封	单／双组分环氧胶
汽车点火线圈灌封	单／双组分环氧胶
变压器、互感器等线圈的灌封、磁芯粘接、跳线固定	单／双组分环氧胶、UV胶
电容器、传感器等封装	单／双组分环氧胶

电子电器行业的迅速发展，也带动一大批胶黏剂行业迅速成长起来。胶黏剂方面，汉高、道康宁、迈图、三键、北京天山、回天新材、康达新材、绵阳惠利等企业都在电子电器行业有很多应用。胶黏带方面，3M公司、深圳美信的电子胶带、河北永乐（华夏）的电工胶带等都在电子电器行业取得了广泛应用。

电子行业具有更新换代快、生产自动化程度高等特点，对新型胶黏剂的需求大，电子用胶行业永远充满机会。但进入电子市场难度非常大，电子行业对胶黏剂企业的研发实力要求高，要求快速反应，几个月甚至几周就要拿出所需要的产品。我国胶黏剂企业在高端电子胶如芯片封装、LCD装配、PCB板零件装配等方面与跨国公司相比，还有很大差距。需要不断扩大研发投入，加大施胶工艺等应用技术的研究，只有这样才能不断提高竞争力。

42 轻工出口增长迅速，胶黏剂用量猛增长

改革开放以来，特别是中国加入 WTO 以来，中国轻工业产品出口增长迅速。中国已成为服装、鞋帽、玩具、日用品出口大国。

中国的服装生产和出口 1994 年起位居世界第一，2001 年服装出口总量为 124.94 亿件，占全球服装出口贸易总额的 1/6。2015 年，中国服装出口占世界服装出口的比例为 41%。我国是世界上最大的鞋类生产国和出口国。2001 年，我国皮鞋年产量达到 24 亿双，占到了全球皮鞋总产量的 40％，跃居世界首位。同时，鞋类消费量也占全球总销量的 22％。2005 年，我国各类鞋子的产量达到 100 亿双，出口 78 亿双。2010 年，我国各类鞋子的年产量达 130 多亿双，占到了整个世界产量 210 亿双鞋的 62%。在 130 多亿双鞋里面，出口达 100.7 亿双，世界贸易量 122 亿双，也就是我们的出口量占了世界贸易量的 82%。

目前，中国家具产量已经占据全球的 25%，成为名副其实的第一家具制造国。而刚刚改革开放的 1978 年，我国家具才有 13 亿元市场。而到了 2015 年，家具行业已达到 2.5 万亿元的总产值。我国同样是包装业大国。2001 年，我国包装工业总产值为 2376 亿元；2014 年，我国包装工业总产值达到 14800 亿元，成为仅次于美国的世界第二包装大国。

随着我国轻工行业的快速发展，我国一大批胶黏剂企业迅速成长起来。鞋用胶企业有南海南光、南海霸力、广东多正等；木工胶企业有浙江顶立、上海金强、天津盛旺、上海路嘉、吉林辰龙、吉林恒帮、曲阜慧迪、湖南福湘、广州永特耐、广州原野等；软包装用覆膜胶企业有北京高盟、北京华腾、上海奇想青晨、临海东方等；包装热熔胶企业有佛山欣涛、广东荣嘉等；包装胶带企业有中山永大、广州宏昌、福建友达等。

轻工行业胶黏剂的用胶点见下表。

轻工纺织行业胶黏剂的用胶点

细分行业		用胶部位及用胶点	所用胶黏剂
木工、家具		各类板材的制造；拼板、榫接、复合、贴面、封边、腻平等；制造钢木家具、音箱、橱柜、复合门、沙发等；玻璃家具制作	乳液胶黏剂；溶剂型氯丁胶；热熔胶；脲醛胶黏剂；酚醛胶黏剂；三聚氰胺胶黏剂；UV 胶
印刷行业		书籍、期刊、记事本等无线装订	热熔胶
纺织、服装		制造无纺布、黏合衬加工、静电植绒、织物整理、织物印染、低碳被衬、服装图案转移、织物粘接等	丙烯酸酯共聚乳液、聚乙酸乙烯等乳液胶黏剂；热熔胶黏剂
制鞋行业		高档皮鞋、旅游鞋、雪地鞋、凉鞋、拖鞋、保健鞋等鞋帮、鞋底粘接代替缝合、模压	氯丁橡胶系列；聚氨酯系列；天然橡胶系列；SBS 系列；热熔胶
包装行业	包装	各种箱、桶、罐、盒、袋、杯、管等制造，尤其是铝箔-塑膜食品包装袋、牛皮纸-塑编布包装袋、纸-塑膜复合包装、纸-铝箔-塑膜复合包装罐制造中的粘接	聚乙酸乙烯乳液；丙烯酸酯共聚乳液；聚乙烯醇；热熔胶；动物胶；淀粉类胶；聚氨酯覆膜胶
	封箱	打包、封箱的缠绕、粘贴	胶黏带；热熔胶
	标签	标签粘贴及各类不干胶标签	水再湿型标签胶；水溶型标签胶；压敏型标签
卷烟		香烟的制造过程黏合，如过滤嘴、卷烟纸等	主要是水基胶和 EVA 胶粒
玩具		塑料玩具、毛绒玩具、木制玩具	丙烯酸酯结构胶；环氧胶；氰基丙烯酸酯胶；白乳胶；骨胶
体育用品		篮球、足球、排球、乒乓球、羽毛球、网球球拍粘接；高尔夫球头、球杆粘接	氯丁-酚醛胶；丙烯酸酯结构胶；环氧胶；聚氨酯胶
文化用品		乐器制作；手工用胶	白乳胶；骨胶；淀粉胶

43 医疗卫生逐渐普及，卫材用胶日益发展

随着医药科学的进步，胶黏剂在医疗领域的应用越来越多，例如，手术缝合、牙齿粘接与修补、血管及人造血管的粘接以及橡皮膏、创可贴、医用胶带等医疗消耗品。医用胶黏剂的种类很多，按其用途可分为：

①软组织医用胶。用于粘接皮肤、脏器、神经、肌肉、血管、黏膜的胶黏剂，一般采用医用 α- 氰基丙基酸酯系胶和纤维蛋白生物型胶。

②硬组织胶黏剂。用于粘接和固定牙齿、骨骼、人工关节的胶黏剂，如聚甲基丙烯酸甲酯、骨水泥、新型基材树脂 PUPMA（顺丁烯二酸酐改性的 bis-GMA 树脂的芳香族多甲基丙烯酸聚氨酯）和粘接性偶联剂 4-meta（4- 甲基丙烯酰乙基偏苯三酸酐酯）的 CC-1 型牙科胶黏剂等。

③医用压敏胶（见左上图）。基本与工业压敏胶相同，所用的原材料主要是以丙烯酸酯为主要成分的共聚物，配合天然橡胶或者合成橡胶与增黏树脂的组合物。

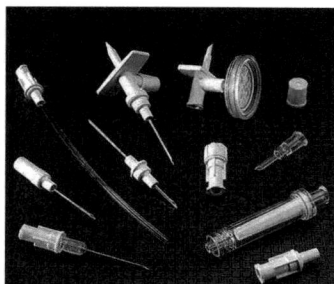

④医疗器械用胶黏剂。用于一次性注射器、血液氧合器、麻醉面罩制造及助听器、血压传感器、内窥镜、配镜器和动脉过滤器等医疗器械（见左下图）的部件粘接。所用的胶黏剂有环氧胶黏剂、丙烯酸酯结构胶、紫外线固化胶黏剂等。

⑤医疗电子产品用胶黏剂。起搏器、可植入式心律去颤器、神经刺激器、人工耳蜗、微流体药物分配器等医疗电子产品制造中的芯片底部填充胶、导电胶、绝缘胶、PCB 线路板保护胶等，主要是环氧胶黏剂、紫外线固化胶等。

医用胶黏剂因为涉及人体组织、关乎生命安全，需要医疗机构的认证。因此，医疗用胶目前被国外品牌如汉高、3M 等垄断，我国胶黏剂企业很少涉足，因此，我国应该加大医用胶黏剂的研发力度。医用胶黏剂一般要具备以下性质。

①安全、可靠、无毒性、无三致（致癌、致畸、致突变）；

②具有良好的生物相容性，不妨碍人体组织的自身愈合；

③无菌且可在一定时期内保持无菌；

④在有血液和组织液的条件下可以使用；

⑤在常温、常压下可以实现快速黏合；

⑥具有良好的黏合强度及持久性，黏合部分具有一定的弹性和韧性；

⑦在使用过程中对人体组织无刺激性；

⑧达到使用效果后能够逐渐降解、吸收代谢；

⑨具有良好的使用状态并易于保存。

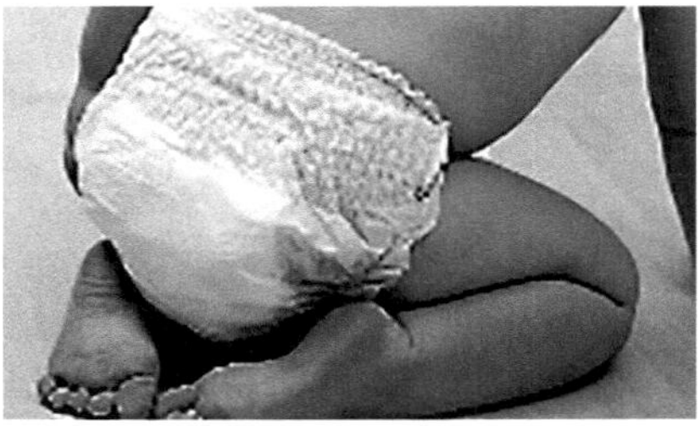

卫生材料方面，纸尿裤、纸尿垫、妇女卫生巾等（见右图）属于快消品，发展速度更是惊人，已成为医疗卫生行业用胶量最大的行业，所用的胶黏剂主要是热熔压敏胶。1985 年，中国卫生巾的市场渗透率仅为 2%。20 世纪 90 年代，外资卫生巾企业开始纷纷进入中国市场，引入了先进的设备与产品，消费量快速提升，从 1990 年的 20 亿片上升至 1999 年的 300 亿片，市场渗透率也迅速提升到 50.4%，年平均增长率达到了 27%。进入 21 世纪，卫生巾消费量稳步上升，2006 年达到 415 亿片，渗透率稳步提升至 63.7%。2011 年达到 581 亿片，渗透率提升至 86.6%，年增长速度升至 8%。预计 2017 年市场销量为 1200 亿片，总销售额可达 1000 亿元。2000 年，我国婴儿纸尿裤（含尿片）的市场渗透率仅有 2.1%，2014 年已提升至 53.6%，消费人群规模增加明显。2011 年至 2014 年，婴儿纸尿裤（含尿片）消费量从 178.7 亿片增加到 249.0 亿片，年复合增长率达到 11.69%，市场规模从 184.6 亿元扩大至 267.0 亿元，年复合增长率达到 13.09%。我国市场上的成人纸尿裤产品最早出现在 1997 年前后，随着国内老年化人口结构的不断变化，成人失禁用品也开始被越来越多的消费者所认知。根据生活用纸委员会公布的统计数据，2014 年我国成人纸尿裤消费量约 6.45 亿片，同比增长 119%。卫生材料的快速发展拉动了热熔压敏胶的快速发展。目前中国已开放"二孩"，纸尿裤、纸尿垫领域前景可观。随着人口老龄化，老人护理问题越来越突出，老人生活不能自理，卧床几年甚至十几年，因此老人病床垫褥、老年失禁用品的用量将会大增。

医疗卫生行业胶黏剂的用胶点见下表。

医疗卫生行业胶黏剂的用胶点

类型	应用部位	所用胶黏剂
外科手术	手术缝合、结扎；出血、渗出液的封闭；血管、气管、消化道的吻合；欠损软组织的修补；瘘孔的封闭	氰基丙烯酸酯胶、血纤维蛋白胶黏剂、医用胶带
牙科	义齿软衬材料与义齿基托树脂PMMA的粘接；龋齿填充治疗用，粘接牙质；把治疗牙齿的材料直接粘接在牙的表面涂布在龋蚀的部位	丙烯酸酯胶黏剂、紫外线固化胶黏剂、环氧胶黏剂、磷酸锌胶黏剂、铝硅酸盐胶黏剂
骨科	骨的修复、人工胯关节和骨的粘接	骨水泥（甲基丙烯酸酯胶）等
计划生育	绝育手术中输精管粘堵、输卵管绝育粘堵	氰基丙烯酸酯胶
医疗器械	一次性针管针头、氧气面罩、麻醉面罩、导尿管等粘接；血液氧合器中的透明的聚碳酸酯或丙烯酸外壳粘接；血压传感器、配镜器和动脉过滤器、助听器等医疗器械部件的粘接；助听器中PCB的保护涂层	环氧胶黏剂、丙烯酸酯胶黏剂、紫外线固化胶黏剂
医疗电子品	起搏器、可植入式心律去颤器、神经刺激器、人工耳蜗、微流体药物分配器等医疗电子产品制造装配中芯片底部填充、导电、绝缘、PCB线路板保护	环氧胶黏剂、丙烯酸酯胶黏剂、紫外线固化胶黏剂
医用胶布	用于各种外科手术切口与外创伤口的覆盖与保护；用于医用压敏胶布、手术薄膜、切口黏合带等	天然橡胶、丙烯酸乳液、有机硅等压敏胶黏剂
卫生材料	用热熔压敏胶制造纸尿裤、卫生巾、老人护理用品等	热熔压敏胶

44 环保形势日趋严峻，新能源用胶迅速发展

进入 21 世纪，人们对能源和环保问题的关注程度日益加大，从而引领新能源产业的快速发展。光伏组件和风机的制造需要大量的胶黏剂，随着光伏发电、风力发电在能源消费结构中的比重进一步提高，相应产业对胶黏剂的需求将进一步增大。

2000 年以来，随着我国风电、光伏行业的高速发展，北京天山新材料、康达新材、回天新材、上海天洋等迅速成长起来。

面对化石燃料日益枯竭的威胁以及日益严峻的环境污染形势，绿色能源是全球未来发展的重点。下图是世界能源发展趋势，可以看出，过去十几年和未来相当长的时间内光伏发电、风能发电将会高速发展。

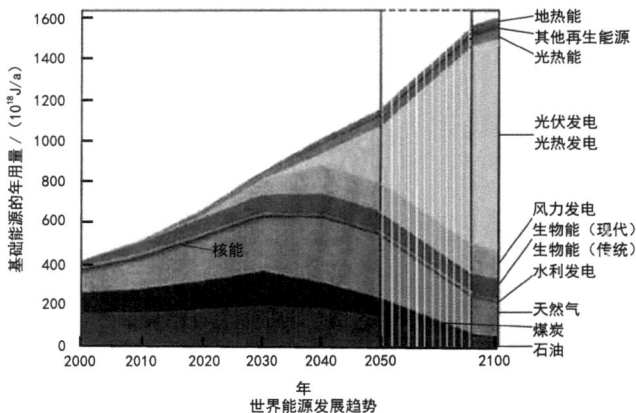

世界能源发展趋势

①光伏行业 下图是 2005～2015 年全球光伏市场的装机规模。

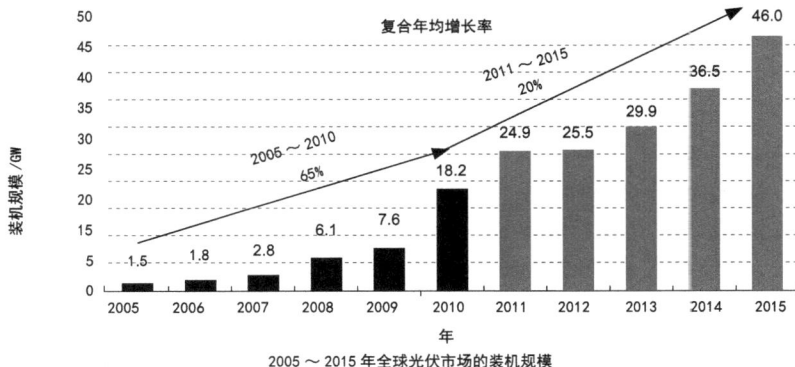

2005～2015 年全球光伏市场的装机规模

根据太阳能行业研究机构 Solarbuzz 的统计资料，按交付到安装地的光伏组件容量计算，2005 ～ 2010 年全球光伏市场以 65% 复合年均增长率高速发展，2010 年更是达到了创纪录的 18.2GW，比上年增加了 139%；2011 ～ 2015 年全球光伏市场以 20% 复合年均增长率增长，中国装机增长更快。世界能源组织（IEA）预测，到 2020 年全球光伏发电的发电量占发电总量的 11%，2040 年占总发电量的 20%。

2001 全球装机 0.4GW，累计 1.4GW；中国装机几乎为 0。2015 全球装机 50.7GW，累计 228GW；中国装机 15GW，累计 43GW，超德国成为全球第一。根据"十三五"规划目标，中国光伏发电 2020 年累计装机目标是 150GW。中国更是光伏组件制造大国，全球装机的光伏组件 70% 是中国制造的，胶黏剂需求量很大。

②风能发电行业　　下图是 2006 ～ 2015 年全球风能发电市场的装机规模。

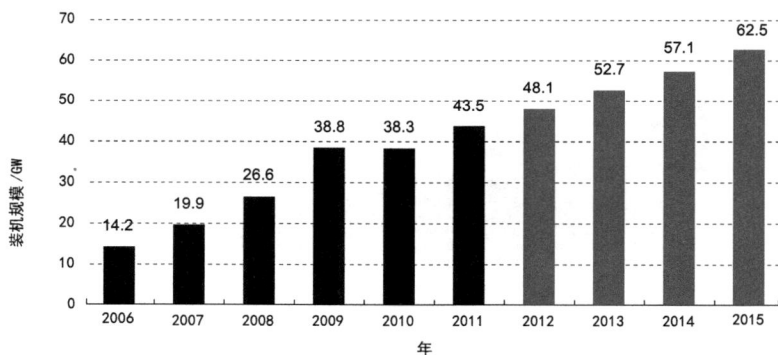

2006 ～ 2015 年全球风能发电市场的装机规模

根据全球风能理事会统计，2006 ～ 2010 年全球新增和累计装机容量复合年均增长率分别达到 28.0% 和 27.7%。2001 年，中国风电设备新增装机 41.7MW，累计装机 381.2MW。近年来，我国的风电发展迅速，2006 ～ 2009 年连续四年实现累计装机容量翻番，2010 年新增装机容量约占全球新增容量一半，新增和累计装机容量双居全球第一。2015 年新增装机 30.7GW，同比增长 32%，累计装机 145.3GW，同比增长 27%。

我国风力资源丰富，政府规划建设七大 10GW 级风电基地，2020

年将实现总装机容量 138GW。中国已成为世界主要的风电装备制造基地，目前全球前十大风机设备制造商中，中国本土厂商已占据四席。中国风电行业的持续发展和风机企业逐步进入国际市场为风机设备制造过程中应用的胶黏剂提供了广阔的市场空间。每台 1.5MW 风机的叶片粘接平均需要环氧胶 800 ～ 1000kg，同时风机制造过程中还有对有机硅胶等其他胶黏剂的需求。

新能源装备制造与装配用胶黏剂的用胶点见下表。

新能源装备制造与装配行业胶黏剂的用胶点

行业	应用部位与用胶点	应用的胶黏剂种类
光伏发电装备	铝边框粘接	有机硅胶黏剂；双面胶带
	接线盒灌封与粘接	有机硅胶黏剂
	硅棒切割中的定位	环氧胶黏剂
	光伏电厂组装	有机硅胶黏剂；MS 胶黏剂
	背板粘接、覆膜	热熔胶；聚氨酯胶
	导电连接	导电银浆
	逆变器灌封	有机硅胶黏剂；聚氨酯胶黏剂；环氧胶黏剂
风能发电装备	风机叶片制作	环氧胶黏剂
	风机叶片组装	环氧胶黏剂；丙烯酸酯胶黏剂；聚氨酯胶黏剂
	发电机、变速箱制造	有机硅密封胶；厌氧胶
	维修	环氧胶黏剂

45 21世纪10年代：IPO与兼并重组时代到来

2010年以来，中国胶黏剂和胶黏带行业出现两大迹象：一是IPO（首发上市）企业越来越多；二是兼并重组，这期间最令人震惊的收购案莫过于美国富乐公司收购北京天山新材料技术股份有限公司，业界一片哗然。

2009年10月23日，中国创业板于深圳正式开市。作为首批28家创业板上市公司之一，成都硅宝科技股份有限公司（简称"硅宝科技"）于2009年10月31日上市。之后，湖北回天新材料股份有限公司（简称"回天新材"）、北京高盟新材料股份有限公司（简称"高盟新材"）分别于2010年1月8日和2011年4月7日在创业板上市，中国胶黏剂和胶黏带企业从此进入IPO时期。接着，上海康达化工新材料股份有限公司（简称"康达新材"）于2012年4月16日中小板上市；杭州福斯特应用材料股份有限公司、福建三棵树涂料股份有限公司、上海天洋热熔粘接材料股份有限公司（简称"上海天洋"）、上海晶华胶粘新材料股份有限公司分别于2014年9月5日、2016年6月3日、2017年2月13日、2017年10月20日在上海主板上市。

2013年1月16日，全国中小企业股份转让系统（简称"新三板"）在北京正式登场，潍坊胜达科技股份有限公司于2014年1月24日在新三板挂牌。之后，上海派尔科化工材料股份有限公司、上海奇想青晨新材料科技股份有限公司、广东凯林科技股份有限公司、惠州市浩明科技股份有限公司、广东裕田霸力科技股份有限公司、深圳市晨日科技股份有限公司、沈阳万合胶业股份有限公司、山东常青树胶业股份有限公司、无锡市万力粘合材料股份有限公司、烟台信友新材料股份有限公司（简称"信友新材"）、芜湖广尔纳新材料科技股份有限公司、广东天环创新科技股份有限公司、辽宁哥俩好新材料股份有限公司、广东欣涛新材料科技股份有限公司、东莞优邦材料科技股份有限公司、广东粤辉科技股份有限公司、南京艾布纳密封技术股份有限公司、广东星宇耐力新材料股份有限公司、台州吉谷胶业股份有限公司、北京康美特科技股份有限公司、江苏和和新材料股份有限公司、天津市天缘电工材料股份有限公司、太仓展新胶粘材料股份有限公司、华威粘结材料（上海）股份有限公司、嘉兴市豪能科技股份有限公司、烟台鸿庆预涂新材料股份有限公司等胶黏剂和胶黏带公司迅速挂牌新三板。

美国明尼苏达州圣保罗 2014 年 6 月 26 日电（美通社）："富乐公司（NYSEFUL）今天宣布，该公司已经签署了收购北京天山新材料技术股份有限公司的协议。富乐公司将以 14 亿元人民币或约 2.3 亿美元现金收购天山公司 95％的股权。此次收购，富乐公司不仅将在高价值、快速成长的工程胶黏剂市场新增强大的客户关系，而且还将新增当今最先进的生产制造设施和强劲的产品与技术开发能力。天山公司是中国境内最大的工程胶黏剂独立供应商，可提供有机硅胶黏剂、聚氨酯胶黏剂、环氧胶黏剂、厌氧胶黏剂、丙烯酸酯结构胶、氰基丙烯酸酯瞬间胶等技术，产品适用于诸如新能源、交通运输（汽车、铁路和造船）、机械、电子电器等领域重点耐用品组装市场。这将有利于富乐在全球范围内进入这一重要领域。富乐公司在全球范围的基础设施将使天山公司的技术和产品扩展到世界各地，尤其是重要的全球客户。"消息一出，整个中国胶黏剂行业为之震惊。《粘接》杂志执行主编沈文斌先生在《粘接》2014 年第 7 期卷首语《从富乐天山并购案看中国胶粘剂市场现状与发展走向》中写道："北京天山新材料技术股份有限公司无论技术实力还是经济规模，在行业内都名列前茅，且享有良好口碑，一直被视为中国民族胶黏剂企业的优秀代表，然而现在却一夜之间要变身为'外企'。业内一片哗然，有人震惊，有人错愕，有人困惑，有人惋惜，有人遗憾……可谓一石击起千层浪！毫无疑问，这起收购案将会成为中国胶黏剂行业近 30 多年来最重大的一起并购案例。这起案例也清晰折射出中国胶黏剂市场的竞争格局与未来走向……未来，中国胶黏剂市场的兼并重组会越来越多，行业面临重新洗牌。"

天山公司四位合伙人（大学讲师）白手起家、艰苦创业，辛苦经营了 20 年，该企业被业界视为最具创新能力的企业，最终卖掉的主要原因是四位股东平均持股，治理结构存在问题。大家的经营理念差异越来越大，在公司重大经营和发展问题上很难达成一致。面对这种情况，作为天山公司的创始人之一，笔者的确感觉很无奈。

2015 年 10 月 13 日，德国汉高收购浙江金鹏化工股份有限公司（以下简称"金鹏公司"）股权的签约仪式在台州隆重举行。2016 年 8 月 16 日，按照汉高公司收购金鹏公司 100％ 股权的《股权转让协议》，完成了最终交割工作。德国汉高收购金鹏公司历时三年，最终以收购金额为 2 亿元人民币交易成功。金鹏公司曾是中国 502 瞬间胶规模最大、实力最强的企业，这家创办于 1976 年、有着 40 多年历史的著名胶黏剂企业最终被德国汉高收购，令人遗憾。据金鹏公司前总经理刘万章介绍，企业被收购主要原因是公司新老交替、无人接班所致。

2017 年 2 月 7 日，美国艾利丹尼森公司宣布："公司已同意以 1.9 亿美元（或 13.1 亿元人民币）从永乐胶带管理层及私募基金公司 ShawKwei & Partners 并购永乐胶带有限公司 —— 中国一家生产特种胶带及相关产品的私有企业，其产品广泛应用于全球汽车行业在内的各工业领域。"永乐胶带公司全称为河北永乐胶带有限公司，公司 2016 年的销售额约为 11 亿元。永乐胶带成立于 1985 年，曾用名为河北华夏股份有限公司，公司在河北涿州和上海共有 1200 名员工，拥有配套完善的生产设施。"南有永大，北有华夏"，这个被誉为"全球最大的 PVC 胶黏带制造企业"被外资收购又是中国胶黏带企业的一大遗憾。据永乐胶带创始人王凤先生介绍，卖掉企业的原因也是由于没人接班所致。

近几年，国内上市公司也加大了并购的力度。2011 年 1 月 1 日，硅宝科技发布与安徽翔飞立派有机硅新材料有限公司及其股东签订投资合作备忘录的公告。安徽翔飞立派公司主营产品是偶联剂、硅烷偶联剂、钛酸酯偶联剂、消泡剂，这些产品属硅宝科技的上游产品。

回天新材为了加速拓展汽车后市场，2015 年 8 月 11 日晚间公告称，将作价 1500 万元，以股份和现金方式收购浙江义乌德福汽车维修服务有限公司 100% 股权。2015 年，回天新材的产业链触角再次向下游延伸。公司 2015 年 11 月 3 日晚间公告称，作价约 1 亿元，收购光伏发电企业泗阳荣盛电力工程有限公司 100% 股权。

高盟新材 2016 年 12 月 12 日晚间公告称，公司拟以发行股份及支付现金的方式，以 9.1 亿元购买武汉华森塑胶有限公司 100% 股权。武汉华森塑胶主要经营汽车用塑料、化工制品，对于高盟属于跨行收购。

2017 年 9 月 28 日，信友新材（835357）发布公告，上海天洋以 5678.05 万元价格收购了信友新材 66% 的股份。公告显示，本次收购将导致信友新材的控制权发生变化，本次收购完成后，信友新材将变更为上海天洋的控股子公司。

2017 年 10 月 13 日，康达新材与成都高投签订《参与股份受让协议书》，康达新材将参与成都高投通过产权交易所转让所持必控科技 1360000 股股份的挂牌转让交易，若康达新材成功成为受让人，在本次交易完成后将最终持有必控科技 99.4389% 股权，购买价格为 3.1 亿元。公开资料显示，必控科技于 2014 年 1 月 24 日挂牌新三板，主营滤波器、滤波组件和电磁兼容预测试系统等电磁兼容相关产品的研发、生产和销售，对于康达新材而言，也属于跨行收购。

改革开放以来，中国胶黏剂与胶黏带企业经历了 30 多年的快速发展，第一代创始人面临退休，加上胶黏剂市场竞争加剧，大多数市场供应的胶黏剂产品处于饱和状态，胶黏剂企业的兼并重组会成为未来的常态。主要原因有：①企业越做越困难，价格越来越低，赚不到钱，企业主可能选择卖掉企业；②很多胶黏剂企业管理层处于新老交替阶段，许多企业创始人找不到合适的接班人，很可能会选择出售；③大的上市公司、外企以及专业性强的小公司有扩张的需求，会不断地寻找收购对象。

46 硅宝创业板首上市，民营胶黏剂企业讯速跟进

2009 年 10 月 23 日，中国创业板在深圳正式开市；2013 年 1 月 16 日，全国中小企业股份转让系统（简称"新三板"）在北京正式登场。作为首批 28 家创业板上市公司之一，成都硅宝科技股份有限公司于 2009 年 10 月 31 日上市，它是首家创业板上市的胶黏剂企业。之后，数家民营胶黏剂企业迅速跟进。截止到 2017 年 12 月 31 日，已有 30 余家胶黏剂和胶黏带企公司在创业板、中小板、主板和新三板上市。

成都硅宝科技股份有限公司（硅宝科技，300019），2009 年 10 月 31 日创业板上市。公司主营有机硅室温胶及制胶专用生产设备的研发生产、制造、销售。公司 2016 年销售收入 65247.34 万元，净利润 9064.42 万元。

湖北回天新材料股份有限公司（回天胶业，300041），2010 年 1 月 8 日创业板上市，公司从事化工新材料，即各类高端工程胶黏剂的研发、生产和销售。公司 2016 年销售额 113159.61 万元，其中胶黏剂占销售额约 70%，净利润 9703.92 万元。

北京高盟新材料股份有限公司（高盟新材，300200），2011 年 4 月 7 日创业板上市，公司从事反应型复合聚氨酯胶黏剂的研发、生产和销售。2016 年销售额 52771.78 万元，净利润 5685.35 万元。

上海康达化工新材料股份有限公司（康达新材，002669），2012 年 4 月 16 日中小板上市，公司主营环氧胶黏剂、聚氨酯胶黏剂等各类胶黏剂的研发、生产、销售和服务。公司 2016 年销售额 59404.74 万元，净利润 8262.51 万元。

杭州福斯特应用材料股份有限公司（福斯特，603806），2014 年 9 月 5 日上海主板上市，公司主营 EVA 太阳能电池胶膜、共聚酰胺丝网状热熔胶膜、太阳能电池背板等产品的研发、生产和销售。公司 2016 年销售额 395160.73 万元，净利润 84773.59 万元。

福建三棵树涂料股份有限公司（三棵树，603737），2016 年 6 月 3 日上海主板上市，公司主营建筑涂料（墙面涂料）、木器涂料以及胶黏剂的研发、生产和销售。公司 2016 年销售额 194821.04 万元，其中胶黏剂占销售额约 15%，净利润 13365.82 万元。

上海天洋热熔粘接材料股份有限公司（上海天洋，603330），

2017年2月13日上海主板上市，主营共聚酯热熔胶、共聚酰胺热熔胶、聚氨酯热熔胶、EVA热熔胶等各类热塑性环保粘接材料的研发、生产及销售。公司2016年销售额39454.92万元，净利润5360.21万元。

上海晶华胶粘新材料股份有限公司（晶华新材，603683），2017年10月20日上海主板上市。公司主营电子及集成电路胶带、汽车喷漆用胶、汽车配件用海绵胶带、美纹纸胶带、电子工业胶带、其他特殊用途胶带、离型纸和离型膜、高导热石墨膜（除危险品）的生产销售。公司2016年销售额65672.49万元，净利润5155.93万元。

潍坊胜达科技股份有限公司（胜达科技，430626），2014年1月24日挂牌，公司成立以来，一直从事可剥离性保护膜的研发、生产和销售。产品广泛应用于塑钢铝合金门窗、铝塑铝单板、防火装饰板、外墙保温板、冰箱、洗衣机、空调、汽车、手机、电脑、集成元件等领域。公司2016年销售额17214.51万元，净利润2153.37万元。

上海派尔科化工材料股份有限公司（派尔科，430661），2014年3月7日挂牌，公司主要产品有云石胶、植筋胶、AB结构胶、石材养护剂、高铁道砟胶、轨道安装胶、环氧胶膜等，另外还有硅硐密封胶、可再分散乳胶粉等产品。公司2016年销售额6889.21万元，净利润49.85万元。

上海奇想青晨新材料科技股份有限公司（青晨科技，832032），2015年3月6日挂牌，公司的主要产品包括水性胶黏剂、水性光油等几大类数十种印刷包装后道处理环保材料。公司2016年销售额16945.12万元，净利润566.41万元。

广东凯林科技股份有限公司（凯林科技，832173），2015年3月26日挂牌，公司专业从事环保型热熔胶的研发、生产和销售。公司2016年销售额8603.95万元，净利润549.19万元。

惠州市浩明科技股份有限公司（浩明科技，832804），2015年7月22日挂牌，公司主营各种不干胶标签材料的研发、生产和销售。公司2016年销售额20182.96万元，净利润2852.83万元。

广东裕田霸力科技股份有限公司（裕田霸力，833511），2015年9月11日挂牌，公司专注鞋用胶及其配套产品的生产和销售20余年，已成为国内鞋用胶黏剂的龙头企业，销售网络遍布全国20多个省市，市场占有率15%。公司2015年销售额38560.81万元，净利润5173.84

万元。

深圳市晨日科技股份有限公司（晨日科技，834518），2015年12月7日挂牌，公司一直致力于电子焊接材料及半导体封装材料的研发、生产与销售，主营焊接及胶粘材料。公司2016年销售额2475.62万元，净利润310.80万元。

沈阳万合胶业股份有限公司（万合胶业，834676），2015年12月9日挂牌，公司专业从事胶黏剂（热熔胶、水基胶）和润滑剂研发、生产、销售，产品广泛应用于工业包装、木工、印刷、卫生用品、卷烟、汽车、制鞋、电子等行业。公司2016年销售额2116.15万元，净利润106.58万元。

山东常青树胶业股份有限公司（常青树，834826），2015年12月15日挂牌，旗下包括山东常青树胶业股份有限公司、广东绿洲化工有限公司、四川常青树新材料有限公司。公司主要从事万能胶、喷胶、鞋胶、玻璃胶、发泡胶、白乳胶、免钉胶七大系列共百余种型号的胶黏剂的研发、生产和销售。公司2016年销售额17029.61万元，净利润694.79万元。

无锡市万力粘合材料股份有限公司（万力粘合，834763），2015年12月18日挂牌，公司主要产品包括EVA热熔胶、热熔压敏胶、水性胶、双组分PU胶、PUR热熔胶。产品用于卫材、纸塑复合、书刊装订、鞋业、医疗用品、家具制造、空气滤芯器生产、胶纸胶带、商标标贴、包装行业（纸箱封箱、彩盒封盒）、电子、木工、面料、汽车等多种行业。公司2016年销售额20096.77万元，净利润1157.12万元。

烟台信友新材料股份有限公司（信友新材，835357），2016年1月5日挂牌，公司致力于工业和电子胶黏剂的研发、生产与销售，产品广泛应用于汽车、电子电器、航空航天、工程机械等多个领域。公司2016年销售额2450.57万元，净利润702.57万元。

芜湖广尔纳新材料科技股份有限公司（广尔纳，835361），2016年1月11日挂牌，公司主要从事电子行业胶粘材料制品的设计、研发、生产、销售，同时为客户提供胶粘材料粗加工、委托加工服务。公司2016年销售额额4377.53万元，净利润234.07万元。

广东天环创新科技股份有限公司（天环创新，835130），2016年1月12日挂牌，主要生产、研发和销售环氧树脂灌封胶、环氧树脂粘接胶、其他环氧树脂胶、高折 LED 封装硅胶、低折 LED 封装硅胶。公司 2016 年销售额 2940.01 万元，净利润－622.56 万元（亏损）。

辽宁哥俩好新材料股份有限公司（哥俩好，836618），2016 年 4 月 7 日挂牌，公司多年来在汽车用胶、装修用胶、合成树脂及涂料领域中不断出品百余创新产品。公司 2016 年销售额 18418.20 万元，净利润 2003.32 万元。

广东欣涛新材料科技股份有限公司（欣涛科技，837313），2016 年 5 月 18 日挂牌，公司专业从事热熔胶研发、生产和销售，产品主要服务于纸箱包装、纸制品复合、冰箱密封、书籍装订、标签黏合、医用材料复合、卫生制品、香烟嘴棒、滤清器密封、固定，高效空气过滤器、吸管、饮盖黏合，木业拼板、封边，床具组装，汽车内饰等。公司 2016 年销售额 9376.88 万元，净利润 435.04 万元。

东莞优邦材料科技股份有限公司（优邦科技，837513），2016 年 6 月 7 日挂牌，公司专业从事电子、电器胶粘密封材料的研发、生产与销售，优邦致力于为客户提供整套的胶粘密封材料解决方案。公司 2016 年销售额 29245.84 万元，净利润 2635.79 万元。

广东粤辉科技股份有限公司（粤辉科技，837713），2016 年 6 月 28 日挂牌，公司主要产品为高透明封箱胶带、高透明水晶胶带、印刷胶带、低噪声（无声）封箱胶带、文具胶带、PVC 电工绝缘胶带、双面胶带、免水（湿水、高温）牛皮胶带、美纹（高温、中黏、高黏）纸胶带、泡棉胶带等各种胶黏带制品及半成品，广泛应用于家庭、工业各领域的包装、捆绑、黏合。公司 2016 年销售额 7224.12 万元，净利润 219.12 万元。

南京艾布纳密封技术股份有限公司（艾布纳，838882），2016 年 8 月 15 日挂牌，公司致力于汽车发动机缸体、缸盖等轻合金承压件浸渗密封的研发以及推广。该公司在国内浸渗密封市场拥有 60% 以上的市场占有率。公司 2016 年销售额 6136.92 万元，净利润 96.32 万元。

广东星宇耐力新材料股份有限公司（星宇耐力，838501），2016 年 9 月 2 日挂牌。公司专注于印后加工化工领域，主营产品为各类胶粘材料，包括水性覆膜胶、白乳胶、磨光胶、彩盒糊盒胶、磨光胶、裱纸胶、植绒胶、水性光油等产品，广泛运用于软包装行业、纸包装行业、装修行业、家具行业、布艺行业等多个领域的包装贴合。公司

2016 年销售额 2847.43 万元，净利润 83.87 万元。

台州吉谷胶业股份有限公司（吉谷胶业，839199），2016 年 9 月 20 日挂牌，公司生产研发各类塑料、金属等不同材质的胶黏剂，广泛用于亚克力、各类塑料、金属、复合材等材料的粘接，应用在广告招牌、设备制造、风力叶片、汽车装饰、游艇制造等领域，产品出口到多个国家和地区。公司 2016 年销售额 4156.45 万元，净利润 428.34 万元。

北京康美特科技股份有限公司（康美特，839600），2016 年 11 月 23 日挂牌，主营产品包括 LED 有机硅封装胶、微发泡高分子材料、LED 环氧树脂封装胶、太阳能光伏组件有机硅封装材料、锂电池导电粘接剂等，产品涉及 LED、锂电池、电子、航空航天、太阳能、建筑保温等多个领域。2016 年销售收入 19457.37 万元，净利润 2195.97 万元。

江苏和和新材料股份有限公司（和和新材，870328），2016 年 12 月 21 日挂牌，公司专注于环保型热熔胶膜的研发、生产和销售。公司 2016 年销售额 7223.74 万元，净利润 816.29 万元。

天津市天缘电工材料股份有限公司（天缘股份，870996），2017 年 2 月 14 日挂牌，公司是一家专注于聚酰亚胺薄膜技术研究及应用开发的高新技术企业，主要提供绝缘制品、电工器材制造。公司 2016 年销售额 5728.15 万元，净利润 335.64 万元。

太仓展新胶粘材料股份有限公司（展新股份，871054），2017 年 3 月 8 日挂牌，主营光电显示薄膜器件相关胶黏带、胶膜等材料及制成品的研发、生产与销售。公司 2016 年销售额 18079.47 万元，净利润 1226.87 万元。

华威粘结材料（上海）股份有限公司（华威股份，870305），2017 年 3 月 20 日挂牌，公司致力于成为纸品加工、木材加工、香烟和食品包装、卫生用品等工业领域最受客户欢迎的黏合剂供应商，为客户提供产品黏合的最佳解决方案。公司主营水基胶及热熔胶等胶黏剂的研发、生产与销售。公司 2016 年销售额 13223.85 万元，净利润 434.40 万元。

嘉兴市豪能科技股份有限公司（豪能科技，871091），2017 年 4 月 17 日挂牌，公司产品包括铝箔标签、镀铝纸、湿胶标签、不干胶标签等，能向客户提供从产品包装开发到印刷成品的完整包装印刷解决方案。公司 2016 年销售额 46748.00 万元，净利润 683.72 万元。

烟台鸿庆预涂新材料股份有限公司（鸿庆新材，871240），2017年3月29日挂牌，公司致力于 BOPP/PET 预涂膜的研发和生产销售。公司 2015 年销售额 19427.44 万元，净利润 459.06 万元。

47 中国首家胶黏剂专业培训咨询公司"胶之道"

改革开放以来，我国胶黏剂行业取得了突飞猛进的发展。据不完全统计，我国胶黏剂生产企业达 3000 余家，但年销售收入达 5000 万元以上的企业不足百家，胶黏剂企业大多数为中小型企业，而且大约有一半企业为作坊式企业。目前我国胶黏剂行业产品同质化现象越来越严重，低价竞争严重影响行业的健康发展，企业的转型升级急需专业的指导。在这种背景下，上海胶之道企业管理咨询有限公司（以下简称"胶之道"）应运而生。

胶之道由任天斌、林中祥、翟海潮等知名专家联合发起成立，是专注于胶黏剂行业职业人才培养与企业管理咨询的专业化服务机构，于 2017 年 9 月 29 日在上海注册成立。胶之道以国内外胶黏剂行业的多位知名专家（如瑞士 SIKA 首席科学家曲军博士）为顾问，以"为中国胶企传道、授业、解惑"为使命，以成为最贴近客户、最专业化的胶黏剂人才培养及企业咨询机构为愿景，致力于在全球范围内以专业的眼光、负责任的态度为胶黏剂生产及应用企业提供最顶尖优质的技术咨询服务，解决胶黏剂企业发展困境，为提升中国胶黏剂企业的核心竞争力和可持续发展而努力。

胶之道汇聚了一大批在胶黏剂一线工作的管理、营销、研发、生产、应用等经验丰富的专家级讲师，针对国内胶黏剂生产及应用企业在发展过程中面临的困境，通过职业人才培养、专业论坛、行业咨询、网络课程四大板块，为胶黏剂企业不同群体提供专业的企业发展战略、研发管理体系、新产品开发、技术创新和生产、营销、应用实践等一流培训咨询服务。将全球最先进的创新技术和管理理念传输到中国胶黏剂企业，帮助企业培养创新型产品研发与管理人才，提升企业的研发水平和技术创新能力，解决中小型胶企在经营发展方面遇到的疑难问题，从而提升中国胶黏剂企业的核心竞争力，助推企业顺利转型升级，推动胶黏剂行业持续发展，为行业的创新发展做出贡献。

胶之道业务包括：

职业培训。针对目前国内胶黏剂行业的职业培训比较缺乏的问题，胶之道组织行业内一流的专家、教授和企业技术精英，通过为企业研发 / 生产 / 市场人员、技术骨干、中层核心人员和管理层分别提供从胶黏剂基础理论、创新产品设计、研发流程管理、生产与营销管理到应用实践等各环节的一流培训课程，为企业培养创新型的产品研发与管理人才，提升企业的研发水平和技术创新能力。为企业管理层提供国际一流的研发、生产、市场、战略等企业管理课程，将全球最先进的企业管理理念和精华传输到中国胶企的管理层。

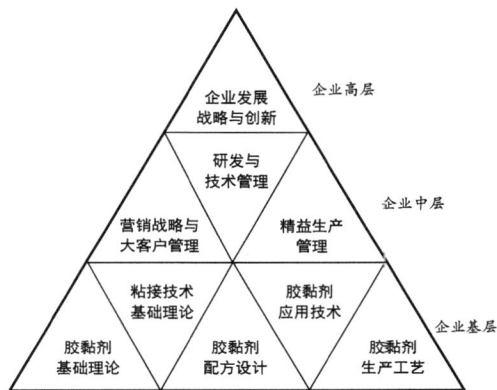

专业论坛。采用邀请制，邀请胶黏剂行业知名专家和企业家代表，选取胶黏剂行业普遍关心的热点问题，采用小范围论坛的形式进行讲解。

行业咨询。包括发展战略咨询、研发体系建设、产品内控咨询、市场营销咨询等，通过为企业量身定制专业的咨询服务，解决国内胶黏剂生产及应用企业在技术创新、经营管理、发展转型和战略管理等方面遇到的各种疑难问题，提升中国胶黏剂企业的核心竞争力，助推企业顺利转型升级。

48 中国大学里的胶黏剂研究回顾

中国的大学里，专业研究胶黏剂的研究所、研究室并不多，胶黏剂方面的研究对于大学里的教授几乎都是"副业"。胶黏剂研究主要是在工科院校里，教授们大都是在研究高分子材料、有机化工的同时顺便选择一些胶黏剂课题进行研究。大学里的胶黏剂研究，往往是一两个教授带学生进行研究，教授退休了，研究室胶黏剂的研究往往就停止了。下面简单回顾一下 20 世纪 60 年代以来我国工科大学里所从事的胶黏剂研究和取得的成果。

哈尔滨军事工程学院贺孝先教授于 1962 年 12 月研制成功磷酸 - 氧化铜无机胶，成功用于陶瓷刀片和硬质合金刀头的粘接，解决了难加工钢材的问题。20 世纪 70 年代，贺孝先先生到湖北红山机械厂工作。20 世纪 80 年代，贺孝先教授到云南工业大学工作，继续进行无机胶的研究。贺孝先教授曾编著《无机粘接技术》一书，由国防工业出版社出版。

成都科技大学张开教授于 1964 年研制 CG-1-1 环氧酚醛胶，之后继续进行高温胶黏剂的研究工作。张开教授曾编著《胶接技术》，1980 年由四川人民出版社出版；主编《粘合与密封材料》，1996 年由化学工业出版社出版。

哈尔滨工业大学魏月贞、王春义等人 20 世纪 70 年代，研制成功203 点焊胶、301/303/305 导电胶、211 胶环氧胶、420 结构胶膜，并编著出版《合成胶粘剂》一书，1979 年由人民教育出版社出版。

北京航空航天大学化学教研室 1973 年研制出 F182 型 400℃应变片胶，1978 ~ 1979 年又研制出 P122 型 700℃应变片胶和 P129 型800℃应变片胶。20 世纪 80 年代，徐修成、殷立新等人开展胶黏剂及复合材料研究，编著《胶粘剂与胶接工艺》《胶粘基础与胶粘剂》，分别于 1981 年由国防工业出版社、于 1988 年由航空工业出版社出版。

河北工业大学王润珩教授 1975 年承接了"服装黏合衬用胶黏剂"课题，他凭借自己在留学苏联期间有机物合成和共聚反应的扎实基础，经过 1 年多的研究，首先研制成功聚酯热熔胶，继而在河北工学院化工厂试生产并首先在天津市服装衬布厂用于服装黏合衬的生产。

华南理工大学潘慧铭教授，20 世纪 70 年代以来在高分子黏合界面机理和新型高性能胶粘材料方面的研究取得约 20 项成果。其中，一关于黏合界面机理的研究，探索了黏合体系中表面能匹配及界面酸碱作用等对黏合性能的影响。该研究包括高表面能物质（金属材料等）的表面能测算新方法的研究，高聚物酸碱功能基团对黏合（吸附）及反黏合（反吸附）性能影响的研究等。潘教授在该领域的研究成果居国内领先地位，受到国内外同行的好评。二关于高性能或功能型新型胶黏剂的研究，包括含氟粘接剂的研究（获国防科工办 1977 年度重大革新成果奖）；耐热性单组分绝缘密封胶的研究（获 1986 年度广东省科技进步三等奖）；填充聚四氟乙烯的表面处理，粘接及其应用技术（获 1988 年度广东省科技进步三等奖）；耐热性高绝缘密封材料的研究及开发（获国家教委 1992 年度科技进步三等奖）；电子器件导电银浆（获 1994 年度广东省科技进步三等奖）等。上述科研工作已在生产中投入应用并取得了较大的社会效益和经济效益。脱酮型有机硅乃高温密封胶，获广东省科技进步二等奖；高绝缘改性环氧有机硅密封胶获国家教委三等奖。潘教授参与编制《胶粘剂应用手册》，1987 年由化学工业出版社出版。华南理工大学傅和青教授，目前主要从事胶黏剂、涂料等方面的研究。华南理工大学李红强教授主编《胶粘原理、技术及应用》，2014 年由华南理工大学出版社出版。

南京大学周庆立教授、曹永兴等人于 20 世纪 70 年代末，开发成功南大 -701、702、703、705 室温硫化硅橡胶胶，在南大化工厂生产。

东北林业大学顾继友教授，全国木材胶黏剂及人造板表面加工研究会副会长，国家林业局跨世纪学术带头人，博士生导师，在系列低毒性脱酸树脂胶的开发与推广应用工作中做出较大贡献，对发展我国木材加工用合成树脂胶黏剂、提高人造板生产质量起到了一定的促进作用。其中 EI 级刨花板用的 DN-6 号低毒性脲醛树脂胶获得林业部科技进步一等奖和国家科技进步三等奖。顾教授编著的《胶粘剂与涂料》，由中国林业出版社出版。

上海理工大学胡春圃教授，原上海粘接技术协会理事长，从事活性聚合反应、聚氨酯及其互穿网络、水性高分子材料、纳米杂化材料以及含氟高分子材料的应用基础理论研究。

湖北大学李建宗教授，曾任武汉粘接学会理事长。20 世纪 70 年代以来，他主要从事乳液型胶黏剂的研究，"织物印花胶基础研究及新产品开发"被省政府授予"湖北省科技进步一等奖"。湖北大学管蓉教授在乳液聚合、胶黏剂、聚合物成型加工、高分子材料改性和高分子材料表征方面做了大量开拓性贡献。湖北大学胡高平先生，现任武汉粘接学会理事长，主要从事环氧胶黏剂和固化剂的研究。

沈阳理工大学李子东教授与沈阳冶金选矿药剂厂合作于 1984 年研制出"801 大力胶"，该胶属于溶剂型氯丁胶黏剂。之后相继研制开发出特种环氧胶、环保型和环境标志型氯丁胶、SBS 型净味环保万能胶、净味 SBS 喷胶、SDS 热熔压敏胶、PU 热熔胶、水性环保拼板胶、多种密封胶等。多年来，李子东共出版胶黏剂和粘接技术方面的专著 11 部，合计 738.7 万字，是行业内出版胶黏剂和粘接技术书籍最多的人。

西北大学化工系林德宽教授等人与陕西妇幼保健院于 20 世纪 70 年代末联合研制出 CPN42 女性绝育粘堵剂。西北工业大学孙曼灵教授从事环氧树脂等方面的研究，主编《环氧树脂应用原理与技术》，2003 年由机械工业出版社出版。西北工业大学张秋禹教授，目前主要从事微乳液法制备纳米高分子复合材料的研究。

清华大学赵世琦教授，20 世纪 80 年代以来，主要从事环氧树脂增韧剂的研究。阚成友教授主要从事环境友好高分子材料、水性胶黏剂、涂料、功能高分子微球和有机硅材料的研究工作。

浙江大学叶胜荣教授，20 世纪 80 年代以来研究的领域主要有聚酯、聚氨酯、丙烯酸酯胶黏剂、塑料胶黏剂、高性能热熔胶、罐头密封剂、涂层材料、聚酯新材料等，其多项成果获得了省部级科技进步奖，并荣获全军科技进步一等奖。浙江大学范宏教授任浙江粘接技术协会理事长，主要从事纳米改性与绿色化学技术、高性能胶黏剂与涂料开发。

北京化工大学张军营教授、程珏教授，主要从事高性能热固性树脂、合成胶黏剂分子设计与制备以及原位固化技术的教学、研究与开发工作。研究领域涵盖环氧、有机硅、光固化胶、瞬干胶、热熔胶等。张军营教授曾编著《丙烯酸酯胶黏剂》、《化工产品手册：胶黏剂》（第五版）、《胶黏剂选用手册》等书籍，由化学工业出版社出版。北京化工大学夏宇正教授主要从事乳液聚合及其应用以及功能涂料和胶黏剂的制备与应用。

上海大学施利毅教授纳米复合材料制备及产业化应用，包括工程塑料、功能涂料、胶黏剂、电池等。

东华大学虞鑫海教授，主要从事电子化学品、功能高分子材料的合成与应用技术研究；耐高温芳杂环聚合物及其单体的合成聚合及其成型技术研究；耐高温多官能环氧树脂的合成及其应用技术研究；耐高温无卤阻燃特种纤维成型机理及其制备技术研究；树脂基先进复合材料成型技术研究；无卤阻燃剂及其无卤阻燃材料的研制；耐高温胶黏剂的研制等。

南京林业大学林中祥教授 2000 年以来主要从事乳液胶、热熔胶、聚氨酯胶黏剂等的研究。

同济大学任天斌教授，现任上海粘接技术协会理事长，主要研究方向及开发领域包括纳米生物靶向药物及疫苗、生物医用功能材料、高性能胶黏剂、功能复合材料及生物质材料。

北华大学时君友教授主要从事木材胶黏剂的研究，"利用玉米淀粉生产 API 胶粘剂"2006 年获吉林省科技进步二等奖。"环保型脲醛树脂及其胶合制品的研究"2007 年获吉林省科技进步二等奖；"水性淀粉基氨基甲酸乙酯木材胶黏剂的研究"2008 年获吉林省科技进步二等奖。

国内从事胶黏剂研究的大学及相关人员还有很多，篇幅所限这里不再一一介绍。

49 中国台湾地区胶黏剂、胶黏带发展回顾

20世纪50年代以来，中国台湾地区胶黏剂（台湾称"接着剂"）的发展随着台湾经济的发展不断地演进。20世纪50年代，胶合板工业快速发展，促进了脲醛胶黏剂、聚乙酸乙烯胶黏剂、EVA胶黏剂的发展；20世纪60年代，制鞋业、纺织业的快速发展，氯丁-酚醛万能胶、热熔胶等得到了广泛应用；20世纪70年代，复材工业的发展带动丙烯酸乳液的发展；20世纪80年代，无纺布工业的发展带动了水性PU的发展；20世纪90年代的电子、半导体工业的快速发展，促进了UV胶、环氧胶、有机硅胶的快速发展。各个产业发展阶段所需要的胶黏剂材料与产业发展息息相关。1956年开始工业化生产脲醛胶黏剂，我国台湾地区胶黏剂工业不断发展，1983年产量为19.67万吨，2002年产量达32.62万吨。

1956年，长春人造树脂厂开始脲醛树脂胶的生产，成功取代天然胶黏剂，带领台湾胶黏剂跨入了合成胶黏剂时代。长春人造树脂厂是由三位台北工专（台北科技大学前身）毕业的校友林书鸿、廖铭昆、郑信义于1949年创办的，创办初期主要是利用进口原料做塑料加工，之后自制电木粉。1953年，进一步开发脲醛成型材料，开始进入进口替代阶段。而林书鸿先生凭着一股不服输的干劲，利用在学校所学的化学知识以及4页日本产品使用说明书，利用家里的锅烹煮，以自制的检验仪器监控过程和品质，经两年的努力终于研制成功台湾第一项工业化的合成胶黏剂——胶合板用脲醛树脂胶，并于1956年投入工业化生产，产品广泛用于台湾胶合板厂家，如扬子木业、亚洲合板、复兴木业等，使胶合板的耐水、防水功能大大提高。复兴木业的胶合板还销售到了美军驻日军事基地，之后，台湾产胶合板成功打入国际市场，从而催化了台湾胶合板工业的蓬勃发展。

1957年，经营松大木材的陈里章先生创立了国森企业股份有限公司，从日本进口聚乙酸乙烯白乳胶（PVAc，台湾称"冷胶""白湖"）在台湾销售，将台湾胶合板生产带入另一个崭新的局面，因此陈里章先生获得"台湾冷胶之父"的雅号。1960年，黄庆芳先生随在日本留学的长兄黄庆云赴日本学习合成树脂及胶黏剂生产技术。返台后，于1961年创立南宝树脂工厂，一起创业的还有黄庆琅、黄庆源，俗称"台

南三兄弟"。南宝树脂工厂首先在台湾生产聚乙酸乙烯乳胶（PVAc），初期反应釜为500kg，完全自行设计。1975年，长春人造树脂厂也投入了聚乙酸乙烯乳胶（PVAc）的生产，除作为胶黏剂外，它还作为乳胶漆涂料使用。最先引进日本聚乙酸乙烯白乳胶（PVAc）的国森企业公司，也于1975年投入了聚乙酸乙烯乳胶（PVAc）的生产，主要以建筑行业为目标市场。1989年，黄庆芳先生筹备成立台湾区合成树脂接着剂工业同业工会，并担任第一届、第二届理事长。

随着南宝公司聚乙酸乙烯乳胶（PVAc）的生产及长春公司聚乙烯醇的生产，对于共同所必需的原材料乙酸乙烯（酯）（VAM）单体的需求更为殷切，当时全部依靠进口，于是两家公司于1979年合资成立大连化学工业股份有限公司，引进德国Bayer公司技术并于1983年在高雄县大社工业区建造完成年产8.5万吨的乙酸乙烯工厂。1985年，大连公司又投入乙酸乙烯-乙烯共聚物（EVA）乳液的生产，产品替代进口销往台湾市场，之后出口到海外市场。2004年，大连公司在江苏仪征建造完成年产3.6万吨的EVA乳液工厂，供应中国大陆市场。2005年，大连化工EVA乳液产量达到16万吨，成为当时亚洲最大、世界第三的EVA乳液公司。因土木市场需要，大连化工公司于1994年建设完成第一套年产1000t的VAE乳胶粉体喷制工厂，之后又于2000年建设完成第二套年产9000t的VAE乳胶粉体喷制工厂，成为当时亚洲第一大VAE乳胶粉体厂家，产品行销世界各地。

俗称"黄湖"的CR氯丁胶黏剂，最早是由赖清标先生研制成功的。1955年，经营泉兴记皮鞋店的廖登茂先生与陈俊卿先生共同创立大东化工厂，1956年开始小批量生产CR氯丁胶黏剂，当时商品名为"强力糊"，初期"强力糊"主要以修补鞋为主。1966年，台塑PVC皮革问世，继而广泛应用于鞋面材料，PVC与鞋底粘接，使用"强力糊"无法粘牢。因此，南宝公司开发出甲基丙烯酸酯接枝改性的氯丁万能胶，供鞋业使用，解决了PVC粘接的量产制造问题，该产品称为"万能糊"。随着市场上太空鞋的流行以及台塑塑胶板的问世，强力糊随市场水涨船高，国外订单大量流入，促进鞋业迅速发展，台湾亦随之荣登制鞋王国的宝座。台湾生产CR氯丁橡胶强力胶的厂商很多，如南宝树脂、大东树脂、力宝化工、正隆化学、崑合化学、华音企业、国森企业、统一化学、台湾日邦等20余家。

1976 年，李友读先生创办的国泰树脂工业股份有限公司，陆续自行研发或引进美国 REICHHOLD 技术生产环氧树脂、不饱和聚酯树脂、丙烯酸树脂、聚氨酯树脂及酚醛树脂。1979 年，立大化工股份公司开始生产聚氨酯树脂。台湾生产聚氨酯胶黏剂的厂家有南宝树脂、大东树脂、三晃油墨、华音企业、新光黏剂、台精化学、力宝化工等。1995 年，大东树脂、南宝树脂已将水性聚氨酯（PU）鞋用胶黏剂成功量产，并获得多家世界名牌运动鞋（NIKE、ADIDAS、REEBOK、PUMA 等）使用。

20 世纪六七十年代，胶合板工业进入全盛时期，供应脲醛树脂胶黏剂的长春人造树脂公司，为配合胶合板工业的需要，于 1961 年研发成功胶合板中板拼接用 EVA 系热熔胶并正式量产，是台湾首家热熔胶制造商，使胶合板的制作和品质均得到提升。随后，长春人造树脂公司陆续推出制本用及封箱用热熔胶。1980 年，福鸿公司自行研发成功自粘式 PVC 塑胶地砖专用热熔压敏胶。1982 年，德渊企业股份有限公司开发的 EVA 系热熔胶投入生产，并于 1988 年配合棒状热熔胶自行研发生产热熔胶枪。

1976 年，萧锦聪先生创立德渊贸易公司，从事日本瞬干胶与 DIABOND 高性能胶黏剂的进口。1979 年，开始生产丙烯酸酯 AB 胶。1981 年，长春人造树脂公司首先将氰基丙烯酸酯瞬间胶投入生产，开始取代当时完全依赖进口的局面。经过 20 余年的发展，台湾生产瞬干胶的厂商有长春人造树脂公司、德渊化学、登科、台衍、同声、北回等。

20 世纪 80 年代以后，台湾地区硅硐（台湾地区称"矽酮"）密封胶、聚氨酯密封胶、丁基密封胶、聚硫密封胶逐步发展起来，生产厂商主要有国森企业、道康宁、互力化学、千固实业、信越化学、南宝树脂、台湾黏剂、三晃、庆泰、展华化学等。

压敏胶黏带（台湾称"黏性胶带"）方面，1954 年，杨斌彦与台湾大学化工系第五届校友郑建炎、谢耀东、杨俊杰成立四维公司前身之一伟美化工厂，自行设计涂布机和研究压敏胶，首创台湾第一卷压敏胶带，开始生产以玻璃布为基材的压敏胶带，开创了台湾胶黏带工业的历史，因此被业界誉为台湾"胶带业之父"。之后，带领四维企业发展成为今日世界级的厂商，员工超过千人。

1962 年，亚洲化学股份公司开始生产 PVC 胶带。次年，综合胶带股份公司成立并生产胶合板胶带。1963 年，台丰工业股份公司成立并生产牛皮纸胶带。1968 年，日本菊水胶带公司在台投资设厂生产牛皮纸胶带。1969 年，美国 3M 公司在台湾成立 3M 子公司，销售各类胶带。1972 年，四维企业生产的 PVC 胶带获美国 UL 认证。1973 年，高冠企业股份公司成立并生产商标类胶带。1974 年，OPP 溶剂型丙烯酸酯压敏胶带在亚洲化学公司首创研发成功。1976 年，台湾区黏性胶带工业同业公会成立，杨斌彦荣任第一届、第二届理事长。1983 年，四维企业生产电子工业用胶带如聚酯膜胶带、保护膜胶带等。1989 年，四维企业获得日本 JIS 认证。1992 年，台湾罗门哈斯股份有限公司在嘉义民雄工业区建立乳胶厂，乳液型压敏胶应用越来越广。目前，长兴化工、亚洲化学、石梅化工、产协企业、四维、台湾罗门哈斯、树亿、晋通等均生产丙烯酸酯乳液胶。1993 年，高冠、亚洲化学、四维相继通过 ISO9002 质量体系认证。1996 年，亚洲化学成为台湾 PVC 胶带最大生产厂。

20 世纪 90 年代以后，随着中国大陆经济的快速发展和产业转移，台湾地区的胶黏剂和胶黏带企业如长春人造树脂公司、大连化学公司、国森企业、国泰树脂、大东公司、长兴化学公司、亚洲化学、四维企业等陆续在大陆投资建厂。

50　中国胶黏剂 60 载发展回眸

新中国成立后，中国胶黏剂研究基础薄弱，以美国为首的西方国家对中国进行技术封锁，向"苏联老大哥"学习就成了必然。20 世纪50 年代，苏联向中国提供了一些胶黏剂配方，中国开始研制相关胶黏剂产品。1957 年，林业部森林工业科学研究所与化学工业部北京化工研究院、第一机械工业部庆阳化工厂、长春胶合板厂及哈尔滨香坊木材加工厂等单位协作，开始进行脲醛胶黏剂的研制，1958 年研制成功并投入工业化生产，产品用于木材加工。之前，中国使用的胶黏剂都是天然胶黏剂，因此，1958 年被称为中国合成胶黏剂工业元年。

20 世纪 60 年代，中苏关系破裂，中国胶黏剂的研究步履维艰，但我国老一辈胶黏剂开拓者不畏艰难，自力更生，众志成城。1957 年开始，经过 20 年的奋斗，我国胶黏剂的研究取得了巨大突破。石油化学工业部技术情报研究所 1976 年 6 月编印的《国内胶粘剂品种汇编》，收集了国内近 50 个胶黏剂研制和生产单位正式投产供应各类胶黏剂271 种，产品包括脲醛树脂胶黏剂、酚醛树脂胶黏剂、酚醛 - 缩醛胶黏剂、酚醛 - 丁腈胶黏剂、环氧树脂胶黏剂、聚氨酯胶黏剂、厌氧胶黏剂、氯丁胶黏剂、有机硅胶黏剂、氰基丙烯酸酯瞬间胶、聚乙烯醇缩醛胶黏剂、聚乙酸乙烯乳液胶黏剂、热熔胶黏剂等。黑龙江石油化学研究所、中科院化学所、航空部 621 所（航空材料研究院）、上海合成树脂研究所、上海橡胶制品研究所、兵器部五三所、山东化工厂、天津合成材料工业研究所、中科院大连化学物理研究所、中科院广州化学研究所、晨光化工研究院等单位为我国胶黏剂的前期发展做出了突出贡献。截至 1977 年，我国已有胶黏剂研究和生产单位近 100 家，几乎所有合成胶黏剂的基础品种都已研制开发出来，试制和投入生产的胶黏剂产品达 500 种以上，但胶黏剂的产量很低，不足 3 万吨。

进入 20 世纪 80 年代，改革开放为中国胶黏剂行业的发展迎来了新契机，我国胶黏剂行业从此进入快速发展时期。20 世纪 80 年代初期，全国技术交流活跃。上海市粘接技术协会、西安粘接技术协会、武汉粘接学会成立、北京粘接学会相继成立起来，之后哈尔滨、大连、天津、昆明、长沙……全国 30 多个城市成立了粘接技术协会 / 学会。1982 年12 月，化工部二局在北京举办了首次"全国胶粘剂新产品展览会"，来自全国的 100 余家胶黏剂研究和生产单位参加了展会，展会共展出 600 多个胶黏剂产品。

20 世纪 80 年代，一批胶黏剂和胶黏带乡镇、集体企业相继成立和发展起来，如郑州中原应用技术研究所、新宾满族自治县胶粘剂厂（哥俩好前身）、葛洲坝粘合剂厂（璜时得前身）、黑松林粘合剂厂、苏州粘合剂厂、上海康达化工实验厂、中山市永大胶粘制品厂、河北永乐胶带有限公司、福清县友谊塑料包装带厂等。

20 世纪 80 年代，我国引进国外先进技术和设备，大大促进了胶黏剂行业的发展。1981 年，北京市化学工业研究院从德国汉高引进纸塑覆膜聚氨酯胶黏剂，促进了纸塑包装胶的发展。1984 年，我国第一套由日本引进的丙烯酸及其酯类装置在北京东方化工厂建成投产，大大促进了我国丙烯酸酯乳液和压敏胶带的发展。1987 年，北京有机化工厂从日本引进的 20 个品种聚乙酸乙烯乳液项目建成投产，极大地推动了国内白乳胶生产技术和市场应用的发展。1987 年，北京化工厂引进日本年产 50t 氰基丙烯酸酯瞬干胶先进生产线和工艺技术，应用多聚甲醛 - 甲醇溶剂法生产 ECA，大大提高了我国 502 瞬间胶的技术和生产水平。1987 年，连云港市热熔粘合剂厂从日本引进我国第一条年产 1000t 的热熔胶生产线，用于生产 EVA 无线装订热熔胶和热熔胶棒。

1987 年 9 月，中国胶粘剂工业协会成立。1987 年 9 月 8 日，中国胶黏剂工业协会举行了第一次全体会员大会，协会共有会员 178 个，其中科研、院校 50 个，其余大部分为国有企业。1987 年，中国胶黏剂产量达到了 20 万吨。

20 世纪 90 年代，邓小平"南方谈话"引来创业潮。我国许多知名的胶黏剂民营企业就是在 20 世纪 90 年代创立和发展起来的，如北京天山新材料技术有限公司、杭州之江有机硅化工有限公司、北京高盟新材料股份有限公司、成都硅宝科技股份有限公司、佛山市南海霸力化工制品有限公司、南海南光化工包装有限公司、广州宏昌胶粘带厂、福建友达胶粘制品有限公司、北京龙苑伟业新材料有限公司、三友（天津）高分子技术有限公司、辽宁吕氏化工（集团）有限公司、绵阳惠利电子材料有限公司、广东恒大新材料科技有限公司、无锡市万力粘合材料有限公司、广州新展有机硅有限公司、广州市高士实业有限公司、江门市快事达胶粘实业有限公司、浙江顶立胶业有限公司、西安汉港化工有限公司、烟台德邦科技有限公司等。1997 年，中国胶黏剂产量大约 180 万吨。

进入 21 世纪，中国逐步发展成为世界第一制造业大国。中国制造业的快速发展引领胶黏剂行业迅速崛起。房地产业异军突起，建筑用胶成倍增长。交通运输业迅速崛起，工程用胶茁壮成长。电子电器成长迅速，电子用胶日新月异。轻工出口增长迅速，胶黏剂用量猛增长。卫生医疗日益发展，卫材用胶逐渐普及。环保形势日趋严峻，新能源胶迅速发展。2007 年，我国胶黏剂产量达到了 330 万吨。

2009 年以来，中国胶黏剂和胶黏带行业出现两大迹象。一是 IPO（首发上市）企业越来越多。作为首批 28 家创业板上市公司之一，成都硅宝科技股份有限公司于 2009 年 10 月 31 日上市。之后，数家民营胶黏剂企业迅速跟进。截止到 2017 年 12 月 31 日，已有 30 余家胶黏剂和胶黏带公司在创业板、中小板、主板和新三板上市。二是兼并重组，2014 年 6 月美国富乐公司签订收购北京天山新材料技术股份有限公司协议，业界一片哗然。之后，2016 年 8 月 16 日，汉高公司收购浙江金鹏公司完成了最终交割工作。2017 年 2 月 7 日，美国艾利丹尼森公司宣布收购河北永乐胶带有限公司。我国胶黏剂行业进入了 IPO 和兼并重组时代。

1958 年以来，我国合成胶黏剂工业从无到有、从小到大，取得了突飞猛进的发展。经过 60 年的发展，中国合成胶黏剂已经在世界胶黏剂领域占有一席之地。2015 年全球胶黏剂总销量约为 1780 万吨，销售额 480 亿美元。据中国胶粘剂和胶粘带工业协会统计，2015 年中国胶黏剂总产量为 686.8 万吨，销售额为 844.3 亿元。从产量来说，中国已占全球胶黏剂总产量的 38%，成为全球最大的胶黏剂生产与消费国；但从销售额来看，2015 年中国胶黏剂销售额只占世界胶黏剂总销售额的 26%，说明中国胶黏剂产品中低端产品所

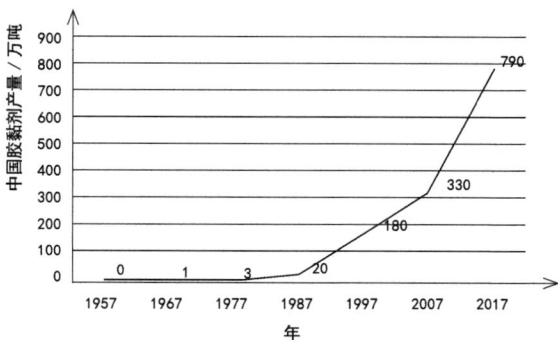

占比重较大。上图为 1957 ～ 2017 年中国胶黏剂的产量增长曲线。

中国胶黏剂研究与生产企业从 20 世纪 50 年代末的 10 余家，发展到 20 世纪 70 年代末的 100 余家，再发展到 20 世纪 90 年代末的 1000 余家，目前已发展到 3000 余家。20 世纪 90 年代以前，几乎所有胶黏剂企业都是国有企业、集体企业或乡镇企业，而目前民营企业已成为胶黏剂行业的主力军，中国 95% 以上的胶黏剂企业都是民营企业。

第三篇
Chapter three

中国胶黏剂开拓者小传

51 结构胶黏剂开拓者王致禄

2016 年 9 月 10 日教师节，我与北京化工大学张军营教授、原化工部二局分管胶黏剂的喻华清先生一起到北京四季青敬老院看望了王致禄老先生（图中从左至右依次为翟海潮、张军营、王致禄、喻华清）。知道我们要来，王老很早就在敬老院大门口迎接我们。王老虽已 88 岁高龄，但声音洪亮，精神矍铄。在我的提问和引导下，王老回顾了他从事胶黏剂研究 50 年的历程，同时还与喻华清老前辈一起回忆了中国结构胶黏剂的发展历史和"中国粘接学会（筹）"的筹建过程。

王致禄先生 1928 年 9 月 3 日生于天津市宁河县，1950 年考入北京辅仁大学（后并入北京师范大学）化学系，1956 年 9 月毕业于北京师范大学有机化学专业研究生班，分配到中科院吉林分院高分子所（隶属于中科院长春应用化学研究所）工作，所里开始给他定的研究方向是合成化纤专业。令王老没想到的是，后来搞了一辈子的结构胶黏剂研究。1962 年，王致禄先生调入黑龙江省科学院石油化学研究院，一直工作到退休。

王致禄先生的胶黏剂研究生涯是从研究汽车刹车片胶开始的。王老回忆说："1958 年，长春中国第一汽车厂要生产 250 辆解放牌卡车，当时刹车片用传统的铆接方法合不上，厂里非常着急，于是找到了我们高分子所，看看能否用胶黏剂粘接。我与丁开爽同志一起接受了研制任务，从此开始了胶黏剂的研究。"当年应化所没有胶黏剂实验室，他们俩就在地下室搞起了研究，他们采用的是丁腈橡胶和聚乙烯醇缩醛增韧酚醛树脂的技术路线，经过 1 年多的努力，刹车片结构胶研制成功，为中国第一汽车厂解决了技术难题。

"一个偶然的机会，我把经过改进的汽车刹车片胶用在了飞机的结构粘接上，从此坚定了我搞一辈子胶黏剂研究的信心。"王老接着回忆道，"根据航空部规划，'歼 -8'战斗机某些部件要用耐温

210℃的结构胶粘接，研制任务本来是由某研究所承担的，可是该研究所没能按时完成计划。于是在 1960 年前后，由航空部工艺所配合将我们研制的汽车刹车片用的 210℃结构胶，经过半年多的探索与改进，最终成功用于'歼 -8'战斗机胶接结构中。"王致禄研制的这款胶，后来被命名为"J-01 耐高温有孔蜂窝结构胶"。J-01 用于"歼 -8"战斗机，粘接有孔蜂窝结构操纵舵面，为我国歼击机开创了以胶接结构代替铆接结构的先例，大大减轻了结构重量，使飞机高空高速性能接近了世界先进水平。后来 J-01 结构胶用于"歼 -8"水平尾翼、副翼等 9 个零部件的粘接，使"歼 -8"成功上天。J-01 结构胶填补了我国航空结构胶黏剂的空白，满足了高速歼击机对胶接蜂窝结构的性能要求，从此胶接结构在我国各种飞机上推广应用，在航天领域也得到了迅速推广，为提高武器装备性能做出了贡献，J-01 结构胶于 1965 年获国家发明奖。

王老继续回忆："接着第二个机会来了，20 世纪 60 年代中期，中国直升机'直 -5'大批引进苏联的'米 -4'技术和部件，不巧'直 -5'出现了问题，粘接部件开胶，迫使工厂停产，部队停飞。加上正赶上毛主席答应要援助阿尔巴尼亚'直 -5'飞机，交不了货，后果严重。当时中苏关系日趋恶化，苏联已经把'米 -4'改了，要图纸不给，买技术又太贵。因为前期'歼 -8'粘接成功的原因，航空部决定让我们搞，于是我带领研究团队夜以继日地研制，仅用半年时间就研制成功。

"直 -5"用的结构胶要求韧性比较好，因为"直 -5"的四个悬翼长度是 12m，飞行中颤动非常大，要求胶的强度和韧性非常高，若韧性不好容易开裂。王致禄根据增韧机理，研制出酚醛 - 丁腈高弹性结构胶，这款胶被命名为 J-03 结构胶。它满足了生产的急需，经飞行考核，其粘接的部件性能优于苏联桨叶，旋翼寿命由原来苏联规定的 3 年 600h，延长至 4 年 800h。这使得王致禄在航空界名声大振，后来航空、航天有结构胶需要研制，大家首先想到的就是黑龙江石化所王致禄先生。J-03 结构胶于 1983 年获国家发明奖。

20 世纪 70 年代，王致禄还从研究多种高效催化交联新体系着手，研制成功了 J-04 高温结构胶，用于海鹰导弹，开拓了我国航天航空用胶的先河。J-04 胶还用于红旗轿车刹车片及离合器片粘接中，后来在全国汽车刹车片中广泛应用，并获全国科学大会奖。此后，根据国防工业的要求，王致禄先生又研制出耐温 350℃高温胶 J-08（用于航空仪表中）及耐温 450℃高温胶 J-09；还研制了 J-15 耐湿热老化结构胶，成功应用于"水轰-5"水上飞机的船舱承力胶接壁板和歼击机的扩散器，以及某项核能工程设施中，该项目于 1979 年获黑龙江省科技进步二等奖。王致禄还为坦克和其他兵器用胶做了工作，曾获得国防科工委颁发的"三十年献身国防科技事业"荣誉奖。

当我问及"中国粘接学会（筹）"筹建的事时，王老指着喻华清说："他比我知道的多多了。"20 世纪 80 年代初期，王致禄曾与王澍（上海合成树脂研究所）、阮传良（西安化工研究所）等人一起筹建"中国粘接学会"。当时，喻华清在化工部分管胶黏剂，任"中国粘接学会"（筹）委员会办公室主任。两位老前辈回顾这段历史时，透露出较多的是遗憾，由于各种原因，"中国粘接学会"至今也未能批准成立起来。

王老说："我这一生就搞了几个结构胶，后来想搞复合材料，没搞起来；还想搞碳纤维的表面处理，也没搞成。后来当了石化所所长，忙于事务，耽误了业务，感觉很后悔。"20 世纪 80 年代，王致禄曾任黑龙江石化所两届所长、三届黑龙江省政协常委，为黑龙江石化所申请下来数百万元的经费，扩建了实验室和住房，为黑龙江石化所的发展打下了基础。

王致禄先生于 20 世纪 60 年代在黑龙江石油化学研究院建立了胶黏剂学科，是黑龙江石化院第一代科研骨干。他还于 1984 年为黑龙江石化院申请下来了高分子化学与物理专业硕士学位授予权。并在此基础上，与石化院第二代科研骨干付春明、张恩天、李公淳等一同培养出了石化院第三代科研骨干，如刘晓辉、孙禹、张斌、曲春艳、匡弘等一批特种胶黏剂领域的专业人才，这批人才目前已成为石化院发展的脊梁。王致禄先生为黑龙江石化院的发展明确了科研方向、储备了人才，形成了专业特色和优势，积淀了系列成果和技术。正是因为有了王老的"科研奠基"作用和"甘为人梯"的传承奉献精神，才保证了黑龙江石化院经过五十多年的发展，在几代科研人员的努力拼搏下，拥有了在该专业领域的领军地位。

王致禄先生于 1998 年退休，退休后还继续从事胶黏剂的研究工作。王老说："政协委员可以不退休，但我身体不好退了下来，又被石化院返聘，一直到 2006 年初为止，我在实验室工作了近 50 年。"

　　王致禄是国家级有突出贡献的优秀专家，享受国务院特殊津贴，从事合成高分子胶黏剂的研制与开发工作近 50 年，发表专业论文约 90 篇，编著出版《聚合物胶粘剂》（1988 年 6 月，上海科学技术出版社）、《合成胶粘剂概况及其新发展》（1994 年 6 月，科学出版社）胶黏剂专著两部。他主持和参加研制完成的科研项目近 20 项，其中获奖成果 7 项：有国家发明奖两项，全国科学大会奖一项，省政府科技成果奖一项，省科技进步二等奖、三等奖各一项，省科学院科技进步一等奖一项。这些成果广泛应用于航空、航天、兵器、电子、轻纺、交通等军用及民用领域，创造了显著的经济效益和社会效益。王致禄先生是我国高分子结构胶的开创者，为我国胶黏剂及航空航天事业发展做出了突出贡献。

52 502胶之父葛增蓓

502是一种神奇的胶水，在中国几乎无人不知，无人不晓。有什么东西坏了我们首先想到的就是用502粘修，它几乎成为人们心目中的万能胶。它几乎可以粘接各种材料，可用于金属、橡胶、皮革、塑料、陶瓷、木材、玻璃等材料的自粘或相互间的黏合。502胶的学名叫"α-氰基丙烯酸乙酯"，单组分，使用方便，瞬间固化，也称"瞬干胶"。你知道是谁发明了502胶吗？他就是葛增蓓教授（见右图）。

1962年，葛增蓓首先在中科院化学所实验室合成了α-氰基丙烯酸乙酯，并于1964年以产品名称为KH-502投放市场，KH意思是科化，即中国科学院化学所。502胶从此诞生。

1965年，葛增蓓又合成了α-氰基丙烯酸甲酯，命名为KH-501。下图为葛增蓓当年的记录本与手稿。

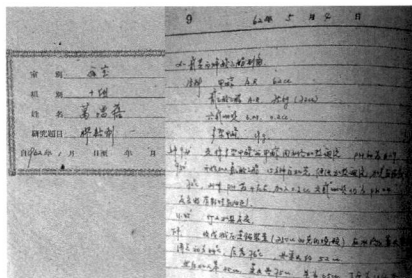

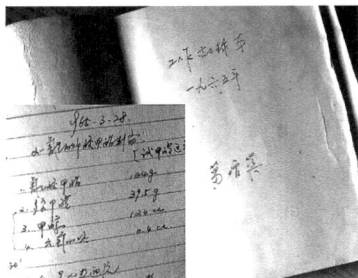

我与葛增蓓教授相识是在1994年的一次粘接技术交流会上。1995年北京天山公司进行新产品鉴定会，我请葛教授当鉴定委员会主任，从此葛增蓓成了我的老师和朋友。葛老师把我介绍到北京粘接学会，1997年我成为北京粘接学会最年轻的理事。我在胶黏剂行业的成长与葛老师最初的帮助是分不开的。

葛增蓓先生1927年11月19日出生在上海，1951年在上海同济大学毕业后，曾在中国科学院上海有机化学研究所工作，不久调入北京中国科学院化学所，历任助理研究员、副教授级研究员、教授级研究员。

1956 年，组织上决定将他从上海有机化学研究所调入中科院化学所时，他没有丝毫犹豫，没有讨价还价，不仅欣然从命，还放弃了上海宽敞舒适的居住条件，一套石库门房子只换得 800 元人民币，就把父母和一个妹妹、一个弟弟迁到北京中关村一套两居室的房子里居住生活。这体现了一个老知识分子爱国报国的宽广胸襟。

20 世纪 50 年代，葛增蓓主要进行有机合成方面的研究工作，研究项目包括聚甲醛的合成、甲基丙烯酸十六酯的合成等，先后发表论文多篇，如《膨胀计测定乳液聚合反应速度的简便方法》[高分子通讯，1958，（03）]、《聚甲醛的合成》[高分子通讯，1959，（02）]、《丙烯腈与偏氯乙烯的共聚合》[高分子通讯，1959，（02）]、《甲基丙烯酸十六酯溶液聚合》[高分子通讯，1965，（06）]等。

20 世纪 60 年代初，葛增蓓转入 α- 氰基丙烯酸甲酯和乙酯的合成工作，研制成我国首款 502 瞬干胶。

20 世纪 70 年代，葛增蓓等科研人员研发了甲醛水溶液 - 二氯乙烷法生产氰基丙烯酸乙酯的生产工艺并在国内得到普遍的推广应用，并发表《α- 氰基丙烯酸乙酯合成的研究（甲醛水溶液 - 二氯乙烷法）》[粘接，1983，（06）]、《α- 氰基丙烯酸 2- 氯乙酯的合成》[粘接，1984，（05）]等多篇论文。

20 世纪 80 年代，葛增蓓还做过特殊环氧树脂的合成以及光敏胶的研究，研制成功光敏胶黏剂 KHG-1。KHG-1 具有快速固化、黏合强度高、耐高低温、耐溶剂、无嗅、毒性低、黏度易调节、工艺性好、使用方便等特点，用于光学玻璃或透明材料的黏合。1983 年发表论文《光敏树脂 KHG-1 及光敏胶粘剂》[工程塑料应用，1983，（02）]，1987 年发表论文《关于六氢邻苯二甲酸环氧合成的研究》[粘接，1987，（02）]，1988 年发表论文《二步法合成低分子量双酚 A 环氧》[高分子通报，1988，（01）]。

1987 年，葛增蓓教授从中科院化学所退休。退休后继续进行 α- 氰基丙烯酸胶的研究，还在家里建起了实验室（见下页图），研制医用胶黏剂。研制的"瞬康牌"医用胶，用于外科开刀手术治疗的伤口"缝"合。

葛增蓓教授虽然是著名的科学家，但他没有一点知识分子的架子，他多年担任北京市政府的专家顾问，从不领取一点薪金。葛教授为 502 胶生产的普及与推广做了大量工作。浙江、江苏、广东不少乡镇企业在生产 502 胶遇到技术困难时，他都是坐火车赶到工厂，不厌其烦地解答工厂遇到的技术难题。哪里有需要咨询服务的地方，他都是有求必应。

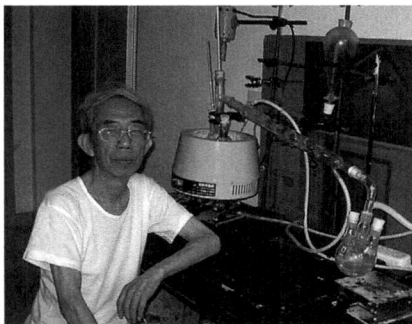

1996 年 4 月，北京天山新材料技术公司开发瞬干胶产品时，我聘请葛教授当顾问，使产品的开发少走了不少弯路。当时，有人说葛教授出门带着"女秘书"，其实那是误传，葛增蓓教授退休后在家建起了实验室，继续进行 α-氰基丙烯酸胶的研究，所谓的"女秘书"，其实是葛教授招的实验员潘孝平，后来潘孝平到北京天山公司研发中心当实验员，一直到现在。

葛增蓓是严谨的科学家，但他生活简朴，为人粗放，一心扑在事业上。我去过葛教授位于中关村中科院化学所家属院的家里多次，葛教授的家庭其实是很不幸的，中年丧妻。葛教授的夫人有精神方面的疾病，后来走失了，在圆明园附近的小河沟找到了尸体，去世时才 40 来岁，葛增蓓带着儿子葛名长大成人，很不容易。

葛增蓓教授于 2008 年 1 月 4 日因病在北京中关村医院逝世，永远地离我们而去了，享年 81 岁。就在他即满 80 岁的时候，葛增蓓教授还从北京赶赴上海，接待了几批浙江、江苏的工厂人员，给他们面授技艺。葛增蓓教授把自己的一生都献给了科研事业，让我们永远记住这位科学家 —— 我国 502 胶的发明人。

53 丙烯酸酯结构胶开拓者陆企亭

2016 年 11 月，在苏州举办的"首届长三角胶业精英论坛"会议上，76 岁高龄的陆企亭老先生向与会代表介绍了自己的创业经历与管理经验，最后赋诗总结自己的心路历程。

心 路

实事求是真善美，改革开放机缘来。
弃研学商从头越，摸爬滚打苦也甜。
运筹帷幄高精尖，弯道超车更争先。
峥嵘岁月逍遥时，伴君追梦到天年。

在他这个年纪，许多人早已享受着安逸的退休生活。可陆企亭先生老而不闲，退而不休，依然每天工作 6h 以上，用实际行动践行着他一手打造的"追求真善美、力创高精尖"的康达精神。

2015 年 5 月 27 日，康达新材（002669）发布公告称，陆企亭先生辞去了公司董事长和总经理职务，分别由姚其胜、陆巍两位年轻人接任，这是康达新材管理层年轻化、去家族化所走的重要一步。这个困扰了陆企亭多年的接班人问题，终于在他 75 岁之时有了着落。多年前，陆企亭曾想在家族内部培养接班人，但没有成功。这次换届，老一代管理者除徐洪珊仍担任副总经理外，陆企亭、张立岗、侯一斌等不再担任公司任何职务，这几位老人为康达的发展立下了汗马功劳。新任董事长姚其胜曾任研发经理，是前任副总经理侯一斌的下属；新任总经理陆巍虽与陆企亭同姓，但与陆企亭没有任何亲属关系，以前曾任销售经理，是副总经理徐洪珊的下属。

与陆企亭老先生相识多年，这位个子不高、略显清瘦、认真谦和的长者，确实令人敬佩。他生活简朴，精力充沛，把一生的时间和精力都用在了工作上；他思维敏捷，做事严谨，带领康达公司不断发展壮大，并于 2012 年 4 月 16 日登陆深圳证券交易所成为上市公司。

陆企亭 1940 年出生于上海，读中学时他就对化学产生了浓厚兴趣，后来考入北京大学，就读有机化学专业，从此与化学结下了不解之缘。1963 年毕业时，他积极响应国家号召，远离家乡，怀着满腔热血奔赴

冰城哈尔滨，选择了刚刚筹建不久的中科院东北石油化学研究所（黑龙江省科学院石油化学研究院的前身）。在那里，他放飞青春的理想，开始了胶黏剂研究的生涯。在石化所初期，陆企亭与黄应昌等人主要研究应变胶，后来黄应昌转入其他胶黏剂课题研究，而陆企亭始终如一，在应变胶研究上一干就是 20 年。由于成绩突出，他还挑起了黑龙江省石油化工研究所第六研究室主任的担子。作为一名科研工作者，他的深切体会是，"做科研要有坚定不移的信念，要耐得住寂寞，静得下心，遇到困难要想办法去克服，更重要的是，不能轻言放弃。"

有一次，我与陆企亭老先生聊天问起他是如何开启丙烯酸酯结构胶研究的，陆老显得有些兴奋，说 2002 年黑龙江省石油化学研究所庆祝建所 40 周年时请他做报告，报告后有人向他提出了同样的问题。陆老说："当时也许问得太突然，开始我愣了一下，真的不知道如何回答，后来下意识地说了句'差异化竞争'。"我追问陆老"差异化竞争"是什么意思，他幽默地说："不想抢王致禄的饭碗！"因为王致禄老先生多年来一直致力于酚醛 - 丁腈、酚醛 - 缩醛、酚醛 - 环氧等结构胶的研究，而陆企亭独辟蹊径，开始了丙烯酸酯结构胶的研究。"差异化竞争"，其实也是企业成功的精髓。

丙烯酸酯结构胶在当时是国内全新的研究项目，所能参考的资料很少，研究相当艰苦。陆企亭回忆说："配方所需的原料大部分需要自己合成，比如四甲基硫脲，开始根本找不到合成的方法。我查阅了大量资料，大海捞针，费了九牛二虎之力，后来在印度的一个杂志上发现了合成方法，经过不断摸索才取得了成功。"陆企亭潜心钻研，带领项目组经过了数百次的实验，经过不懈努力，终于在 1979 年研制出中国第一款丙烯酸酯结构胶 J-39。1980 年后，作为项目负责人，陆企亭先后承担了多个军品、民品研制项目，心无旁骛地在科研道路上艰苦并快乐地跋涉和求索着，取得了一系列研究成果，获得了黑龙江科学院多个奖项。他参与的应变胶项目 1984 年获得了国家科技进步三等奖，还光荣当选为 1984 年度黑龙江省劳动模范。按常规的人生道路，他从此就在科研道路上一直走下去了，更多的科研成果、更多的荣誉将会接踵而至，这是清静且稳定的科研学术之路。可人生往往不按照常理出牌，我们在不断向命运挑战，有时却是命运在选择我们……

　　1988 年 5 月，陆企亭因照顾夫人精神方面的病痛，无奈地调回了家乡，被分配到了上海川沙环保局。从此，他的命运开始改变。这时，正值改革的春风渐渐吹醒神州大地，邓小平的"科学技术是第一生产力"的著名论断点醒了念念不忘搞科研的陆企亭，并使他萌生出创办胶黏剂企业的想法，于是于 1988 年 7 月创立了上海康达化工实验厂。陆企亭先生回忆道，当时上海康达化工实验厂只是川沙环保局归属下的一个三产企业，真是一穷二白，厂房、设备、2.5 万元启动资金都是借来的，3 名员工也是从局里派来的同事。

　　"弃研学商从头越，摸爬滚打苦也甜。"企业创立当年，陆企亭着力研发扬声器用的快固型丙烯酸酯 AB 胶，该胶主要用于扬声器的装配，大大缩短了装配时间，提高了生产效率。在此基础上，他不断改进，进行创新性研究，推出了系列化的丙烯酸酯 AB 胶，产品性能达到同类进口产品的水平。1990 年，上海三菱电梯副总裁斋藤先生在得知上海也有企业能生产丙烯酸酯 AB 胶时，简直不敢相信，要亲自到工厂看一看。与陆企亭交流后，斋藤先生感慨地说："原来厂长是位学者啊！"就这样，上海三菱电梯成为了上海康达的用户，不再从日本进口丙烯酸酯 AB 胶了。丙烯酸酯 AB 胶从早期的维修应用领域逐步拓展到扬声器、电梯、电机等高端工业领域，填补了国内空白。1994 年 12 月，丙烯酸酯系列 AB 胶获得上海市星火计划三等奖，从此确立了上海康达在国内丙烯酸酯 AB 胶细分行业的领头羊地位。

　　作为康达的创始人，陆企亭始终重视企业的研发与创新。为进一步提升企业档次，打造核心竞争力，陆企亭在 2000 年创立了上海康达化工技术研究所，并亲自担任所长。2013 年，在研究所基础上成立"上海胶黏剂工程技术研究中心"。在学术成就方面，陆企亭曾编著出版《快固型胶粘剂》等专著 3 部，与公司的研发人员一起发表学术论文 40 余篇，获得国家授权发明专利 16 项。他于 1992 年 10 月获得国务院特殊津贴，1999 年晋升为教授级高工，2001 年被选举为上海粘接技术协会理事长，

2014 年荣膺中国粘接学术事业支持奖。经过不断创新，目前康达公司的产品已涵盖环氧胶、聚氨酯胶、丙烯酸酯 AB 胶、α- 氰基丙烯酸酯胶、光敏胶、硅橡胶、厌氧胶、丁基热熔胶、工业修补剂、喷涂聚脲系列等 200 多个品种，产品广泛应用于扬声器制造、新能源装备、交通运输、防腐耐磨、港口矿山、军用装备、机械设备、电子电器、建筑加固等诸多领域。

"峥嵘岁月逍遥时，伴君追梦到天年。"陆企亭虽然退休，但依然每天上岗，工作是他最大的乐趣。如此晚年生活显得别样，却也更让人肃然起敬。

54 厌氧胶开拓者杨颖泰

1996～2002年间，我曾经做过7年的厌氧胶产品的研发。由于我研究生课题做的是环氧修补剂，对厌氧胶是个门外汉，主要靠查阅技术资料、专利、配方集来开发产品。开始时研制的厌氧胶储存稳定性很差，产品发到客户处不久，在包装瓶里就结成了硬疙瘩，为此愁白了头。这期间，我多次去中科院广州化学所向杨颖泰老师及张兴华博士请教，受益无穷。杨老师和蔼可亲，令人敬佩。

杨颖泰先生是中国科学院广州化学研究所研究员，主要从事高分子合成胶黏剂及相关材料、涂料等研究工作，曾取得研究成果20多项，获国家发明奖、中国科学院及广东省科技进步奖等多项，发表论文报告60余篇，于1989年1月获中国科学院先进工作者称号，1989年12月获全国优秀归侨知识分子称号，1991年开始享受政府特殊津贴。他曾任《粘接》《化学与粘合》杂志编委，曾任中国胶粘剂工业协会顾问。

由于研究厌氧胶的原因，我阅读过杨颖泰老师发表过的所有厌氧胶方面的论文，对杨老师的学术贡献十分了解。由于杨颖泰老师2011年4月在广州去世，其生平无从了解。为此，我多次向曾与杨颖泰一起工作过的老同事中科院大连化学物理研究所贺曼罗教授、中科院广州化学研究所巴光明先生、广州坚红化工厂刘伟塘先生请教。贺曼罗教授1971～1978年间曾与杨老师一起开发厌氧胶，巴光明先生、刘伟塘先生20世纪80年代以后曾与杨老师一起工作过多年。

杨颖泰1936年6月生于广东顺德，1958年毕业于中山大学化学系，毕业后分配到中科院大连化学物理研究所工作。到大连化物所的前几年，杨颖泰主要做化学品分析研究工作，后来又做了几年有机合成研究。20世纪60年代中期，大连化物所拟从中国科学院划入总后勤部——筹备成立材料院，于是成立了两个胶黏剂室，杨颖泰进入胶黏剂课题组，参与多项军工胶黏剂项目研究工作，如军用气球涤纶胶、耐高温聚酰亚胺胶等。1970年，杨颖泰开始进行厌氧胶方面的研究。直到1971年总后勤部材料院筹备工作停止，军工项目收尾，杨颖泰正式转入厌氧胶研究。下页图中，杨颖泰（图中右边的人）在与同事进行厌氧胶研究。

1971年，杨颖泰任402课题组组长，带领团队研究厌氧胶。当时

国内没有此胶种，只有日本进口的"天价"产品。杨颖泰克服了资料少，无实物借鉴等困难，经过 2 年攻关，于 1972 年研制成功我国第一个厌氧胶品种 XQ-1 及促进剂 C-1，并在大连地区应用于压力管道的密封及进口工程机械的维修中。XQ-1 属于一般不饱和聚酯为主体的胶液，实际试用后性能不太理想，随后经过不断改进，于 1973 年研制成功用环氧树脂改性制得的厌氧胶 Y-150（Y 字是厌氧胶汉语拼音的第一个字母）和促进剂 C-2，于 1974 年在大连红卫化工厂（后来的大连第二有机化工厂）投入了生产，并建立了我国首个年产百吨级的厌氧胶生产车间。Y-150 厌氧胶的强度、储存期等都接近日本进口胶的水平，填补了我国厌氧胶的空白。1975 年杨颖泰还把厌氧胶生产技术推广到了烟台农机研究所，烟台生产的 101 及 104 厌氧胶移植自 XQ-1 与 XQ-4。1976 年杨颖泰又把 Y-150 厌氧胶推广到了襄樊胶粘技术研究所（回天胶业前身）、北京彩印二厂。

杨颖泰还非常重视厌氧胶的应用工作。1975 年，他亲自带队在鞍钢推广应用 40 余天，随后又到湖北十堰二汽、北京手扶拖拉机厂等数十家企业进行应用推广，使厌氧胶在很短时间内推广到了全国。1975 ～ 1976 年，厌氧胶项目在大连进行了成果、产品鉴定。之后，杨颖泰带领团队对厌氧胶进行系列化研究，先后研制出 Y-30、Y-82 厌氧胶，还研制出耐 150℃高温的耐温厌氧胶、破坏转矩大于牵出转矩的胶种以及高填缝胶（相当于乐泰 515 的密封厌氧胶）等。几年来，杨颖泰为厌氧胶的研发与推广做出了突出贡献，被评为"1978 年辽宁省大连市先进科技工作者"。

1978 年，杨颖泰转到中科院广州化学所工作，继续进行厌氧胶的研究，1979 年研制成功 GY-340 厌氧胶，G 字表示广州研制、Y 字表示厌氧胶，340 的 3 字是分类号，表示属于 GY 系列中的装配固定（固持）用产品。GY-340 胶是我国自行研制和生产的第一个单组分（一液型）室温快固化厌氧胶，1981 年 3 月通过成果鉴定，1982 年获得国家发明奖，1983 年获国家经委优秀新产品奖。

GY-340 厌氧胶是在 Y-150 的技术基础上发展起来的，两者的单体类似而引发体系不同。由于 Y-150 研制开始时考虑到既是通用型厌氧胶，又用于某引进军用产品的原因，因此选择了耐老化和耐介质性能优良的环氧树脂为原材料，GY-340 也继承了这些优点而获得成功，它采用甲基丙烯酸双酚 A 环氧酯与甲基丙烯酸多缩乙二醇酯为单体的组合。Y-150 引发体系中的氧化剂、还原剂和促进剂均分别由单一的化合物所组成，而 GY-340 引发剂中的氧化剂（过氧化物）、还原剂（取代肼与叔胺）和促进剂（糖精与其他）分别用不止一个化合物组合的方式，稳定剂（阻聚剂等）也是组合的。采用组合型引发体系制成的厌氧胶，其固化性能得到了很大提高。

1979 年 11 月，GY-340 以技术合同方式移植到大连红卫工厂（即大连第二有机化工厂）；1980 年 5 月移植到广州永红化工厂（即广州坚红化工厂）；1989 年移植到中科院广州化学研究所技术开发部厌氧胶车间（即广州科纳精细化工公司）。

进入 20 世纪 80 年代以后，杨颖泰不断进行 GY 系列化的研究工作，共研制了约 20 个 GY 系列产品，例如 GY-240、260、280、168 等都是 80 年代中期研制和鉴定的，至 1992 年 GY 系列已有 19 个品种通过成果鉴定。1987 年，多个产品获得广东省科技进步奖。

杨颖泰团队研制的 265 厌氧胶是"922"工程专用的密封锁固胶，用于密封机械榴弹炮，它以化学及物理性能较好的双酚 A 环氧型双甲基丙烯酸酯类为主要成分，再加入改性用高分子聚合物、触变剂及其他成分研制而成。265 厌氧胶具有高强度、高黏度及触变性的特点，除符合"922"工程特殊要求外，还具有优良的耐化学试剂与耐老化性能，也可推广到民用领域。1992 年获中科院科技进步三等奖，1997 年获机械工业部科技进步三等奖。

杨颖泰团队研制的可预涂水基微胶囊型厌氧胶，采用悬浮分散工艺制造。其中可预涂水基微胶囊型高强度厌氧胶 GY-560 于 1987 年获第三届全国发明展览会铜牌奖。随后，杨颖泰又做了大量产品化工作，1991 年与广州坚红化工厂共同承担课题项目，1995 年底通过了化学工业部成果鉴定并在广州坚红化工厂投入生产。

杨颖泰 1996 年退休后，继续在广州坚红化工厂进行有关的技术改进与新品种研制工作。至 2002 年，GY 系列产品品种超过 30 个，包括锁固、装配固定（固持）、密封、粘接用液态胶系列以及微胶囊胶和真空浸渗剂等系列产品，成为与 LOCTITE 产品相媲美、品种最齐全的产品系列。

杨颖泰无愧为我国厌氧胶黏剂的开拓者，他在厌氧胶方面的研究成果国内无人能与之相比。

55 室温硫化硅橡胶开拓者黄文润

黄文润先生是我国室温硫化硅橡胶的开拓者，曾任晨光化工研究院（成都）院长，教授级高级工程师，有机硅行业资深专家。黄文润先生曾任中国氟硅有机材料工业协会有机硅专业委员会理事长。

黄文润先生1933年生于辽宁省铁岭市，1949年10月东北化工局研究室练习生（在职大专）。1967年3月随沈阳化工研究院有机硅室搬迁到位于四川富顺的晨光化工厂（晨光化工研究院的前身），历任课题组长、科研办公室主任、副院长、院长等职。1964年以来，在《高分子通讯》《中国化工报》《有机硅材料》等国家级核心刊物上发表论文80余篇，出版《国外医用高分子材料》（合著，1977年）、《有机硅单体及聚合物》（合著，1986）、《硅油及二次加工品》（2004）、《液体硅橡胶》（2009）、《热硫化硅橡胶》（2009）、《硅烷偶联剂及硅树脂》（2010）等专著。

我国最早从事有机硅研究是1951年在北京化学工业试验所开始的，目的是解决收发报机等在山洞中因受潮而失效的问题。1953年，该所搬迁到沈阳，与前东北人民政府化工局研究室合并成沈阳化工综合试验所（沈阳化工研究院的前身）。1958年化工部又将沈阳化工研究院有机硅专业组搬迁到北京，在北京化工研究院内成立了专门的有机硅研究室和车间。

沈阳化工研究院在有机硅专业组迁京后，1960年重新组建新的有机硅研究室，我国的室温硫化硅橡胶的研究就是从此开始的。20世纪60年代初，黄文润、韩淑玉等就开始了室温硫化硅橡胶的基础胶料（现在的商品名称为107胶）的研发。最初的室温硫化硅橡胶是双组分的，是将端羟基聚二甲基硅氧烷与交联剂如正硅酸乙酯在有机锡催化作用下交联成硅橡胶，用这种交联方法，黄文润、陈昌等人还开发出了耐烧蚀隔热腻子。鉴于双组分室温硫化硅橡胶使用很不方便，黄文润、孟繁国等人又开始开发单组分室温硫化硅橡胶，开发的项目有脱酸型室温硫化硅橡胶、脱醇型室温硫化硅橡胶、脱酮肟型室温硫化硅橡胶等。

1964 年，化工部根据党中央建设大三线的决策，决定在四川富顺县筹建一所新型高分子合成材料基地，定名为化工部晨光化工厂。经过几年的建设，晨光化工厂于 1969 年建成。在化工部的统一部署下，1969～1970 年北京化工研究院有机硅研究室和车间、沈阳化工研究院有机硅研究室整体搬迁到了刚刚建成不久的晨光一厂。为支援三线军工建设，黄文润他们响应号召告别大城市，来到了条件非常艰苦的晨光一厂，住进了简易的单砖墙筒子楼。

到富顺后，他们艰苦创业。开始很不适应四川的气候，冬天气温不低但湿度大，总是阴冷阴冷的；富顺在川南，是四川盆地的谷底，夏天即使到了深夜，气温仍经常高达 38～39℃，酷热难挡，还要忍受蚊子（比芝麻还小、几乎看不见的黑蚊）的叮咬。但黄文润他们不畏艰苦，立刻投入了科研工作。黄文润、孟繁国等人首先将在沈阳化工研究院研制的耐烧蚀隔热腻子成功地应用于航天领域。将单组分脱酮肟型和脱酸型室温硫化硅橡胶进行定型，项目组成员还有汪大敏、曾昭全等人。课题组还将冠以 SDL、SD 等多种规格的端羟基聚二甲基硅氧烷胶料先后推广到吉化公司研究院、晨光二厂生产。后来，课题组还开发出单组分室温硫化耐烧蚀隔热腻子等，通过省厅级鉴定后由晨光二厂进行生产，深受用户欢迎。

在此基础上，20 世纪 70 年代初，课题组又为飞机上保护飞行员的防弹玻璃开发出了高强度脱醇型单组分室温硫化硅橡胶做包边材料。在极其艰苦的条件下，黄文润带领课题组将多种室温胶、耐烧蚀腻子、MQ 硅树脂等制作成为工业性产品。

1973 年 8 月，化工部晨光化工厂改由四川省管辖，称为"四川省晨光化工总厂"，其中晨光一厂更名为"晨光化工研究院"。1979 年 2 月 5 日，四川省晨光化工总厂又收归化工部管理，更名为化工部晨光化工研究院。1982 年 4 月 3 日，又恢复了原晨光化工研究院体制（晨光一厂），改称"化工部晨光化工研究院一分院"，傅积赉兼任化工部晨光化工研究院一分院院长。1981 年 11 月，张石玉兼任一分院院长，黄文润任副院长。1985 年 5 月院长张石玉主持"成都有机硅中心"筹建工作，副院长黄文润代行院长职责。

20 世纪 80 年代初，原国家科委和化工部为使化工新型材料能"寓军于民"、扩大其应用领域，在北京召开了全国化工新型材料的推广应用会，并组织了化工新型材料全国 7 大城市的巡回展览，这使得对新型材料的需求越来越多。从此晨光院的研究成果向全国推广。1992年，白云化工实业有限公司（原广州白云粘胶厂）从晨光院引进室温硫化硅橡胶技术，成功用于建筑领域。从此，中国室温硫化硅橡胶开始突飞猛进的发展，目前我国有室温硫化硅橡胶生产企业 200 余家，年产量超过 60 万吨。这都得益于晨光院的研究基础，得益于黄文润等老一辈研究人员的贡献。

多年来，黄文润获得了多项科研成果，获得"国家发明三等奖"等多个奖项，于 1987 年评为教授级高工。

黄文润于 1994 年退休，从行政领导岗位上退休后，他仍然专心致志地在有机硅学术研究的领域内辛勤耕耘、执着求索。他每天在家里还坚持看资料、写笔记，还常常去图书馆查阅文献，及时掌握有机硅行业发展的最新动态。

近些年，黄文润先生倾注极大的热情，将过去积累的丰富知识，整理成"有机硅材料丛书"《热硫化硅橡胶》《液体硅橡胶》《硅烷偶联剂及硅树脂》共 3 本，分别于 2009 年和 2010 年由四川科学技术出版社出版发行，奉献给有机硅领域内从事教学、科研和生产的读者。"有机硅材料丛书"系"十一五"国家重点图书出版规划项目，该书一出版，就引起业内人士的高度关注，深受广大读者好评，成为有机硅行业研究人员必备的书籍。

56　建筑结构胶黏剂专家贺曼罗

　　1994 年 11 月，在日本横滨举行的国际胶黏剂学术会议上，中国胶黏剂代表团的一篇论文《建筑结构胶黏剂研究及在铁路桥加固的应用》引起了与会代表的浓厚兴趣，多位专家与论文作者进行了热烈的讨论。此前，国际上虽已有结构胶应用于小型公路桥的补强、建筑物加固等施工先例，但在铁路上使用却是首次。因为铁路的运行条件远比其他行业复杂苛刻得多，何况又是应用于铁轨下承重梁的补强加固，足见研究项目的先进性和研究团队敢为人先的创新精神。这篇论文的作者就是中国科学院大连化学物理研究所研究员贺曼罗先生。

　　20 世纪 60 年代末，建筑结构胶在欧、美、日等国家开始应用。英国塞菲尔特市的公路桥、澳大利亚悉尼歌剧院的屋顶、日本坂神地震后被损坏建筑物的修复等都采用了建筑结构胶进行粘接加固。我国首次采用建筑结构胶是在 1979 年，法国协作援建的辽阳化纤总厂竣工验收前，发现变电所多根混凝土梁配筋出现裂纹危及安全。由于验收时间紧急，法国专家提出从欧洲空运建筑结构胶进行粘钢加固，当时用了 960kg Sikader31 结构胶将变电所的梁修复完好，按时通过了验收。此事引起了有多年胶黏剂研究经验的贺曼罗先生的浓厚兴趣，他立即决定由大连化学物理研究所和辽宁省建科所（现建研院）共同申请研究课题，并很快得到了建设部的批准并给予经费支持。该课题 1980 年开始，由大连化物所贺曼罗团队负责建筑结构胶的研究、开发，由辽宁省建科所负责后期结构胶加固的构件实验。

　　在国外技术严格保密、国内几乎无技术和经验可以借鉴的情况下，贺曼罗团队不畏困难，查阅大量资料，进行原料合成、配方设计、性能测试等，经过数百次的实验，终于在 1983 年研发出了我国第一个建筑结构胶 —— 粘钢结构胶，其性能全面达到了进口胶的水平。该结构胶在辽宁省内进行了沈阳东陵电话分局办公楼改造、锦州电话局办公楼加固等四处建筑的加固施工应用。之后，该结构胶在大连化学物理研究所和辽宁省建科院分别进行了中试生产。该胶为国内首创，填补了国内此类胶的空白，1985 年获得了中国科学院重大科技成果二等奖和我国发明专利金奖。

贺曼罗率团队在短期内就完成了这样一个重大课题，这和贺曼罗多年的胶黏剂研究积累以及大连化学物理研究所良好的科研条件是分不开的。1938 年，贺曼罗生于湖南。1956 年，贺曼罗从湖南名校长郡中学考入北京理工大学化工系，学习固体火箭推进剂及工艺学专业，课程主要涉及各种炸药火药的制造、装填等，后期又学习了高分子合成等课程。贺曼罗 1961 年毕业分配到大连化物所，1961～1971 年主要从事与所学专业非常紧密的固液火箭推进剂的研究及生产工作，贺曼罗参与的固液火箭推进剂配方、工艺、燃烧研究等重大项目后来还获得了中科院科学大会奖。虽然参与的都是重大军工项目，但贺曼罗所做的工作大多在胶黏剂合成领域，例如环氧树脂的合成和改性、聚硫橡胶改性、丁腈橡胶改性、丁羟橡胶改性等等。由于中国科学院与国防科委组织的调整，1971 年贺曼罗转而和杨颖泰等人一起进行厌氧胶黏剂的研究工作，厌氧胶项目 1978 年通过省级鉴定后，贺曼罗还参与了厌氧胶在北京、大连、烟台、襄樊等地的生产与推广应用工作，直到 1979 年。1980 年，贺曼罗开始转入建筑结构胶方面的研究并于1983 年成功研制出我国首款建筑结构胶——JGN 型建筑结构胶。

1983 年之后，贺曼罗致力于建筑结构胶品种的完善、性能改进以及在全国的推广应用方面的工作。1990 年时已形成粘钢胶、锚固胶、裂纹灌缝胶、混凝土修补胶等十几个品种，可以满足建筑加固的不同工况的要求。贺曼罗还亲自到比较偏远的地方进行施工指导，对一些中小企业进行无私的技术帮助和支持。在此期间，全国的许多地方都有了各种品牌和各种型号的建筑结构胶。据不完全统计，目前我国有建筑结构胶研发与生产单位 200 余家，年销售量在 16 万吨左右（不含硅硐结构胶），应用领域拓展到了高铁、铁路桥、高速公路、公路桥的建设，还有市政建设、水利工程及许多建材新制品的生产中，而且已向国外市场发展。大连化物所也为这个极具社会效益的项目，于2000 年专门成立了大连凯华建筑新技术工程公司，此公司不负众望，一直是中国建筑结构胶企业的引领者。

在完成建筑结构胶的系列化及推广应用工作的同时，贺曼罗团队还研发出了 30 余种胶黏剂，例如磁头灌缝胶、摩擦片胶、刹车片胶、耐温环氧胶、大螺母（M60）厌氧胶、聚酰亚胺改性耐温厌氧胶、建筑密封胶（氯丁型、SBS 型、丙烯酸酯型三种）、建筑装修胶（SBS型和聚乙酸乙烯酯型两种）、橡胶专用瞬干胶、单组分聚氨酯密封胶、底漆型第二代丙烯酸酯胶、墙板胶、耐水的实木胶、聚硫密封胶、汽车轻量化用耐冲击胶、透明弹性环氧胶等，研究项目大都通过鉴定并转产投放市场。

20 世纪 80 年代，大连化物所承担了"N_2/H_2 中空纤维分离膜及装置的研究"国家攻关任务，要实现此装置，必须在进混合气的端头上，将数万根中空纤维膜用树脂复合物粘接在一起，纤维膜之间不能渗漏，再将整体粘接于钢套（管）的端头（俗称为封头），也绝对不能渗漏。封头任务就是由贺曼罗团队完成的。该项目获国家科技进步特等奖，封头配方的完成为此做了重大贡献！

多年的不懈努力，贺曼罗的研究成果也得到了社会的认可。1988年贺曼罗入选大连科协的大连科技精英，被评为大连市、辽宁省劳动模范，1989 年晋升研究员并享受国务院的政府津贴。

1996 年，贺曼罗因视力原因提前退休，但退休之后仍然致力于建筑结构胶的应用推广与新品开发等工作。主要工作是将建筑结构胶应用于新的领域，比如公路桥和铁路桥，市政、轻轨、水利等，同时开发一些施工用胶，比如修公路、铁路桥用的节段拼装胶，碳纤维板用的碳纤维粘接胶、改性环氧树脂注射型植筋胶等。2006 年，由于大连理工大学有学生需要进行胶黏剂题目的研究，贺曼罗又协助大连理工大学化工学院的老师帮助带了 9 名胶黏剂课题的硕士研究生，其中又多以建筑结构胶的新品种为主，使建筑结构胶的品种更加完善。在退休后的时间里，贺曼罗还参与了我国建筑结构胶黏剂多项规范（国标）和规程的编写工作，为建筑结构胶的水平提升与规范施工、应用做出了贡献。贺曼罗还把自己多年的研究成果编著成书《建筑结构胶黏剂与施工应用技术》，第一版、第二版分别于 2000 年、2016 年由化学工业出版社出版发行，它是我国第一本有关建筑结构胶及其应用方面的专著，在我国建筑胶领域有着重大的影响。

在 50 余年的胶黏剂研究及应用推广的时间里，贺曼罗还致力于该学科的科技推广工作。20 世纪 70 年代在辽宁科技报上撰写发表多篇胶黏剂科普小文章，如《汽车修理胶黏剂》等；在大连日报科技版上连载一些胶黏剂新闻趣事，如瞬干胶的发现、仿生胶等。20 世纪 80 年代后陆续编著出版了《胶黏剂与应用》《建筑胶黏剂》《环氧胶黏剂》等 8 本胶黏剂专业书籍（两本为合编）。与此同时，还积极参加了大连市总工会的技术协作队（任粘接队长），组建了大连胶黏剂研究会（任理事长），以及国内相关学会组织的活动，曾任建筑专业委员会副理事长、中国胶黏剂协会顾问，多年兼任《热固性树脂》《化学与粘合》和《粘接》杂志的编委等；发表胶黏剂方面的论文 80 余篇，会议论文 20 余篇。在 20 世纪 70 年代与 80 年代，为推广粘接技术在许多地方举办过培训班，培训人员超过 1000 人。

　　50 年来，贺曼罗为我国胶黏剂事业做出了巨大贡献。

57 木材胶（水基胶）开拓者吕时铎

吕时铎，1914 年 7 月 3 日出生于福建省福州市一个职员家庭，1929 年 9 月考取福州师范学校，毕业后在福州萃文小学任教；后于 1936 年 9 月至 1938 年 2 月赴上海中法大学药学专修科学习；1938 年 9 月至 1941 年 2 月进入国立厦门大学化学系学习。

吕时铎大学毕业后，先后在福建省农学院农化系、福建省建设厅手工业处、广东商品检验局福州分局、美国陆军空军地面辅助队福州分处、上海亚洲食品厂工作。新中国成立后，吕时铎积极响应党中央关于建设东北工业基地的号召，1950 年 8 月奔赴东北林务总局化工处研究室任助理工程师，从此开始了与林业相关的研究工作。

1953 年 4 月，吕时铎调到北京中国林业科学研究院工作，先后在森林工业研究所和木材工业研究所进行科研工作。在木材工业研究所开始了木材胶黏剂方面的研究工作，1958 年，吕时铎根据国家经济建设和发展的需要，开始研究脲醛树脂胶黏剂，用于粘接胶合板等材料，从而使我国木材用胶黏剂进入合成树脂时期。1964 年，吕时铎研制成功 NQ64 脲醛树脂胶，进一步提高了胶接质量及降低游离甲醛含量，后在全国进行推广，并与上海扬子木材厂及上海轻工研究所协作研究成功装饰贴面板浸渍用三聚氰胺树脂及胶压工艺，使纸质装饰贴面板质量大为提高。

1966 年 3 月，吕时铎调入中科院南京林业化学研究所工作。1972 年林化所组建胶黏剂研究室，吕时铎担任室主任，她亲自带领一支队伍向胶黏剂的科技前沿前进。1973 年吕时铎、周淑贤带队，到上海木材一厂、扬子木材厂蹲点，经过详细的研究和系统的探索，为工厂解决了胶合板预压用改性脲醛胶问题。1974 年，又派人参加农林部组织的"利用国产烤胶作酚醛胶加速剂压制胶合板"实验。吕时铎1973 ～ 1975 年期间研制成功的"聚乙烯醇改性不脱水脲醛树脂（简称 52 胶）"，1978 年获江苏省科学大会奖。

　　1975 年开始，吕时铎带领团队开始乳液胶黏剂研究，研制的乳液胶黏剂主要用于人造板表面装饰，也可用于纺织、造船、电子、轻工等行业。1975 ～ 1977 年期间研制成功的"乙酸乙烯 - 羟甲基丙烯酰胺共聚乳液"，1978 年获得江苏省科学大会奖。1978 ～ 1979 年期间研制成功的"乙酸乙烯 - 丙烯酸丁酯 - 羟甲基丙烯酰胺共聚乳液"（牌号VBN），主要应用于化学纤维为原料的无纺布，获 1982 年林业部科技成果二等奖。研制成功的热固性乙酸乙烯二元及三元共聚乳液（VNA、VBN 乳液）为国内首创，研制的高黏度乙烯 - 乙酸乙烯共聚乳液在国内处于领先地位。

　　1980 年，吕时铎晋升为研究员，1986 年晋升为博士生导师。当时，吕时铎已经 70 多岁高龄，还担任博士生的教导工作，并带领学生、职工奋斗在科研一线。每天清晨，在林化所都会看到一位精神矍铄的老人同年轻员工一起，匆匆迈进林产化学工业研究所的大门，开始一天的忙碌。她的身影仍然活跃在实验室、图书馆、车间里，仍在探讨和解决许多科研难题，在乳液胶黏剂领域不断地拼搏、进取。

　　1980 ～ 1982 年期间，吕时铎带领课题组研制成功了"接触型乳液胶黏剂 —— 丙烯酸 - 乙酸乙烯共聚乳液"，它是能在接触压力下快速胶粘可用于连续辊压胶粘工艺的新型乳胶，适用于聚苯乙烯、聚氯乙烯、有机玻璃、塑料贴面板、木材、金属、洗涤薄膜、纸品印刷笺等多种材料的胶合。该项目获 1984 年林业部科技成果三等奖，与二元胶三元胶一起，项目"自身交联型乙酸乙烯共聚及丙烯酸酯共聚乳液的研究"获 1985 年国家科技进步三等奖。

　　吕时铎先生学识渊博、治学严谨、谦虚和蔼、待人宽厚，注意培养人才，深得科技人员的推崇和敬重。她在乳液胶黏剂、脲醛树脂胶黏剂等方面发表文章 10 余篇。主要论文有：《关于胶合板工业中使用酚醛树脂胶的情况》[《林业实用技术》，1958（1）]、《醋酸乙烯 - 丙烯酸丁酯 -N- 羟甲基丙烯酰胺共聚乳液的研制试验报告》[《生物质化学工程》，1980]、《接触型乳液胶黏剂 - 丙烯酸 - 醋酸乙烯共聚乳液及其应用》[《林产化学与工业》，1983（1）]、《丙烯酸乳液碱增稠性能的研究》[《涂料工业》，1988（3）]、《高固含乳液的制备方法》[《粘合剂》，1989（1）]、《用环氧树脂室温交联含羧基丙烯酸乳液交联机理的研究》[《中国胶粘剂》，1994（1）]、《软塑复合包装材料用室温固化乳液胶黏剂LPF-1的研制》[《中国胶粘剂》，1990（1）〕。

20世纪80年代吕时铎与南京林化所的同事与学生们（前排左二）

吕时铎于1987年退休，1993年起享受政府特殊津贴。退休后，吕时铎还负责完成了"软塑复合包装材料用丙烯酸胶黏剂"的课题，用于取代溶剂型聚氨酯胶生产软塑复合包装材料，具有黏结力强，完全无毒的特点，且成本较低。

吕时铎见证了我国木材胶黏剂行业从零开始，从小变大、由弱变强，以及技术和产品品质不断提升的整个过程。吕时铎首次在木材二次加工上推出脲醛树脂胶黏剂，用于各种林产品（刨花板、胶合板等）生产，扩大了使用范畴。上海当时成为森林工业产品中合成树脂用得最多的地区，到20世纪60年代中期，上海人造板产量仍与全国的六分之一。那时胶合板工业中，行业还没有关于甲醛释放量的相关的标准要求，吕时铎首次提出了关于甲醛释放量E1级标准要求，使胶合板工业甲醛释放量从没有规范约束到E1级的要求。

吕时铎是中共党员、九三学社社员，曾被评为江苏省"三八"红旗手、江苏省科委先进个人；曾任全国第五届妇女代表大会代表，南京粘接技术学会副理事长、林业出版社特约编辑。吕时铎还参与并创办了南京市科技协会，她是科协的元老，为创建南京市科技协会做出了重要贡献。吕时铎晚年在上海生活，于2014年12月19日逝世于上海，享年 101 岁。

吕时铎是我国木材胶（水基胶）的开拓者，为我国的胶黏剂事业发展和教育事业做出了杰出的贡献，她的贡献和优秀品格永远值得我们学习和怀念。

58 热熔胶开拓者王润珩

王润珩，1935 年 7 月出生于河北省阜城县的一个农民家庭，1960 年毕业于河北师范大学化学系，毕业分配到中国科学院华北化学所工作。1963 年，王润珩被选派到苏联科学院攻读副博士学位，师从苏联科学院院士 B.B.科尔沙克和 C.P.科鲁诺夫斯基。王润珩的研究成果《磷酸配位聚合物的合成及性能的研究》（俄文）及《单一和混合磷酸配位聚合物的合成及性能的研究》（俄文）1967 年发表在苏联的国家级刊物《高分子化合物》杂志第 8 期上。

1966 年，王润珩从苏联科学院毕业回到中国科学院华北化学所工作。后来院所调整，王润珩调到位于北京的中科院化学所工作，从事磷酸配位聚合物方面的后续研究。

1970 年底，王润珩调到河北工业大学，从事高分子专业课的教学与聚苯硫醚合成与应用方面的科研工作。1975 年，由于天津某企业委托并在天津市科委立项，王润珩承接了"服装黏合衬用胶黏剂"课题，从此开始了热熔胶方面的研究。他凭借自己在留苏期间有机物合成和共聚反应的扎实基础，经过 1 年多的研究，首先研制成功聚酯热熔胶，继而在河北工学院化工厂试生产并首先在天津市服装衬布厂用于服装黏合衬的生产。用该胶黏剂制成黏合衬，再将黏合衬制成服装，该服装可以耐水洗，但不耐干洗。为了解决这一难题，王润珩于 1988 年研制成功聚酰胺热熔胶，使用聚酰胺热熔胶的黏合衬制成的服装可以耐干洗，但不耐水洗。为了解决这些矛盾，王润珩又绞尽脑汁，他想能否把聚酯和聚酰胺两个聚合物再共聚一次，于 1990 年初，制成既耐水洗又耐干洗的聚酯酰胺热熔胶，通过反复实验，果然获得成功。于是，聚酯酰胺热熔胶诞生了，并申请了国家发明专利。

王润珩研制的产品后来获得多项国家发明专利，如"聚酯胶粉的制造方法"（CN85105052，1987-01-21）、"织物用聚酯酰胺热熔胶的制造方法"（CN1044664，1990-08-15）、"聚酰胺或聚酯酰胺热熔胶的制造方法"（CN1051186，1991-05-08）等。其科研成果"聚酯热熔胶溶胀制粉法"于 1988 年荣获国家发明奖，"聚醚型聚酯热熔胶的合成及性能研究"于 1982 年获天津市科技成果二等奖，"聚酯热熔胶的合成与性能研究"于 1979 年获河北省科技成果四等奖。

1992 年，王润珩晋升为河北工业大学教授、硕士生导师，他指导研究生完成"聚乙烯接枝马来酸酐"（PE-g-MAH）研究，在非极性并廉价的聚乙烯链上接枝极性且带有配位键的马来酸酐，这就大大提高聚乙烯的应用价值。

多年来，王润珩教授在国内外发表论文、译文共计 86 篇（册），其中《粘接过程中配位键力的研究》和《聚乙烯接枝马来酸酐的动力学研究》两篇论文登载于世界三大索引之一 SCI 中。典型的论文还有《聚酯类热熔胶的合成及性能研究》［《塑料工业》，1980（2）］、《聚醚型聚酯的合成及性能研究》［《粘接》，1982（6）］、《鞋用热熔胶》［《粘接》，1988（6）］、《聚酯酰胺胶黏剂的合成及性能研究》［《粘接》，1989（1）］、《通过共缩聚反应制备织物用聚酯酰胺热熔胶》［《化学与粘合》，1993（1）］、《聚酯酰胺热熔胶的合成及性能研究》［《中国胶粘剂》，1992（4）］、《聚酰胺热熔胶"溶胀"制粉法的研究》［《中国胶粘剂》，1994（6）］、《卫生巾用压敏热熔胶的研制》［《粘接》，1995（5）］、《热熔胶用接枝聚乙烯的研究》［《中国胶粘剂》，1996（4）］、《EVA 树脂中 VA 含量的测定》［《中国胶粘剂》，1997（4）］、《家具封边和热熔胶》［《粘接》，2000（3）］、《胶黏剂用聚烯烃接枝改性研究》（北京国际粘接技术研讨会暨第五届亚洲粘接技术研究论文集，2014）、《热熔胶黏剂》（河北省粘接与涂料协会，2017 年 2 月）。

教学与科研的同时，王润珩教授还重视热熔胶技术的普及工作，他写的科普文章《漫话热熔胶》发表于 1977 年 4 月 1 日的《河北科技报》，《聚酯类热熔胶》（综述）发表于 1980 年第一期《河北化工》杂志。他曾任中国胶粘剂工业协会顾问、全国热熔胶粘合衬协会副理事长、天津市胶粘剂研究会副理事长、河北省粘接技术协会副理事长、《粘接》杂志编委会副主任、编委等职。他还编写过《粘接技术实例汇编》（天津胶粘剂研究会，1985）、《胶黏剂与涂料》、《缩合聚合》（化学工业出版社，1986）等专著和教材。

王润珩教授在教学上不但治学严谨，还强调理论与实践相结合。

他认为，科研的目的不只是出几篇论文，而是要把科研成果转化为产品为社会服务。王润珩教授积极支持高年级的学生参与他的技术转让过程，如企业建厂、试车、投产等环节，这样培养的学生，工作后会很快投入工作，做出业绩。在几十年里，实施技术转让的过程中，培养了大批的实用型人才，他的学生未毕业就已经在他们所研究的领域有所建树，成为各个企业抢手的人才。他培养的学生有不少已经成为在国内、外等大学、科研机构、跨国公司的领导或技术骨干。

作为国务院特殊津贴专家、大学的教授，王润珩不仅在学术研究上成就斐然，更为可贵的是，他是国内最早开展并坚持走"产、学、研"相结合道路的人之一。王润珩教授是河北工业大学把研究成果转化为产品的第一人，也是技术转让成果最多的人，又是应用研究成果办企业第一人。他是"产、学、研"相结合的代表，坚持走厂、校结合的道路，依着大学的技术力量、科技情报和仪器设备的支撑，提高产品竞争力。在职期间，他完成了 20 多项的科技成果转让，包括 EVA 热熔胶和木材用热熔胶，一直使用该转让技术的企业有河北唐山丰和塑胶有限公司、江苏启东热熔胶有限公司、天津市盛旺电子化工厂等十几个企业，有 12 个企业同时聘请王润珩为技术顾问。他在作技术顾问中坚持"作技术顾问，决不作技术倒爷"，这一点深受技术同行们的尊重和信任。

1993 年，王润珩教授创建天津盛旺电子化工公司，并成立热熔胶黏剂工厂；2000 年，公司又成立了水基胶黏剂工厂。王润珩为企业制定出了"研制、生产、销售，抓两头、带中间"的战略方针，即重点放在"技术开发"和"市场开发"，带动中间环节"生产"，以销定产，为公司的长远发展打下了良好基础。王润珩提出，企业的发展要以市场为导向，在技术开发上，强调实用、快速。在激烈竞争的今天，企业要想发展，必须有新技术不断输入，要以高等学校作为依托，才会有活力、有后劲，在市场竞争中才能立于不败之地。通过与高等学校的合作，可以使盛旺化工公司在"产、学、研"道路上越走越宽阔，全程的技术支持和服务是盛旺化工公司成功的保障。

王润珩于 2002 年 9 月退休，退休后继续从事热熔胶方面的研究，在天津盛旺电子化工有限公司担任总工程师。历过十几年的努力，盛旺化工公司一举成为中国最大的生产木工胶及销售的专业公司之一，在中国胶黏剂领域独树一帜，成为中国胶黏剂工业协会理事单位。盛旺公司已经成为国内同行中的知名企业，不仅在中国占有大部分市场，而且产品及其制品已行销世界不少地区。近些年来，随着国家经济的发展，人民生活水平的提高，房地产业升温，带动了家具行业大发展，因而使木工用胶黏剂的用量大增。王润珩带领团队瞄准市场进行研发，相继研究开发出木工胶黏剂系列产品：家具封边热熔胶、线条包覆胶、真空吸塑胶、拼板胶、组装胶、指接胶、贴面胶、沙发喷胶、床垫热熔胶及书刊装订和包装热封胶黏剂等。

如今，王老虽然已到耄耋之年，但他精神矍铄、头脑灵活、思维敏捷，还在公司帮助查找技术资料，指导技术开发人员工作。王润珩从事热熔胶研究 40 余年，先后在中国科学院和河北工业大学工作，历任河北工业大学化工学院精细化工主任、教授、硕士研究生导师，退休后在天津市盛旺化工公司任总工程师。王润珩曾被授予河北省科技精英、河北省有突出贡献的中青年专家、河北省高校先进科技工作者、天津市科技先进工作者等荣誉称号。2014 年，他又被河北工业大学评为教师楷模。王润珩是我国热熔胶的开拓者，为我国热熔胶的发展做出了杰出贡献。

59 无机胶黏剂开拓者贺孝先

贺孝先，1930 年生于云南昆明，1953 年毕业于云南大学工学院机械系，毕业后到哈尔滨军事工程学院任教。1970 年调到兵器工业部湖北江山机械厂任副工程师、高级工程师。1985 年调到云南工学院（现在的云南工业大学）工作，创建粘接技术研究所，任所长。贺孝先从事无机胶黏剂与粘接技术研究工作 40 余年，1998 年离休。

我的导师翁熙祥教授是贺孝先教授在哈尔滨军事工程学院工作时的同事，在一个教研组工作。他们既是工作上的同事，又是生活中的朋友。由于这种特殊关系，我上研究生期间两次到云南工业大学拜访贺孝先教授，向贺教授请教粘接问题，对贺教授的研究工作非常熟悉。

1962 年 12 月，在哈尔滨军事工程学院，为了解决难加工钢材的问题，需要用陶瓷刀片。这种陶瓷刀片很难与钢质刀杆焊在一起，开始时使用环氧胶粘接，由于耐温性问题，在高速切削情况下，不到 1min，刀片就掉了下来。后来又采用酚醛、有机硅改性环氧胶，都得到了同样的效果。看来所有有机胶都不耐高速切削所产生的高温。为解决这一粘接难题，贺孝先积极寻求无机胶解决方案，经过反复探索，最后从英文化工文献中得到了一点启示，有一句话："磷酸与金属氧化物作用，有一定的粘固能力。"于是，贺孝先就尝试各种氧化物逐一实验，最后得出结论氧化铜效果最好，但存在的问题是调和后反应过快，甚至来不及操作。后来，经过对氧化铜粉末及磷酸液体进行多次改性实验，初步获得了成功，陶瓷刀片粘接住了。在研究粘接的同时，贺孝先还研究了陶瓷车刀的刀刃和切屑，均取得一定的效果。

1963 年，为了考验这种粘接陶瓷车刀的使用效果，贺孝先到哈尔滨汽轮机厂找大工件切削，加工的工件是合金钢，属于难加工钢材，传统的硬质合金车刀切削过程中刀片被迅速磨损，往往一个加工面需要多次换刀刃磨才能完成。而用新研制的粘接陶瓷刀车削，出乎意料的是连续 30min 的切削把一个工作面加工完成。证明了无机胶粘接的可靠性，这是我国无机粘接的首次成功。接着又研究了硬质合金车刀的粘接，并研究成功长杆麻花钻的粘接。1963 年 5 月 17 日，由哈尔滨科委、科协在哈尔滨汽轮机厂召开了粘接陶瓷刀的经验交流会。1963 年 7 月，贺孝先在哈尔滨军事工程学院荣立二等功。

由于这项技术密切联系生产实际，所以发展得很快。1964 年 2 月，又在沈阳召开了"东北 13 市无机粘接经验交流会"；同年 10 月，贺孝先出席了在沈阳召开的"中国机械工程学会首届年会"，会后应邀到大连讲解无机粘接技术。

1965 年 8 月 5 日，在哈尔滨召开了"第一次全国无机粘接经验交流会"，各省市 200 余名代表出席会议，取得圆满效果。1966 年 6 月 8 日，在南京召开了"第二次全国无机粘接经验交流会"，会上还举办了粘接成果展览，这时无机胶粘接的应用已扩大到各种刀具、模具、设备的粘接维修等方面。

1970 年 5 月，在哈尔滨军事工程学院分拆搬迁的情况下，为支援大三线建设，贺孝先调到兵器工业部湖北江山机械厂工作。那时，工人没有合适的车刀用，贺孝先就提供粘接陶瓷车刀；机床坏了，就粘接修复；职工食堂压面机轴断了，贺孝先用粘接方法修复好；附近农村大车轴断了、榨油机三通阀裂了、变压器漏油了，都来找贺孝先上门修复。

1971 年，厂里 300t 摩擦压力机由于安装不慎，机身地脚螺栓固定部分打断，贺孝先采用无机粘接予以修复，保证了生产急需。就这样，无机粘接的研究工作逐步又开展了起来。

1974 年 5 月，贺孝先应襄樊市科委邀请到襄樊做了两场"无机粘接技术"专题报告，引起了人们的广泛兴趣，为此贺孝先编印了《无机胶黏剂及其应用》小册子，印了 5000 册用于推广。

1975 年 1 月，在襄樊市召开了第二次"无机粘接经验交流会"；同年 5 月，由湖北科委组织，在武汉举办了五期"无机粘接技术"短训班，并由江山机械厂组织生产了无机胶黏剂。随后，在江山机械厂成立了无机粘接研究室，研究成功 JW-1 型无机胶黏剂。

1977 年 3 月，在襄樊市青山机械厂召开了三机部的"无机粘接经验交流会"；同年 7 月，在老河口市江山机械厂召开了五机部的"无机粘接经验交流会"，并印制了《无机粘接技术》资料 30000 册。

1978 年，无机粘接技术获全国科技大会奖；同年 5 月又获湖北省科学大会奖。1978 年 7 月，贺孝先荣获"全国兵器工业战线学铁人标兵"称号。同年 12 月，贺孝先为大庆钻井研究所粘接了直径为 215mm 的深井聚晶金刚石取芯钻头，每支钻头节约近 2 万元，钻井效率提高了60%。1978 年，贺孝先将《无机粘接技术》进行修改补充，由国防工业出版社作为内部图书出版。

1979 年 9 月，在上海召开了"全国机械工业金属切削表演会"，贺孝先在会上做了粘接陶瓷刀具的切削表演及无机粘接的操作示范，中央电视台还为他拍了专题片。同月，国务院授予贺孝先"全国劳动模范"称号，并出席了国庆 30 周年庆祝会。

1981 年 3 月，无机胶黏剂通过了湖北省省级鉴定，并获得国务院国防工办科技成果二等奖；1982 年，又获国家发明二等奖。在这段时间里，贺孝先应邀到全国各地进行了 30 余次无机粘接技术讲座。收到全国各地来信 7000 余封，接待了来自全国各地的 1000 多个单位，还为几百家工厂、企业解决了许多技术难题，创造了可观的经济效益。1982 年，湖北电影制片厂还拍摄了科教片《无机胶黏剂》，使广大科技人员和用户对无机胶黏剂有了进一步认识。无机粘接技术已应用到机械制造、冶金、铁道、交通、纺织、石油、煤炭、水电、兵器及尖端科技部门。1983 年 3 月，贺孝先被评为湖北省特等劳动模范。1984年 10 月，贺孝先被评为"国家级有突出贡献的中青年专家"。

1985 年 5 月，贺孝先作为中国科技代表团的特约代表，参观访问了日本筑波国际科技博览会。在参观中，贺孝先特别注意日本的无机胶黏剂，就无机胶来说，当时日本只有硅酸盐类无机胶。1985 年 7 月，贺孝先调到昆明市云南工学院（云南工业大学前身）工作，学院对粘接技术非常重视，专门成立了粘接技术研究室，贺孝先继续对无机粘接技术进行研究和推广。对磷酸 - 氧化铜无机胶储存中的结晶问题进行了改进，粘接强度也有了较大提高。并为省内外 200 多家工厂、企业解决了技术关键问题，特别是大型设备损坏后的粘接修复，使它们能及时恢复生产，挽回了停产带来的巨大损失。

1986 年，贺孝先参加了在武汉举办的全国发明展览。同月 26 日，新型无机胶黏剂在昆明通过了云南省省级鉴定，并获云南省科技进步三等奖。1987 年 4 月 27 日，国家教委、国家科委授予贺孝先"全国高校先进工作者"称号，并获"金马奖"。同月，他还获"五一"劳动奖章。

1989年9月，云南电视台拍摄专题片《高强度的胶：无机胶黏剂》，分别在云南电视台和中央电视台《科技时代》节目中播放，产生了很大影响。播放后，贺孝先收到了来自全国各地上千封信件、电报。

通过查阅大量资料、专利发现，20世纪80年代以前，日本、英国、德国、美国均未发现有磷酸-氧化铜无机胶的报道，可见贺孝先发明的磷酸-氧化铜无机胶的独创性。1990年2月，贺孝先受邀到瑞典、德国访问推广无机粘接技术；1992年6月，受邀到美国圣保罗3M公司访问交流，将无机胶推向了世界。1993年4月，贺孝先编著的《无机胶黏剂及应用》由国防工业出版社出版发行。2003年贺孝先又编著《无机胶黏剂》一书，由化学工业出版社出版发行。

60 聚氨酯胶黏剂专家叶青萱

上次与叶青萱老师相见还是在十几年前的学术交流会上，叶老师一副干练的模样，虽然一头花白的头发，但她步伐矫健，谈笑风生，一点也看不出已步入"古稀之年"。叶老师是我国知名的聚氨酯胶黏剂专家，多次与叶老师在技术交流会上相见，倾听叶老师关于聚氨酯胶黏剂方面的教诲以及聚氨酯行业的发展报告，受益无穷。为了写叶老师的小传，2016 年 7 月的某一天，我拨通了叶老师家里的电话，叶老师虽然 86 岁高龄，但声音洪亮："你写写别人吧，我没有什么贡献，上海合成树脂研究所、南京化工研究所等单位开展聚氨酯胶黏剂研究都比较早，我是后来者。"叶老师非常谦虚，拒绝了我的采访。但我仍不灰心，几天后又拨通了叶老师的电话："我很忙，在抄党章，你写写别人吧。我一生都在'跑龙套'，屡屡筹建新专业、新研究室，无从谈起我的专业是哪个，我专业做得不精，没什么可写的。"虽然又一次被拒绝，但从叶老师的电话交谈中，我深深感觉到叶老师谦虚、诚信的人格魅力。年近九旬的老人仍然在过党组织生活、抄党章，可见老一辈胶黏剂人对党的无比忠诚。

2016 年 8 月，在拜访另一位聚氨酯胶黏剂专家沈传忠老人时（沈传忠 1935 年生人，原北京市化学工业研究院分院总工，引进汉高纸塑覆膜聚氨酯胶黏剂的具体实施者，北京粘接学会第一届理事，第二届副秘书长），我提到叶老师，沈老很关心叶老师，他们是多年的老朋友，也多年未见。就此，我又一次拨通了叶老师的电话，两位老前辈聊了许久，最后沈老建议叶老师说说自己的贡献，这样拉近了我与叶老师的距离。

2016 年 9 月 17 日，我收到了叶老师的电子邮件，叶老师谈到了自己的人生经历。叶老师真是与时俱进啊！86 岁了，还在用电脑，收发电子邮件。叶老师说她一辈子都在当"小学生"，每换个专业，她就像"小学生"一样，从零学起，使用电脑就是她跟外孙子学的。

叶青萱老师生于 1930 年 4 月 28 日（农历），1952 年毕业于上海交通大学染料制造专业（后来这个专业又改称有机化学专业）。毕业后，叶青萱积极响应党的号召到国家最需要的地方去，她来到了哈尔滨亚麻厂，支持东北第一个五年计划。开始，叶青萱被分到了总工程师办公室，这让满腔热血只想下车间好好大干一番的她立时觉得"英雄无用武之地"，于是她就去找党委书记要求下车间。老一辈的人都是这样啊！后来，6 个人一起一个多月的时间就建立起了实验室，在条件极其简陋的情况下开始了研究工作。叶老师回想起那段时光，很是感慨，她说那个时候就是胆子大，天不怕地不怕。虽然条件非常艰苦，但那时的热情让人刻骨铭心，那段时光一辈子都值得回味。

之后，由于工作需要，叶青萱女士从哈尔滨辗转到了沈阳重工业局。叶老师还是要求去车间从底层干起，但却被分配到了沈阳化工研究院，她的研究领域从漂染到染料制造，再到基本的有机合成，最后到有机硅。"每个项目待的时间都不长，基本上就是建立研究室，教会徒弟就换个项目，而时间最长的有机硅项目也不过待了 6 年。"叶老师回忆道。这期间，叶青萱还负责建立了大型仪器的分析室。叶老师似乎有点遗憾，感慨自己做的杂而不精。

20 世纪 60 年代末，为解决她的两地分居问题，组织要把她分配到西宁黎明化工研究院搞有机推进剂，开始怎么说她都不同意。当时，叶青萱的爱人也在西宁，叶青萱说宁愿两地分居也不要丢了自己的专业。但最终还是被说服了，到了祖国最需要的地方去。她在那里做了十几年的有机推进剂研究工作，推进剂的研究离不开有机合成，也牵涉到胶黏剂。

1983 年，叶青萱随黎明化工研究院搬迁到了洛阳。在这里，她才开始聚氨酯胶黏剂的研究，开始研究的聚氨酯胶黏剂主要用在军工领域。她说 20 世纪 80 年代初期，许多关键性原料都要靠自己合成，像聚酯多元醇、异氰酸酯等，当时国内还是相当紧缺。叶青萱女士不畏艰难，从头一步一步做起。当时，叶青萱有一句座右铭，就是"任何东西只要努力，没有做不出来的。"叶青萱带领团队，不断攻关，每一项合成、每一个配方实验，都要反复几十次甚至数百次，有时候在实验室很成功可到了工厂又出现了各种各样的问题，又拿回来再重新做。就这样，作为胶黏剂研究室的主任，短短的 10 余年，叶老师就带领团队完成了数十项研究课题，形成的产品有双组分聚氨酯胶黏剂、单组分聚氨酯密封胶等。

20 世纪 80 年代以来，叶青萱陆续发表胶黏剂方面的论文 20 余篇，编著的《胶粘剂》一书于 1999 年由中国物资出版社出版。

叶青萱退休后仍然在协助黎明化工研究院胶黏剂研究室做些力所能及的工作，还在上海新光化工厂等单位做顾问。叶老师始终关注中国的胶黏剂行业的发展，特别是聚氨酯胶黏剂的发展，多次参加学术交流会。有一次学术会上，我与叶老师谈起胶黏剂研发问题，她的观念给我很大启发，也指导着我后来的胶黏剂产品的研发管理工作，始终"以客户的实际工况需求作为研发的起点"。叶老师认为，胶黏剂不仅是一门化学学科，更是一门应用科学，研制的胶黏剂要满足实际工况的需要，在实验室的研究成功不算成功。她还认为，不存在所谓的"万能胶"，冬天能用、夏天也能用，粘皮鞋能用、粘金属也能用……"万能胶"，这样一种传统的观念束缚了胶黏剂的发展。同时，价格也是束缚胶黏剂行业发展的因素之一，低价竞争要不得，它会导致更多的伪劣产品出现。还有一块就是环保问题了，她说，目前织物用的水基类胶黏剂并没有完全解决环保问题，环境友好型胶黏剂是今后发展的重点。不仅在学术方面，叶老师一辈子都在当"小学生"，"活到老，学到老"的精神境界，确实值得敬佩！

61 氯丁胶黏剂专家李子东

1940 年 8 月，李子东出生于吉林省怀德县的一个贫困农民家庭。他的学生生涯与共和国同步，1949 年 10 月才上小学。上学第一堂课是画五星红旗，这让李子东终生难忘，如今他还记忆犹新。因学习成绩优异，李子东 1953 年考入长春市的一所初中，1956 年被保送到长春市最好的高中。1959 年 7 月毕业时又被选送到北京工业学院化学工程系，学习固体火箭推进剂专业。入学后，恰逢新中国十年大庆，李子东担任了 10 月 1 日国庆天安门广场内标兵，今天回忆起来，还令李子东无比的自豪，兴奋不已。1964 年，李子东大学毕业考取了北京工业学院（现北京理工大学）的研究生，研究富氧高分子的合成。1966 年，李子东被迫中止学业，被分配到解放军沈字六〇九部队从事科研工作。1968 年 10 月，他响应毛主席关于知识分子接受工农兵再教育的最新指示，奔赴南京六二九三部队农场，一去就是三年。

1971 年，李子东在部队接受再教育后调入吉林五二四厂工作，他被分配到合成树脂车间。该车间生产酚醛树脂以及酚醛树脂再与聚乙烯醇缩丁醛（PVB）乙醇溶液混合为酚醛 - 缩醛胶液，胶液再与短切玻璃纤维捏合烘干成模塑料，经热压得引信壳体。此时，李子东开始接触胶黏剂。1974～1978 年期间，李子东参加了原兵器部重点项目"红箭 -73"反坦克导弹的研制和生产，负责发动机部分。他自行配制双组分室温固化环氧树脂灌封胶，用于全弹装配时零部件固定、密封、防腐、绝缘等。从此，李子东与胶黏剂结下了不解之缘。

1978 年恢复高考，李子东再次考取北京工业学院（现北京理工大学）研究生，研究课题为双基药流变性。1981 年 11 月李子东以优秀成绩毕业，获中国首批工学硕士学位。当时，徐僖教授（中科院院士）评审李子东的毕业论文，并给予了很高评价。

1981 年底，李子东研究生毕业分配到沈阳工业学院（现沈阳理工大学）。基于对胶黏剂的热爱和研究经验，李子东向院领导建议开展胶黏剂的研制和粘接技术推广工作。当时院长很重视，研究后同意了李子东的建议，还专门改造了实验室，并拨了两千元研究经费。李子东最初的研究项目是室温快速固化环氧胶黏剂，他研制的铸件砂眼修复胶，在沈阳第一机床厂和本溪缝纫机厂成功试用，甚受欢迎。1983 年，在新一任院长的支持下，李子东又成立了沈阳工业学院应用化学研究所并担任所长，专门从事胶黏剂的研究。

1984 年，李子东与沈阳冶金选矿药剂厂合作研制出"801 大力胶"，该胶属于溶剂型氯丁胶黏剂。经测试，该胶性能良好，他立即进行试生产并推广应用，迅速占领了市场，备受用户欢迎，产品供不应求。"801"牌号很知名，一度被认为是氯丁胶和强力胶的标志。1985 年 6 月，"801 大力胶"通过了省级鉴定。随后，李子东还研制成功"841 汽车通用胶"，在沈阳汽车制造厂试用后得到好评，解决了东北地区冬春季节的粘接难题，厂方非常满意。1985 年 6 月，"841 汽车通用胶"通过省级鉴定后，更名为"841 万能胶"。该胶很快就推广到第一汽车制造厂、丹东黄海汽车制造厂、瓦房店汽车改装厂等，用于生产、改装和维修。2001 年，该胶又被沈阳飞机制造公司选定为沈飞客车顶棚内饰专用胶，正式写入工艺规程。

1986 年，李子东研制出 222 多元接枝氯丁胶黏剂，他采用 2 种橡胶、2 种单体、2 种溶剂进行接枝反应，显示出此种胶黏剂优势互补、相得益彰、质高价廉、低毒无害等特点。产品很快投入生产，供应客户，取得了满意的效果。1988 年，该产品通过辽宁省科委组织的技术鉴定，处于国内领先水平。该成果还被 1990 年第四期《国家科技成果公报》收录，并由国家科委颁发了国家科技成果完成者证书。

1990 年，李子东又研制出 901 快速强力胶，他采用独特的增强剂，致使这款胶具有优异的性能：初粘力很大，固化极迅速，粘接强度高；耐低温性好；$-28\,^{\circ}\mathrm{C}$ 不凝胶；不使用苯类溶剂，无毒无害无污染；具优良综合性能，可粘接多种材料；耐久性能相当好，粘接木材水泡 18 个月不开胶，PVC 防水片与水泥屋顶粘接 14 个月未脱胶。该胶 1991 年通过省级鉴定，处于国内领先水平。1992 年申请了发明专利，在全国专利博览会获金奖，并被国际专利收录（IPCC09J 109/04）。也被 1999 年出版的《化工产品手册 —— 胶黏剂》一书收录。

1998 年，他成功研制出 SDS 热熔压敏胶，用于乌鲁木齐某部队粘贴修补丁基橡胶防化服，效果很好，解决了困扰部队多年的难题，并通过总后勤部的技术鉴定，1999 年获中国人民解放军科技进步三等奖。1999 年，李子东又研制出 998 特级溶剂型万能胶，是环保型和环境标志型品种，其突出特点是气味极小、初粘力大、强度很高、耐久性佳、胶液防冻（-30℃）、用途广泛，能粘多种材质。

李子东教授于 2000 年 10 月退休，退休后他继续胶黏剂方面的研究。

多年来，李子东在研究工作的同时，在国内公开发表论文 50 余篇，如《湿气与水分对胶粘界面的影响》［《粘接》，1987（5）］、《氯丁胶黏剂不稳定性的影响因素》［《中国胶黏剂》，1991（2）］、《氯丁胶黏剂的配方设计》［《化学与粘合》，1992（1）］等。1998 年，他的论文被在德国召开的世界粘接会议（WCAPP-1）录用。2003 年，他还在《粘接》杂志上发表过《"粘"与"黏"不应混用》的文章，解决了关于"粘"和"黏"的用法长期存在争议的问题。

基于李子东教授的研究成果和知名度，他被国内多家杂志如《粘接》《化学与粘合》《当代化工》《热固性树脂》等聘为编委，还被《中国化工报社》聘为评报员，被中国胶粘剂工业协会聘为顾问。多年来，李子东还一直参加沈阳市科委组织的科技项目申报评审和评奖、科技成果和新产品投产鉴定工作，担任新材料组组长。2002 年被科技部聘为国家重点新产品项目评估咨询专家。

除了进行胶黏剂的研究工作外，李子东还为胶黏剂和粘接技术的普及和推广做了大量工作。早在 1978 ～ 1981 年期间，李子东在北京工业学院读研究生时，就写了一篇"胶黏剂与胶接"（约 3.8 万字）综述性论文，1980 年发表于北京塑料研究所编辑出版的《塑料》（后来的《塑料》杂志）第 2 期。在此基础上，李子东 1985 年整理完成《实用粘接手册》一书（内部发行），很受欢迎。该书于 1987 年 4 月由上海科技文献出版社正式出版，第一次印数 11000 册，1988 年 3 月第 2 次印刷至 21000 册，1991 年第 3 次印刷达 24000 册。

之后，李子东教授相继出版了多部胶黏剂与粘接技术专著：1992 年 5 月出版了《实用胶粘技术》（国防工业出版社，2007 年出了第 2 版）；1994 年 7 月出版了《胶粘剂应用技术手册》（上海科学技术文献出版社）；1999 年 7 月出版了《实用胶粘剂原材料手册》（国防工业出版社）；2002 年 1 月出版了《现代胶粘技术手册》（新时代出版社）；

2005 年 2 月出版了《胶黏剂助剂》（化学工业出版社，2009 年出第 2 版）；2006 年 1 月出版了《胶粘与密封新技术》（国防工业出版社）；2007 年 7 月出版了《环氧胶黏剂与应用技术》（化学工业出版社）。

《现代胶粘技术手册》一书 2002 年出版时，《中国化工报》对该书做了报道，并给予高度评价："该书具有全面、系统、高新、可靠、具体、实用、权威等特点，充分体现了现代高新技术发展趋势，适应现代科技发展潮流"。2004 年 11 月国防工业出版社建社 50 周年之际，李子东因在该社出版了 4 本书（344.5 万字），被该社评为优秀作者，并颁发了荣誉证书。

李子东从事胶黏剂研究 40 余年，不断进行科技创新，相继研制开发出特种环氧胶、环保型和环境标志型氯丁胶、SBS 型净味环保万能胶、净味 SBS 喷胶、SDS 热熔压敏胶、PU 热熔胶、水性环保拼板胶、多种密封胶等。多年来，李子东共出版胶黏剂和粘接技术方面的专著 11 部，合计 738.7 万字，是行业内出版胶黏剂和粘接技术书籍最多的人。李子东教授为我国胶黏剂的研究与推广做了大量工作，为我国橡胶型胶黏剂特别是氯丁胶黏剂的研究与推广做出了杰出贡献，李子东教授不愧为我国的氯丁胶黏剂专家。

62 压敏胶黏剂专家杨玉昆

　　杨玉昆先生 1941 年 6 月 1 日出生于上海嘉定，1958 年从嘉定一中毕业后考入中国科学技术大学高分子化学专业，大学毕业后考入中国科学院研究生院，师从学部委员（院士）王葆仁教授，1966 年毕业留在中科院化学所从事合成胶黏剂的基础研究和应用开发工作，直至 2001 年退休。其中 1981 年和 1989 年曾两度去美国进行了共三年半的研修和合作研究。曾任中科院化学所研究员、研究生导师、研究室副主任。现任中国胶粘剂和胶粘带工业协会专家顾问、河北华夏集团公司和绍兴振德医用敷料公司科技顾问。

　　杨玉昆教授的工作经历和在胶黏剂领越的贡献可分为两个阶段来介绍。

1966 ~ 1982 年：环氧胶黏剂的研发

　　1966 年，刚开始工作的杨玉昆就参加了当时国防军工迫切需要的"高温点焊胶"研制工作"大会战"，几年后研制成功的有机硅高温点焊胶黏剂在我国的飞机制造工业中得到了应用，该成果也获得了中科院科研成果一等奖。从此，合成胶黏剂的基础研究和应用开发就成了他为之奋斗一生的专业领域。

　　随后的 10 多年，杨玉昆和同事们一起根据军、民各部门的实际需要进行研发工作，取得了许多环氧胶黏剂方面的应用成果。其中"氦氖激光器用环氧密封胶"和"环氧光学胶及其固化过程的研究"两项分获中科院科研成果二等奖。

　　由于合成胶黏剂和胶接工艺当时还是一种并不普及的新材料和新工艺，他和同事们还十分重视胶黏剂和胶接工艺的普及和推广工作。不仅认真接待来自生产第一线的来访者，还经常深入工厂车间，根据生产中的具体情况和要求，为他们选用胶黏剂（或设计胶黏剂新配方）并选择最佳的胶接工艺，帮他们解决生产中的具体技术问题。

20 世纪 70 年代后期，杨玉昆负责的科研组还完成了一项当时非常重大甚至是"压倒一切"的政治任务 —— 毛泽东主席水晶棺的粘接成型工作。1976 年毛主席逝世后，中央决定毛主席遗体用水晶棺长期保存。水晶棺由当时的中科院长春光机所所长王大珩（院士）领导设计，所用的水晶玻璃板材由北京玻璃总厂研制生产，胶接水晶玻璃板材所用的光学胶黏剂以及胶接成型后的水晶棺与金属底座连接所用的密封胶黏剂由中科院化学所研制生产，胶接工艺和成型的工作则由中科院化学所和北京玻璃研究所合作完成。对于水晶棺光学胶黏剂和胶接工艺的主要要求有：①光学性能，外观无色、透明性好，固化后胶层的折射率尽可能与水晶玻璃板接近；②机械性能，与水晶玻璃板的粘接性能好，胶层弹性好，固化过程中和固化完成后胶层和水晶玻璃板均不产生较大的内应力；③老化性能好，在特殊条件下长期存放后外观、粘接性能、内应力等均不发生较大的变化；④胶接工艺要方便施工、不会发生任何损害水晶板材的安全事故。在各方大力协助下，杨玉昆带领课题组设计并合成了一种特殊结构的新型透明环氧树脂，采用了一种分子量较大的透明固化剂，进行了大量的配方研究以及胶接工艺和固化过程的研究，经过了一年多时间的日夜奋战，终于按时完成了这项任务。"水晶棺光学胶黏剂及其胶接工艺研究"的成果也获得了全国科学大会奖，主要参加人员受到了党和国家领导人的接见。

中科院化学所是全国较早开展胶黏剂领域学术研究和应用开发的研究院所。最盛时全所参与的科研人员达二三十人之多。在经历了十多年的科研开发工作后，他们积累了大量的资料、知识和经验。1980 年，经科学出版社的约请，杨玉昆和廖增琨、余云照、卢凤才等人组织编著了一本近六十万字的专著《合成胶粘剂》。这是在我国改革开放后出版发行的第一本胶黏剂专业书籍。书中既深入浅出地介绍了合成胶黏剂和胶接技术完整的基础理论知识，又列举了大量的各类胶黏剂的真实配方、制造方法和应用实例，因而深受该领越广大读者的欢迎。该书在后来出版的专业书籍和科技文献中被大量引用，为合成胶黏剂在我国的普和发展做出了应有的贡献。

1983 年以后：压敏胶黏剂和胶黏带的研发

20 世纪 80 年代初，北京东方化工厂引进万吨级丙烯酸酯生产设备，开启了我国丙烯酸酯压敏胶及胶带工业的大发展。杨玉昆教授应邀担任了新成立的北京东方化工厂研究所的技术顾问，参与了丙烯酸酯乳液压敏胶产品的开发工作。同时，他领导的科研组还承担了北京市化工局委托的丙烯酸酯溶液压敏胶的研发任务。从此，压敏胶黏剂和胶黏带的研发就成了他工作的主要方向。上述丙烯酸酯乳液压敏胶和溶液压敏胶产品研发成功后，经过中试，先后在北京东方化工厂和其他工厂投入规模化生产和销售，推动了我国胶黏带（尤其是 BOPP 包装胶黏带）的快速发展。"溶液型丙烯酸酯压敏胶"获得了北京市科技进步三等奖。

杨玉昆从事压敏胶黏剂和胶黏带研发工作 30 多年，他的研究涉及该行业众多的品种。除包装胶黏带外，值得一提的还有表面保护胶带（膜）、医用压敏胶制品和微球型压敏胶制品等。这些产品都是受到生产部门的委托，在实验室研制出符合要求的压敏胶并帮助他们制造出合格的压敏胶黏带（膜）产品后，再将技术转让给他们的。

2001 年，杨玉昆从中科院化学所退休。退休后，他还建立了自己的实验室，继续进行这方面的研发工作。当时由于"反倾销"的原因，丙烯酸酯单体价格出奇的高。他根据市场的需要研发了一种乙酸乙烯-丙烯酸丁酯共聚物乳液压敏胶代替国内大量使用的纯丙烯酸酯乳液压敏胶，降低了 BOPP 包装胶带的生产成本。该研发成果在多家工厂应用，两年中共生产应用乙酸乙烯-丙烯酸丁酯共聚物乳液压敏胶约两万吨。

杨玉昆先生还很重视技术资料的积累和科研成果的总结，他是胶黏剂领域撰写和出版科研论文和书籍较多的专家之一。50 年来，杨玉昆在国内外各种刊物发表科技论文 60 余篇；出版多本胶黏剂专业书籍，除上述《合成胶粘剂》外，1990 年他和王致禄先生应科学出版社的约请，组织国内 10 位胶黏剂专家编著出版了一部"合成胶粘剂丛书"共10 册。其中第 8 册《压敏胶粘剂》就是由他独立编著完成的。2004 年他和吕凤亭先生应化学工业出版社的约请，与冯世英、宋湛谦、赵临五、崔汉生和曾宪家等压敏胶专家一起，编著出版了一部大型（共 110 万字）的专著《压敏胶制品技术手册》。书中以压敏胶制品为中心，全面系统地介绍了研究、开发和生产各种压敏胶制品所需的基础理论、性能测试方法以及各种原材料，重点是橡胶系、丙烯酸酯系、热塑弹性体系和辐射固化型等压敏胶黏剂，也介绍了基材、底涂剂、背面处理剂、防粘材料和其他各种压敏胶材料；压敏胶制品生产中的各种涂布工艺、干燥工程及涂布机等各种生产设备也做了专门介绍；还从应用角度分类介绍了各种压敏胶制品，包括它们的应用领域、应用方法和应用技术等。该书在压敏胶制品领域具有一定的权威性和影响力，它的出版在该领域广受关注和欢迎，为我国的压敏胶及其制品工业的发展起到了一定的促进作用，因而也获得了我国石油和化学工业系统的科技进步三等奖。10 年后（2014 年）在化学工业出版社的约请和支持下，他和吕凤亭、崔汉生、刘奕等压敏胶专家并聘请了孔卫、金春明等在一线打拼多年的年轻技术骨干，将该书进行了重大修改并补充了 10 年来该行业在科研开发方面的重要成果和在生产技术、工艺设备等方面的重要发展，出版了《压敏胶制品技术手册》（第二版）。

63 胶黏剂专家黄应昌、吕正芸

下面介绍的是一对胶黏剂专家黄应昌和吕正芸夫妇，我与他们的儿子黄海是好朋友。黄海也是胶黏剂方面的专家，大学毕业后先在广州坚红化工厂从事厌氧胶的研究，后来到深圳奥博新材料有限公司从事聚氨酯密封胶的研究，曾担任奥博公司总工程师。一家人从事胶黏剂方面的研究并且都有所建树，实在并不多见。

黄应昌先生 1933 年 11 月出生于广东省顺德均安乡，1949 年 8 月 1 日参加当地游击队任文化教员，1950 年 12 月参加中国人民解放军空军，随后进入朝鲜加入了抗美援朝的行列并成长为一名年轻的军官。1955 年部队允许具有高中文化的干部报考大学，黄应昌以惊人的毅力考入吉林大学化学系，成为一名军人大学生。

在大学里，黄应昌不仅学习和掌握了建设新中国的科学知识，还收获了爱情。他爱上了一位朴质而美丽的女同学吕正芸。吕正芸 1936 年 6 月生于山东烟台，8 岁上小学，成为村里唯一的女学生。1949 年春，吕正芸的父亲托人把她带到哈尔滨一中读初中，这是她离乡求学的第一站，在拼搏中，她读完了初中。上高中时，第一堂语文课作文题目是"我的理想"，吕正芸写的是要当一名化学家，成为中国的"居里夫人"。1955 年，吕正芸顺利考入了吉林大学化学系，实现了自己的理想，成为黄应昌的同学。

大四时，黄应昌和吕正芸被分到当时的新兴学科高分子专业，他们的第一个实验是合成酚醛树脂，毕业论文是"黏度法测定高分子分子量"，毕业实习是在中科院长春应化所。1959 年毕业分配时，尽管可以选择去中山大学或中科

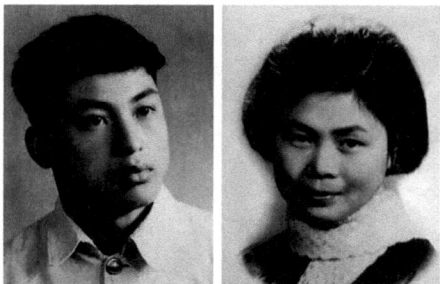

院化学所，而他们俩不忍心拒绝长春应化所领导真诚恳切的挽留，毅然留在了中科院长春应化所，开始了他们的科学研究生涯，并结为伉俪，从此两人相濡以沫，风风雨雨几十年，在科学的道路上携手拼搏。

1960 年，中科院、国家科委、航空部共同为长春应化所确定的科研方向是军工胶黏剂的研究。黄应昌参与了中国第一个航空结构胶黏剂研究任务，成为中国航空胶黏剂科研队伍的首要人员之一。他与王致禄等人一起研制出了 J-01 航空蜂窝结构胶，为我国歼击机开创了以胶接结构代替铆接结构的先例。他解决了该项目的技术关键问题，即在催化剂的作用下，完成酚醛树脂与硫化橡胶的接枝共聚反应，使体系达到内增塑，以适应航空胶对韧性的要求。J-01 结构胶在"歼-8"战斗机上用于蜂窝舵面的粘接，1978 年通过技术鉴定，获中科院"科技成果发明奖"。与其同时，在 1960～1962 年，吕正芸承担了飞机螺旋桨用结构胶的研制任务，也就是后来被命名为 J-02 结构胶的项目。该项目要求一年左右研制出仿苏 ΠK-5 螺旋桨胶黏剂，并交付空军使用。经过辛勤努力，吕正芸按期完成了任务。1963 年一架用 J-02 结构胶生产的螺旋桨飞机在天安门广场上空飞行，接受航空部检阅后该机型正式投入生产。这是中国首个自主研究取代苏制 ΠK-5 的航空胶，为表彰刚毕业不久的大学生的刻苦钻研、勇于担当精神和重要贡献，吕正芸被授予当年的"三八红旗标兵"。

1962 年，院所调整，黄应昌、吕正芸转入黑龙江石油化学研究所继续从事胶黏剂方面的研究。1964 年，黄应昌的研究方向改为应变胶黏剂。他带领陆企亭等人研制出了 J-06 中温应变胶。J-06 应变胶为 -269～250℃ 使用的中温固化耐高温的应变胶，用于航空、火箭、卫星、原子能反应堆等工程设计中的应力测试，全国用户达 200 多家。J-06 中温应变胶于 1967 年通过技术鉴定，1984 年 6 月获"国家科技发明三等奖"。黄应昌还带领团队研制出了 J-10 耐辐射结构胶，该胶具有耐粒子辐射性能和耐高低温交变性能，在人造卫星和宇航器中得到应用。与其同时，1964 年末，吕正芸被借调到山东东营胜利油田勘探处，参与了国家科委与中科院相关院所的科技人员组成的防砂、堵水、降稠攻关大队，她合成出水中凝油中溶的聚合物，达到堵水不堵油的效果。20 世纪 70 年代，黄应昌在黑龙江石油化学所先后担任研究室副主任、主任，1978 年晋升为副研究员。他带领团队研制出了 J-30

高温无孔蜂窝结构胶，J-30 为 2.5 马赫的高速战斗机及宇航器在 175℃下长期使用的耐高温不浸胶瘤的无孔蜂窝结构胶，1978 年通过技术鉴定，并获黑龙江省"科技成果三等奖"。与其同时，20 世纪 70 年代初，吕正芸接受了国防科工委、航空部、中科院联合下达的国防储备项目"高温航空钣金结构胶"研制课题。该课题要求的胶黏剂综合性能优异，可在 150℃长期使用、250℃短期使用。课题要求 10 年内完成，可见该项目的难度之大。吕正芸废寝忘食地工作，不到半年的时间，就确定了基本配方，并进入诸多综合性能的实验测试阶段，提前完成能与美苏同类胶黏剂相媲美的 J-15 高温航空钣金结构胶。5 年后，J-15 结构胶在多种军工产品及尖端技术成功应用，1979 年通过技术鉴定，获黑龙江省"科学技术研究成果二等奖"，吕正芸因此被选为黑龙江省第八届妇女代表大会代表。之后，J-15 结构胶成功用于我国自行设计制造的水上轰炸机全胶接结构，1980 年通过鉴定并投入生产，获航空部"科技成果二等奖"。

1983 年 8 月，黄应昌和吕正芸夫妇调到化工部青岛海洋化工研究院工作，黄应昌任海洋院总工程师，1987 年 7 月晋升为教授级高工。他们为青岛海洋涂料院增设胶黏剂专业，建立了研究室。面对由军工转民用的困难境地，经调研后，他们确定了舰船用 PVC 压敏地板胶和木材加工用低毒脲醛胶等环保课题，在化工部有关部门大力支持下，先后纳入国家经委攻关课题和"七五规划"项目。1984 ～ 1986 年，他们研制出 A-01、A-01B 低毒脲醛胶和 A-02 PVC 压敏地板胶。A-01 低毒脲醛胶突出的特点是固化时甲醛逸出量是国内通用脲醛的三分之一，比从联邦德国进口的粉末脲醛胶低三分之一，具有明显的环保优势。1986 年通过化工部科技司技术鉴定。A-02 PVC 压敏地板胶无毒无味，解决了舰船仓内 PVC 地板粘接施工的安全问题，1986 年通过化工部、中船总联合鉴定，获中船总"科技进步三等奖"。

多年来，黄应昌先生发表了如《酚醛 - 橡胶型胶黏剂》（《化学通报》，1964 年）、《环氧型结构胶黏剂》（《化学与粘合》，1983 年）等论文 30 余篇，参与主编《胶粘剂应用手册》（化学工业出版社，1987 年 11 月）、《中国航空材料手册》（中国标准出版社，1988 年 10 月）多部专业著作，还担任国家发明奖评审委员会特邀评审员、中国胶粘剂工业协会顾问、山东省胶粘剂专业委员会副主任、《化学与

粘合》杂志编委等职。与其同时，吕正芸也
发表了像《天然橡胶 - 丙烯腈接枝共聚物研
究与应用》（《化学通报》，1961）、《J-15
结构胶粘剂研究报告》（《石油与粘合剂》，
1979）、《酚醛与改性酚醛结构胶粘剂》（《化
学与粘合》，1983）《橡胶型压敏与应用》（《化
学与粘合》，1984）等多篇论文。

1997 年 10 月，黄应昌先生从青岛海洋
化工研究院退休，吕正芸也于 1993 年提前退
休。退休后他们俩还继续关注胶黏剂行业的
发展，2003 年 9 月，他两人一起编著了《弹性密封胶与胶黏剂》一书，
由化学工业出版社出版发行。黄应昌先生于 2010 年 9 月去世。吕正芸
2014 年 12 月写作完成了她的自传体小说《一枝腊梅》。

黄应昌、吕正芸夫妇研究了一辈子的胶黏剂，为我国胶黏剂及航
空航天、军工事业发展做出了突出贡献，令人敬佩。

64 胶黏剂专家余云照

与余云照先生认识是在 1992 年，我当时在开发环氧结构胶产品，看到余云照发表的论文《环氧树脂增韧新方法》［《粘接》，1991（6）］，就找到了余老师并采用了他所研制的微凝胶增韧剂，从此和余老师认识。后来我成为北京粘接学会理事、副理事长，余云照任副理事长，和余老师一起举办过两届国际粘接技术研讨会，和余老师就更加熟悉了。

我很佩服余云照老师的理论水平，余老师治学严谨，为人随和，有什么胶黏剂理论方面的问题，经他一点拨，你立马会豁然开朗。余云照的研究领域涉及高分子材料、复合材料、界面理论等方面，胶黏剂只是其中的一部分。

余云照先生 1940 年生于浙江天台县，1962 年毕业于复旦大学化学系，1962～1966 年，在中国科学院化学研究所读研究生；1979～1981 年，德国洪堡基金访问学者，1981 年获德国 Stuttgart 大学博士学位。

1964 年，余云照在中科院化学所读研究生期间，参加了"有机硅耐高温胶黏剂研制"课题，从此开始了胶黏剂方面的研究。此后，余云照参加了一系列国家重大工程项目所需的特种胶黏剂的研制工作，包括：

- 卫星太阳电池透明胶和导热胶；
- 红外探测器高折光黏合介质；
- 通信卫星结构胶；
- 航空点焊胶；
- 正负电子对撞机绝缘子胶黏剂；
- 光学组件结构胶；
- 航空发动机耐高温绝缘胶黏剂；
- 航天器螺纹防松胶黏剂。

1966～2006 年，余云照在中国科学院化学研究所工作了 40 年。余云照于 1987 年晋升研究员，1993 年被国务院学位委员会批准为博

士生导师。1992～2004 年，任中国科学院化学研究所学术委员会副主任。2000～2004 年，任中国科学院分子科学中心学术委员会副主任。

1992～2004 年，余云照任北京粘接学会副理事长。在此期间，曾担任在昆明召开的"1999 粘接技术回顾与展望"大会主席、"2001 北京国际粘接技术研讨会"主席、"2004 北京国际粘接技术研讨会"主席、第 2 届和第 3 届"世界粘合及相关现象大会"（WCARP）国际组委会委员，长期承担《化学与粘合》杂志编委。余云照还参与编著《合成胶粘剂》（科学出版社，1980 年）、《胶粘剂技术与应用手册》（宇航出版社，1991 年）、《结构胶粘剂及胶接技术》（科学出版社，1994 年）、《材料科学与工程手册》（化学工业出版社，2004 年）等多部书籍。

在老一辈胶黏剂专家中，不论是学位，还是学术水平，我个人认为没几个人能与余云照相比。下面主要介绍一下余云照先生在胶黏剂基础理论研究方面所做的贡献。

1987～1991 年，先后受中国科学院研究基金、国家自然科学基金资助，余云照开展了"环氧树脂增韧方法与增韧机理研究"。环氧树脂增韧剂普遍采用的是液体橡胶，如端羧基液体丁腈橡胶（CTBN）等。液体橡胶的活性端基与环氧树脂中的基团反应形成嵌段聚合物。在树脂固化过程中，发生微相分离，形成两相结构，这种两相结构能使环氧树脂的韧性提高数倍至数十倍。但在许多情况下相分离是不完全的，例如对于一种 CTBN/DGEBA 体系，在固化后仍有约 3% 的橡胶溶于环氧树脂中。另外，液体橡胶溶于环氧树脂使整个体系耐热性下降，增韧剂用量增大时这种情况更为明显。此外，液体橡胶对环氧树脂的增韧效果受许多因素影响，它对环氧树脂的增韧效果往往不稳定。例如在采用伯胺类固化剂时，CTBN 对环氧树脂的增韧效果就不够理想。

为了克服液态橡胶增韧剂的上述缺点，余云照带领王霞、宋爱腾等人开发出预制橡胶微球（即微凝胶）增韧环氧树脂技术。微凝胶增韧环氧树脂的特点是，在环氧树脂体系中分散相粒径是一定的，微凝胶分散相与环氧树脂基体之间有化学键连接，微凝胶与环氧树脂基体相分离完全，环氧树脂固化条件的变化对增韧效果的影响小。微凝胶对采用各种固化剂的环氧树脂体系均有优良的增韧效果。在实际应用中微凝胶的含量须根据胶黏剂性能的要求进行调节，通常微凝胶含量为 3 ～ 5phr 时增韧效果已经很显著。实验表明，对于伯胺类固化的环氧树脂，微凝胶的增韧效果明显优于 CTBN。例如采用氰乙基三乙烯四胺作固化剂时，加入 5phr CTBN 可使环氧树脂固化物的断裂能提高 3 倍，而在相同的条件下加入 5phr 微凝胶可使环氧树脂固化物的断裂能提高 5 倍。

1994 ～ 1997 年，受福特中国研究发展基金资助，余云照带领张峥等课题组成员开展了"胶黏剂流变特性控制方法"的研究。用于汽车组装高速生产线的结构胶黏剂，要求流动性好，便于机械化施胶，同时又要求在加热固化时不流失。通常的做法是在胶黏剂中添加适当的无机填料如气相白炭黑来改进胶黏剂的流变性，但这种技术的缺点是抗流淌性能会随储存时间的延长而降低。

余云照先生在环氧树脂中引入高分子流变改性剂如聚对苯二甲酸丁二醇酯（PBT）和对苯二甲酸聚丁二醇酯共聚物（PBT-b-PTMG），使胶黏剂的触变性大大提高，同时不降低胶黏剂的强度与耐热性。这种高分子流变改性剂适合于制备多种抗流淌环氧树脂胶黏剂，可采用的固化剂包括脂肪族多胺、芳香族多胺、双氰胺等。实验结果表明，环氧树脂中引入 7.5%（质量分数）的 PBT，使低剪切速率下的黏度提高 2 个数量级。随着剪切速率的增大和降低，黏度的变化和恢复十分迅速，该体系经过长期储存后流变性能仍很稳定。在环氧树脂中引入 2.5%（质量分数）PBT-b-PTMG，可使胶黏剂屈服应力达到 50.2Pa，足以使 1mm 厚的胶层在垂直于地面的位置上，在固化过程中不发生流淌。

作为博士生导师，1999 ～ 2002 年期间，余云照带领博士生高玉等人开展了"导电胶固化过程中导电网络形成的机理"的研究。尽管导电胶的应用已经有几十年的历史，但是人们对许多相关科学问题的认识还不很清楚。其中一个最基本的问题是，导电胶为什么能导电。"渗流理论"（percolation theory）合理地解释了导电填料的体积分数超过渗流临界值时体系的电阻会急剧下降，但是并没有回答导电胶在固化过程中如何从不导电变成导电。导电胶中导电粒子的体积分数都超过了渗流临界值，但是导电胶在固化前仍是不导电的。只是在固化后，导电粒子才形成导电网络，体系由绝缘体变为导体。

一些研究认为，导电胶固化前后导电性的变化是由于固化时树脂的体积收缩，使导电颗粒之间的接触电阻降低，但是这样的解释并不能令人满意。余云照通过研究环氧树脂导电胶固化过程中电阻的变化与电极之间距离的关系，提出了如下观点，导电胶在固化过程中由不导电变为导电，是由于导电填料颗粒凝聚成为导电团簇并进一步形成导电网络。固化时体积收缩固然对电阻降低有一定贡献，但是和导电团簇形成相比它的重要性是第二位的。余云照先生还发现导电颗粒凝聚形成导电网络与吸附在表面上的分散剂有密切的关系。这为制备性能优良的导电胶黏剂提供一条思路。

65 压敏胶带专家吕凤亭

吕凤亭先生 1936 年 3 月出生于山东省广饶县，1955 年考入天津大学化工系。1958 年大四期间，吕凤亭曾在恽愧宏教授带领下，进行过小轿车内饰件的粘接试验，从此对胶黏剂产生了兴趣。1959 年毕业后，吕凤亭被分配到南开大学有机化学研究所，在化学家杨石先教授的实验室工作，师从陈天池教授，进行有机磷化学的研究和化合物的开发工作。1960 年，吕凤亭借调到中国科学院长春应用化学研究所工作，在钱保功教授实验室研究调节聚合的开发应用。1961 年，吕凤亭又回到南开大学有机化学研究所，在王积涛教授、高振衡教授指导下从事有机氟化合物、有机硼化合物、有机硅化合物的研究。

由于在大学期间做过粘接小轿车内饰件的试验，1962 年吕凤亭被调到中国科学院化学所进行胶黏剂方面的研究工作。1965 年，中国科学院化学研究所、中国印刷技术研究所接受了苏加诺画集、毛泽东选集的印刷版粘胶纸、胶粘装订等试制开发任务。吕凤亭加入了双面压敏性胶纸研究小组，从此开始了他压敏胶带的研制开发事业。

20 世纪 60 年代，中国的书籍印刷技术主要采用的是铅字制版的凸版平台印刷机印制，印刷质量存在问题。当时印刷毛主席著作是很重要的大事，采用的是德国进口的海德堡印刷机承印，书籍印刷质量很好。但是，海德堡印刷机需要将印刷版粘贴在印刷辊筒上印刷，其中的粘贴问题，需要从德国进口大量双面压敏性胶纸来解决。为研制出我国自己的胶纸而替代进口胶纸，国家新闻出版局下达任务给北京中国印刷技术研究所和中国科学院化学研究所，具体分工是双面压敏性胶纸的研制在中科院化学研究所进行；双面压敏性胶纸研制成功后在北京外文印刷厂和北京新华印刷厂采用手工加机械方式进行生产；与此同时由北京印刷技术研究所和天津胶纸带厂共同筹建双面胶纸涂布机进行机械化生产。

经过 1 年多的集体攻关，印刷用双面压敏性胶纸研制成功。以朱善浓、李培基、吕凤亭共同研制成功的双面印刷版粘贴用压敏型胶纸成功应用于海德堡印刷机。吕凤亭课题组研制的压敏胶采用的是天然橡胶溶剂型配方，隔离纸、PVC半硬质基材由天津塑料制品四厂提供，压敏胶和涂布机由天津胶纸带厂制造。1966年，吕凤亭开始与新华印刷厂、外文印刷厂一起推广该项新技术，双面印刷版粘贴用压敏型胶纸很快应用于全国印刷行业，替代了进口产品，为国家节省了大量外汇，取得了很好的经济效益和社会效益。1970年左右广州卫生材料厂又制成双面胶纸涂布机并进行机械化生产，直到20世纪末，全国各地仍有上百家企业生产这类胶纸。

1968年，中国与苏联在珍宝岛发生军事冲突，当时用来打坦克的手执火箭炮的炮弹中的柱形火药需要用亚麻布基材的双面压敏胶黏带包覆（苏联工艺），而这项急迫的双面压敏胶黏带研制任务下达到北京粘合剂厂，吕凤亭接受了此项军工任务并且调到北京粘合剂厂工作。接到任务后，吕凤亭夜以继日地工作，不到半年时间就完成了任务，满足了军队所需。之后，吕凤亭还研制出PVC电工绝缘胶带、玻璃纸透明胶黏带，并在北京粘合剂厂投入生产。吕凤亭在北京粘合剂厂工作了近30年，开发出各种类型的压敏胶及绝缘胶带、透明胶黏带等改性品种。

20世纪60年代，中国的压敏胶技术主要以橡胶溶剂型压敏胶制品为主。为了改进产品质量、推出新品种，1972年，吕凤亭与上海合成树脂研究所合作开发聚丙烯酸酯压敏胶和涂布设备。经过两年多研制，吕凤亭与上海合成树脂研究所王澍、冯世英等共同研制成功PS-1型丙烯酸酯类压敏胶，这些胶和涂布设备都应用于电绝缘PVC胶黏带和纸胶黏带的生产中，1975年在北京粘合剂厂正式投入生产。上海树脂研究所与北京粘合剂厂合作近二十年，研发出了系列聚丙烯酸酯系溶剂型压敏胶、乳液型压敏胶、压敏胶新型叠式涂布设备等，比如在北京粘合剂厂投产的PS-2型丙烯酸酯溶剂类压敏胶和PS-11型丙烯酸酯乳液类压敏胶，都是国内首次出现在市场上的丙烯酸酯类压敏胶及其PVC绝缘胶带制品。

1979年，受轻工部邀请，日本压敏胶技术专家、原日本接着学会会长福泽敬司教授访华，当时由北京粘合剂厂接待，因此吕凤亭与福泽敬司有了近距离的接触并成了朋友。1979年下半年，吕凤亭受福泽敬司教授的邀请及轻工部的委托，去日本做了一年的压敏胶技术研修，学到了不少压敏胶及压敏胶带制造的关键技术。之后，福泽敬司教授被聘为北京粘合剂厂的技术顾问，每年都来北京指导工作，连续 20 年不间断，直到他 2001 年去世。福泽敬司教授对北京粘合剂厂及中国的压敏胶工业的技术进步起到了很大促进作用。在此期间，吕凤亭还翻译了福泽敬司教授的专著《压敏胶技术》，并于 1984 年由国防工业出版社（时代出版社）出版发行，成为当时国内压敏胶业界的唯一一本中文压敏胶系统专著。

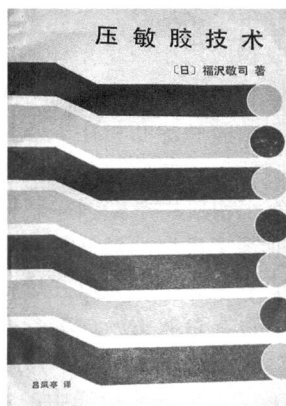

1981 年 11 月，北京粘接学会成立，吕凤亭担任了第一届理事会副秘书长；1986 年 10 月换届，吕凤亭又担任了北京粘接学会第二届理事会理事。多年来，吕凤亭在国内外发表压敏胶带方面的学术论文 10 余篇。

1984 年，吕凤亭担任北京粘合剂厂厂长，开始做管理工作，在此岗位上历时 10 余年直到退休。20 世纪 90 年代初，吕凤亭由于出色完成了北京市首届承包工作任务，承包的压敏胶工业在当时北京市工业中创造了人均利润率的首位，因此被推荐为北京市第九、十届人大代表，又按技术经历的审核程序确定为享受国务院技术特殊津贴的专家。

担任厂长期间，他还促成了北京粘合剂厂与天津大学的合作，开发出了有机硅型压敏胶、有机氟型压敏胶，这些特种压敏胶供原七机部一院应用。1994 年，吕凤亭策划成立北京粘合剂研究所并出任所长，从事新型涂布机的设计、制造工作。

吕凤亭于 1995 年退休。退休后，他继续从事压敏胶制品制造技术的指导工作，先后受聘于河北华夏胶粘制品公司、广东永大胶粘制品公司和广东永一胶粘制品公司做技术顾问，主要工作为胶黏带生产改进工艺和提升胶黏带性能。2000 年前后，吕凤亭还受聘

于温州丰华胶粘制品公司做技术顾问，指导不干胶标签的生产工作。

为了总结自己的胶黏带研究工作与技术积累，他与杨玉昆等人一起编写了压敏胶带技术专著《压敏胶制品技术手册》一书，由化学工业出版社于2004年出版发行，深受业内人士欢迎。该书于2014年修订，由化学工业出版社出版发行了第二版。

吕凤亭为我国的胶黏带事业工作了一辈子，是我国胶黏带行业资深的老一辈专家。

第四篇
Chapter four

中国胶黏剂典型单位发展历程

66 黑龙江石油化学研究院胶黏剂发展历程

黑龙江省科学院石油化学研究院（以下简称"石化院"）始建于1962年12月，其前身为中国科学院东北石油化学研究所，研究领域涵盖精细化学工程（高分子胶黏剂）、有机高分子材料、工业催化三大领域；石化院设有省级胶黏剂重点实验室、中试基地、工程技术研究中心；建有中国 - 白罗斯胶黏剂技术研发中心。石化院创办的"中国胶黏剂产业信息网"已成为国家胶黏剂领域的信息集散地，主办的《化学与粘合》杂志已入编中国科技核心期刊。

黑龙江石化院是中国最早从事高分子胶黏剂研究的单位之一，其研发和产品性能的检测水平处于国内领先地位，结构胶的研究更是独树一帜，处于国际先进水平。自20世纪60年代初期研制成功第一款结构胶 J-01 以来，石化院已研制出 300 多个胶黏剂品种。产品广泛应用于直升机、歼击机、大飞机、无人机、长征运载火箭、神舟飞船、嫦娥卫星、导弹军工及民用领域，为我国航空、航天、兵器、船舶及民用等领域做出了重大贡献。

石化院结构胶的发展可划分为四个阶段：

（1）20世纪60年代初～70年代中：**有孔蜂窝和钣金结构胶黏剂**

20世纪60年代初期，在王致禄先生的主导下，石化院首先设计合成了酚醛 - 丁腈接枝共聚物，研制成功耐高温有孔蜂窝结构胶 J-01，用于某歼击型战斗机粘接有孔蜂窝结构操纵舵面，为我国歼击机开创了以粘接结构代替铆接结构的先例，填补了我国航空结构胶黏剂的空白，该胶于 1965 年获得了国家发明奖。

20世纪60年代中期，"直五"飞机原粘接旋翼有孔蜂窝结构，由于耐水性差，大量开胶，石化院根据增韧机理成功研制出耐水性优异的酚醛 - 丁腈高弹性结构胶 J-03，满足了生产急需，经飞行考核，老化性能试验优于苏联桨叶，该胶于 1983 年获国家发明三等奖。

20世纪70年代初，根据歼击机的要求，石化院从研究多种高效催化交联新体系着手，研制成功了 J-04 高温结构胶。由于任务的变动，该胶用于某导弹及红旗轿车中，之后在全国汽车刹车片中广泛应用，获全国科学大会奖。

20世纪70年代中期，为了提高结构胶的耐水性能，石化院研制出耐湿热老化性能优异的 J-15 结构胶，成功用于"水轰 -5"水上飞机的船舱承力粘接壁板和某歼击机扩散器的粘接中，以及某项核能工程设施中。

这一时期，对石化院胶黏剂研发做出突出贡献的有王致禄、黄应昌、陈道义等。

（2）20 世纪 70 年代中～ 80 年代：无孔蜂窝、钣金结构胶及其配套胶

20 世纪 70 年代中期，我国飞机的蜂窝夹层结构由有孔蜂窝改用无孔蜂窝芯材，所使用的胶黏剂由"浸胶瘤"的酚醛类型的胶黏剂改用不需要"浸胶瘤"的环氧类的胶黏剂。石化院配合无孔蜂窝工艺的研究，开发出无孔蜂窝结构用改性环氧高温固化结构胶。在 70 年代末，又开始了中温固化环氧结构胶黏剂的研究。

高温固化结构胶方面，石化院在 20 世纪 70 年代中后期开发出以双氰胺固化的丁腈橡胶改性酚醛环氧的无孔蜂窝结构胶 J-23-1，用于某直升机、歼击机、运输机的操纵舵面。80 年代中期，研制出以酸酐固化，羧基丁腈改性的脂环族环氧的无孔蜂窝结构胶 J-30，用于某歼击机吹气襟翼的结构件的粘接中。80 年代末，又开发出 SJ-2 橡胶改性环氧的高温固化无孔蜂窝结构胶黏剂，首先应用于某歼击机舱口盖的制造，后来在航天器的制造中得到了大力的推广应用，如"长二捆"运载火箭卫星整流罩大型铝蜂窝夹层结构的粘接。该胶 1993 年获国家科技进步三等奖。

中温固化结构胶方面，石化院研制的 J-40 改性环氧结构胶，1980年在航空部 372 厂工艺试验成功，用于某直升机后段件和大梁粘接。之后又研制出 J-47A 钣金胶膜、J-47B 底胶、J-47C 板 - 芯胶膜及 J-47D 带状、粒状发泡胶。1983 年首先应用于某飞机复合材料垂尾面板与肋、筋的二次连接成型，后来广泛用于我国航天器上。

配套用的胶黏剂方面，石化院在 20 世纪 70 年代中，自主开发了以聚酚氧树脂改性的环氧和 B- 阶酚醛的发泡胶 J-29 带状发泡结构胶，用于蜂窝芯件侧面与相邻的肋、梁、腹板间不规则表面间的粘接。该胶于 1989 年获得国家发明奖。之后又开发出粉状发泡胶、中温发泡胶、室温填充料等。80 年代中期配合航空工艺所研制了一种专门制造铝蜂窝芯材的环氧改性酚醛橡胶型胶黏剂 J-71，适用于凹印生产工艺，用来制造铝蜂窝芯材。80 年代末开发出一种专门制造 Nomex 纸蜂窝芯条的胶黏剂 J-80。这一时期，为满足航空工业的需要，石化院还研制出 J-27、J-44-1 等环氧胶黏剂、J-39 丙烯酸酯结构胶。J-27 胶适用于飞机发动机中石墨制品、陶瓷制品与各种金属的粘接。J-44-1 用于飞机雷达罩的制造、轧辊的黏合，耐冲击性好。J-39 胶用于飞机机翼的防冰条的粘接、雷达指挥方舱的粘接以及汽车发动机金属件的粘接以及各种机械设备、电器的粘接与维修等。

这一时期，付春明、张恩天、李公纯、关长参等人对石化院胶黏剂研发做出了突出贡献。

(3) 20 世纪 90 年代～ 21 世纪开端：高耐久性的先进粘接体系

20 世纪 80 年代，我国引进的海豚号直升机，采用了世界几大公司诸多名牌胶种和先进的复合材料，其粘接面积和复合材料竟占机身表面积的 87%。石化院在国产化的过程中，完成了 32 种胶黏剂的研制，可满足不同使用工艺要求。其中有 7 种胶黏剂属国产化非金属 I 类重点材料，即 J-95 中温固化载体胶膜、J-96 中温固化抑制腐蚀底胶、J-97 中温固化膨胀片构成的中温固化结构粘接体系和 J-98、J-99 高温固化载体胶膜和 J-100 抑制腐蚀底胶、J-94 耐高温膨胀片构成的高温固化结构粘接体系。

另外，根据我国新歼击机研制高强度、高密度铝蜂窝夹层结构的设计要求，石化院研究人员通过热塑性高分子聚合物，如聚砜、聚醚砜等对环氧树脂进行增韧改性，开展了互穿结构的研究，以及耐水性良好的固化剂的开发，研制出一个系列高强度、高韧性、高耐久性的结构胶黏剂体系：J-116 高温固化胶膜 /J-117 缓蚀底胶，以及 J-118 带状发泡胶、J-121 粉状发泡胶、J-122 防腐底胶、J-123 铝蜂窝芯条胶等配套胶，其技术性能均比国内同类产品上了一个台阶。

这一时期，付春明、张恩天、李公纯、关长参等人对石化院胶黏剂研发做出了突出贡献。

(4) 2005 年以来：先进复合材料结构粘接体系

随着我国复合材料在航空航天领域的迫切需求和迅猛发展，强力牵引石化院胶黏剂的快速发展。2005 年以来，在石化院科研人员的刻苦攻关下，研发出综合性能较好的新一代环氧结构胶接体系、耐温的双马结构胶接体系、功能性的氰酸酯胶接体系等，满足了我国重点型号研制和生产的急需。研制的新一代环氧结构胶有 J-271、J-272、J-273、J-274、J-275，其测试方法和标准与国际接轨。研制的适用于双马基复合材料整体成型共固化粘接的双马结构胶膜有 J-188、J-270、J-299、J-345，满足了尖端领域相关型号井喷式的需求。研制的氰酸酯系列胶黏剂有 J-261、J-245CQ、J-262、J-284、J-330 等，满足了尖端领域相关型号雷达罩、天线罩，以及结构功能氰酸酯复合材料结构件的制造要求。

2005 年以来，石化院在耐高温胶黏剂和室温固化胶黏剂的研究方面也有了较大的进展。研制出 J-27H、J-151、J-168、J-183、J-239、J-240 及改性 PF 树脂（耐 500℃胶黏剂）等耐高温胶和 J-191、J-241、J-294、J-296、J-291、J-313 等室温固化胶黏剂。

这一时期，曲春艳、张斌、匡弘、刘晓辉等人对石化院胶黏剂的研发做出了突出贡献。

50 多年来，石化院除了为军品配套外，民用胶黏剂的研究也非常出色，研制的品种多，应用领域广。如 J-04、J-04B、J-147、J-155、FM909、FM118 用于刹车片粘接，JM-08、JM-09 用于汽车密封，J-11、J-22、J-69、J-71、J-171 用于电子电器，J-39 用于建筑钢筋大梁的粘接与维修，J-69、J-71 用于建筑外装饰幕墙、内装饰吸音结构材料铝蜂窝结构制造等。

67 上海市合成树脂研究所胶黏剂发展历程

上海市合成树脂研究所成立于 1961 年 5 月，最初以军工配套试制服务为方向，1984 年后逐步转向军工和民用相结合，以特种树脂、工程塑料、胶黏剂、水处理技术和分析测试为主要研究方向，形成了一个科技情报、合成树脂、胶黏剂、塑料加工、分析测试、工程设计、中试开发和生产经营配套的高分子材料工业研究所。上海市合成树脂研究所是上海市高分子材料测试中心和中国塑料标准化技术委员会化工分会所在地，是化工部胶黏剂情报中心信息站和全国芳杂环树脂信息站所在地，编辑出版《中国胶粘剂》和《高分子材料》等刊物，向全国发行。

上海市合成树脂研究所成立之初在上海市瑞金二路 42 号，1979年搬迁到上海市漕宝路 36 号，2015 年更名为上海市合成树脂研究所有限公司，迁址到上海市诸陆西路 1251 号，现为上海华谊（集团）公司下属公司。多年来，上海市合成树脂研究所坚持科技是第一生产力的观点，努力开展科技攻关，经过坚持不懈的努力，已在特种树脂（芳纶等）、工程塑料（如聚酰亚胺、聚苯醚、聚碳酸酯、聚砜等）、胶黏剂、水处理技术和高分子材料性能测试五大领域取得了巨大成绩，为我国国防现代化和国民经济发展做出了突出的贡献。

位于漕宝路 36 号的上海市合成树脂研究所（旧址）

上海市合成树脂研究所 1969
年的《粘合剂汇编》

上海市合成树脂研究所是我国较早从事胶黏剂研究的单位之一，

早在 20 世纪 60 年代初，在我国胶黏剂工业还很薄弱的时期，就开始了聚氨酯胶黏剂的研究。1965 年正式设立了胶黏剂研究大组，重点研究国防工业急需的特种胶。1978 年改革开放之后，随着国民经济的调整，研究重点逐步转向民用，开始重视民用工业用胶的研究和开发。多年来，上海市合成树脂研究所研制的胶种有酚醛树脂胶、环氧树脂胶、丙烯酸酯胶、聚氨酯胶、导电胶、低温胶、乳液胶、热熔胶、压敏胶和胶带、聚酰亚胺胶、液态密封胶等十几大类，其中 JW-1、PS-3、425 点焊胶获"全国科学大会奖"；425 点焊胶还获得"国家科学技术进步三等奖"；DW- 低温胶和 HM- 热熔胶等四项获得部级科技成果奖；E-4、E-7、E-8 胶获"国防科委重大科技成果奖"；导电胶等 11 项获上海市市化工局科技成果奖。上海市合成树脂研究所研制的许多胶黏剂品种填补了国内空白，并获得了 20 余项胶黏剂发明专利。其大部分研究成果转换为产品并投入生产，广泛应用于通信卫星、导弹、飞机、舰艇、常规武器、雷达通信设备等国防工业和电子、机械、纺织、木材加工、汽车、包装等各民用工业，为提高这些部门的产品质量、改进性能、节约能源、提高工效，降低原材料消耗，减少"三废"等方面做出了积极的贡献，取得了显著的经济效益和社会效益。

下面简要介绍一下上海市合成树脂研究所的胶黏剂发展历程。

上海市合成树脂研究所胶黏剂方面的研究主要为航天航空、军工、民用发展服务，经历了艰苦创业（1961 ～ 1977 年）、曲折成长（1978 ～ 1999 年）和稳步发展（2000 年至今）三个阶段。

①艰苦创业阶段（1961 ～ 1977 年）。上海市合成树脂研究所在成立之初，王澍、林国光等人就开始了聚氨酯胶黏剂的研究。最早的实验室产品是"乌利当"聚氨酯胶，后来该产品在上海市新光化工厂投入生产，牌号为铁锚 101 聚氨酯胶。1965 年，上海市合成树脂研究所正式设立了胶黏剂研究大组，全面启动胶黏剂的研发和小试，从事胶黏剂研究的有 30 余人，科研成果不断涌现。

从上海市合成树脂研究所革命委员会科研组 1969 年 10 月编印的《粘合剂汇编 1965-1969》可以看到，1969 年以前上海市合成树脂研究所已经研制出丙烯酸酯胶黏剂（BS-1、BS-2、BS-3）、酚醛 - 缩醛结构胶黏剂（FSC-1、FSC-2、FSC-3）、尼龙型胶黏剂（GXA-2）、聚氨酯胶黏剂（AZ-1、AZ-2）、环氧胶黏剂（E-1 ～ E-7）、导电胶黏剂（DAD-1 ～ DAD-6）、聚酰亚胺耐高温胶黏剂、ER 压敏胶、高分子液态密封胶、塑料胶黏剂等胶种，可谓是遍地开花，硕果累累。

此后，在 1970 ～ 1977 年，上海市合成树脂研究所胶黏剂室又先后研制出了 E-8 耐热环氧胶、E-9 环氧点焊胶（又称 425 胶）、E-10 环氧结构胶（又称 JW-1）、E-11（又称 SW-2）/E-12（又称 SW-3）室温环氧胶、DAD-7 导电胶、DW-1 ～ DW-3 低温胶、丙烯酸系列压敏胶（PS-1、PS-2、PS-3）等。

1961 ～ 1977 年期间，对上海市合成树脂研究所胶黏剂研发做出主要贡献的有：王澍，结构胶黏剂的负责人；陆慕贤，聚氨酯胶黏剂负责人；祝创业，E 系列高温胶负责人；徐子仁，晶体谐振器用 DAD 导电胶负责人；冯世英，压敏胶负责人。

②曲折成长阶段（1978 ～ 1999 年）。改革开放以后的前 20 年，民用胶黏剂开始成长，上海市合成树脂研究所胶黏剂研究室各课题组开始承包，除了 YJ 系列聚酰亚胺胶黏剂、DAD 系列导电胶、单组分泡沫密封胶和水性聚氨酯胶黏剂外，胶黏剂的研究全线收缩。

这期间，树脂所胶黏剂研究室完善了 425 点焊胶的配方，开发出了 DAD-8 导电胶（1982 年）、PS 系列水基压敏胶（1986 年）、YJ 系列聚酰亚胺胶黏剂（1990 年）、ZN 系列阻尼胶（1995 年）、威福牌单组分泡沫密封胶（2002 年）、DAD-9 导电胶（2004 年）、APU 系列水性聚氨酯胶黏剂（2006 年）、YS20a 聚酰亚胺薄膜复合胶（2012 年）。另外，还研制出数十种民用胶黏剂，如乙酸乙烯丙烯酸水基胶、热熔胶等产品。

这期间，上海市合成树脂研究所曾担任上海市市粘接技术协会理事长单位，对胶黏剂研发做出主要贡献的有：李葆，1984 ～ 1992 担任本所所长；王澍，结构胶黏剂领域的领导者，1987 ～ 1991 年担任本所副所长，1991 ～ 1995 年任上海橡胶制品研究所所长、曾任上海市粘接技术协会理事长；徐子仁，微电子封装用 DAD 导电胶负责人，在 1993 ～ 1998 年担任本所所长；祝创业、李伟烘，E 系列高温胶负责人；冯世英，ZN 系列阻尼胶负责人；凌祖荫，水基压敏胶负责人；孙凯，聚酰亚胺胶黏剂负责人；吴存雷、范福庭，聚氨酯胶黏剂负责人；刘伟，古瓷修复无溶剂丙烯酸胶黏剂负责人；邱孜学，航天用聚酰亚胺薄膜复合胶总负责人；董宇，热熔胶负责人；陶月华，乙酸乙烯丙烯酸水基胶负责人。

③稳步发展阶段（2000年至今）。这期间，上海市合成树脂研究所完成了由事业单位向企业单位的成功转制，胶黏剂进入了稳定发展的阶段，更多地关注国防军工等有特殊需求的胶黏剂产品的研发。

目前，上海市合成树脂研究所销售的胶黏剂的商标为安得宝®（英文 Adbest®），产品有 425 点焊胶、DW 系列低温胶、DAD 系列导电胶、E 系列高温胶、JW 系列结构胶、PS 系列压敏胶、SW 系列室温胶和 ZN 系列阻尼胶，产品广泛用于航天航空、电子电器等尖端科技行业和汽车制造、船舶制造、建筑建材、医用器械等国家支柱产业。

68 上海橡胶制品研究所与
"全国胶粘剂标准化委员会"

　　上海橡胶制品研究所成立于 1960 年 4 月 5 日，它的前身是中国橡胶厂，地址在上海市杨树浦路 622 号。后来迁址到上海市番禺路 381 号，为适应上海市的总体发展战略，2007 年又整体搬迁到上海市青浦区诸陆西路 1419 号。2014 年改制为上海橡胶制品研究所有限公司，现为上海华谊（集团）公司下属公司。

　　上海橡胶制品研究所主要从事特种/医用/通用橡胶制品、胶黏剂、压敏胶黏带、专用交联剂和热塑性弹性体等新型材料的研发与应用。上海橡胶制品研究所还分设有关科技情报、标准制定、质量监测、《橡胶译丛》编辑部等多个机构。

　　上海橡胶制品研究所是我国较早从事胶黏剂研究的单位之一（右图为上海橡胶制品研究所 20 世纪 60 年代编写的资料《胶粘剂》第一册、第二册）。50 多年来，上海橡胶制品研究所从国家发展战略需要出发，纵观世界科技发展趋势，实行所内外科技协作，先后取得胶黏剂、密封剂、胶黏带科研成果 100 余项，其中荣获国家、部、市、局等嘉奖的有 20 余项，为我国航天、航空、国防、交通、医疗、电子、石油、化工等事业发展做出了积极贡献。

　　上海橡胶制品研究所最早的胶黏剂研究是从 1963 年 4 月开始的，周木英等人经过近两年的研制，于 1965 年 3 月研制成功所里第一款胶黏剂产品 JX-1 橡胶树脂复合胶黏剂。1965 ～ 1977 年期间，上海橡胶制品研究所相继研制出 JX-1 ～ JX-14 橡胶树脂复合胶黏剂，JG-1、JG-2、JG-3 有机硅胶黏剂，GT-1、GT-2、GT-3 有机硅灌封胶，GPS-1、GPS-2、GPS-3、GPS-4 有机硅胶黏剂，D01 耐低温胶黏剂、D03 单组分耐烧蚀腻子、JN-2（1101）氯磺化聚乙烯腻子、83-Ⅱ聚乙烯防腐胶黏带、SF-7A 双面压敏胶黏带、SF-7B 涤纶压敏胶黏带等产品。

　　橡胶树脂复合胶黏剂。该系列产品从 1963 年开始研发，先后研制出 JX-1 ～ JX-16 胶液，主要研发人员周木英等，典型产品是 JX-9 结构胶黏剂，于 1972 年 12 月完成研制，广泛应用于航空工业。他研制的 JX-9、JX-10 结构胶黏剂赶超美国 metlbond4021，填补国内空白，其中"无溶剂成膜工艺制耐热结构胶膜"获得全国科技大会奖。

有机硅胶黏剂 / 密封剂。该系列产品从 1964 年开始研发，主要研发人员廖明等，典型产品 GPS-2 双组分室温硫化有机硅胶黏剂于 1969 年完成研制，D03 单组分耐烧蚀腻子于 1975 年 10 月完成研制。研制的 GPS-1、GPS-2 有机硅胶黏剂和 D03 单组分耐烧蚀腻子填补了国内空白，"D03 单组分硅橡胶烧蚀腻子"获得上海市化工局科研成果三等奖。

压敏胶黏带。该系列产品从 1969 年开始研发，主要研发人员连振顺等，典型产品 83- Ⅱ 聚乙烯防腐胶黏带于 1972 年完成研制。研制的聚乙烯防腐胶黏带填补了国内空白。

1978 年改革开放以来，上海橡胶制品研究所先后研制出了 SF-1 结构胶、SF-2 高强度蜂窝结构胶、SF-45 泡沫胶、JD-11 铅箔胶带、JD-12 玻璃布压敏胶黏带、JD-13 压敏胶黏带 JD-14、JD-15 吹砂保护胶黏带、JD-16 喷漆保护胶黏带、JD-17 模壳胶粘纸、JD-19-1 布基胶黏带、JD-22 金属喷涂保护用胶黏带、JD-70 绝缘耐热有机硅自粘带、JD-71 绝热有机硅自粘带、JN-3（7010）硅橡胶密封腻子、D04 ～ D18 单组室温固化有机硅胶黏剂 / 密封剂、S-3、S-7、S-8 聚硫密封胶、GT-4、GT-8 硅橡胶灌封料、BS-7、BS-10、BS-12 丁基密封胶、JX-23 氯丁胶黏剂等产品。

正负电子对撞机簇射计数器的制造中，许多异形结构部件无法进行焊接、铆接和螺接，迫切需要有一种与铝、铅等金属都能粘接并能满足多种性能要求的高强度黏合剂，周木英等人研制成功并提供了能耐多种介质的 SL-4 结构胶黏剂，使难题获得圆满解决。

为了适应航空事业的新发展，林瑞敏、尹锐研制成功 SE-1 电磁元件灌封胶和 S-5 聚硫灌封胶，填补了国内填充材料的空白。

廖明、杨中文等对完善 D 系列单组分室温硫化有机硅胶黏剂 / 密封剂、GT 系列硅橡胶灌封料做出了贡献，研制的 D06 室温硫化硅橡胶胶黏剂 / 密封剂主要性能可与美国、日本的同类产品媲美，主要用于建筑行业的嵌缝、金属窗框与玻璃间的密封、玻璃之间的粘接等。

20 世纪 80 ～ 90 年代，中国引进了许多冰箱、彩电生产线，其国产化配套迫切需要各种新型胶黏带。为此，连振顺、黄克俭等人开发数十个压敏胶黏带产品，大量满足了金星、飞跃等名牌彩电和上菱、双鹿、航天等名牌冰箱的生产需要。

另外，李佐邦开发出了医用胶黏剂，林瑞敏、张建庆等开发了 S 系列聚硫密封胶，莫小炎、靳万山、万学太等开发了多个 JX 系列氯丁胶黏剂和腻子。

目前，上海橡胶制品研究所更多地关注国防军工等有特殊需求的胶黏剂产品的研发。销售的胶黏剂产品有有机硅胶黏剂 / 密封剂（D03等）、有机硅灌封胶（GT-4 等）、聚硫密封胶（S-7 等）、氯丁胶黏剂（JX-23 等）、丁基密封胶（BS-7 等）、其他类胶黏剂（JX-9 等）、压敏胶黏带（JD-22 等）、自粘带（JD-70 等），产品广泛用于航天航空、电子电器等尖端科技行业和汽车制造、船舶制造、建筑建材、医用器械等国家支柱产业。

上海橡胶制品研究所是全国胶粘剂标准化委员会（SAC/TC185）主任委员和秘书处单位。1991 年 12 月，全国胶粘剂标准化技术委员会（SAC/TC185）在广州举行成立大会，会上国家技术监督局庆军宣读《关于批复成立全国胶粘剂标准化技术委员会》的函并向有关人员颁发了聘书。全国胶粘剂标准化委员会第一届主任委员杨善德作了全国胶粘剂标准化技术审查委员会工作报告，秘书长郭秀梁代表化工部胶粘剂标准化技术归口单位汇报了全国胶粘剂标准化技术委员会组建情况。会议通过了《全国胶粘剂标准化技术委员会章程》。1996 年，第二届主任委员为李法华，秘书长为潘国栋。2003 年，第三届主任委员为江红贵，秘书长为李宪权。2013 年，第四届主任委员为金卫星，秘书长为张建庆。

全国胶粘剂标准化委员会（SAC/TC185）着力服务行业发展，推动相关国家标准、行业标准的制定修订工作，目前归口管理国家标准73 项、行业标准 34 项。SAC/TC185 下设一个分技术委员会 SC1 压敏胶制品分技术委员会，秘书处设在上海橡胶制品研究所，主任委员吴伟卿，秘书长为张建庆。

2009 年 4 月，经 ISO/TC59（ISO/ 建筑和土木工程标准化技术委员会）投票通过，决定将 ISO/TC59/SC8（ISO/ 建筑和土木工程标准化

技术委员会 / 建筑密封材料分技术委员会）秘书处由英国移师中国，同年 11 月，经国家标准化管理委员会批准，由上海橡胶制品研究所承担秘书处工作，张建庆任秘书长。目前 ISO/TC59/SC8 管理有效标准 27 项，现有 P 成员 11 个，分别来自美国（ANSI）、英国（BSI）、德国（DIN）、日本（JISC）等国家；O 成员 16 个，主要来自瑞士（SNV）、意大利（UNI）等国家。自上海橡胶制品研究所承担 ISO/TC59/SC8 秘书处工作以来，参与了 12 项国际标准的制定修订工作，已发布国际标准 10 项，完成对标准的维护 16 项，在研项目中的 2 项提案为中国提出，在专题组拟立项的项目中，中国已提出 3 项。这极大提升了我国在建筑密封胶领域的话语权，有力推动了世界密封材料技术的发展。

69 新中国首家胶黏剂企业——上海新光

上海新光化工有限公司（以下简称"上海新光"）是新中国首家从事胶黏剂生产和研发的高新技术企业，其前身是始建于 1958 年的上海新光化工厂。上海新光 1965 年从"乌利当"聚氨酯胶起步，经过五十多年的努力，目前已形成聚氨酯胶系列、改性酚醛类、厌氧胶类、丙烯酸酯结构胶类、α- 氰基丙烯酸酯类、高分子液态密封胶、氯丁酚醛类强力胶、橡塑类胶、水性聚氨酯树脂及其他产品十大系列一百多个品种，其中 101 聚氨酯胶和 352 厌氧胶等不少为国内首创的领先产品，多项产品获市、部级、国家经委成果奖、优秀新产品奖及两项国家专利。上海新光是中国胶粘剂和胶粘带工业协会副理事长单位、聚氨酯胶黏剂专业委员会主任委员、中国聚氨酯工业协会理事单位，是聚氨酯通用胶和厌氧胶行业国家标准的主要起草者，其生产销售的"铁锚"牌胶黏剂是国内知名品牌，并多年被评为上海市名牌。

1958 年 10 月，上海新光由几家牙骨塑胶生产合作社等合并成立，首任厂长季炳生、支部书记沈德培，技术负责人董曼青。上海新光最初的产品为"复制有机玻璃"和制品加工。主厂房在杨浦区长阳路底陆家宅 18 号，厂部及制品车间在虹口区四川中路 569 号，1960 年迁至西藏东路 39 号。创建初期，复制有机玻璃的生产车间仅几间平房和草棚屋，道路泥泞，用的是井水和河水，条件十分艰苦。

1965 年，朱世雄从上海科大毕业分配到上海新光工作。看到这个又破又旧的小厂，产品单一，技术含量低，他不甘现状，就去上级公司（上海有机化学工业公司）找到了当时的经理谭竹洲（谭竹洲之后曾任上海市化工局局长、中华人民共和国化学工业部副部长）并提出想搞新产品的要求，他的想法得到了领导认同，并当即拨给 5000 元开发经费，让他与上海合成树脂研究所（以下简称"树脂所"）和上海橡胶制品研究所（以下简称"橡胶所"）合作搞胶黏剂。

1965 年下半年，根据厂部安排，朱世雄去上海溶剂厂接产"乌利当"

胶并负责放大（此胶原是王澍、林国光等在上海化工研究院带到树脂所的小试成果，上海溶剂厂不愿做），同时厂部安排钱云桐、黄兆稳等到树脂所参与"酚醛 - 尼龙"和"酚醛 - 缩醛"胶等项目的合作开发。"乌利当"胶开始放大时，生产环境十分恶劣，但新光人不畏艰辛，艰苦创业，最终生产出"乌利当"聚氨酯胶。1968 年，在技术负责人邵立坡和朱世雄、黄兆稳（上海新光胶黏剂创始人之一，胶黏剂产品首任质监负责人，1980 年以后旅居美国）等的带领下，分别对"乌利当"聚氨酯胶的初产品甲、乙组分进行重大技术革新，并终实现了工业化，最后定名为聚氨酯 101 胶。

在此期间，化工部正式规划安排上海新光专业发展胶黏剂，首先满足军工需要，其余自产自销自负盈亏。20 世纪六七十年代，上海化工局系统"二所一厂"即树脂所、橡胶所和上海新光厂曾紧密合作，科研结合生产，发挥各自的优势共同发展胶黏剂。为了增强上海新光的技术力量，上级部门先后陆续调配了技术人员和大、中专毕业生进厂，1972 年厂部决定由朱世雄负责组建上海新光中心试验室并任主任（朱世雄 1982 年曾任新光化工技术厂长，1984 年后调任上海有机化学工业公司副总经理、后调任上海市化工局副局长、香港上海实业控股有限公司副总裁），全力投入新产品研发。中试室以自我开发为主，积极采取"走出去，请进来"的方式。"走出去"就是走访全国相关用户，了解不同用户的需求。"请进来"是除自我开发以外，请大专院校老师一起搞课题，如请上海科大化学系的老师来厂一起成立课题组共同研发，与上海纺印行业合作开发水性聚氨酯等，先后出了一大批科研成果和新产品。上海新光化工原技术厂长陆冬贞，曾参与聚氨酯初产品的生产和改革，主管过胶黏剂车间和工厂的生产技术及有关产品的研发，为公司的发展做出了贡献。在几代厂长管维芝、吴克恒、尤士良、龚万兴、陈琦等领导和全厂职工的奋力拼搏下，厂房、设备陆续修建与添置，厌氧浸渍引进征地，厂房新建改造，上海新光胶黏剂迅速发展壮大。

经过多年生产经验的积累和几代科研人员的努力，相继开发出不同种类的胶黏剂，其中不少是应用户要求取代进口胶而开发，最终形成了"铁锚"牌十大系列一百多个产品。主要产品系列的研发年代和贡献者列表如下。

类型	时间	胶黏剂名称	贡献者
通用型聚氨酯胶	1973～1991 年	101 胶催化工艺设备改进	黄兆稳、陆冬贞、谢以刚、吴关云、忻惟忠、韩大康、龚万兴、贺盛武等
	1993 年前后	101-T 浅色胶	
	1993 年	101-F 耐温胶	肖宝琴、谢以刚
	1994 年	101-L 防冻胶	袁忠麒、瞿哲
	1995 年	101-H 耐温胶	袁忠麒
	2005～2006 年	101-H/C 耐温胶	陆冬贞、蔡华、姚远、孙杰
	2005 年	101-K 快固胶	吴关云、忻惟忠、王凡
特种和专用聚氨酯胶	1970 年后	102 聚氨酯涂层胶	朱世雄、邵立坡
	1972～1973 年	102-1、102-2 涂层胶	邵立波、朱世雄、陆冬贞、谢以刚
	1970 年前后	401 导电胶＋合成银粉	徐子仁（树脂所）、谢锦昌等
	1977 年	104 超低温发泡胶	朱世雄、吴关云
	1982 年	107 印刷丝网胶	张仪云、李望旭
	1992 年	115 植绒胶	钱光武、张仪云
	1993 年	1010 建材板用胶	陆冬贞、韩大康
	1994 年	108 笔芯胶	肖宝琴、谢以刚
	1997～2005 年	103、103-1 尼龙滚刷胶	陆冬贞
	2005 年	158、159 扬声器中心胶	孙杰、陆金国
	2001～2003 年	170、175、176、1701 专用胶	陆冬贞、蔡华、乔丽华
	2000 年	150 无黄变双组分聚氨酯胶	陆冬贞、乔丽华
	2002 年	1100、1120 织物复合胶	袁忠麒、瞿哲
	2002 年	1130、1131 双组分喷涂胶	高卫刚、李晓峰
	2010 年	1015 海绵植砂胶	蔡华、姚远

续表

类型	时间	胶黏剂名称	贡献者
无溶剂、少溶剂型聚氨酯胶黏剂	1993 年	1040 防盗门用胶	陈琦、孙杰
	1996～1997 年	1020、1003 单组分胶	袁忠麒、瞿哲
	2008 年	117 无溶剂复盖胶	贾剑明、孙杰
	2009～2011 年	1002、1002-1 无溶剂结构胶	陆冬贞、俞效亮、姚远
	1998～1999 年	1021、1022、1026 单组分胶	陆冬贞、乔丽华
	2000 年后	1080 单组分湿固化胶	瞿哲、袁忠麒
	2007～2008 年	1028 单组分湿固胶（专利）	陆冬贞、高卫刚、蔡华、俞效亮、
	2010 年	1028-1 单组分红木快固胶	俞效亮、陆冬贞、高卫刚
水性聚氨酯树脂、胶黏剂	1979 年	105 水溶性聚氨酯树脂	王春兰（上海纺专）、李桂珍（上海二印）、吴关云、童兆美、陈琦
	1985 年	106 半封闭水溶性树脂	吴关云、童兆美
	1990～1995 年	111、112 阴离子羧酸型聚氨酯涂层剂 113 阴离子磺酸型涂层剂	张树森（上海纺织科技中心），陆冬贞、沈玉丽、张宗浩、李望旭、周鋐、张尧君等（中国纺大） 邵行洲、蔡杰（上海纺科院）
	2014～2015 年	136 阴/非离子混合型脂肪族水性 PU 胶黏剂 137 芳香族水性 PU 胶黏剂	俞效亮 俞效亮、张志国

续表

类型	时间	胶黏剂名称	贡献者
厌氧型密封胶黏剂	1973～1975年	300、350	朱世雄、徐茂钧、黄兆稳、沈志荣
		304 耐温胶	徐茂钧（上海科大）、黄兆稳、沈志荣
	1981～1983	302、352、353、360、372	胡有熊、王伟根、王庆生
	1985～1986年	390 低黏度耐高温胶	王庆生、王伟根、沈玉丽、魏跃廉
	1984、1996年	322、342 低、中强度胶	吴关云、忻惟忠（改进型）
	1998～1999年	352-1、352-2 高黏度高强度胶 355 专用胶、365 特种胶	忻惟忠
	2003～2004年	361、366 中/高强度耐180℃胶	孙杰、朱玉汝
丙烯酸酯结构胶	1998～2000年	518、519 结构胶	陆冬贞、李晓峰、韩大康、乔丽华
	2002年	5480 耐温结构胶	陆冬贞
α-氰基丙烯酸酯瞬间胶	1986年	502 瞬间胶（快速合成法）	葛增蓓（中科院北京化学所）、陈琦
	2001年	5020-A、B、C 瞬干胶系列	袁忠麒
高分子液态密封胶	1970～1989年	601、603、609、605 密封胶	龚云表、吴功柏（树脂所）、朱世雄、韩大康
	1992年前后	603-1 高黏度触变胶	吴关云
	1977年	604 耐高温密封胶	肖宝琴、李仁勇（吴泾化工厂）
	2002年	聚硫密封胶	高卫刚

续表

类型	时间	胶黏剂名称	贡献者
改性酚醛耐温胶	1967 年	201、202 胶液、203 胶膜	冯世英、陶月华(树脂所)、黄兆稳
	1967～1989 年 2005	204、205、酚醛 - 缩醛 - 有机硅 2040 耐高温涂料	周木英、黄素娟(橡胶所)、黄兆稳、吴关云、王佳宾
	1975 年	705、706、707、710 酚醛 - 丁腈 - 有机硅	周木英、黄素娟(橡胶所)、黄兆稳、肖宝琴、沈志荣、谢以刚、张仪云、钱光武
	2004 年	2040 耐温涂层胶	吴关云、王佳宾
氯丁类强力胶	1981～1990 年	801、801-F 强力胶、802、804	陆冬贞、邵立坡、谢以刚
	2003～2006 年	喷涂胶强力胶系列	高卫纲
橡塑接枝胶	1989～1990 年	402、402-1 贴塑胶，403 压敏胶	周伯凤、范成龙
	2002～2003 年	409、4091 系列多用途快粘胶	陆冬贞、乔丽华、朱玉汝
	2001 年	422 覆箱胶	陆冬贞、陈文华
	2011 年	4096 胶	蔡华、万月
	2015 年	4006 环保胶	蔡华、万月
	1993～2003 年	805、806 三元接枝强力胶	张仪云、钱光武(805)、孙杰(806)
	1982 年	901、902 PVC 专用胶	邵立波、陆冬贞、谢以刚（901）、钱云桐（902）
其他类胶黏剂	1977 年	GM-1 光敏树脂胶	朱世雄、吴关云
	1979 年	408、HM-1 热熔胶	张在新（树脂所）韩大康
	1979 年	三元树脂粉末胶	夏宝新、尤士良

上海新光所取得的成绩是巨大的，但其发展也不是一帆风顺。由于溶剂型胶黏剂产量较大，根据上海市政规划要求，2005 年工厂搬到了嘉定区华亭霜竹公路。在时任厂长陈琦的领导下，全厂职工夜以继日地努力，按工段先后完成搬迁，迅速恢复生产，未对产品销售造成影响。历时半年，顺利完成搬迁。2007 年 7 月 1 日，新光化工厂正式更名为上海新光化工有限公司。之后几年，公司产销量不断增加，2014 年创了历史新高。随着人们环保意识的增强和规划力度的加大，上海新光又要面临新的搬迁。

70 北方现代（山东化工厂）胶黏剂发展历程

北方现代化学工业有限公司（234厂，原山东化工厂，以下简称"北方现代"）始建于1875年（清光绪元年），是洋务运动富国图强背景下设立的官办兵工厂，历经北洋政府、民国、日军占领、国民政府、新时期建设等多个发展阶段，现隶属于中国兵器工业集团公司。北方现代主营军民两用的胶黏剂、密封胶、复合材料、特种涂料、特种塑料制件等产品，是全国最大的胶黏剂生产基地之一。北方现代拥有山东省聚氨酯密封粘接材料工程技术研究中心、济南市企业技术中心，是中国胶粘剂和胶粘带工业协会常务理事单位，中国聚氨酯工业协会理事单位。

北方现代是国内最早研制生产胶黏剂的单位之一。20世纪60年代初，北方现代胶黏剂组研制成功国内首款溶剂型氯丁橡胶胶黏剂，命名为FN-303胶黏剂（原型为苏联产88号胶液）。FN-303胶黏剂是由通用型氯丁橡胶混合物与对叔丁基

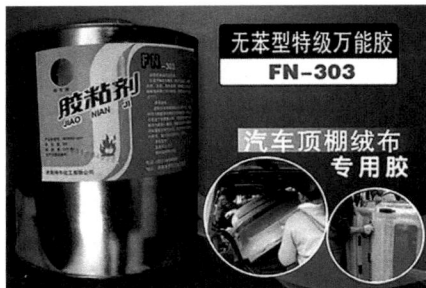

酚醛树脂进行溶解加工而制成的一种产品，初期是专为飞机制造方面的使用而试制，而后逐步扩展到刚性较强的材料（如钢、铝、水泥制品等）之间以及帆布、橡皮、皮革等之间的粘接。该胶晾置后即可黏合，具有操作简便、室温固化、粘接力强、粘接对象广泛等优点，因而广泛用于工业、农业、国防和科学实验等方面。1980年，该产品被国家经济委员会、国务院国防工业办公室授予国家银质奖荣誉，1987年又重新认证该产品为国家银质奖。

20世纪70年代，在FN-303胶黏剂的基础上，北方现代胶黏剂组又研制出一种新的民用产品FN-309胶黏剂，具有黏度适宜、干燥快、粘接强度高和性能稳定等特点，主要用于制鞋行业，广泛适用于皮革、橡胶、棉纤维、木材等材料之间的粘接。这种产品投入市场后，立即引起全国制鞋业的重视，推进了制鞋工艺的改革与提高，该产品质量稳定，用途广泛。该产品1981年获山东省经济委员会优质产品奖，

1982 年获兵器工业部优质产品奖，1987 年获国家银质奖。

20 世纪 80 年代，在 FN-303 和 FN-309 胶黏剂的基础上，胶黏剂组经过不断改进，开发出装饰系列胶黏剂产品，更是以其卓越的环保性能，优异的品质保证受到了市场的广泛赞誉。北方现代氯丁橡胶型胶黏剂现在已发展为 20 多个品种的系列产品，产品销往二十多个省市自治区，并有部分出口。

20 世纪 90 年代初，北方现代从欧洲引进聚氨酯系列密封胶技术，聚氨酯密封胶是以聚氨酯预聚物为主体材料，配合增塑剂、填料、功能助剂等组成。其主体材料中含有端异氰酸酯基团，能在室温下与空气中的水分反应，形成高强度弹性体。经过密封胶组不断消化与完善，单组分聚氨酯密封胶 AM 系列于 1995 年投产，是国内同类技术水平最先进、生产规模最大的产线。产品有桶装、铝管和铝塑复合软包装多种包装形式。使用时只需将密封胶挤在施工表面，自然固化成型后起到牢固粘接与密封的效果。主要用于汽车与建筑领域。生产的汽车用聚氨酯密封胶有 AM-120 系列、AM-130 系列、AM-140 系列、AM-150 系列，可用于挡风玻璃（前挡风玻璃、侧窗和后窗）粘接装配、内饰件粘接密封（包括嵌缝密封和焊缝密封），也可用于汽车空调、汽车内部过线孔、地板周边、行李仓、踏板、轮毂等部位的密封与粘接。生产的建筑用聚氨酯密封胶有 AM-11 系列，主要用于混凝土预制件等建材的连接及施工缝的填充密封，门窗的木框四周及墙的混凝土之间的密封嵌缝，阳台、游泳池、浴室等设施的防水嵌缝等。也可用于高等级道路、桥梁、飞机跑道等有伸缩性接缝的嵌缝密封及混凝土、陶质、PVC 等材质的下水道、地下煤气管道、电线电路管道等管道接头处的连接密封，地铁隧道及其他地下隧道连接处的密封等。除常规聚氨酯密封胶外，北方现代生产的改性聚氨酯密封胶、阻燃聚氨酯密封胶产品，可用于汽车、建筑、风电、家装等多领域。

1998 年，北方现代胶黏剂组根据制鞋行业不断发展的新型鞋材而研制出 ZN-521 聚氨酯胶黏剂，单组分室温固化，具有较好的耐低温

性的优点，对 PVC、TPR 等材料具有较高的粘接强度，广泛应用于对PVC 防水卷材的粘接。同时针对 ZN-521 胶黏剂的粘接性能，开发了聚氨酯系列产品，满足了防毒面具、防盗门、聚酯网的封边、汽车车身装饰条等行业的需求。

2002 年，随着国家对胶黏剂环保化的要求，北方现代胶黏剂组研制出 SBS 型胶黏剂，该产品具有初粘力高、干燥速度快、黏性保持时间长、粘接强度高等特点，耐低温性能优良，黏度范围可调，可采用喷涂、刷涂、滚涂等多种操作方式，广泛用于家庭装饰装修、汽车内饰、家具制造、纸类、彩箱、织物类包装制品的粘接等行业。在多年的工艺创新工作中，形成了 SN-001 胶黏剂、SN-004 胶黏剂、SN-005 胶黏剂、SN-008 胶黏剂等系列产品，可满足不同用户的差异化需求。

随着汽车行业对胶黏剂需求的变化，2002 年之后北方现代胶黏剂组又相继研制出 CN-701、CN-702 胶黏剂，该类产品属氯丁类喷涂型胶黏剂，不含甲醛，不使用苯、甲苯、二甲苯和氯代烃类溶剂，VOC 排放量符合国家标准，具有初黏性好，粘接保持时间长，可操作性好的优点，耐水、耐老化，固含量高、易喷涂，对多孔材料或密度较小的材料渗透少，可用于汽车内车顶、地板等内饰的粘接，具有较高的耐高温性能。研制的汽车用 CN-706 胶黏剂、CN-707 胶黏剂是 SBS 型胶黏剂，粘接强度高，操作性能好，黏性保持时间长，用于汽车内侧围、地板等内饰上的粘接。

根据环保要求的发展方向，近年来，北方现代研制出多种环保型胶黏剂和密封剂产品。密封胶组研制出了无溶剂的聚氨酯胶黏剂、低VOC 聚氨酯密封胶、热熔压敏胶等产品。密封胶组还研制出了遇水膨胀型密封胶产品，有 PM-401、PM-402，是一种单组分室温湿气固化的聚氨酯密封胶，是一种性能优良的止水材料，室温湿气固化后就变成复原性良好的橡胶弹性体。吸水后，自身体积膨胀，充填空隙，发挥良好的止水密封效果。该产品具有弹性密封和遇水后自身体积膨胀密封的双重密封效果。本产品可用于混凝土、聚氯乙烯、金属等许多材料之间的密封。密封胶组通过自主设计开发新型聚醚多元醇、优选复合增塑体系等技术，产品总 VOC 含量是常规聚氨酯密封胶的几分之一至几十分之一，在保证密封胶产品物理性能的基础上实现了产品的环保性能。主要用于汽车风挡玻璃及其他部位的粘接与密封。密封胶组研制出的方仓用密封胶分为粘接类和密封类两种，粘接方仓用密封胶具有易于伸展（低黏性）、使用时间长（配好的胶液，限制用完的时间）、便于涂刷、固化时间短、固化温度低、润湿性好、剪切强度高、柔韧性好、胶层不发脆、耐高底温、耐水、耐油、耐酸碱的特点；组装方仓用密封胶特点：可以在立面或顶面上施胶、不流淌、耐高温性能更好、防震、防尘、耐水、耐老化等；方仓内外部粘接用密封胶相比以上两种产品，状态、弹性、韧性、粘接性、耐候性性能更高。

随着环保意识的日益增强及环保法规的日趋完善，环境友好型胶黏剂逐渐成为发展的主流，也成为北方现代胶黏剂研发的方向。

71 襄樊胶粘技术研究所与回天新材

湖北回天新材料股份有限公司（以下简称"回天新材"）是专业从事胶黏剂和新材料研发、生产、销售的高新技术企业，是中国胶粘剂和胶粘带工业协会副理事长单位，主办有行业学术期刊《粘接》杂志。

回天新材的前身是襄樊市胶粘技术研究所（以下简称"胶粘所"）。早在 1988 年，胶粘所就有了 30 来个胶黏剂品种，是当时中国知名的胶黏剂研究单位之一，右图为 1988 年胶粘所在《粘接》杂志上做的广告。

20 世纪 70 年代，襄樊市（现在的襄阳市）工业基础薄弱，时任市委书记曹野为了襄樊的发展，大批引进人才，吸引夫妻两地分居或老婆孩子在农村的人才到襄樊来，给解决户口和住房。因此，一大批来自北京、上海、天津、武汉等地的各类人才来到了襄樊。胶粘所就是在这样的背景下创立的，胶粘所的发展大致可以分为三个阶段。

1977～1983 年。胶粘所的前身是 1977 年 5 月成立的襄樊市生物化学研究所，成立时所里就 10 来个人，分化工和生化两个研究室，所长是乔国政。化工室主任是崔守福，成员有李健民、李新、陆佩丽、刘盛仪。崔守福、李健民就是在"引进大潮"时来到襄樊的，崔守福来自北京有机化工厂，李健民来自北京化工研究院。当时所里条件十分艰苦，研发产品用电炉子加热，在做饭用的铝锅、汽油桶内混料，用铝勺、木棍搅拌，在红砖和石棉瓦搭建的简易作坊里生产。经过艰苦努力，1978 年，李健民、崔守福研制出了 BC-1 铜粉导电胶；1979 年，李新等人研制出了 AR-4、AR-5 耐磨胶；1981 年，张宏恩、陆佩丽、崔守福、李新研制出了 LG-31 高分子密封胶，成为与东风汽车配套的第一支国产密封胶。

1984～1991 年。1984 年 5 月，襄樊市生物化学研究所分拆为二，襄樊市胶粘技术研究所成立。胶粘所成立时有 24 人，增加的人员主要是工人。崔守福任所长，确立了以汽车胶为主、为汽车制造配套的大方向。1985 年，为了与二汽配套，李健民研制出了 HF-1 高频热合胶，用于粘接汽车门板；张宏恩、陆佩丽研制出 XH-1 车灯胶。1986年，襄樊化学试剂厂钟克煌调到胶粘所，相继研制成功磷酸 - 氧化铜及 C 系列硅酸盐无机胶。此后，根据市场需要，王国英、张宏恩研制出了汽车内饰胶（氯丁胶等），李新、李健民等人研制出了汽车滤芯胶，陆佩丽、田文新等人研制出了油田套管粘砂胶。1988 年，胶粘所卖掉老研究所土地和厂房，在航天部四十二所对面买了 20 亩（1 亩 = 666.67m²）地，建成了有科研、办公、生产、仓储、居生等配套功能的现代研究所，并扩大了职工队伍。1989 年，所里有了品牌意识，号召全体职工设计注册商标，最后选中了杨冬梅设计的"回天"商标。1990 年，胶粘所迎来了第一批大学生：刘鹏、陈林、罗纪明、游仁国、王家勇等。在崔守福所长的领导下，1991 年胶粘所已发展成为当时国内研究实力最强的胶黏剂研究单位之一，有 100 余名员工，40 多个胶黏剂产品，销售额 200 余万元，为胶粘所以后的发展奠定了良好的基础。

1992 ～ 1996 年。1992 年，邓小平到南方视察，中国开始向市场经济迈进。1992 年下半年，时任襄樊市铜版纸厂副厂长的章锋调到胶粘所担任所长，章锋非常重视产品推广，刚到所里，就让销售员拉一车胶，到街头巷尾敲锣打鼓叫卖，1993 年所里销售额就达到了 400 余万元。1994 年，胶粘所开始实施承包制，实行浮动工资，当时称为"砸三铁"（铁饭碗、铁工资、铁交椅）。一个科研组 2 ～ 3 人，自己开发、自己销售，单位拿三成，个人拿七成。科研组也有"夫妻店"，老婆帮忙刷烧杯。这期间，乔国政、陆佩丽、田文新研制出浸垫胶，刘鹏、张宏恩、王国英研制出了光学胶；1996 年，为了开拓汽修市场，胶粘所开始引进丙烯酸结构胶技术。这期间，胶粘所还组建了销售队伍，由陈林、游仁国、许宏林等组成的销售队伍有 20 余人，开拓了汽配市场，使胶粘所 1996 年销售额突破了 1000 万元。

　　1996 年下半年，襄樊市酝酿企业改制，胶粘所成为湖北小企业改制第一家试点企业。当年，所里 108 名员工大部分人反对改制。章锋所长不畏困难，克服重重阻力，使襄樊市胶粘技术研究所在 1997 年由地方国有企业改制成为全员持股的民营企业 —— 襄樊回天胶粘有限责任公司，从此开启了回天公司发展的新时代。襄樊回天胶业有限责任公司的发展大致也可分为三个阶段：

1997～2003。1997 年 7 月，乔国政、邓冰葱、章锋、陈林、吴正明、刘鹏、游仁国、卢婉清 8 位股东接受 151 名出资人委托，经工商登记成为襄樊回天胶粘有限责任公司的名义股东。1998 年 7 月，公司改名为湖北回天胶业股份有限公司（以下简称"回天胶业"），15 名名义股东代表 247 名出资职工持有股份公司股权，章锋任董事长兼总经理（上图为本书作者与章锋先生合影）。章锋先生大胆改革，分配制度向销售人员和研发人员倾斜，并重用年轻人，引进诸如"PK"之类的竞争机制，使公司效率大大提高。章锋先生还善于处理与政府的关系，得到了各级政府经费的支持和税收减免。1998 年，回天胶业推出了 586RTV 硅橡胶（也称"免垫胶"）和"新搭档"AB 胶，开始在全国汽配市场大力推广与销售。1999 年 8 月，上海回天化工新材料有限公司成立，陈林任总经理，这标志着回天胶业开始从湖北走向全国。2001 年 9 月，大鹏创业投资公司向回天胶业投资 1100 万元，股份占比 14.71%，后来又增持，回天胶业谋求在中小板上市。这期间，陈林、王家勇、张银华、王翠花等人对有机硅产品的研发做出了贡献，罗纪明、王卫华、何秀冲、李卫红等人对环氧胶产品的研发做出了贡献，刘鹏、王家勇、刘苏宇等对丙烯酸酯胶产品研发做出了贡献。

2004～2009 年。2004 年是回天胶业不平凡的一年。章锋先生高瞻远瞩，在上海成立回天胶业管理总部，开始集团化管理；成立工程胶事业部，许俊任事业部总经理，开始转向工程胶黏剂的研发和市场推广；在广州成立回天精细化工有限公司，由刘鹏任总经理，从事电子行业胶黏剂研发、生产与销售；2007 年 3 月，回天胶业出资的上海豪曼汽车用品有限公司成立，生产车用维修维护产品和服务。几年来，回天胶业一直在准备 IPO，但改制及股份回购过程中股东之间的纠纷、官司不断。2008 年，回天胶业终于完成上市准备工作，向证监会递交了"首次公开发行股票并在创业板上市申请"。2009 年，回天胶业湖北新的生产基地开始启用，成为当时国内最大的胶黏剂生产基地之一。这期间，张德成、韩胜利、艾少华对厌氧胶产品的完善与系列化做出了贡献，刘鹏、罗纪明、杨足明、唐礼道、张虎极等对聚氨酯密封胶的研发做出了贡献，韩胜利、李卫红等人对汽车焊装胶的研发做出了贡献，赵勇刚等人对 UV 胶的研发做出了贡献。

2010 年至今。2010 年 1 月 8 日，回天胶业在创业板成功上市。2011 年，常州回天新材料有限公司成立，戴宏程任总经理（现任总经理是石娜），从事太阳能电池背膜业务。2012 年，回天胶业推出系列建筑硅硐胶，开始进军建筑领域；2013 年，回天胶业推出软包装覆膜胶系列产品，大力进军工业、食品包装品用胶市场。2014 年，回天胶业更名为"湖北回天新材料股份有限公司"（简称"回天新材"）。2015 年 6 月，证监会通过回天新材向公司骨干定向增发方案，再融资 4 亿元用于"年产 1 万吨有机硅玻璃幕墙胶和年产 1 万吨聚氨酯软包装及环保水处理胶黏剂建设项目"。2016 年 11 月，回天全体高管人员重上井冈山，回天人要继承和弘扬井冈山精神，撸起袖子加油干。井冈山之行，回天人重塑了企业内在精神，找到了再次腾飞的支点！2016 年，回天新材销售额突破 10 亿，达到 11.32 亿元，其中非胶黏剂产品约占整体销售额的 30%，主要是太阳能电池背膜和汽车制动液等产品，回天新材开始向多元化、规模化方向迈进。在章锋先生的带领下，"产业报国"的回天梦正逐步成为现实。

72 金鹏化工腾飞之路

2010 年 12 月 2 日，我有幸访问了位于台州市路桥区金清镇滨海工业区的浙江金鹏化工股份有限公司。当时北京天山公司正在运作 IPO，寻求与金鹏的合作机会。董事长刘鹏、总经理刘万章兄弟二人热情地接待了我们。一进金鹏厂区，我就被宽阔的路面、花园式的工厂深深吸引。据刘万章总经理介绍，金鹏化工原厂址在台州市路桥区的主城区，由于城市规划，2005 年整体搬迁到这里，该厂区以前是台州造纸厂。2000 年，区政府决定金鹏公司整体并购台州造纸厂，在该厂区设计了一套年产 2000t 氰基丙烯酸酯瞬间胶和 1000t 综合胶黏剂的项目，并于 2005 年建成投产，是当时中国最大的 502 胶生产基地。

走进金鹏办公楼，可以清晰地看到一块块牌匾挂在入口处："浙江省高新技术企业""国家火炬计划高新技术企业""中国胶粘剂和胶粘带工业协会副理事长单位""浙江大学金鹏粘接材料研究中心""东华大学金鹏电子化学品研发中心"。据金鹏公司研究所所长陈吉伟介绍，金鹏非常重视产、学、研的结合，2000 年以来，公司先后和江苏大学、浙江大学和上海东华大学等科研院校紧密合作，取得 10 多项发明专利成果。进入大楼参观，给我印象最深的是金鹏的图书资料库，数万册库藏图书资料令人震撼。刘总说，几十年来，公司从未中断过订购国内外各种科技书籍、专业期刊和各种报纸杂志，在全公司形成良好的读书学习氛围，它是金鹏技术创新的知识宝藏。

遗憾的是北京天山没能与金鹏合作成功，2012 年光伏行业调整，业绩下滑，北京天山从证监会 IPO 排队中撤回，又于 2015 年 2 月被 H.B.Fuller 并购。2012 年底，金鹏与德国汉高开始商讨企业重组事宜。2016 年 8 月 16 日，汉高公司收购金鹏 100% 股权的交割工作最终完成。中国胶黏剂行业开启了兼并重组时代，天山被并购是因为公司治理结构问题，金鹏被并购是因为公司高管年事已高，无合适的接班人选。

40 年来，金鹏专注于 502 瞬间胶的技术创新和进步，成为我国瞬间胶行业内的知名企业和行业龙头，引领我国瞬间胶快速发展。下面让我们回顾一下金鹏腾飞的发展历程。

20 世纪 70 年代后期，我国乡镇企业如雨后春笋般地蓬勃发展。在东海之滨的浙江省原黄岩县路桥镇，一个新生的镇办小企业——路桥有机化工厂，在刘鹏厂长的筹划下于 1976 年 8 月诞生。这家条件十分简陋的小厂，做的产品却十分前沿——微电子工业和军工十分急需的光刻胶。一种制造大规模集成电路用的聚乙烯醇肉桂酸酯光刻胶，在化工专家刘治雄先生的主导下研制成功。产品不久就应用于我国第一颗航天火箭的发射，为我国电子工业和航天事业的发展尽了绵薄之力。一家名不见经传的小厂，荣获了党中央、国务院和中央军委的嘉奖。1979 年，该产品获浙江省科技进步二等奖。真是鸡窝里飞出了金凤凰！从此，路桥有机化工厂在国家计委、机电部和化工部都挂上了号。这第一炮的打响为企业今后的发展开了个好头。1980 年，为了企业更好地发展，路桥有机化工厂开始与中科院北京化学研究所合作，进行系列非银盐感光材料的研究，企业更名为国营黄岩有机化工厂。

1980 年，一个偶然的机会，刘鹏厂长从上海电子仪器仪表供应站获知电子行业流水线上元件组装急需一种叫 502 胶的产品，市场上经常断货。他立即组织本厂技术和销售人员进行调研，了解到 502 胶学名叫 α- 氰基丙烯酸乙酯，最早由中科院北京化学所葛增蓓先生于上 20 世纪 60 年代研制成功。502 胶具有瞬间固化、使用方法简单、粘接材料广泛等特点，具有广泛的用途和良好的市场前景。当时仅有北京化工厂和上海珊瑚化工厂等少数几家工厂少量、实验性地生产。于是，刘鹏厂长决定立即启动 502 瞬间胶的研发工作。化工专家刘治雄到上海科技情报所查阅了国内外瞬间胶的合成技术资料和相关专利，制定试验方案并带领团队开展研制。经过半年十分艰辛的努力，第一瓶 502 瞬间胶终于在工厂试验室研制成功。之后，黄岩有机化工厂立即采用 5L 烧瓶安排生产并取名为 502 瞬间黏合剂，后来在国家商标局注册了"神功"商标。由于重视市场开拓和质量信誉，几年后，黄岩有机化工厂的神功牌 502 瞬间黏合剂信誉鹊起，市场占有率迅速上升至国内首位。

1983 年，为了促进地方工业经济的发展，黄岩县人民政府决定财政出资收购黄岩有机化工厂，黄岩有机化工厂变为地方国营企业。1984年，按照县政府主管部门的决定，黄岩有机化工厂兼并了当地一家经营困难的国营黄岩化工二厂。黄岩有机化工厂整体搬迁至化工二厂厂区。同时，对产品结构进行升级调整，建设了基础设施良好的502胶、光刻胶和医药中间体新车间，初步建成以胶黏剂为龙头的精细化工企业格局。新厂区规划建设的502胶生产车间，采用的是300～500L反应釜生产线装置，替代5L烧瓶完成缩聚、酸化和脱水工艺，保证了生产工艺的稳定并明显提高了生产效率和安全性。

1985年5月，"全国首届氰基丙烯酸酯瞬间胶技术研讨会"在黄岩有机化工厂成功召开，会议由西安化工研究所瞬间胶专家阮传良先生和黄岩有机化工厂共同筹办。全国十多家氰基丙烯酸酯瞬间胶科研单位和生产厂家云集台州路桥。会议统计，当年全国502胶产销量为70t，是1980年的7倍。其中，黄岩有机化工厂的产销量就达35t，占了50%。

1990年，为了增强科技创新能力，黄岩有机化工厂组建了研究所，引进了气相、液相、凝胶色谱，紫外、红外光谱和原子吸收光谱等各种最先进的精密检测仪器设备。同时，在原化工部二局领导的关心和支持下，浙江省石化厅组织了对黄岩有机化工厂新建的78t/a氰基丙烯酸乙酯瞬间胶生产工艺的技术鉴定，鉴定会认为这套装置是当时国内产能最大的一条瞬间胶生产线，可为今后国内瞬间胶的技术进步和发展提供经验。

1994年，黄岩有机化工厂成为市、区首家改制试点单位。1995年完成改制，工厂更名为浙江金鹏化工有限公司，它是一家全体员工持股的股份制企业。1996年，经省政府批准，更名为浙江金鹏化工股份有限公司。企业改制后，由股东大会选举产生公司董事会并推选刘鹏担任公司董事长，原主管技术工作的刘万章任总经理兼技术总监，营销经验丰富的潘世国任副总经理兼市场总监。新组建的公司决定对产品结构进行重大调整，逐步关停了光刻胶、食品添加剂和医药中间体产品的生产经营。同时，整合各种资源，集中精力发展市场前景看好的502瞬间胶和其他胶黏剂，从而使金鹏迈入了良性发展的快车道。

1995年至2000年，金鹏公司在完成了600t/a瞬间胶技术改造项目后，又和浙江省化工自动化技术公司合作，进行了1200t/a瞬间胶计算机自控生产线技改项目，于 2000 年底前顺利完成并投入运行。金鹏公司利用微机自控技术和改革开放后我国化工装备技术不断升级的完美结合，解决了长期以来难以突破的用 1000L 解聚、精制釜取代 5L 烧瓶的工艺技术，使产品质量和收率得到明显提高，与此同时，物耗、能耗、水耗和生产成本也明显下降，这就极大地改善了公司的安全生产和环保管理水平，使氰基丙烯酸乙酯单体合成工艺技术迈上新台阶并成为国内技术领先，产能最大的 502 瞬间胶生产企业。

2000 年后，金鹏公司瞬间胶产品逐步系列化，研制出了氰基丙烯酸丁酯和甲氧基乙酯等产品，推进并扩大了瞬间胶在医疗事业上的应用。同时，结合底涂剂技术，解决了瞬间胶牢固粘接 PE、PP 等聚烯烃难粘材料的技术难题。性能各异的改性产品，克服了原来品种单一的 502 胶在性能方面的某些缺点，可以满足各种用途的需要。为此，也大大拓宽了市场。新型 502 瞬间胶不仅在国内市场销量快速增长，而且也开始走出国门，大量出口到东南亚和世界各地。性能优良的新型 502 瞬间胶获得良好的市场信誉，金鹏公司生产的神功牌 502 瞬间黏合剂先后被认定为市、省著名商标和名牌产品及国家级重点新产品。

73 天山新材的创业佳话及与富乐的合并

美国明尼苏达州圣保罗 2014 年 6 月 26 日电（美通社）：富乐公司（NYSEFUL）今天宣布，该公司已经签署了收购北京天山新材料技术股份有限公司的协议。富乐公司将以 14 亿元人民币或约 2.3 亿美元现金收购天山公司 95％的股权。此次收购，富乐公司不仅将在高价值、快速成长的工程胶黏剂市场新增强大的客户关系，而且还将新增当今最先进的生产制造设施和强劲的产品与技术开发能力。天山公司是中国境内最大的工程胶黏剂独立供应商，可提供有机硅胶黏剂、聚氨酯胶黏剂、环氧胶黏剂、厌氧胶黏剂、丙烯酸酯结构胶、氰基丙烯酸酯瞬间胶等技术，产品适用于诸如新能源、交通运输（汽车、铁路和造船）、机械、电子电器等领域重点耐用品组装市场。这将有利于富乐在全球范围内进入这一重要领域。富乐公司在全球范围的基础设施将使天山公司的技术和产品扩展到世界各地，尤其是全球客户。

消息一出，整个中国胶黏剂行业为之震惊。《粘接》杂志执行主编沈文斌先生在《粘接》2014 年第 7 期卷首语《从富乐天山并购案看中国胶黏剂市场现状与发展走向》中写道："北京天山新材料技术股份有限公司无论技术实力还是经济规模，在行业内都名列前茅，且享有良好口碑，一直被视为中国民族胶黏剂企业的优秀代表，然而现在却一夜之间要变身为'外企'。业内一片哗然，有人震惊，有人错愕，有人困惑，有人惋惜，有人遗憾……可谓一石击起千层浪！毫无疑问，这起收购案将会成为中国胶黏剂行业 30 多年来最重大的一起并购案。这起案例也清晰折射出中国胶黏剂市场的竞争格局与未来走向……"

天山是一个什么样的公司？天山公司是如何通过 20 年的发展成为中国首屈一指的工程胶黏剂企业的？天山公司又是什么原因并入美国H.B.Fuller 的？让我们一探究竟。

邓小平"南方谈话"为中国进一步改革开放、走市场化发展道路奠定了思想基础，从而迎来了中国改革开放以来的第二波创业浪潮——知识分子"下海"。

1993 年冬天，在创业浪潮的激荡下，四位大学讲师王兵、林新松、李印柏、翟海潮蠢蠢欲动，一起吃了顿北京烤鸭之后，他们决定下海创业。最初他们想把公司名称注册成"天一"，取意天下第一的意思，可惜重名了。他们又想了许多名字都不行，把工商局的服务人员给搞烦了，服务人员给起名为"天山"，这就是"天山"名字的由来。1993 年 12 月，北京市天山新材料技术公司注册成立。后来，四位创始人把"天山"注释为"天之广袤，山之坚毅。"

当年"下海"创办公司，意味着打破"铁饭碗"，意味着"破釜沉舟"，需要极大的勇气和冒险精神。四位创始人白手起家，通过王兵女士的老公邢培哲先生从个人手中以 17% 的年息借了 10 万元资金。他们在北京石景山八角地铁站附近租了两间平房当车间，在中础大厦租了一间房当办公室，开始了工业修补剂的生产与销售，并为工业修补剂申请了"可赛新"商标，意思是维修后的零件赛过新的。工业修补剂是翟海潮读研究生时的研究课题，修补剂是以金属、陶瓷粉末和纤维为骨材，以高性能环氧复合胶黏剂为黏料组成的聚合物金属、聚合物陶瓷复合材料，广泛用于冶金、电力、化工、船舶等行业

零部件的修补、金属再造、尺寸恢复和预保护涂层。工业修补剂当时在中国是全新的产品，美国 Belzona 和 Devon 的修补剂产品刚刚介绍到中国。

1994 年初，为了推广自己的产品，四位创始人向工矿企业的设备

维修部门发了 1000 多封介绍"天山可赛新工业修补剂"的信函，并在《设备管理与维修》《新技术新工艺》杂志上做了广告。同时，他们还亲自动手用自产的修补剂在首钢做了一项维修工程。1994 年 4 月 1 日，公司迎来了第一个客户——冀东水

泥厂，买了 704 元的修补剂产品。这 704 元让四位创始人激动了很长时间。"天山可赛新工业修补剂"作为当时最先进的冷焊修补材料，使设备修复难题迎刃而解，大大降低了企业因设备停产而带来的巨大损失。四位创始人亲力亲为，经过艰苦努力，当年实现销售额 46 万元。由于工业修补剂是高附加值产品，当年的盈利就把 10 万元借款及利息还清了。

20 世纪 90 年代，我国电力行业变压器、管路渗油是普遍现象，是行业比较头疼的问题。1994 年，四位创始人做了一项大胆的创新，利用丙烯酸酯结构胶的油面粘接性，针对企业渗油、漏油设计了一款"TS528 油面紧急修补剂"。四位创始人还亲历现场讲解、示范油面堵漏技术，公司还在《中国电力报》做了广告。TS528 油面紧急修补剂很快在电力行业治漏中大显身手，迅速推广到电力行业变压器堵漏

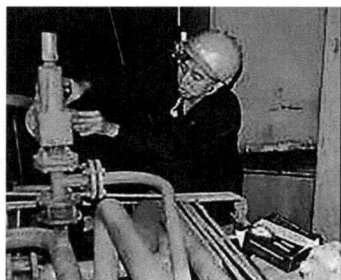

和其他行业油面粘接领域。TS528 油面紧急修补剂是天山公司产品营销定位的典范，解决了电力行业治漏难题，同时也为公司带来了很好的收益。

1995 年，在国内胶黏剂行业还在普遍采用在化工油漆商店销售胶黏剂模式的情况下，天山公司就在全国主要工业城市建立起专业的营销服务网络，天山公司首次经销商会于 1996 年 7 月在北戴河召开，这又是天山在营销渠道方

面的一大创新。

1996 年下半年，随着公司规模的扩大，公司生产车间搬到了老山中学的大礼堂和库房。四位创始人非常重视新产品开发，专门建立了研发实验室，开始开发厌氧胶和室温硫化硅橡胶产品。为了确保产品质量，公司购买了万能材料试验机等分析测试仪器，开始对原材料与成品进行检验。

1997 年开始，四位创始人有了清晰的分工，王兵负责营销，林新松负责财务和运营，李印柏负责技术支持和采购，翟海潮负责研发和质量体系。四位合伙人优势互补，林新松对财务和运营精打细算，李印柏对技术深入钻研，王兵对营销有一种天生的优势，翟海潮对产品研发与发展方向非常敏感。1997 年 4 月，公司招聘了首批 13 位销售员，被称为天山的"黄埔一期"。在王兵的领导下，开始搭建"双轨制的销售 / 服务模式"，公司地区销售人员每天拜访客户，了解客户需求，和当地经销商联合开发客户并进行售前、售中、售后服务。同年，在翟海潮的带领下，公司推出厌氧胶、硅橡胶产品，开始进入汽车、工程机械等工业制造与装配领域。

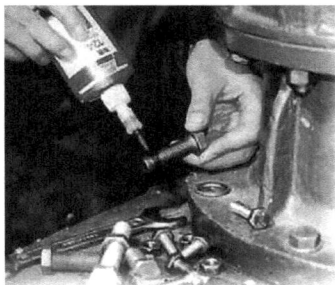

1998 年 9 月，翟海潮赴德国参加"第一届世界粘接及相关现象大会"（WCARP-1），会后参观了德国 Kaiserslautern 大学粘接中心，拍了好多照片，为后来公司研发实验室建设提供了参照。1998 年 10 月，天山公司与中国金属粘接学会联合举办了"98 中国粘接技术研讨会"，近 500 名代表参加了大会，参会人数可以称得上当时中国举办粘接交流会之最。公司积极开展国内外技术交流，扩大了公司的影响，同时开阔了视野。

1999 年，天山公司通过 ISO9001 质量体系认证。主导编制多项国家和行业工程胶黏剂产品技术规范和标准。2000年，公司聘任原来在乐泰（中国）有限公司主管营销的副总经理徐志远先生担任天山副总经理，负责公司营销。王兵转为负责公司人力资源工作。

2000年春天，一汽大众工艺处人员来天山公司考察，看到天山租赁的简陋厂房，未采用天山的产品。这一事件大大刺激了四位创始人的神经，于是他们决心建立自己的研发、生产基地。2000年8月1日，天山公司科研生产基地在北京八大处高科技园区奠基，并于2001年6月建成投入使用。新基地研发中心参照德国Kaiserslautern大学粘接实验室建设，是当时国内胶黏剂行业最先进的实验室，车间采用了意大利、美国、德国生产设备与自动化灌装设备。研发与生产基地的落成，标志着天山公司开始走上了规模化、规范化的道路。

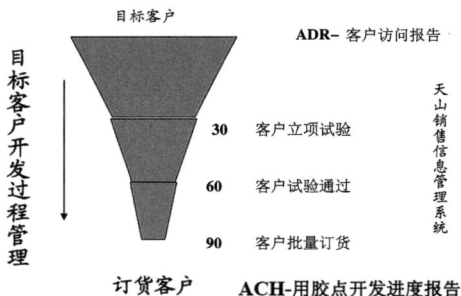

2001年开始，公司的管理与培训工作得到了加强，四位创始人开始到中欧工商学院学习。在王兵女士的带领下，公司持续开展了对员工的培训工作。公司聘请北京西三角公司为顾问，建立员工职位说明书，开始对员工进行绩效考核。总结天山多年的销售经验，公司建立了"天山销售信息管理系统"。采用"顾问式销售"，把每位销售人员培养成技术顾问（"地区服务经理"），每天拜访客户，了解客户需求，为客户提供解决方案。每位销售员配备笔记本电脑，通过天山销售信息管理系统进行填写、汇总、分析。ADR（客户访问报告）表格每周提交一次，不同的级别有不同的批阅权限，通过销售信息管理系统对销售人员客户拜访情况、开发进度进行管理，并建立客户档案；销售漏斗表中30-60-90所代表的意思为客户开发进度，"30"为客户立项准备做试验，"60"为客户试验通过，"90"为客户批量进货。ACH（用胶点开发进度报告）用于监督开发进展和销售人员之间的成功案例交流。"顾问式销售"和"天山销售信息管理系统"又是天山公司的一大创举。

2001年开始，公司的研发与对外技术交流工作也不断加强，在翟

海潮的带领下成立了北京三固高分子材料开发中心。2001 年 10 月，天山公司与北京粘接学会、瑞士、德国、法国、日本、韩国粘接学会一起举办"2001 北京国际粘接技术研讨会"，会后部分国外代表来天山公司参观访问。2002 年，翟海潮到德国 Kaiserslautern 大学做访问学者；2003 年，德国 Kaiserslautern 大学硕士生 Daniel Vogt 来天山公司做毕业课题，进行预涂型厌氧胶的研究。

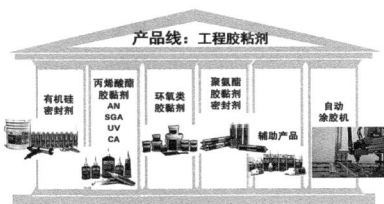

四位创始人以敏锐的眼光，不断发掘中国制造业对胶黏剂新的需求，不断开发新产品，带领公司不断进入新的市场领域。2002 年，天山公司进入光伏行业，成为国内首家进入光伏组件用胶的胶黏剂企业。2003 年，公司推出单组分聚氨酯密封胶，开始进入轨道交通领域。2004 年开始，公司的研发管理交由李印柏负责，翟海潮负责中美合资联合钛得（LINKTITE）公司，开始开发电子市场，推出 UV 胶、电子胶等新产品。2005 年，由德国莱茵公司审核，公司通过 16949 质量管理体系认证，公司经营和管理体系进入了一个全新的阶段。

2006 年，天山公司举行了首次战略研讨。公司决定走专业化之路，做"小池塘里的大鱼"，做百年企业，成为胶黏剂行业的"隐形冠军"。2007 年 7 月 18 日，天山股东会、董事会在北京后海召开会议，做出了公司未来几年 IPO 的决定，并由翟海潮负责公司战略规划与上市工作。

2008 年，天山公司在北京举办成立 15 周年庆祝活动。同时举行战略研讨会，回顾公司过去的 15 年，确定公司未来 15 年的发展方向。战略规划小组由 30 名董事会成员、总经理、副总经理、总监、部门经理以上骨干员工组成，大家畅所欲言，提出了天山人的 101 个愿望，在回顾公司 15 年发展以及对公司内、外部环境分析的基础上，修订了公司的使命、愿景、价值观，确定了公司的战略定位，制定了公司未来 15 年三个阶段发展目标与策略。公司重新注册和设计了 TONSAN 商标。

天山公司 2009 ～ 2023 年发展规划

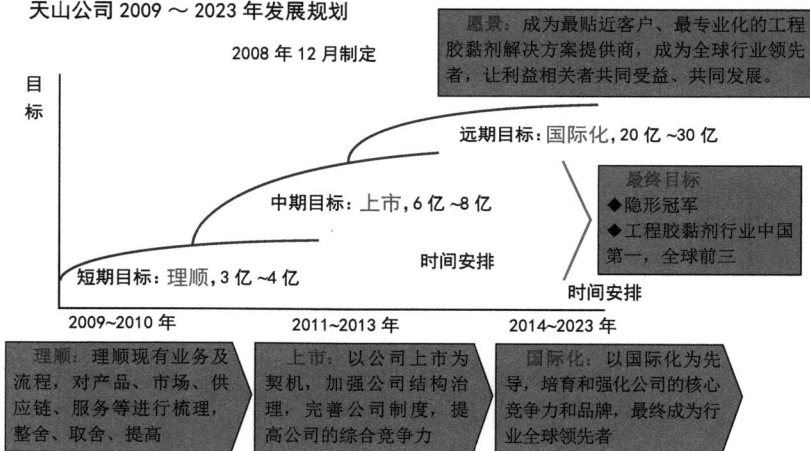

2008 年 12 月制定

目标

愿景：成为最贴近客户、最专业化的工程胶黏剂解决方案提供商，成为全球行业领先者，让利益相关者共同受益、共同发展。

远期目标：国际化，20 亿 ~30 亿

最终目标
◆ 隐形冠军
◆ 工程胶黏剂行业中国第一，全球前三

中期目标：上市，6 亿 ~8 亿

时间安排

短期目标：理顺，3 亿 ~4 亿

时间安排

2009~2010 年　　　　　　　2011~2013 年　　　　　　　2014~2023 年

理顺：理顺现有业务及流程，对产品、市场、供应链、服务等进行梳理，整舍、取舍、提高

上市：以公司上市为契机，加强公司结构治理，完善公司制度，提高公司的综合竞争力

国际化：以国际化为先导，培育和强化公司的核心竞争力和品牌，最终成为行业全球领先者

　　2009 年 8 月，天山公司与美籍华人史伟同（Gary Shi）成立中美合资北京海斯迪克（HYSTIC）新材料有限公司，进一步开拓电子市场。同年，根据光伏发展需要，成立苏州天山新材料技术有限公司。2009 年 11 月，天山公司光伏硅胶生产基地在苏州吴中开发区奠基。同年，天山公司还在美籍华人董吟超的帮助下，开发出涂胶机器人施胶设备，成功用于光伏行业自动涂胶，在国内胶黏剂生产企业属于首创，更好地为客户提供了一体化解决方案。

　　2010 年 5 月，北京天山新材料技术股份有限公司成立。同时成立员工持股公司 —— 北京共创明天投资管理有限公司，张永辉、

邹志军、原永剑、李政、邱冬梅、马兰、李国朋、李志梅、曾照坤、郑妙生、杨存柱、王晶、李骥、毕海波、王宗忠、夏志刚、师力、黄海江、刘川、胡东昇、黄志波、栾占友、杨忠欣、王传武、李艳丽、赵建新、于怀国、林阳、尹玉生、徐亚萍、郭金彦、于红、胡炜、杨玫、王子荣35位骨干员工持有天山公司5%的股份。2010年，公司聘请曾在美国霍尼韦尔工作的留美博士刘川先生，建立了合成实验室，从分子结构设计解决产品性能难题（如解决有机硅胶表干需要慢、深层固化需要快的矛盾等）。

2011年初，苏州天山公司正式投产，在王兵的领导下，开始实施精益生产。为了加强电子市场，林新松兼任海斯迪克公司总经理。2011年3月，北京天山新材料技术股份有限公司创业板IPO上市材料被证监会接收。2011年5月，天山公司成为中国胶粘剂工业协会副理事长单位。同年，公司成为全国胶粘剂标准化委员会副主任。2011年，天山公司销售额运到6.6亿元。

2012年开始，天山公司市场与产品拓展采用项目化管理，打破部门间的界限，把市场人员、销售人员、产品经理、研发人员、生产人员等捆绑在一起，进行跨部门合作。这种方式使产品推向市场的时间加快，资源得到更好的利用，是天山公司的又一项创新。

2012年12月，天山公司通过证监会创业板两次审核意见反馈。准备上会之时，天山公司业绩因中国光伏行业遭遇欧洲、美国"双反"（"反倾销、反补贴"）调查而下滑。2013年1月8日，证监会发文

通知，创业板上市的再审企业业绩下滑一律撤回。2013 年 3 月，天山公司董事会决定从创业板撤回，准备修改材料改报中小板。

2013 年 4 月，天山公司在苏州召开成立 20 年庆祝大会。20 年的奋斗，TONSAN 已发展成为中国工程胶黏剂领域第一品牌，产品涵盖硅橡胶、厌氧胶、UV 胶、聚氨酯胶、环氧胶、丙烯酸酯结构胶、氰基丙烯酸酯瞬干胶等所有工程胶黏剂领域，广泛应用于新能源、汽车、工程机械、电子电器、轨道交通、航空航天等领域，产品曾用于神舟飞船。

天山公司的成功源自四位创始人对工程胶黏剂的专注和持续不断的创新。天山已经成为行业发展的典范，成为民族胶黏剂品牌的骄傲。然而，出人意料、令行业人士震惊的是：2014 年 6 月 26 日，美国 H.B.Fuller 与天山签署协议，以 14 亿元人民币的价格收购了天山 95% 的股份。四位合伙人艰苦创业、辛苦经营了 20 年的企业最终被卖掉，主要原因是四位股东平均持股、治理结构存在问题。大家的经营理念差异越来越大，在公司重大经营和发展问题上很难达成一致。面对这种情况，四位创始人都感觉很无奈。在公司业绩下滑、上市受阻之时，四位创始人对公司的发展思路出现了很大分歧，由于没有一个人能控制公司的局面，大家认为也许把"女儿"嫁人是最好的选择。当时，许多企业上门谈合作，包括汉高、西卡、富乐、中化国际等。最终选择富乐，是因为富乐的发展理念和战略与天山公司最契合。富乐是战略投资者，收购后天山仍可以独立运营，产品品牌依旧保存。美籍华人蔡志伟先生在富乐并购天山过程中发挥了巨大作用，目前蔡志伟先生已晋升为 H.B.Huller 高级副总裁，负责富乐全球工程胶黏剂业务，兼任天山公司董事长。

2015 年 2 月 2 日，H.B.Fuller 完成了对天山公司的并购。四位创始人仍保留 5% 的股权，天山公司仍然保留了自己的独立经营权，由原股东林新松出任总裁，原股东王兵、李印柏、翟海潮任副总裁。结合公司现状，管理层提出了"创新、务实、国际化"的经营理念，在保持原有传统优势行业稳中有升的基础上，在新能源汽车、电子、国际等业务上大幅突破，使天山的销售额和毛利润每年都保持两位数增长。天山员工不仅待遇提高了，也得到了更好的发展空间和平台，以原天山员工为骨干的研发团队、技术支持团队在美国、欧洲等H.B.Huller的分公司进行业务交流、科研以及客户现场技术服务、用胶点开发，天山实现了真正意义的国际化，天山人正在为2020年销售额突破20亿的目标而努力。

74 杭州之江有机硅"隐形冠军"成长之路

我很欣赏德国著名管理大师赫尔曼·西蒙所著的《隐形冠军》一书。西蒙教授指出："从全球市场地位及竞争的表现来看，世界上许多最优秀的企业并非我们熟悉的那些巨无霸，而是一群鲜为人知的、低调潜行的隐形企业。"这些隐形企业大都封闭持股、不为外界所知，但行业内却大名鼎鼎，都是行业的龙头。这些隐形冠军最突出的特点是：市场聚焦，走专业化、差异化之路；全球的市场领袖定位；追求长期、可持续的成长。何永富先生（见上图）所创办的杭州之江有机硅化工有限公司（以下简称"之江有机硅"）所追求的就是这样的目标。

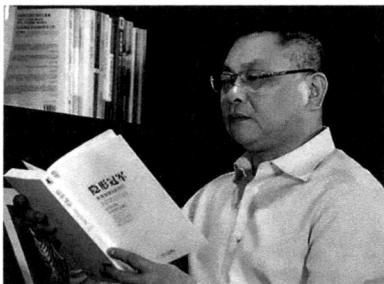

之江有机硅创立于 1996 年，是一家专业从事密封粘接剂、功能型涂料等化工新材料研发和生产的股份制企业。在国内各大中空玻璃厂、幕墙公司、房地产商中享有很高的知名度和美誉度，产品在"鸟巢"国家体育场、上海世博中心等国内各大城市的地标性建筑中获得了广泛应用。其国际品牌"FINOTECH"在 60 多个国家注册和推广，国际化版图已渐显雏形。经过 20 年的发展，之江有机硅已经踏上了隐形冠军之路。

之江有机硅"隐形冠军"之路可以分为三个发展阶段：

① 1996～2000 年，初出茅庐。20 世纪 90 年代，创业大潮风起云涌。1995 年，何永富 33 岁，在市财税局下属的经济发展公司做财务经理，可以说衣食无忧。但何永富越来越深刻地感觉到，自己的生活虽然安稳，却也太过平淡，于是头脑中萌生了创业的念头。在一次同学聚会上，一位在建筑设计院工作的同学无意间提到的一款叫作"硅硐接缝密封胶"的产品瞬间吸引了整天都在琢磨创业的何永富。何永富调研发现，硅硐胶的应用领域很广，竞争对手也不多。当时，本土生产厂家的供应能力似乎很有限，市场上还出现了供不应求的格局。因此，何永富选定了硅硐胶作为自己的创业方向。1995 年冬天，何永富做出了辞职创业的决定。何永富生来性格沉稳、思维严密周到，他很清楚

创办一家企业，人才、资金、技术和场地缺一不可。他首先说服了在某电器企业做销售的老同学贾国江来做销售，又到中国最知名的硅硐胶研究单位成都有机硅中心找到了刚刚退休的专家来做技术，还找到了萧山进出口公司为项目提供了 50 万元的启动资金和场地。就这样，之江有机硅作为萧山进出口公司的下属企业在黄家河东山仓库里创立了。在硅硐胶专家的指导下，经过连续奋战，之江有机硅的第一个产品 JS-222 中性密封胶于 1996 年 5 月 18 日成功投产。5 月 18 日，被之江有机硅铭记为诞生日。这一年恰好是鼠年，之江有机硅为产品注册了"金鼠"商标。之后，何永富又陆续引进了张旭做销售、陆发兴做采购，并尝试从建材经销商那里打开缺口。面对品牌不被认知和产品性能不稳定两大挑战，创业者们"走千山、过万水、跑断腿、磨破嘴"，总算找到了些客户。1996 年是创业最艰苦的一年，创业团队克服了重重困难，当年销售额近千万元，账面上还有了 60 多万元的盈余。

进入硅硐胶行业不久，何永富就发现，每个城市都力图建设自己的地标式高楼，在所有建筑用硅硐胶中，用于玻璃幕墙组装的结构胶最为高档和走俏，产品绝大多数为外国品牌，如道康宁、GE、瓦克、信越等。1997 年，何永富决定开发硅硐结构胶，并于当年冬天研制成功 JS-6000 单组分硅硐结构胶。1998 年，之江双组分 JS-8000 结构胶研制成功，JS-6000、JS-8000 还通过了国家经贸委产品认定，之江有机硅成为首批具备硅硐结构胶生产与销售资格的企业。但结构胶产品的推广要比想象的困难得多，开始只能找一些小型工程来销售；急需的情况下，幕墙公司也会尝试性地采购之江的产品。几个月时间里，之江结构胶开辟了一批客户。但紧接着问题接踵而至，由于铺开太快，产品问题大面积爆发，整个公司成了救火队。经过产品的不断完善，问题总算解决了。何永富还把童年时代的伙伴孟兴水从一家水泥厂设备维修部门引进到之江做设备维修和工厂管理。

1999 年，中国房地产热兴起，大理石装潢墙面成为时尚，之江又开发出大理石干挂胶。产品推广方面，之江的销售人员不失时机地参加各种行业会议，在会议现场发名片、发资料，结识一些幕墙公司的采购人员和老总，使之江的影响力慢慢扩大。贾国江多次联系隶属于西安飞机制造公司的幕墙公司，反复介绍之江产品，多次被拒绝也不放弃，终于在 1999 年西飞幕墙公司在山东临沂承建的中国银行大楼幕墙装修工程中使用了之江的产品，总工程师倪宏志亲临现场督战，顺利完成了工程。2000年3月，何永福与倪宏志去日本密封胶企业考察，扩大了视野，尤其在生产的精益化方面。回来后，何永富引进了在国内某密封胶公司工作了12年的技术专家刘明，刘明为之江有机硅产品制造技术体系化发挥了巨大作用，解决了产品品质波动等一系列问题。何永富还与浙江大学郑强教授合作开发新产品。2000年，郑教授的学生陶小乐也加入了之江公司分管研发工作。在之江一步步走上正轨的时候，机会开始敲响大门。2000年年底，之江有机硅中标深圳江苏大厦的幕墙工程用胶，该大厦54层高208m，是当时中国十大高层建筑之一。2000年，之江有机硅销售额超过了1亿元。

② 2001～2006年，茁壮成长。2001年，萧山进出口公司处于破产清算阶段，作为下属企业的之江有机硅获得了独立身份。何永富从德国考察回来，决定引进德国SCHWERDTEL硅碉胶自动生产线，让之江机硅生产设备处于国际领先水平。2001年5月18日是一个特殊的日子，也是生产线投入运营的日子，之江的发展从此进入了快车道。

2002年，何永富决定与中国科技大学合作开发聚氨酯密封胶，进入高速发展的汽车市场。在中科大科研成果的基础上，之江JS-311挡风玻璃胶和JS-312汽车车身密封胶成功投产。2003年，之江第二个生产基地和技术中心在萧山区白鹿塘建成，同时引进了软包装自动生产线。2004年，之江有机硅市场部成立，张旭任市场部经理，策划品牌推广活动。2005年，之江开始进入电子电器等工业市场。2006年，之江有机硅成立10周年，这一年恰逢之江获得中国名牌产品称号。2006年，之江有机硅销售额突破了2亿元。

③ 2007年至今，踏上"隐形冠军"之路。当之江发展到一定规模的时候，何永富对公司战略的思考越来越多：之江为何而存在？之江要到哪里去？在一次阅读中，何永富无意中看到了"隐形冠军"这个概念，他马上买了本赫尔曼·西蒙教授写的《隐形冠军》一书来看，越看越觉得书里面的理念非常适合之江的发展。于是，何永富心目中有了大目标，决心使之江成为一家"专业化、国际化、可持续发展的隐形冠军企业"。之后的许多年，何永富抵制住了多种诱惑：例如，不做房地产开发，卖掉了城中心的土地，转而把资金用于购买设备；拒绝了郑强教授"有机硅在纺织上应用"课题合作的邀请，还一时引

起郑强教授的误解。有了这份坚守，才使得之江之后的发展喜事连连。

2008 年，之江有机硅被评为"中国十大成长之星"。2009 年，何永富在临江国家高新区一次性购入 150 亩土地，用于新基地建设。2010 年 10 月，临江新厂一期工程建成。2011 年，之江研制成功 JS-606 太阳能光伏组件有机硅密封胶，开始进入光伏行业。2012 年，何永富引进在道康宁工作的潘毅先生，之江开始走上国际化。2013 年，临江工厂二期项目实施，并于 2014 年底完成投产，之后又建成了 12000m² 的科研大楼。2015 年，之江获得"国内房地产公司 500 强首选密封胶"奖。之江的海外销售工程师陆续派到全球多个地区驻扎，推广之江的自主品牌"FINOTECH"密封胶，之江从国内市场向全球化发展。

2016 年，何永富带领管理团队对之江已经变得很长的业务线进行了梳理，使业务更加聚焦于自己的优势领域，还进一步完善了公司的股权结构、激励与分配机制，进一步明确了战略重点和国内、国际布局。2016 年，之江有机硅销售额突破 15 亿元。2017 年 2 月，之江获得"中国 2016 年小而美企业"称号。通过 20 年的坚守，之江在一个个细分领域内精耕细作，坚持贴近客户的创新，凝聚竞争优势，保持高质量的市场增长，激励员工并保持精益的组织……20 年的成长，之江有机硅已经踏上了隐形冠军之路。

75 "永大"胶黏带的发展历程

20世纪80年代初，改革的春风吹遍了富庶的侨乡——广东中山小榄镇永宁村，勤劳、聪明的永宁人审时度势，通过与香港乡亲的联系，积极寻求合作项目。永宁人从旅居香港的港胞麦克贞先生那里了解到BOPP包装胶带的信息，由于当时我国出口商品包装普遍使用的是湿水牛皮纸胶黏带，由于粘力及强度不足，商品运输过程中经常因纸箱爆开被外商拒收或索赔。而当时国际上使用的BOPP胶黏带粘力强，可避免此类情况的发生。由于国内没有厂家生产，外贸部门每年不得不耗用数百万美元的外汇进口BOPP胶带。获得这个信息后，当时永宁农副产品厂厂长郭炎开带领厂里的几位业务骨干，深入调查各大城市的外贸部门，了解BOPP胶带的进口渠道和用量情况。调查结果表明，BOPP胶带在中国发展前景广阔。因此，永宁的领导班子觉得机不能失，就去找当初提供信息的旅港乡亲麦克贞先生，希望合作开发BOPP胶带。积极支持家乡建设的麦克贞先生欣然同意，双方决定合资建立公司。1984年11月18日，是一个载入中国压敏胶黏带发展历史的日子，这天由永宁村和香港大华行合资创办的"中山市永大胶粘制品厂有限公司"宣告正式成立，公司名称取自永宁的"永"字，大华行的"大"字。合资公司由何渭森先生担任总经理，项目协议签好后，占地面积4万平方米的工厂在永宁破土动工。第一期总投资420万美元引进3条国际先进水平的BOPP全自动涂布生产线和制胶专利配方、制胶整厂设备及配套设备设施。1985年5月，第一条年产2500万平方米的BOPP涂胶生产线一次性试产成功。同年12月从中国台湾地区引进的全套制胶生产技术和设备正式投产。之后，另外两条涂胶生产线也陆续建成投产。对于刚刚成立的永大来说，如何打开产品销路是企业能否站稳脚跟的关键。在交通和通信非常落后的环境下，梁志江先生带领几名业务员步行或骑着破旧的自行车上门推销产品，无论刮风下雨，无论道路曲折，他们毫无怨言。在他们的努力下，永大产品在包装行业打开了突破口。1985年，永大实现了400万元的销售收入。

1986年仍然是销售攻关的一年，永大推出了BOPP印刷胶带，参加4月份召开的全国外贸公司订货会收到了意想不到的效果，外贸公司纷纷与永大签订合同，1986年永大销售收入达到1700万元。这样的发展速度，对当时的乡镇企业来说，是一个惊人的数字。1986 年 10 月 16 日，时任国务院总理的赵紫阳亲临永大视察，使永大人备受鼓舞，同时永大在社会上的知名度也大大提高。1987 年，我国引进的数十条电冰箱生产线由于所用特殊胶黏带供应跟不上，使电冰箱生产行业陷入窘境，永大了解到这个信息，立即着手研究，很快向市场推出双面胶带、铝箔胶带、聚乙烯胶带、聚氯乙烯胶带等新品种，迅速占领市场。同时，为解决压敏胶水的核心技术，公司投入人力、物力和财力大力开展技术攻关，在麦炳垣先生等人的努力下，经过一段时间的潜心钻研和对制胶设备的改造，最终掌握了生产压敏胶的关键技术，从根本上解决了胶水配方依赖进口的难题，实现了"一条龙"式的产品生产。

1988 年，公司相继在上海、天津、沈阳、杭州四个大城市成立了办事处，永大产品迅速占领了华东和东北市场。随着公司业务量的增大，原有的设备已远远不能满足生产的需要，公司先后引进了多套自动和半自动的多用途分切设备和涂布线，使得紧张的生产形势得以缓解。为提高销售人员的积极性，销售部在 1988 年还实施了推销员的收入与销售额挂钩的策略，促使当年的销售额达到 7500 万元。1988 年，永大牌 BOPP 薄膜压敏胶黏带被广东省经委确认为"替代进口产品"，并获得国家农业部优质产品奖。

1989 年，在汤国添先生等人的策划下，公司酝酿出了一个在当时来说绝无仅有的强大品牌宣传和推广计划，以全国各地人员流动比较大的公路、铁路为依托，利用在公路、铁路两旁最显眼的位置，制作大幅彩色墙面广告，以最直观的方式全面宣传永大品牌及产品。据不完全统计，历年来永大共在全国范围内制作彩色墙面广告达 1 万多幅。一时间，永大品牌犹如一股春风，吹遍神州大地，响彻大江南北。1989 年，永大产销收入创纪录地突破了亿元大关，被广东省政府评为"省级先进企业"，并获得"广东外商投资企业金匙奖二等奖"。但不幸的是，麦克贞先生因病于 1989 年 10 月去世。公司委派原总经理何渭森先生赴香港协助处理大华行及永大的业务，永大总经理则由梁志江先生担任。

1990 年，在时任技术部经理何汉健先生的带领下，研发小组相继成功研发出水性双面胶带、油胶双面胶带、铝箔胶带、EVA 泡棉胶带等产品。当年，"永大运用价值工程替代进口原料成果"获"广东省现代化管理成果一等奖"；永大还被授予"省企业管理优秀企业"及"国家二级企业"称号。1991年，公司投资兴建了整套压敏胶水生产线，开创了永大大批量生产压敏胶的历史，压敏胶的年生产能力达到1.5万吨，实现完全自给自足。当年，永大还在河北承德县投资成立"永大北方胶带厂"，专业生产牛皮纸压敏胶带。1991年，永大获得了"全国乡镇企业先进供销集体""全国乡镇企业出口创汇先进单位"和"中国乡镇企业十大百强企业"称号；还获得了"省质量管理优秀奖""轻工业部优质产品奖""农业部优质产品奖""全国七五星火计划博览会金奖"。为了打造国内最大的胶粘制品专业生产厂家，1991年，公司做出了一项历史性的重大决定，在永宁开发区内选址计划建设占地面积为13万平方米的新厂区。1993年3月21日，公司新厂正式奠基并开工建设。1993年，公司成立产品开发部，公司加大投入改善压敏胶性能及科研工作，先后研制出耐高温橡胶型胶水、美纹纸专用胶水、开发应用低泡压敏胶水、电脑绣花双面胶带等。为了满足销售需要，扩大全国销售结构布局，1994年公司在杭州投资成立了永冠胶粘制品有限公司，实现了公司的生产服务前移，有效缩短了客户的交货期。1994年，公司销售总额达到3.2亿元。1995年，永大公司坚持以市场为导向，走质量效益型的道路，全体员工在总经理卢铨枝的带领下，取得了理想的成绩，生产总值超过3.6亿元。1995年，永大BOPP胶黏带被化工部评为"质量好的产品"；铝箔带获农业部第二届农博会金奖。1996年，永大经历了公司创建12年来最困难的一年，但永大人不畏艰难，克服了由于市场疲软、市场竞争激烈、整厂设备搬迁所带来的许多不利因素，加强内部管理，降低成本，生产部在保质保量完成全年生产任务的同时，按期在年底前完成了整厂搬迁的任务，使新旧厂区顺利过渡。

1997年，永大首次提出要把永大发展成为"中国的胶粘王国"口号，并着手由生产技术部门牵头制定公司的第一个五年（1998～2002）规划。1997年，永大双面胶带获农业部第三届农博会金奖。1998年1月23日，永大新办公大楼落成，当日举办了隆重的庆典活动，总经理卢铨枝代表公司发表了热情洋溢的讲话，回顾了公司发展的历程。卢总勉励永大人发扬"团结、求实、奋发、创新"的精神，同心同德，共同奋进，为实现"中国胶粘王国"宏伟目标而迈进。新厂的落成，标志着永大步入了一个崭新的发展时代，公司也实现了从小规模探索式的发展跨越到了大企业飞越式的发展。1998 年，何汉健担任副总经理兼公司管理者代表，带领永大于 1998 年 12 月通过 ISO9002 国际质量体系认证，成为行业内中国首家通过此认证的企业。1999 年 5 月，永大负责起草的双面压敏胶黏带化工行业标准由国家石油和化学工业局正式公布实施。公司申请的"永大牌"商标通过 52 国马德里国际商标注册，对公司的品牌发展和保护具有积极意义。1999 年 8 月，何汉健任公司副总经理，全面负责公司的研发、采购、生产、销售等工作，生产销售实施一体化管理。当年公司还推出了与公安部联合开发的物证封装双面胶带（用于刑侦用途证物保护）及环保水溶性双面胶带（应用于造纸行业）。2001 年又开发出不易脱文具、木线用双面胶黏带、冰箱蒸发器用双面胶黏带、粘 PU 泡棉双面胶黏带、彩色文具胶带、警示胶黏带、美纹胶黏带，产品广泛应用于玩具包装、食品罐封口密闭保质、家居装修、电子电器、交通、汽车等领域。2001 年，永大成立了无锡永广胶粘制品有限公司。同年，公司杭州分厂乔迁新址实现了扩产，并更名为杭州皇冠胶粘制品厂，分厂的成立和乔迁，巩固了公司在华东、华中、华北乃至东北的市场。2001 年，永大被中国包装技术协会和中国包装企业家联合会授予"中国 200 强先进包装企业"。"永大牌胶黏带系列产品"被中山市人民政府评为 2000 年度中山市十大名牌，当年公司实现销售额 4.6 亿元。

2002 年，是公司第二个五年规划（2002～2006 年）的第一年，永大管理团队达成共识，正式明确了"我们的发展与创造让所有人受惠"的经营理念，主张"合作共赢"的经营之道。为了满足生产需要，切实提高生产能力，2002 年 10 月，公司投入巨资引进了国内单釜体积产量最大的 38t 压敏胶反应釜，使胶水产量提升到 5 万吨 / 年，成为国内单釜产量之首。2002 年，中山市人民政府认定永大为"市级企业技术中心"。2003 年公司更名为"永大（中山）有限公司"。2004 年公司倡导绿色产品，在生产经营上加入了环保理念，提出了"环保、绿色、健康"的口号，确定了"永大的发展绝不以牺牲环境为代价来换取企业利益"的经营理念，充分体现了永大人强烈的社会责任感。2004 年，永大牌胶黏带首获"广东省名牌产品"称号。2005 年，永大牌产品被中国质量检验协会评定为"全国质量检验稳定合格产品"。2006 年，永大荣获"2006 世界市场中国（化学品）十大年度品牌""中国胶粘制品十大质量品牌""2006 世界市场中国（化学品）十大品牌"等称号，当年完成销售额 6.8 亿元。

在圆满完成了第二个五年规划后，何汉健总经理在总结第二个五年规划的基础上带领公司制定了第三个五年规划（2007～2011 年），规划指导思想是"制造世界一流品质，打造中国胶粘第一品牌"；2007 年，公司实行扁平化管理，取消许多领导岗位。同时，从制度上确立所有员工的权、责、利，并全面实行 ERP 企业资源计划，实现企业的数字化管理。2007 年，永大牌胶黏带获国家质检总局授予的"中国名牌产品"荣誉称号。2008 年，公司推出 LED 电子胶带、手机用超薄胶带。公司趁着金融海啸带来的经济领域大洗牌，把握机会，继续扩大生产，引进并安装了 4 台最新型的涂布设备，稳定了生产数量，同时为了提升公司印刷质量，公司于 2009 年又引进了两台先进的印刷设备，这些设备的引进为公司扩大生产提供了保障，推进了公司的现代化、机械化历程。2009 年，公司举行成立 25 周年庆典，会上公司隆重地向全体员工宣告"做 100 年的胶粘事业"企业宏愿，提出"做精、做专、做强"的做事原则。2010 年和 2011 年是公司技术创新的关键年，公司在技术创新的同时也追求着服务创新。在何汉健总经理的领导下，5 年来公司共获 14 个专利受理，获授权 12 项；并历史性首获"中国名牌产品""中国驰名商标""国家高新技术企业""省市技术开发中心"等近五十项荣誉奖项；2010 年和 2011 年永大还分别获任中国胶粘剂工业协会常任副理事长单位和中国胶粘剂工业协会胶粘带分会主席单位。2011 年，永大管理落实"一切围绕销售转"，公司销售创收达到了历史新高点 8.3 亿元。当年，永大"高性能水性双面压敏粘带"获广东省科技进步奖二等奖。

2012 年是永大第四个五年规划（2012～2016 年）的开局之年，也是永大深化内部管理调整的重要一年。在"创新 - 可持续发展"的战略思想指导下，何汉健总经理雷厉风行，带领公司进行架构改革，以"销售回归原点"为管理基调，组建了七大事业部，建立了"零容忍"制度并深化到客户和关键部门。2013 年，永大耗资亿元，在湖北新建"新包装技术胶粘产品生产基地"。2014 年，公司全面实施"标准化产品、标准化产品规格和标准化产品价格"战略，创新性地引入了"强脑、瘦腰、健腿"的人体保健管理体系，强化了"二次创业"精神，大力提倡"工匠精神"，推动工业 4.0 发展与落实，定位"老产品、新市场"为营销战略布局，全面"完成 ERP 应用的最后一公里"工程，使公司经济效益和产品质量稳步提高。2016 年，公司"经济收益创历史性新高"使"四五"规划得到完美收官，2016 年公司继续保持上一个五年规划的发展势头，同比上一个五年规划保持了整体 30% 以上的增长。

2017 年是永大"五五"规划（2017～2021）的头一年，永大将以"精、专、特、新"四字目标来打造一个全新的、融入工匠精神的、智能互联的、节能高效的企业。永大人将一如既往，向做百年胶粘企业目标迈进。

76 华夏（"永乐"）胶黏带的发展历程

　　20 世纪 80 年代，改革的春风吹遍大江南北，经济大潮汹涌澎湃。位于北京西南 60 公里的河北涿州，乡镇企业蔚然成风。王凤在寻找项目的过程中，朋友给了他一卷日本产的 BOPP 胶黏带，该胶带主要应用于包装、文具，属于国内空白。为了摸清胶黏带的信息，王凤进京求师，他从涿州永乐村到燕山化工总厂，又掉头向东到北京通县，十几个小时不停地奔波，终于在东方化工厂下班时，苦苦留住了厂技术服务组的常玲传工程师，常工被王凤诚挚的态度所打动，颇有见地的对王凤说："纸基胶带强度差，还受原料限制，而且生产过程有污染，而新一代 BOPP 胶带市场潜力巨大，前景广阔。"常工的一席话坚定了王凤做 BOPP 胶带的信心。1985 年，他借款两万元，成立了华夏胶粘带厂，与李伯、杨淑霞等十几个伙伴开始了改变他们人生道路的创业，并以他出生的永乐村村名注册了"永乐"商标。在无技术、无设备、无人才的情况下，他们自己动手研制设备。他们跑遍了北京的大小废品收购站，寻找可用的材料，经过将近一年的反复试验，失败了 48 次。但他们没有被失败击倒，对事业的执着与不舍迎来了成功的曙光，最后一次试验中试制小组成员杨超礼、崔友等人设计用钢丝缠绕在涂胶辊上，终于解决了精密涂布的难关，试制出了中国第一台 BOPP 胶黏带涂布机，继而成功地生产出了中国第一卷 BOPP 压敏胶黏带。产品通过了河北省科委组织专家进行的鉴定，鉴定委员会成员有中国科学院化学所葛增蓓、北京粘接学会杨淑智、北京东方化工厂路敏俊、龚辈凡等 15 名专家。经鉴定，产品各项技术指标达到了日本同类产品

水平。产品投放市场后供不应求，很快被外贸公司确定为定点生产厂，一举结束了我国 BOPP 压敏胶黏带长期依赖进口的局面。当时日本一家胶黏剂刊物是这样描述的：这不是中国的权威研究机构，也不是国营企业的技术开发部，而是一个蓄势待发的作坊式小厂。这款比国外晚了 20 年的产品，居然在这个作坊式小厂依靠自己的力量，用了不到一年的时间制造出来了，而他们采用的正是最先进的一种麦棒涂布方式。

感受到成功喜悦的同时，王凤也清醒地认识到，要想使企业立于不败之地，必须使企业上规模、上档次，把企业做大做强。1989 年 11 月，王凤合资成立了河北华夏胶粘带有限公司。继而又先后成立了涿州永乐树脂化学有限公司生产胶带所需的压敏胶黏剂，成立涿州永盛塑胶有限公司生产胶带所需的软质 PVC 薄膜，成立涿州东华包装材料有限公司生产胶带所需的 BOPP 双向拉伸薄膜，并申请注册了河北华夏集团。他们在生产的第一代、第二代涂布机的经验基础上，总结各种涂布设备的优缺点，先后解决了涂布方式、循环加温和程序控制及自动化等关键技术难题，研制成功了第三代全自动涂布生产线。至此河北华夏集团成为中国唯一的一站式胶黏带生产基地。

1995 年，华夏胶粘带厂发展成资产超千万元的企业，规模大了，实力强了，但产权关系不明、运行机制弱化的问题日益突出。王凤认为，应该适时明晰企业产权建立良好的治理结构，有利于企业的长远发展，有利于增强凝聚力。根据企业创初期的资金投入和风险及合伙创业者的经营业绩设置股权，经过充分协商，确定了股权分配方案。王凤和企业 11 名创业者根据出资额和贡献大小，按照 52%、5.3%、3.5% 和 1% 的不同比例划分给个人。规定在企业解散、破产和清算前，股东不得撤股，但可以在企业内部转让，在充分酝酿协商的基础上股权设置和分配都达到了各股东的满意。

1996 年，王凤的朋友涿州市公安局的副局长李晓友，因倒卖了一辆旧汽车被以投机倒把罪错判入狱。王凤去探监时，他给了王凤一份关于 BOPP 胶带用于公安指纹和掌纹的研究报告，该产品不同于普通的 BOPP 胶带，要求高度透明、无毒、无味、无气泡，王凤利用自行生产的溶剂型压敏胶经反复试验，生产出符合公安要求的高度透明指纹、掌纹鉴定用 BOPP 胶带，王凤和李晓友获得公安部科技进步三等奖，同年李晓友获得平反恢复工作。

　　1997 年，华夏在技术开发部的基础上组建了华夏胶粘制品研究所，聘请在北京攻读化工博士的曾宪家主持研究所工作并任所长，同时与北京中科院化学所签署技术合作协议，由杨玉昆教授指导开发用于 PVC 胶带的丙烯酸水乳型压敏胶黏剂及其他新产品。先后开发出丙烯酸水乳型、溶剂型压敏胶黏剂，橡胶型系列压敏胶黏剂，使公司由原来只能生产 BOPP 胶黏带发展到生产 PVC、PE、双面、铝箔、纸基等胶黏带系列产品，尤其是杨玉昆教授指导开发的丙烯酸水乳型压敏胶黏剂用于 PVC 胶带取得重大突破。1998 年，华夏具备了年产各种胶黏剂 1.5 万吨、各种胶黏带 1.5 亿平方米的生产能力，并取得较好的经济效益。曾宪家于 1999 年编写了《压敏胶粘制品》，2000 年编译了《压敏胶黏剂技术手册》，2014 年与杨玉昆、吕凤婷等人合作编写了《压敏胶制品技术手册》，并发表了多篇论文，为中国胶粘制品的发展起到积极的推动作用。

　　1998 年，华夏实现了产品多样化，年产各种胶黏剂 1.5 万吨、各种胶黏带 1.5 亿平方米，取得较好的经济效益。当时华夏的广告宣传语是"您所需要的胶带，我们统统都有"，产品多样化固然抗风险性强，但在生产及仓储等方面却带来很大困扰，经济效益下滑，面对此种情况，王凤决定终止杂乱的多种胶黏带生产，选择其中一种产品做大做强。通过筛选决定专一生产被业内称为"永远养不大"的 PVC 胶带，由于盲目扩大生产，出现大量产品质量问题，当时 PVC 薄膜是外购，供应厂家使用一种新型不成熟的增塑剂替代 DOP，投放市场的 PVC 胶带产品质量问题大面积爆发，尤其是用在铝门窗的 PVC 保护胶带，撕下后胶残留在被保护的框架上，客户不但不付款还要求公司派人去进行清除，十几层楼高的建筑物清理绝非易事，刚打开的市场就此停滞了。公司充分认识到 PVC 薄膜与压敏胶黏剂的匹配至关重要，决定投资购买设备自行生产 PVC 薄膜，从哈尔滨购买一台闲置多年的日本 PVC 压延二手设备，经过不断改进配置，使 PVC 薄膜的质量得到稳固和提高。公司产品的市场定位于 PVC 汽车线束、电子、电器等高端领域，实现了产品更新换代，抢占了市场先机。

　　2003 年华夏开创了河北省首家企业在境外上市的先河，华夏科技控股在新加坡证券交易所挂牌上市，成功向海外资本市场进军，实现了企业质的飞跃。2004 年 12 月与美国普利茂斯橡胶公司合资设立了普利茂斯永乐胶带（上海）有限公司。利用普利茂斯的技术成功地生产出 PVC 汽车线束胶带。2006 年先后得到德尔福、矢崎、住友等国际知名汽车零部件供应商的认证，当年就接到 3000 多万美元的大订单，开始大规模进入汽车零部件领域。

如果说从生产 BOPP 胶带到转型生产 PVC 胶带是华夏发展至关重要的一步，那么汽车线束胶带等新产品核心技术的突破是产业结构变革的又一次升级。随着公司产品的转型，技术创新也不断提高，公司同时对设备不断技改升级，使产能和效率持续提高，技改升级后的设备包含了多项技术创新，有的已达到或超过了国际先进水平。2006 年被《福布斯亚洲》评为最好的中小企业 200 强之一。

公司不仅通过内部培训培养人才，也面向社会招贤纳士，引进了一大批高素质的专业人才，还把生产技术骨干分批送往美国、英国、德国等发达国家学习先进技术。王国东本科毕业后分配到保定一家国有企业，辞职应聘来公司工作，从普通职员做起，先后担任过销售部经理、主管生产的副总经理，工作精益求精、积极肯干，受到同事们的好评。2000 年被聘任为公司总经理，他果然不负众望，其出色的表现为公司的发展奠定了良好的基础。从王国东的发展可以看出华夏给每一个有志向、有能力的人提供实现自我价值的机会。金春明化工硕士毕业，2005 年应聘来公司做研发工作，很快进入角色，他针对公司主导产品 PVC 胶带总量进一步扩大的状况，规范了 PVC 薄膜和压敏胶的工艺和配方，淘汰落后的产能，重新修订了《工艺和操作手册》，对原有的技术进行技改升级，确保所生产的胶带产品不出质量问题，取得了很大成绩，极大地增强了企业的市场竞争力。

为了营造具有华夏特色的营销网络，公司从创建初期先后举办了 8 期销售培训班，从最初的产品知识到高层次的销售技巧、公共关系等项目逐一编成培训教材。如今已拥有 60 多家特约经销商，分布在全国 30 多个省市和地区，销售人员达 200 多名。这批人大多来自农村，而他们现在大多数已成为广州、深圳、北京、上海、天津、武汉等大城市的居民，华夏发展到今天与他们的努力是分不开的，公司也同时实现了当初"10 年后打造 100 个老板"的计划。忠诚而稳定的销售团队是华夏一笔无形的财富，也为产品占领市场、服务客户做出了突出贡献，及时、高品质的客户服务也是华夏销售的突出特点。

2009 年以后，公司抓住国际经济下滑失业率扩大、国际技术转移的大好时机，聘用外国专家研发新产品，以开发高科技含量、高附加值产品为目标，积极推进新产品研发工作，成功研发出低 VOC 的 PVC 胶带、布基胶带、橡胶胶带，其中 PVC 汽车线束胶带、布基汽车线束胶带先后通过福特、大众、通用、沃尔沃等十几家汽车主机厂的认证，这些新产品的投入生产极大地增强了企业的市场竞争能力。通过从意大利引进世界最先进的溶剂回收设备的核心装置，并依靠企业的自主创新能力，成功开发出了溶剂回收全套装置，回收率达到 99.7%，实现了环保节能、资源回收再利用的目标，促进科学绿色低碳发展，为企业可持续发展打下坚实的基础。

目前全集团共有 1400 名职工，具有博士、硕士、大中专以上学历的专业人才达 350 多人。华夏是中国胶粘剂和胶粘带工业协会副理事长单位、中国汽车零部件工业协会会员单位。公司作为主要起草人参与了国家 6 项行业标准的制定，主导产品获得 7 项国家专利，华夏河北工厂先后被授予高新技术企业、海关 AA 企业。2014 年华夏河北工厂整体搬迁至河北涿州工业园区，新工厂占地 13 万平方米，建设达到了同业顶级标准。2017 年 1 月 1 日河北华夏实业有限公司，正式更名为河北永乐胶带有限公司，使品牌与公司名称一致。

2017 年 2 月 6 日，王凤宣布永乐胶带已于近日与美国艾利丹尼森公司达成协议，永乐胶带将并入艾利丹尼森公司。永乐胶带有限公司通过与艾利丹尼森公司的整合，将能提供更加丰富的产品组合，以及全球范围内更强大、更灵活的生产与供应能力。同时，艾利丹尼森公司将为永乐的产品在欧洲及北美市场创造全新增长点，而其强劲的技术和研发能力也将有助于加快永乐的产品开发脚步。

河北永乐胶带有限公司自 1985 年创建，从一个不被人知的小厂，闯出国门，走向世界，30 多年的不懈努力，从艰苦创业、中外合资、挂牌上市、退市私有化到整合重组，每一个脚印都见证了一段成长的历程。王凤的创业经历和取得的成绩受到了各方的肯定，他先后当选保定市人大代表、政协常委，河北省人大代表、政协委员，全国乡镇企业家、全国劳动模范、中国胶粘剂和胶粘带工业协会压敏胶制品分会主席等荣誉称号。2008 年，王凤当选第十一届全国人大代表。

77　中国胶粘剂和胶粘带工业协会的发展历程

中国胶粘剂和胶粘带工业协会（China Adhesives and Tape Industry Association, CATIA）于 1987 年 9 月在北京成立，其前身是中国胶粘剂工业协会（China National Adhesives Industry Association, CNAIA）。2012 年 3 月 15 日，经国务院国有资产监督管理委员会审核，民政部批准"中国胶粘剂工业协会"更名为"中国胶粘剂和胶粘带工业协会"。中国胶粘剂和胶粘带工业协会（以下简称"协会"）是中国胶黏剂及胶黏带行业的企业、事业单位自愿联合组成的全国性专业性的行业组织，协会围绕促进我国胶黏剂、密封剂和胶黏带工业的发展和进步，开展各项活动，为胶黏剂、密封剂、胶黏带行业和企业事业单位服务，广泛联系和努力促进国内外胶黏剂企业及行业的交流与合作，并积极向政府提出本行业发展的建议，反映行业和企业诉求，在政府和企业之间发挥桥梁和纽带作用。

协会设有压敏胶及制品分会、聚合物乳液胶粘剂专业委员会、橡胶型胶粘剂专业委员会、聚氨酯胶粘剂专业委员会、热熔胶粘剂专业委员会、工程用胶专业委员会、建筑胶粘剂专业委员会和丙烯酸（酯）行业分会。各专业委员会或分会根据本专业的技术特点开展活动，每两三年举行一次专业大会，研讨本专业的发展态势和一些难点热点问题。

协会主办的《中国胶粘剂》和《粘接》杂志（月刊）在国内外发行，是目前国内胶黏剂行业中的重要刊物。为了传达协会及国内外胶黏剂行业的有关信息，协会还创办了《中国胶粘剂信息》（月刊），在行业内发行。自 2016 年起，协会负责《丙烯酸化工与应用》（季刊，内部资料）的编辑和发行。

协会自成立以来，始终遵循"团结、服务、创新、求实"的工作作风，牢记服务宗旨，竭力为会员办实事。协会每年都要举办和组织各种类型的活动，如技术交流会、国际展览会、行业发展研讨会、技术讲座和出国考察等。一年一度的胶粘剂及密封剂技术交流会（年会）及国际展览会，因内容充实、形式新颖、技术水平较高、收费合理等原因，吸引了越来越多的国内外厂商、用户和专家学者参加，在国内外的影响力和知名度日益提高。

协会现有团体会员近 400 家，包括了胶黏剂行业中规模大、实力强、知名度高的一批大中型企业（含跨国企业）、科研院所和大专院校。协会还聘请了 30 位国内外著名的胶黏剂专家为顾问。协会已与美国、欧盟、日本、韩国和中国台湾等国家和地区的同业组织建立了广泛的联系和合作，在国内外胶黏剂行业和企业中享有较高的知名度和较大的影响力。

下面让我们简单回顾一下中国胶粘剂和胶粘带工业协会的发展历程。

1987 年 9 月 7 日，中国胶黏剂工业协会在北京成立。1987 年 9 月 8 日，协会在北京召开了成立大会，并举行了第一次全体会员大会。大会选举产生了协会第一届理事会：理事长戚彪（化工部二局副局长），副理事长刘文斌（北京东方化工厂）、赵振宇（黑龙江省铁力木料干馏厂）、魏国桢（上海制笔零件三厂），秘书长陈万里（北京东方化工厂）、副秘书长喻华清（化工部二局）。第一届理事会共有 27 个理事单位，常务理事 8 名，会员单位 178 个，其中科研、院校 50 个，其余大部分为国有企业。会议通过了中国胶粘剂工业协会章程、组织工作条例、理事会工作职责、专家顾问团工作职责、秘书处工作职责等。协会设立了专家顾问团，聘请了 15 位同志为专家顾问团成员。同年《粘合剂》《中国胶粘剂快报》创刊。据协会统计，1987 年全国胶黏剂厂家 400 余家，全国胶黏剂产量约为 20 万吨，产值约 10 亿元。1988 年，协会走访了分布于全国十九个省市的 83 个会员单位，对我国上千种胶黏剂进行了分类统计，编写了《胶粘剂的分类和命名原则》。1988 年 5 月，协会成立了压敏胶制品专业组，同年 10 月成立合戎乳液专业组。1989 年 11 月，协会成立橡胶胶粘剂专业组。

1989 年 11 月 8 日，协会召开第二次会员大会，确定中国胶粘剂工业协会会徽，选举产生了协会第二届理事会：理事长金国珍（化工部化工司司长），副理事长刘文斌（北京东方化工厂）、徐明斌（黑龙江省铁力木料干馏厂）、魏国桢（上海制笔零件三厂），秘书长陈万里（北京东方化工厂），副秘书长师广明（化工部行业指导司石油化工处处长）。第二届理事会理事单位名单 27 名，常务理事 9 名。据协会统计，1989 年全国胶黏剂厂家 500 余家，会员单位 175 家，产量为 28 万吨。1990 年，协会在大连举行全国胶黏剂推广应用及新产品展览会。1991 年，《粘合剂》成为国际公开发行刊物。《中国胶粘剂快报》由季刊改为双月刊。1992 年 3 月，协会参与国家计委委托化工部制定的"八五胶粘剂生产发展规划"和"八五胶粘剂科技攻关项目"的立项论证会。1993 年，协会成立聚合物乳液胶粘剂、热熔胶粘剂、聚氨酯胶粘剂、橡胶型胶粘剂专业组，由协会理事单位任专业组组长，各专业组每两年举办一次全体会员会议。

　　1994 年 9 月 8 日，协会召开了第三次会员大会，选举产生了第三届理事会：理事长申过秋（北京东方化工厂厂长），副理事长师广明（化工部行业指导司石油化工处处长）、侯吉成（北京有机化工厂厂长）、俞永涵（上海长城精细化工厂厂长）、龚万兴（上海新光化工厂厂长）、齐松山（化工部华凌合成材料公司经理），秘书长陈万里（北京东方化工厂），副秘书长杜梦麟（北京有机化工厂）。理事会决定将各专业组更名为专业委员会。1995 年，协会与无锡市化工局合作，在无锡举办了全国胶粘剂展览会和技术交流会。1996 年，协会起草了"九五胶粘剂生产发展规划"，参与国家计委委托化工部制定的"八五胶粘剂科技攻关项目"的审查验收及"九五胶粘剂科技攻关课题"的立项论证会。

　　1997 年 10 月 6 日，协会召开了第四次会员大会，选举产生协会第四届理事会：理事长王嘉宁（北京东方化工厂厂长），常务副理事长应书光（北京有机化工厂厂长），副理事长师广明（化工部行业指导司石油化工处处长）、俞永涵（上海长城精细化工厂厂长）、陈琦（上海新光化工厂厂长）、齐松山（化工部华凌合成材料公司经理），秘书长龚辈凡（北京东方化工厂），常务副秘书长杜梦麟（北京有机化工厂），副秘书长康小清（化工部行业指导司）。1997 年，协会与中国贸促会化工行业分会合作共同在北京举办第一届中国国际胶粘剂及密封剂展览会，并在今后每年举办一次。据协会统计，1997 年全国胶黏剂产量约为 180 万吨，产值约为 120 亿元，跨国企业、合资企业、民营企业迅猛发展；1998 年，协会顺利地通过了民政部和原国家石化局的审查，成为石化系统保留和重新登记的 37 个协会之一。1999 年 3 月，协会编制了中国胶黏剂行业"十五发展规划"建议书。1999 年 4 月，协会在北京举办了第二届中国胶粘剂技术与信息交流会，以后每年在展览会举办前均举办一次。2000 年，协会被国家石油和化学工业局评为"先进社团组织"。2001 年，协会在北京购买了办公用房，对劳动人事制度进行了改革，设立了理事会储备基金。

2001 年 10 月 24 日，协会召开了第五次会员大会，选举产生了协会第五届理事会：理事长费广泰（北京东方化工厂厂长）、常务副理事长应书光（北京有机化工厂厂长）、副理事长师广明（中国石油和化学工业协会）、俞永涵（上海长城精细化工厂副总经理）、陈琦（上海新光化工厂厂长），秘书长龚辈凡（北京东方化工厂），副秘书长成明鼎（北京有机化工厂）。2003 年 11 月，协会在广州举办第二届亚洲地区胶粘剂大会（ARAC）。2003 年，协会成立工程用胶专业委员会。同年，压敏胶专业委员会更名为压敏胶及制品分会。2004 年 10 月，协会在北京举办了第六届世界胶粘剂大会（WAC）。

2005 年 11 月 2 日，协会召开了第六届会员大会，选举产生了协会第六届理事会：理事长杨启炜（北京东方石油化工有限公司有机化工厂厂长）、副理事长杨伟才（中国石油和化学工业协会副会长）、陈琦（上海新光化工厂厂长）、仝立祥（山西三维集团股份有限公司董事长）、刘万章（浙江金鹏化工股份有限公司总经理），秘书长龚辈凡。协会理事共 42 人。2005 年 4 月，协会编制完成《中国合成胶粘剂工业"十一五"发展规划建议书》和《"十一五"国家科技攻关项目建议书》。2007 年 3 月，协会成为《粘接》杂志主办单位。同年，协会组建全国胶粘剂标准化技术委员会压敏胶分技术委员会。据协会统计，2007 年全国胶黏剂产量约为 330 万吨，产值约为 420 亿元，市场竞争愈加激烈，企业的关停并转、兼并重组进程加快，优秀的民营企业不断发展壮大；2008 年 5 月，协会在南京召开第六届聚合物乳液专业大会。2009 年 4 月，协会在北京召开第九届聚氨酯胶粘剂专业大会。2009 年 6 月，协会在北京召开第七届橡胶型胶粘剂专业委员会大会。据协会统计，2009 年我国胶黏剂产量 405.0 万吨，销售额 526 亿元；胶黏带产量 125 亿平方米，销售额 237 亿元，均高于同期国民经济的增长。2010 年 3 月，协会在无锡召开第七届热熔胶及热熔压敏胶专业技术与信息交流会。2010 年 6 月，协会在青岛召开第三届工程用胶技术与信息交流会。

2010 年 11 月 30 日，协会召开了第七届会员大会，选举产生协会第七届理事会：理事长杨启炜（北京东方石油化工有限公司副总经理），副理事长陈琦（上海新光化工有限公司总经理）、王凤（河北华夏实业有限公司董事长）、王勤旺（山西三维集团股份有限公司副总经理）、刘万章（浙江金鹏化工股份有限公司总经理）、章锋（湖北回天胶业股份有限公司董事长）、翟海潮（北京天山新材料技术股份有限公司副总经理）、吴伟卿（广州宏昌胶粘带厂总经理）、何汉健［永大（中山）有限公司总经理］，秘书长杨栩。协会常务理事 26 人，理事 70 人。2010 年 12 月，协会成立建筑胶粘剂专业委员会。2011 年 4 月，协会编制完成《中国合成胶粘剂和胶粘带行业"十二五"发展规划》。2011 年 5 月，协会在杭州召开第七届聚合物乳液胶粘剂技术与信息交流会。2011 年 11 月，协会在苏州召开建筑胶粘剂专业委员会成立大会暨首届专业技术与信息研讨会。2012 年 3 月 15 日，经国务院国有资产监督管理委员会审核，民政部批准"中国胶粘剂工业协会"更名为"中国胶粘剂和胶粘带工业协会"。2012 年 4 月，协会在宁波召开首届全国丙烯酸（酯）市场与应用高峰论坛。2012 年 5 月，协会在杭州召开 2012 年中国热熔胶专业高峰论坛。2012 年 6 月，协会在南京召开第十届聚氨酯胶粘剂技术与信息交流会。2012 年 8 月，协会在北京召开第八届橡胶型胶粘剂技术与信息交流会。2012 年 9 月，协会组团赴法国巴黎参加第八届世界胶粘剂及密封剂大会（WAC 2012）。2012 年 10 月，协会在上海召开第十五届中国胶粘剂技术与信息交流会（胶粘剂年会）并举办第十五届中国国际胶粘剂及密封剂展览会。2012 年 11 月，协会组团赴中国台湾台北参加第三届世界胶带论坛（GTF）。2013 年 3 月，协会在杭州召开第二届建筑胶粘剂专业技术与信息研讨会。2013 年 5 月，协会在杭州召开第二届全国丙烯酸（酯）市场与应用高峰论坛。2013 年 6 月，协会在无锡召开 2013 年中国热熔胶专业高峰论坛。2013 年 7 月，协会在南京召开首届胶粘剂基础知识与粘接技术培训班。2013 年 9 月，协会在广州召开第十六届中国胶粘剂和胶粘带行业年会并举办第十六届中国国际胶粘剂及密封剂展览会。2013 年 11 月，协会在苏州召开第四届工程用胶技术与信息交流会。2013 年 12 月，协会在苏州召开首届中国保护膜和特种胶带高峰论坛。2014 年 3 月，协会在南京召开第三届全国丙烯酸（酯）市场与应用高峰论坛。2014 年 4 月，协会组团赴美国参加第四届全球胶带论坛（GTF）。2014 年 5 月，协会在武汉召开第三届建筑胶粘剂专业技术与信息研讨会。2014 年 6 月，协会在上海召开 2014 年中国热熔胶专业高峰论坛。2014 年 7 月，协会在苏州召开首届 2014 年中国不干胶标签高峰论坛。

2014 年 9 月，协会在上海召开第十七届中国胶粘剂和胶粘带行业年会并举办第十七届中国国际胶粘剂及密封剂展览会。2014 年 10 月，协会组团赴日本神户参加第五届亚洲地区胶粘剂大会（ARAC）。2014 年 11 月，协会在无锡召开第八届聚合物乳液胶粘剂技术与信息交流会。2014 年 12 月，协会在杭州召开第二届胶粘剂基础知识与粘接技术培训班。2015 年 4 月，协会在郑州召开第四届建筑胶粘剂专业技术与信息研讨会。2015 年 6 月，协会被民政部评估委员会复评为"4A"级社会组织。2015 年 6 月，协会在无锡召开第四届全国丙烯酸（酯）市场与应用高峰论坛。2015 年 7 月，协会在广州召开 2015 年中国热熔胶专业高峰论坛。

2015 年 9 月 13 日，协会召开了第八届会员大会，选举产生了第八届理事会：理事长张振友（北京东方石油化工有限公司总经理），副理事长杨栩、王震安（上海新光化工有限公司总会计师）、王凤（河北华夏实业有限公司董事长）、王勤旺（山西三维集团股份有限公司副总经理）、章锋（湖北回天新材料股份有限公司董事长）、吴伟卿（广州宏昌胶粘带厂总经理）、何汉健［永大（中山）有限公司总经理］、何永富（杭州之江有机硅化工有限公司董事长）、王有治（成都硅宝科技股份有限公司总裁）、姚其胜（上海康达化工新材料股份有限公司董事长），秘书长杨栩，副秘书长付小芳。理事会常务理事 37 人，理事 113 人。2015 年 9 月，协会在上海召开第十八届中国胶粘剂和胶粘带行业年会并举办第十八届中国国际胶粘剂及密封剂展览会。2015 年 11 月，协会在无锡召开第二届中国保护膜和特种胶带高峰论坛。2015 年 12 月，协会在苏州召开第三届胶粘剂基础知识与粘接技术培训班。2016 年 1 月，协会开始编辑、出版和发行工作。2016 年 3 月，协会编制和发布胶粘剂和胶粘带行业"十三五"发展规划。2016 年 3 月，协会在武汉召开 2016 年中国热熔胶专业高峰论坛暨热熔胶基础技术培训班。2016 年 4 月，协会在常州召开丙烯酸（酯）行业分会成立大会。2016 年 5 月，协会在北京召开全球胶带论坛、全球胶带检测方法会议（GTF）暨 2016 年 CATIA 胶带技术研讨会。2016 年 6 月，协会在常州召开第五届全国丙烯酸（酯）市场与应用高峰论坛。2016 年 8 月，协会在广州召开第十九届中国胶粘剂和胶粘带行业年会并举办第十九届中国国际胶粘剂及密封剂展览会。2016 年 10 月，协会在南京召开第五届建筑胶粘剂专业技术与信息研讨会。2016 年 10 月，协会组团赴日本东京参加第九届世界胶粘剂及密封剂大会（WAC 2016）。2016 年 11 月，协会在济南召开第十一届聚氨酯胶粘剂技术与信息交流会。2016 年 12 月，协会在镇江召开第四届胶粘剂基础知识与粘接技术培训班。据协会统计，2016 年全国胶黏剂产量超过了 730 万吨，产值近 900 亿元，一批优秀的民营企业成功上市，成为资本市场的弄潮儿。

2017 年 3 月，协会在常州召开 2017 年中国热熔胶专业高峰论坛。2017 年 4 月，协会在无锡召开第五届工程用胶技术与信息交流会。2017 年 6 月，协会在宜兴召开第六届全国丙烯酸（酯）市场与应用高峰论坛。2017 年 8 月，协会在上海召开第二十届中国胶粘剂和胶粘带行业年会并举办第二十届中国国际胶粘剂及密封剂展览会，同时召开了中国胶粘剂和胶粘带工业协会成立 30 周年庆祝大会。30 年来，我国胶黏剂产量的平均增长率达到了 13%，产值的平均增长率达到了 16%，均远高于我国 GDP 的增速，发展成绩斐然！经过 30 年快速发展，目前我国胶黏剂和胶黏带的产量已经跃居世界第一位，部分产品已从依赖进口转为大量出口，很多产品的技术水平已达到或接近国际先进水平。创新发展、绿色发展、可持续发展的理念，成为了整个行业的广泛共识。水性胶、新型热熔胶、硅硐胶、聚氨酯胶等品种呈现出异乎寻常的高速发展态势，技术水平提高的同时，其应用领域也不断扩大，受到了市场的追捧。

30 年前，我国没有胶黏剂行业组织，没有国际地位，更没有话语权。30 年后，我们的行业组织已与美国、欧盟、日本四分天下，协会不但带领行业企业走出国门，积极参加世界性的行业活动、与世界先进的企业开展交流与合作，而且还积极参与行业管理规范和国际标准的制定修订。协会多次在中国成功承办世界性的胶黏剂和胶黏带会议和展览，目前协会的行业年会和展览会已发展成为全球第一大规模的专业盛会，令世界同行刮目相看！

30 年来，协会引领行业经历了产业结构调整和产品转型升级。目前，胶黏剂和胶黏带已广泛应用于土木建筑、建材与装修、汽车、高铁、飞机、航空航天、电子电器、新能源、包装、木工家具、制鞋、服装、玩具、医疗卫生、日用品等诸多领域，在以上诸领域发挥着越来越多、越来越重要的不可替代作用。相信，在中国胶粘剂和胶粘带工业协会的引领与协调下，在全行业人的共同努力下，中国胶黏剂和胶黏带行业一定会砥砺前行，再铸辉煌。

78 北京粘接学会的发展历程

谈起北京粘接学会所举办的技术交流会，最知名的莫过于"北京国际粘接技术研讨会"，英文名为 CIB（China International Bonding）。每三年一届的 CIB 会议如今已举办过 6 届，每次会议都吸引来自中国、德国、瑞士、法国、日本、韩国、美国、英国等世界各地粘接界的代表参会。很自豪我是该会议的创办人之一，作为"1998 中国粘接技术研讨会"的秘书长，我邀请瑞士 Swiss Bonding 会议主席 E. Schindel-Bedinilli、德国 Kaiserslautern 大学 W.Brockmann 教授参加了会议。会议期间，我与曲军、马麟、E.Schindel-Bedinilli、W.Brockmann 等人一起喝茶聊天，大家谈到能否把每年在瑞士苏黎世 Rapperswil 召开 Swiss Bonding 会议模式搬到中国，于是 CSB（China Swiss Bonding）会议诞生了。经过精心准备，首届 CSB'01 会议"2001 年北京国际粘接技术研讨会"于 2001 年 10 月 16 ～ 18 日在北京友谊宾馆召开，中科院化学所余云照先生任大会主席，我任大会秘书长。第二届 CSB'02 大会于 2004 年 10 月在北京召开，会议期间，我又与北京粘接学会理事长罗道友、韩国首尔大学金显中教授、日本接着学会户村知之等人一起策划了"亚洲粘接技术研讨会"（Asian Conference on Adhesion，ACA），首届 ACA'01 会议在韩国首尔召开，第二届 ACA'02 与第三届"2007 北京国际粘接技术研讨会"一起于 2007 年 10 月在北京召开，这次会议不再与瑞士合作，CSB 改为 CIB（China International Bonding）。

在国际粘接技术交流中，北京粘接学会一直扮演着国家粘接学会的角色，与日本、韩国、德国、法国、英国、美国等粘接学会保持着良好的交流。2006 年 10 月，北京粘接学会在北京九华山庄成功举办了"第三届国际粘接及相关现象大会"（World Congress on Adhesion and Related Phenomena，WCARP-3），航空材料研究院益小苏教授任

大会主席。这个世界级“粘接界的奥林匹克盛会”每四年举办一次，第一、第二届大会分别于 1998 年、2002 年在德国慕尼黑和美国奥兰多举行，北京粘接学会派代表参加了会议。

北京粘接学会由北京市化学工业研究院、北京市总工会技术交流站粘接技术交流队及杜璇、张景姿、强康、葛增蓓、杨淑智、陈联泳等人自愿联合发起成立，1982 年 11 月 24 日，在北京市化学工业研究院召开北京粘接学会成立大会，选举产生第一届理事会：理事长杜璇，副理事长葛增蓓、杨淑智、强康、钱立增，常务理事有陈联泳、燕翘、王永明、张景姿、喻华清，理事有杨建生、李连璧、刘子瑜、刘真航、龚辈厂、刘莲华、许淑珍、沈传忠、吴俊波、徐修成、董添天、叶林标，秘书长燕翘，副秘书长吕凤亭，外联部部长邹毅。

1983 年 10 月，北京粘接学会在中科院化学所召开了首次年会。1984 年 6 月，受日本接着学会邀请，北京粘接学会组团赴日本参加了日本接着学会第 22 届年会。1985 年 8 月，受北京粘接学会邀请，日本接着学会原会长佃敏雄先生率团来华交流，举办“中日粘接学术交流报告会”，从此开启了中外粘接学会交流的大门。

1986 年 10 月，北京粘接学会第二届理事会成立，理事长杜璇，副理事长杨建生、葛增蓓、杨淑智，秘书长燕翘，理事中增加了赵世琦、宋广智、史广兴、吕凤亭、殷立新、董添天。1989 年 10 月，在北京市技术交流站召开了北京粘接学会第三届年会暨论文报告会。

1991 年 2 月，学会在北京市化工研究院召开了第三届理事会选举及春节茶话会，选举产生第三届理事会：理事长杜璇，副理事长杨建生、

葛增蓓、燕翘、孙守斌，秘书长孙守斌，理事中增加了余云照、李金林、赵孟彬、徐廷、邓启明、赵澄、庞友鹏。1991 年 12 月，北京粘接学会组织翻译的《胶粘剂技术与应用手册》由宇航出版社出版发行。

1996 年 3 月，学会第四届理事会产生。蒋思云任理事长，余云照、燕翘、马启元、孙守斌任副理事长，孙守斌任秘书长（兼），理事中增加了吴英君、赖士洪、聂清武、关建华、翟海潮、张廉正、王静、康启有、费慧慧、黄兰、赵瑞、陈毅敏、刘正中、魏秀贞、展同领、金士九、陶导先。1997 年 10 月，在建筑研究总院召开了学会第六届年会暨"97 中国粘接及密封技术论文报告会"；1999 年 10 月，在昆明云南工业大学召开了学会第七届年会暨"粘接技术回顾与展望研讨会"。

2001 年 3 月，北京粘接学会第五届理事会产生，理事长罗道友，副理事长余云照、燕翘、马启元、聂清武、吴英君、翟海潮，秘书长王建军，外联部部长邹毅，常务理事赵世琦、邰希贤、强康、赖士洪、安志棠、吴文辉、益小苏、王建军、金士九。理事陈毅敏、李连璧、宋广智、邓启明、刘真航、李金林、王永江、张廉正、孟声、梁滨、朱家琪、张佐光、咸才军、李江涛、张冬梅、曾一兵、王济宁、王玉珏、肖继强、张经甫、赵瑞、田学文。上面已经介绍，2001 年 10 月、2014 年 10 月分别举办了 CSB'01、CSB'02 国际粘接技术研讨会。

2005 年 3 月，北京粘接学会选举产生第六届理事会，理事长罗道友，副理事长余云照、翟海潮、聂清武、吴英君、益小苏、储富祥，秘书长王建军，理事中增加了袁有学、王子平、阚成友、张军营、刘云飞、孙志杰、刘冰坡、钟宁庆、林金河、戴海林、张敬杰、曲军、刘汉伟、高喜东、黄伟、张炜、齐振宇、李建章。

第五届、第六届理事会是北京粘接学会历史上最活跃的两届理事会，多次组织出国交流和召开国际粘接技术交流会。本文开头介绍的 CSB/CIB、AIA、WCARP 会议都是在这两届理事会的主持下召开的。

2009 年 4 月，北京粘接学会第七届理事会产生，钱志国任理事长，张军营、吴英君、罗道友、益小苏、储富祥、翟海潮、阚成友任副理事长，王建军任秘书长，理事中增加了王新、白金泉、李仲晓、时君友、陈一东、顾继友、赵波、姜红、聂志华、程珏、王红卫、周青。2010 年 10 月，在北京友谊宾馆举办了"2010 北京国际粘接技术研讨会"（CIB'04）。

2013 年 4 月，北京粘接学会第八届理事会产生，钱志国任理事长，张军营、吴英君、罗道友、益小苏、储富祥、翟海潮、阚成友任副理事长，聂海兰任秘书长，理事中增加了孙继红、黄莹、喻建明、龚奕、孙泽恩、郑妙生、李国庆、孙甫、赵秀丽。2013 年 10 月，在北京友谊宾馆举办了"2013 北京国际粘接技术研讨会"（CIB'05）。2016 年 10 月，在西安举办了"2016 中国国际粘接技术研讨会"（CIB'06）。

北京粘接学会始终坚持以学术活动为中心，积极举办学术年会和粘接技术研讨会，积极开展技术咨询服务活动，组织青年（学生）粘接学术论坛，组织国内各地专家学者出国访问和参加国际粘接学术会议，组织会员参与北京青年优秀科技论文评选和北京青年学术演讲比赛。通过开展上述活动，为科研单位与企业搭建技术交流平台，为青年搭建学术交流平台，加强了国际合作，促进了学科发展，在国内外粘接技术交流中发挥了巨大作用。

79 上海市粘接技术协会发展历程

上海市粘接技术协会（以下简称"协会"）的前身是"上海粘接技术交流队"。早在 1965 年，上海就成立了"无机粘接技术小组"，开展群众性粘接技术普及活动，陈尔春女士任组长。1967 年，又成立了由杨洪基、陈林为主的"上海无机粘接服务队"，为工厂、农村服务。1970 年 8 月，"上海无机粘接服务队"更名为"上海粘接技术交流队"，陈林为队长。1979 年 11 月 28 日，经上海市科协批复，"上海粘接技术交流队"改名为"上海市粘接技术协会"。1980 年 7 月，协会在上海科学会堂举办了首届年会，会上交流论文 52 篇，选举产生了协会第一届理事会。会长是上海市合成树脂研究所的王澍，副会长是胡春圃、杨洪基、徐浩鑫、杨善德，秘书长是浦清，委员有陈尔春、李明智、祝建华、黄秀妹、唐绍富、殷德璋。1980 年，协会开始编辑发行《上海粘接》季刊。1982 年，《中国粘接通讯》报刊创刊，李宝库任主编，陈尔春、张在新任编委。1982 年 10 月，协会与上海科教电影制片厂联合拍摄《粘接之花》科教片，讲述胶黏剂与粘接技术的发展历程与应用领域。

创始人之一 陈尔春   第一届会长 王澍

第一届副会长 胡春圃   第一届秘书长 浦清

协会会长王澍、秘书长浦清积极参与筹办中国粘接学会工作，并于 1983 年 1 月参加在西安召开的中国粘接学会（筹）首届年会。1984 年 3 月 30 日至 4 月 8 日，协会在上海举办了全国第一次"不停车粘堵"学习班。1984 年 10 月，协会与上海化工站举办首次胶黏剂及粘接技术短训班。1985 年 11 月，由协会李宝库主编，胡春圃、陈尔春、浦清等参与编写的《胶黏剂应用技术》一书，由中国商业出版社出版。1986 年 6 月，4724 厂粘接技术研究所所长朱宝根，应天津大沽化工厂的邀请，去该厂做不停车堵漏技术应用介绍，该技术在广东、上海、辽宁、甘肃等二十多家化工企业应用，均收到良好效果。1987年10月，协会在无锡举办全国首届汽车胶黏剂密封剂学习班。1988年10月31日，协会接待了日本著名胶黏剂专家东京大学教授佃敏雄和水町浩先生，开展"环氧结构胶黏剂增韧研究"的交流。1989年1月，协会举办了第五届年会，会上交流论文40篇，300名代表参加了会议。

1991年5月，协会选举产生第二届理事会。理事长是王澍，副理事长是杨善德、胡春圃；秘书长李宝库，副秘书长浦清、陈惠芳；委员有王希圣、朱世雄、朱纯熙、李康球、洪金城、陈尔春、陈壁人、杨洪基、徐子仁、徐浩鑫、黄秀梅、殷德璋。1991年11月，由美国洛德公司、上海市粘接技术协会、上海橡胶制品研究所联合主办的"开姆洛克胶黏剂技术交流会"在上海田林宾馆举行，来自全国各地160余人参加会议。

1992年3月，协会进行换届选举，产生了协会第三届理事会。理事长是王澍，副理事长是陆冬贞、胡春圃、杨善德；秘书长李宝库，副秘书长朱宝根、胡余庆、陈惠芳；理事有黄秀梅、浦清、刘锦春、李雨康、崔汉生、苏德成、徐承瑞、王德中、魏国桢、蒋曼华、朱丽君、朱才英、葛文华、陆广仁、李康球、项志度。1993年7月，协会和中国粘接学会（筹）包装专业委员会在上海田林宾馆举行国际热熔压敏胶技术交流会，来自中外的50多个公司和企业参会，代表100余人。1996年7月16日，由上海市粘接技术协会、上海市建筑协会、上海新光化工厂、Auto Chem. 株式会社、兼松化成品株式会社联合在上海科学会堂召开"聚氨酯建筑密封胶技术交流推广应用会"。

1996年10月，协会进行换届选举，产生了协会第四届理事会。理事长是胡春圃，副理事长是王澍、李宝库、崔汉生；秘书长陆冬贞，常务理事是陈惠芳、王德中、孙康；理事有张在新、尹仪成、胡余庆、浦清、朱祖熹、朱宝根、李雨康、蒋曼华、陆企亭、庄道瑾、葛文华、薛曙昌、顾海麟、徐根法、刘锦春、黄堂妹。1999年11月，在上海航天大厦召开了"上海市粘接技术协会成立三十五周年庆祝会"（自粘接队开创以来计算是35周年），与会者近180人。2000年6月，"上海粘接2000胶黏剂技术信息交流会"在上海宝隆富银宾馆举行，上海和周边地区专家同仁60余家单位、100余名代表参加会议。2000年

12 月，协会在上海科学会堂召开学术报告会，出席会议的代表有 170 余人。

2001 年 2 月，协会选出第五届理事会，理事长是陆企亭，副理事长胡春圃、陈琦；秘书长崔汉生，副秘书长邓淑香、陆益；常务理事有孙康、虞钟华、陆伟锋、王德中，理事有陈惠芳、张在新、沈大同、尹仪成、薛曙昌、陈林、李雨康、殷蔚曙、朱祖熹、徐根法、陆林森、蒋伟、徐承瑞。2001 年 6 月，协会在苏州召开华东地区粘接技术信息交流大会暨胶黏剂协作委员会扩大会议，与会代表 200 余人。2002 年 5 月，协会在上海田林宾馆举办"2002 年国际热熔胶涂布技术交流会"，在上海国际展览中心举办"2002 上海国际胶黏剂和密封胶及设备展览会"。2004 年 7 月，协会召开了第八届年会暨学术交流会，参会者 150 余人。

2005 年 11 月 28 日，协会选出第六届理事会。理事长陆企亭，副理事长陈林、毛玉兰、陈月辉；秘书长崔汉生，副秘书长陆益、邵洁华；理事有孙康、陈琦、虞钟华、张在新、沈大同、蒋伟、朱祖熹、徐根法、陆林森、朱军、姚大年、汪长春、王贵友、任天斌、

李晓平、梅林、周力平、卢冰、李宪权。2007 年 6 月，协会举办"2007 上海国际热熔胶、压敏胶新产品和新技术交流会"，来自国内以及美国、瑞士、日本、韩国、新加坡、马来西亚、中国台湾等业内知名企业及研发机构的 250 余位代表参加了本次大会。2008 年 5 月，协会与汉高股份有限公司共同主办"2008 年上海国际环氧和聚氨酯粘接技术论坛"，会议共收到国内外论文 68 篇。

2010 年 12 月，协会选举产生第七届理事会，理事长崔汉生，副理事长毛玉兰、蒋伟、候一斌，秘书长任天斌，副秘书长邵洁华、韩宇、贾梦虹，理事有陈林、孙康、陈琦、虞钟华、沈大同、陆林森、姚大年、汪长春、王贵友、李晓平、周力平、卢冰、刘鹏、薛曙昌、熊海锟、李敏、张宏伟、张洪涛、谭宗焕、王国清。2012 年 6 月，协会和 3M 公司联合主办以"发展环境友好胶黏剂，促进社会和谐发展"为主题的"2012

上海国际溶剂型胶黏剂研讨会"。2013 年 8 月，协会在上海新国际博览会中心举办了"中国（上海）国际汽车胶黏剂和密封剂研讨会"，上海国际车用胶黏剂展览会在 8 月 20 ～ 22 日同时进行。2014 年，协会举办"上海国际密封技术研讨会"。

2014 年 12 月，协会选举产生第八届理事会，理事长侯一斌，副理事长蒋伟、任天斌、陆林森，秘书长邵洁华，理事有孙康、陈林、沈大同、薛曙昌、李晓平、刘鹏、王贵友、谭宗焕、黄国清、张宏伟、李敏、王鹏飞、陆益、张建庆、胡志强、施利毅、虞鑫海、杨谷湧、狄凯、王天龙、徐斌、赵金鹏。2016 年 1 月起，理事长由任天斌担任。2016 年 11 月协会与浙江省粘接技术协会联合举办"首届长三角胶业精英论坛"，来自浙江、江苏、上海等地约 100 多位行业精英参加了会议。

80　胶黏剂行业的专业杂志与新媒体交流平台

中国胶黏剂行业公开发行的专业期刊有《化学与黏合》《中国胶粘剂》和《粘接》，内部发行的期刊有《中国胶粘剂信息》。另外，还有众多的新媒体交流平台，主要是胶黏剂专业网站和QQ群/微信群，如"中国胶粘剂产业信息网"、"林中祥胶粘剂技术信息网（包括 QQ 群、微信群）"等。上述媒体在中国胶黏剂行业的技术与信息交流中发挥着巨大的作用。

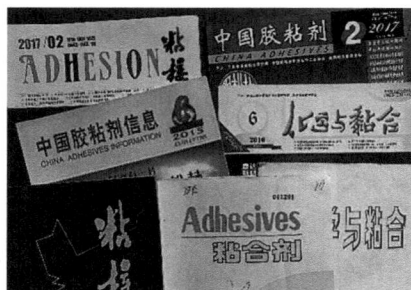

《化学与黏合》创刊于 1964 年，最初名称为《石油化学通讯》，由黑龙江省科学院石油化学研究所主办，季刊，全国公开发行。后因故停刊，1982 年复刊，更名为《化学与黏合》，由黑龙江石油化学研究院主办，双月刊，国内外公开发行。历经 50 多年的发展，《化学与黏合》已成为中国科技核心学术期刊、中国学术期刊文摘（中文版/英文版）收录期刊、《中国化学化工文摘》收录期刊，在国际上被《美国化学文摘》（CA）收录。《化学与黏合》是专业性强、学术水平较高的科技期刊，目前主编是白雪峰，副主编是孙丽荣，编辑委员会由来自全国大专院校、科研院所、企业等单位的 38 位资深教授和知名专家组成。

《中国胶粘剂》创刊于 1979 年，开始是上海合成树脂研究所主办的内部刊物，当时叫《粘合剂》，油印，1983 年改为铅印，1985 年全国发行，1986 年经国家科委批准为正式期刊，1991 年改名为《中国胶粘剂》。2000 年，《中国胶粘剂》成为中国科协核心期刊，2005 年改为单月刊。张在新先生 1981 年底接任该杂志主编，一直到 2006 年底退休，任《中国胶粘剂》

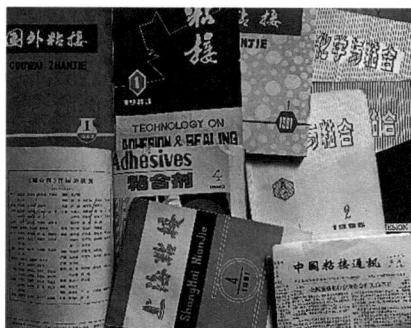

主编 25 年。目前《中国胶粘剂》杂志由上海市合成树脂研究所、全国黏合剂信息站、中国胶粘剂和胶粘带工业协会联合主办，国内外公开发行，目前主编是刘芳女士。该刊内容丰富广泛，包括胶黏剂的研制、生产、结构性能、应用、理论、综述、市场分析、环保、中外专利标准等，报道国内外胶黏剂最新研究成果、基础研究、分析测试技术、生产应用技术、发展动态、综述等。《中国胶粘剂》杂志是中国科技核心期刊、《中国核心期刊数据库》收录期刊、《中国期刊全文数据库》收录期刊、《中国科学引文数据库》来源期刊、《中国学术期刊综合评价数据库》来源期刊、《CAJ-CD 规范》执行优秀期刊。

　　《粘接》创刊于 1979 年，最初刊名为《国外粘接》。由湖北省襄樊市情报研究所主办，《国外粘接》1980 年出了 4 期，1981 年改为《粘接》，第一任主编是高级俄文翻译武雅茹女士。1992 年，《粘接》杂志的主编是张明志，当时办杂志不赚钱，有时编辑部人员工资都发不出来。张明志寻求与襄樊市胶粘技术研究所（以下简称“胶粘所”）合作，1993 年，《粘接》杂志正式由胶粘所接手，编辑部搬到胶粘所办公，编辑部人员的工资由胶粘所发放，但杂志仍由襄樊市情报研究所主管。之后，编辑部频繁换人，我与《粘接》历届主任如葛青山、陈梦桓、毕普云、许俊、常安宇、杨冬梅等人都有交往。《粘接》杂志目前由中国胶粘剂和胶粘带工业协会、湖北回天新材股份有限公司联合主办，月刊，面向全球发行。杂志由两位院士担任学术指导委员，由 46 名国内外胶黏剂行业的权威专家、学者组成编辑委员会，目前总编是章锋，副总编是杨栩，主编石娜，执行主编沈文斌。《粘接》是中国科技核心期刊、中国科技论文统计用刊、中国学术期刊综合评价数据库来源期刊、万方数据资源系统数字化期刊、美国 CA 摘录刊物以及《中国化工文摘》收录刊物。《粘接》杂志及时报道国内外粘接技术的最新理论、研究成果、实用技术，提供国内外胶黏剂行业动态、生产设备及原材料等信息。

　　我有幸被聘为上述 3 本杂志的编委，但很遗憾没有为杂志做多少工作。除了上述 3 本期刊外，20 世纪 80 年代，上海粘接技术协会还编辑过《上海粘接》期刊及《中国粘接通讯》报刊，后来停刊。《上海粘接》为季刊，1980 年创刊。《中国粘接通讯》1982 年创刊，李宝库任主编，陈尔春、张在新任编委。另外，目前还有《中国胶粘剂信息》

月刊，由中国胶粘剂和胶粘带工业协会主办，编辑是刘红光，行业内部发行。

2001年以来，随着互联网的兴起，胶黏剂行业出现了众多新媒体，目前有十几家胶黏剂和粘接技术网以及众多的QQ/微信群交流平台，业内人员之间交流变得越来越便捷。

"中国胶粘剂信息产业网"成立于2001年初，由黑龙江石油化学研究院主办，是一家为胶黏剂行业提供全面互联网信息服务的专业站点，涉及胶黏剂行业新闻、动态、市场行情、产品展示、企业名录、文献服务等各个领域。

"林中祥胶粘剂技术信息网"由南京林业大学林中祥教授于2010年创办，2015年8月改版并成立南京爱德福信息科技有限公司，负责网站的维护与运营，专职工作人员是徐桂红。林中祥教授与时俱进，2015年3月，又创办了"林中祥胶粘剂（微信）群"；接着，2015年4月，又创办了"林中祥胶粘剂群（QQ群：417857029）"。为了满足不同人群的交流，2016年，林中祥教授还相继创办了几个专业微信群："林中祥胶粘剂应用交流平台"，目的是为胶黏剂与下游应用进行更有效的衔接；"胶群俱乐部群"，是为大家交流生活、旅游、体育、股市、新闻等内容而建的。"胶发展战略咖啡厅"，成员以企业的董事长、（正副）总经理及大学著名教授为主，主要交流企业发展战略与管理方面的内容。

"林中祥胶粘剂群"（微信群和QQ群）非常活跃，每周一晚上都开设群专题交流，交流内容涵盖技术、管理、市场、会议、销售等。除了每周一的固定交流外，还不定期增设群专题内容。群专题主讲人有大学教授，如浙江大学范宏、南京林业大学林中祥、华南理工大学傅和青、华东理工大学王贵友、大连理工大学汪晴、北京化工大学夏宇正、同济大学任天斌、安徽大学许戈文等教授都到群里做过交流；也有许多著名公司从事技术、管理、市场的经理或副总到群上进行主讲交流，例如北京天山公司翟海潮、科腾公司石一峰和田建军、瓦克公司范琴、巴德富公司陈旨进、西卡公司王鹏飞等都做过主讲；还有国内一些协会与学会到群里介绍会议与活动，例如，中国胶粘剂和胶粘带工业协会、北京粘接学会、上海市粘接技术协会、浙江省粘接技术协会等都到群里做过介绍。另外，行业内三大胶黏剂杂志《中国胶粘剂》《粘接》《化学与黏合》的主编都在群中与大家进行过互动交流。除了线上交流外，林教授还举办每年一次的群友聚会和"胶粘剂企业家论坛"等线下交流活动，第一次群聚会于 2015 年 5 月在上海丽君酒店举行；"胶粘剂企业家论坛"由林中祥、任天斌、翟海潮共同发起，第一次论坛于 2017 年 5 月在南京举行。

林中祥教授（右图为本书作者与林教授合影），1957 年出生于江苏盐城，博士生导师。1982 年中山大学有机化学本科毕业，1988 年南京大学有机化学硕士研究生毕业，一直在南京林业大学化工学院从事教学与科研工作。曾培养研究生 50 多人，发表论文 100 多篇。林教授一直专注于胶黏剂行业的技术与信息交流工作，他最大的愿望是，通过不断努力，将胶黏剂行业的精英们都汇集到群里。通过线上线下活动，提升中国胶黏剂行业的整体水平，增加胶黏剂的产值。通过举办胶黏剂行业技术、市场、战略与发展等多层次论坛与聚会，真正实现上下游与产、学、研对接。并希望未来能将"林中祥胶粘剂群"发展成为国际胶黏剂行业的交流平台。

第五篇
Chapter five

胶黏剂行业发展趣谈

81 我的胶黏剂之缘

我 1987 年本科毕业于装甲兵工程学院车辆工程系机械工程专业，毕业时考入本院研究生，最初确定的研究课题是"超声振动车削陶瓷的研究"。因当时教研改革，我先到教研室工作两年后再读研，提前完成了超声振动车削的课题研究。阴差阳错，我于 1988 年 5 月进入了工业修补剂课题的研究，读研时课题改为"粘涂耐磨涂层及其机理研究"，1991 年毕业于该院材料科学与工程系，获工学硕士学位，没想到自己搞了近 30 年的胶黏剂研究与管理工作。

1987 年秋天，我的导师翁熙祥教授到吉林石化集团公司听了一个来自美国的新技术讲座"贝尔佐纳（Belzona）工业修补技术"，翁教授一直对粘接技术感兴趣，20 世纪 60 年代曾与贺孝先教授（我国磷酸-氧化铜无机胶的发明人）于哈尔滨军事工程学院共同开展过无机胶黏剂粘接硬质合金切削刀具的研究。从吉林回来后，翁教授决定开展工业修补剂方面的研究，还买了许多环氧树脂放到了实验室。当时，我还闹过一个笑话，我的一个茶杯不小心掉到地上裂成了两半，我拿翁教授买的环氧树脂去粘接，结果两天还没干，我问翁教授怎么回事，翁教授笑得前仰后合，说："傻小子，需要配固化剂才行！"当时，真是对胶黏剂和粘接知识一窍不通，这件事使我终生难忘。没想到半年后翁教授把我拉进了工业修补剂研究小组，从此我与胶黏剂结下了不解之缘。

我本科读的是车辆工程，对修补剂的使用性能要求比较清楚，但高分子化学、胶黏剂方面的知识明显不足，我必须发奋努力才行。研究生期间我几乎读遍了当时图书馆能查到和书店

能买到的所有胶黏剂和粘接技术方面的书籍，拜访过余云照、张开、贺孝先、杨颖泰、王澍等国内知名胶黏剂专家。研究生毕业后我又回到了教研室从事教学与科研工作，1992 年任装甲兵工程学院讲师。1992 年，我用自己研制的工业修补剂成功修复天津航道局 218 挖泥船（日本进口）液压缸划伤（内径 360mm，长 4550mm），同年发表论文《大型液压缸大面积划伤的粘涂修复》[《中国表面工程》1992（4）]，1993 年发表论文《用 X 射线光电子谱（XPS）法研究粘接配位键机理》[《粘接》，1993（06）]。1992 年，我编写了一本《粘接与表面粘涂技术》内部教材。一个偶然的机会，同事张凤华介绍到化学工业出版社，该书于 1993 年 12 月出版了，当时我 28 岁，这对我简直是莫大的鼓舞，坚定了我做一辈子胶黏剂的信心。该书出版后很受欢迎，1997 年还出了第二版，累计销售 2 万余册，后来接到出版社多次约稿。

1993 年底，我与 3 位同事一起创办了北京天山新材料技术公司，当时正赶上邓小平南方谈话之后的第二波创业潮 —— 知识分子"下海"。身为大学讲师，我当时不满足于 28 岁就看到 60 岁的工作情景，宁愿食不果腹也要选择充满不确定性的创业生活。当时，"下海"意味着打破"铁饭碗"，意味着"破釜沉舟"，需要极大的勇气和冒险精神。

1994 ～ 2003 年，我在公司任总工程师（CTO），建立了公司的研发与质量保证体系，带领研发团队开发出系列工程胶黏剂产品，获得 ISO9001 质量体系认证。多次主持和参加国际、国内胶黏剂和粘接技术大会，陆续在国内外发表《聚合金属（陶瓷）粘涂层及其耐磨机理研究》《后固化具有膨胀性的耐高温厌氧胶黏剂的研究》《可油面使用的厌氧胶的研究》《结构型紫外线固化胶黏剂的研究》等论文 20 余篇；获得"一种聚合物 / 金属修补材料及其制备方法""一种厌氧胶及其制备方法"等 10 多项国家发明与实用新型专利。出版《粘接与表面粘涂技术》（第二版）、《实用胶黏剂配方手册》《胶黏剂的妙用》《实用胶黏剂配方与生产技术》等多部专著。1997 年、

2000 年两次被评为北京市优秀青年工程师，2002 年被评为北京市第五届"科技之光"优秀企业家。

2004 年，我由技术转向管理与投资工作，作为中美合资公司 LINKTITE、HYSTIC 法人代表和总经理，开拓了电子用胶市场。这期间，我还兼任北京粘接学会副理事长及《中国胶粘剂》《化学与黏合》《粘接》杂志编委，组织召开"2004 北京国际粘接技术研讨会"，任大会总负责人；组织召开"2007 北京国际粘接技术研讨会"，任大会主席。2005 年，出版《工程胶黏剂》专著。

2004 年 10 月 16 ~ 18 日在北京友谊宾馆举行"2004 北京国际粘接技术研讨会"，会议总负责人翟海潮先生（左）和会议副总负责人 Schindel–Bedinlli 先生（右）主持开幕式

2008 年以后，我作为北京天山新材料技术股份有限公司副总裁、战略委员会主任，负责公司的战略管理，同时兼任中国胶粘剂和胶粘带工业协会副理事长、全国胶粘剂标准化委员会副主任。在此期间，带领公司制定了《2009 ~ 2023 年发展规划》，同时负责公司的 IPO（上市）工作，经过改制、材料申报、完成了证监会两次审核反馈。后来公司决定暂停 IPO，我又负责与 H.B.Fuller 公司的谈判、尽职调查以及成交整个过程。2014 年 6 月美国 H.B.Fuller 与北京天山签订并购协议，我因此获得了财务自由，今后主要致力于咨询与写作工作。

2017 年 8 月，中国胶粘剂和胶粘带工业协会成立 30 周年，我获得了"中国胶粘剂和胶粘带行业优秀人物"称号。

从事胶黏剂研发与管理工作 30 年来，我从对胶黏剂一无所知、到学习胶黏剂专业、从事胶黏剂研究，后来又经历创业、公司发展、上市、并购等过程。与三位合伙人经过 20 年的奋斗，使北京天山公司成为中国工程胶黏剂领域的龙头企业。我对胶黏剂行业充满了感情，胶黏剂伴我成长，我把自己的青春献给了胶黏剂事业，同时胶黏剂行业也给了我丰厚的回报。我决心在自己余生之年力所能及地为胶黏剂行业做些贡献，这次出版的《胶黏剂行业那些事——从业 30 年所见所闻》，主要记录胶黏剂行业的发展历程、趣闻趣事以及老一辈开拓者对胶黏剂行业的贡献，是胶黏剂行业发展历史的一个缩影。我还与同济大学任天斌教授、南京林业大学林中祥教授等人创办了上海胶之道管理咨询有限公司，会花些精力做些胶黏剂行业的培训与咨询事宜。

另外，我会花一部分精力从事读书与写作工作，把自己的思考与感悟以及金钱之外的满足感与大家分享，近两年出版了《创业者管理修炼：我这 20 年的奋斗感悟》《心想事成：如何成为成功、健康、幸福的人》等著作，计划今后每年写一本书，还要建立自己的微信公众号，每周写一篇文章与大家分享。

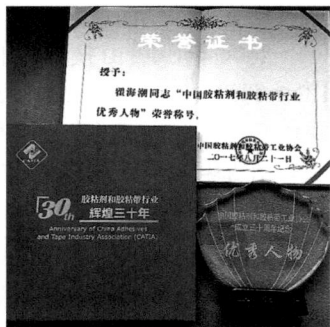

82 微信群里的胶黏剂老前辈

为了写作《胶黏剂行业那些事》这本书，我拜访了几十位胶黏剂老前辈，我把有微信的老前辈拉到一起建了个"胶黏剂老前辈群"，群里29位老前辈都已年逾古稀，有的已过耄耋之年。出乎意料，群里的老前辈们交流异常活跃。他们中许多是行业的老相识，分布在全国各地，由于退休后很少见面，微信群给他们提供了一个很好的交流空间。这些胶黏剂行业的时髦老人利用微信群与老朋友共叙胶黏剂行业的旧事、新闻，交流养生知识，与远方的老友互致关怀和问候……

他们和"微时代"与时俱进！活到老学到老，心态永远年轻。下面按进群的先后顺序介绍一下这些老前辈。

龚辈凡先生，中国胶粘剂和胶粘带工业协会第四届、第五届、第六届理事会秘书长，对协会的发展壮大做出了杰出贡献。1997年，龚辈凡先生领导协会与中国贸促会化工行业分会合作在北京举办了第一届中国国际胶粘剂及密封剂展览会和行业技术与信息交流年会，并在今后每年举办一次。2003年11月，龚辈凡先生领导协会在广州举办第二届亚洲地区胶粘剂大会（ARAC）。2004年10月，龚辈凡先生领导协会在北京举办了第六届世界胶粘剂大会（WAC）。龚辈凡先生还组织相关人员编制了中国胶黏剂行业"十五发展规划""十一五发展规划"建议书。

陈万里先生，中国胶粘剂和胶粘带工业协会第一届、第二届、第三届理事会秘书长。1988年，他组织协会走访了分布于全国十九个省市的83个会员单位，对我国上千种胶黏剂进行了分类统计，编写了《胶粘剂的分类和命名原则》。陈万里先生还组织起草完成"八五胶粘剂生产发展规划""九五胶粘剂生产发展规划"。

贺曼罗先生，中国科学院大连化学物理研究所研究员，研究建筑结构胶黏剂 30 余年，是行业公认的元老级专家，我国首个 JGN 建筑结构胶的发明人。编著出版《建筑胶粘剂》《环氧树脂胶粘剂》《胶粘剂及其应用》《建筑结构胶黏剂与施工应用技术》等多部专著。

潘慧铭先生，华南理工大学教授，潘教授数十年来在高分子黏合界面机理和新型高性能胶粘材料方面的研究取得约 20 项成果。参与编著《胶粘剂应用手册》，1987 年由化学工业出版社出版。

张在新先生，《中国胶粘剂》前主编，曾在上海合成树脂研究所从事胶黏剂的研究工作。张老师 1981 年底接任《中国胶粘剂》主编，一直到 2006 年底退休，在《中国胶粘剂》杂志编辑部工作了 25 年。

曾天辉先生，中国一汽工艺处高级工程师，是我国汽车用胶领域的知名专家，对胶黏剂在汽车领域的应用做了大量工作，参与编写《汽车粘接剂密封胶应用手册》，2003 年 1 月由中国石化出版社出版。

陆冬贞女士，原上海新光化工厂副厂长，从事聚氨酯类、氯丁橡胶类、丙烯酸酯类胶黏剂的研究。研制产品包括铁锚 801 氯丁类强力胶、801-F 胶、101-T 聚氨酯胶、901PVC 专用胶、水性聚氨酯涂层剂、铁锚 518/519 丙烯酸酯结构胶、5480 耐温结构胶、单组分 1021/1026/1028 聚氨酯胶黏剂等。

孟声先生，北京工业大学环境与能源工程学院教授，研制的改性沥青防水卷材基冷粘胶黏剂 2002 年获北京市科技进步三等奖，并获国家发明专利（专利号：01109850），翻译《胶黏剂与密封胶工业手册》，2005 年 3 月由化学工业出版社出版。

周一兵先生，曾任中国汽车相关工业协会理事长，组织编写《汽车粘接剂密封胶应用手册》，2003 年 1 月由中国石化出版社出版。

朱宝根先生，曾任中国人民解放军第四七二四工厂粘接技术研究所所长，80 多岁还在工作，目前任苏州金枪新材料股份有限公司总工程师，从事聚氨酯、环氧树脂、丙烯酸酯、有机硅的合成及改性的研究。

郑惠英女士，曾任北京丹灵化工有限公司总工程师，1997 年到北京天山新材料技术公司从事有机硅方面的研究，曾任天山公司品保部经理。

张多太先生，航天总公司二院 210 所高级工程师，主要从事航天产品相关的耐高温黏合剂、耐烧蚀材料及粘接理论的研究，发表论文 40 篇，已被美国 CA 收录 4 篇。独创粘接领域的单搭接拉剪非纯剪切计算法，抽象出粘接性的概念，可求出胶层的拉伸弹性模量。

马启元先生，1962～1992 年曾在 621 所从事航空胶黏剂、密封材料及飞机结构胶粘密封工艺研究，负责研究开发 XM28、XM33、XM36 等密封材料产品，负责运十飞机密封胶自然老化等应用研究并取得成果，负责起草《飞机结构密封工艺技术规范》等 10 项航空部标准。1992～2002 年，就职于中国化学建材公司，筹建北京西令公司，从事建筑防水材料企业发展管理、密封材料产品开发和生产技术管理。负责起草《中空玻璃弹性密封胶》等 3 项建材行业标准和《建筑硅酮结构密封胶》1 项国家标准。

罗来康先生，原山东省特种粘接技术研究所创始人和所长，研制出建筑、防火、防水、防腐、防锈、防漏等数十种特种胶黏剂，拥有多项国家发明奖和发明专利。曾任北京市科技进修学院和首都联合职工大学教授。编著《粘接技术 100 问》，1998 年 6 月由国防工业出版社出版；编著《粘接工程基础》，2002 年 2 月由中国标准出版社出版。

杨玉昆先生，中科院化学所教授，我国知名的压敏胶专家。20 世纪 80 年代以前主要从事环氧胶黏剂的研究，编著《合成胶粘剂》，1980 年由科学出版社出版。20 世纪 80 年代以后主要从事压敏胶的研究，1990 年出版《压敏胶黏剂》，2004 年组织编著出版大型专著《压敏胶制品技术手册》。

刘万章先生，曾任浙江金鹏化工有限公司总经理，中国胶粘剂和胶粘带工业协会副理事长，对我国 502 瞬干胶的工业化生产做出了杰出贡献。

李健民先生，襄樊胶粘技术研究所（回天新材的前身）的创始人之一，曾研制 BC-1 铜粉导电胶、HF-1 高频热合胶等品种，编著出版《工业设备粘接维修》《粘接密封技术》《实用粘接技术问答》等著作。

李士学先生，现任天津胶粘剂研究会理事长、三友（天津）高分子技术有限公司总经理。20 世纪 60 年代开始研发、制造当时新型的环氧树脂固化剂氰乙基乙二胺缩醛胺，研制成功聚氨型和聚醚型聚氨酯胶、环氧丁腈胶、有机硅胶黏剂等产品。于 20 世纪 70 年代进行 α-氰基丙烯酸酯胶的合成和改性工作。李士学先生还对粘接理论进行了探索、研究，提出黏合过程配价键力作用的理论，发表论文《粘合过程配价键力作用》。主编《胶粘剂制备及应用》一书，1984 年由天津科技出版社出版，是我国较早的胶黏剂专著之一。此后又参与编写了《电子工业常用胶粘剂》《电子工业技术手册》胶黏剂篇的编著等工作。20世纪90年代，李士学主持了片式元器件贴装胶、汽车折边胶、膨胀胶、点焊胶、密封胶等的研发，并创建了三友（天津）高分子技术有限公司，从事电子胶黏剂和汽车胶的研发和生产。

李福志先生，中国人民解放军空军第9508厂高级工程师，武汉粘接学会副秘书长，中国环氧树脂应用技术学会理事。曾开发出"FZ-2浇铸胶""FZ-4高强氯丁胶""FZ-5浸渗胶""FZ-6纺织面料复合胶""FZ-7环氧浇铸料""FZ-12常温固化耐高温胶""FZ-14固体胶棒""FZ-15导电腻子"等产品，开发出20余种FZ系列脂肪族、芳香族及聚酰胺固化剂以及七大类建筑专用结构胶和三类结构胶固化剂。

赖士洪先生，航空材料研究院研究员，长期从事航空结构胶黏剂及胶接技术研究。主持"SY-14胶膜在歼-8机无孔蜂窝结构上的应用研究""耐久芯无孔蜂窝结构在新机上的应用研究"和"特种功能蜂窝胶接结构制造技术研究"等多项重要课题。与他人合作研制出自力-2胶膜，发明"聚砜改性环氧树脂胶膜"，解决了长期以来存在的有孔蜂窝结构进水、开胶、增重和飞掉等危及飞行安全的问题。"九五"期间负责主持由北京航空材料研究院、西安飞机设计研究所、西安飞机国际航空制造股份有限公司非金属总厂和北京航空航天大学共同参加的重要预研课题"特种功能蜂窝胶接结构制造技术研究"，发表论文和译著40多篇。

李子东先生，沈阳理工大学教授，1984年研制出"801大力胶"，该胶属于溶剂型氯丁胶黏剂。之后相继研制开发出特种环氧胶、环保型和环境标志型氯丁胶、SBS型净味环保万能胶、净味SBS喷胶、SDS热熔压敏胶、PU热熔胶、水性环保拼板胶、多种密封胶等。多年来，李子东先生共出版胶黏剂和粘接技术方面的专著11部，合计738.7万字，是行业内出版胶黏剂和粘接技术书籍最多的人。

李宝库先生，原中国电子第二十一研究所高工，曾任上海粘接技术协会秘书长，从事环氧结构胶与灌封料的研制、低毒氯丁胶与接枝氯丁胶配方与工艺研究。曾获全国科学大会奖、省部级科技进步奖二等奖和三等奖等。其中研制的丁腈-环氧胶替代进口产品，用于结构粘接、磁极粘接，用于人造卫星，后来还用于登月工程。编写《胶粘剂应用技术》，1989 年 12 月由中国商业出版社出版。

吕凤亭先生，曾任北京粘合剂厂厂长，在北京粘合剂厂工作了近 30 年，开发出各种类型的压敏胶及绝缘胶带、透明胶黏带等改性品种，是我国压敏胶带知名专家。多年来，吕凤亭先生在国内外发表压敏胶带方面的学术论文 10 余篇。翻译日本福泽敬司教授的《压敏胶技术》，于 1984 年由国防工业出版社（时代出版社）出版发行。他与杨玉昆等人一起编写了压敏胶带技术专箸《压敏胶制品技术手册》一书，由化学工业出版社于 2004 年出版发行。

燕翘先生，1982 年参与发起并负责组织北京粘接学会，任第一、第二届秘书长，第三至五届副理事长。负责研制并组织生产的主要产品有压敏胶用润湿剂、保护胶带用隔离剂、国内首个环保型保护胶带用压敏胶、乳化松香增黏剂、乳液型胶等。

王润珩先生，河北工业大学教授，我国热熔胶的开拓者。王教授不仅在学术研究上成就斐然，更为可贵的是，他是国内最早开展并坚决走"产、学、研"道路的人之一，创建了天津市盛旺化工公司，实现了"产、学、研"的完美结合。

崔守福先生，襄樊胶粘技术研究所（回天新材的前身）的创始人之一，曾与李健民合作研制出了 BC-1 铜粉导电胶等产品。1984 ～ 1991 年，崔守福先生任襄樊胶粘技术研究所所长，为研究所确立了以汽车胶为主、为汽车制造配套的大方向。

赵世琦先生，清华大学教授，主要从事热固性树脂如环氧树脂、不饱和聚酯树脂、环氧乙烯基酯树脂的增韧及应用技术研究。主要实用成果为奇士增韧技术，其特点是可以使环氧树脂在固化过程中原位形成具有"海岛结构"第二相的固化物，使环氧树脂固化性能大大提高。

李固先生，原天津合成材料工业研究所研究员，研究室主任，带领研究室研制出 HY-900 系列环氧树脂胶黏剂以及改性胺、咪唑类、酸酐类系列固化剂。参与编著《胶粘剂应用手册》，1987 年由化学工业出版社出版。

王泽洋先生，原天津合成材料工业研究所研究员，研制成功 HY-914 等环氧树脂胶黏剂。HY-914 室温快固高强度环氧胶是国内第一个投入工业化生产的环氧胶黏剂产品，至今还在市场销售。

83 由胶子（Gluon）"粘接"而成的世界

　　胶黏剂（Adhesive）是一种起连接作用的物质，它将材料黏合在一起。广义来说，只要能把两种以上的材料粘接到一起的物质都可称为胶黏剂，例如黏土、石灰、水泥、糊精、动物胶、合成胶黏剂……但是，你是否听说过所有的物质都是由"胶子"（Gluon）"粘接"而成的？也就是说，我们生存的世界是由"胶子（Gluon）""粘接"而成的。让我们一探究竟。

　　大家知道，原子（Atom）是化学反应中不可再分的基本微粒，它由原子核和绕核运动的电子组成。原子核由带正电的质子和电中性的中子组成。当质子数与电子数相同时，这个原子就是电中性的；否则，就是带有正电荷或者负电荷的离子。根据质子和中子数量的不同，原子的类型也不同。质子数决定了该原子属于哪一种元素，目前已知的元素有 118 种；而中子数则确定了该原子是此元素的哪一个同位素。1932 年，科学家又发现中子，确认原子是由电子、质子和中子组成。1964 年，默里·盖尔曼与乔治·茨威格独立提出了夸克（Quark）模型，认为质子和中子是由夸克组成的（见下图）。质子由两个上夸克和一个下夸克组成，中子是由两个下夸克和一个上夸克组成。每个夸克都带有三种不同的色荷：红色、蓝色与绿色。夸克的命名都是有原因的，上夸克和下夸克名字是源于同位旋的上及下分量，而它们确实各自带有这样一个量。奇夸克这个名字，因为它们是在宇宙射线的奇异粒子中被发现的。

　　胶子（Gluon）是传递夸克（Quark）之间强相互作用的粒子，它们把夸克"粘接"捆绑在一起，使之形成质子、中子及其他强子。胶子共有 8 种，胶子的电荷为零，但自旋是 1。胶子通常假设为无质量，但也可能有大至几百万电子伏特（MeV）的质量。胶子是维持原子核稳定的重要一环。带电粒子间的电磁相互作用是通过交换光子而

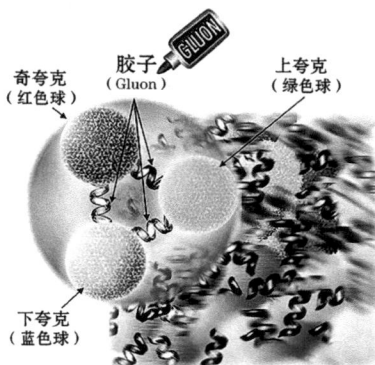

奇夸克（红色球）　胶子（Gluon）　上夸克（绿色球）

下夸克（蓝色球）

实现的；与此类比，具有色荷的夸克之间的强相互作用是通过交换胶子而实现的，所不同的是光子不带电荷，光子本身不能放出或吸收光子；胶子具有色荷，胶子之间也有强相互作用，胶子本身可放出或吸收胶子。

1968 年，科学家在研究电子对质子的深度非弹性散射实验中，显示质子中有着点状结构，质子的能量只有一半由带电的点状物质所携带，另一半则由中性的无电磁作用的组分所携带。按照夸克模型，这带电的点状结构就是夸克，中性的组分就是胶子，实验结果提供了可能存在胶子的迹象。1978 年夏季，在国际会议、座谈会等多个学术场合里，德国电子加速器的正负电子对撞机与储存环（DORIS）的 PLUTO 实验团队报告称，他们发现非常狭窄共振 Y（9.46）的强子型衰变可以诠释为由三个胶子制成的三重喷流事件（Three-jet Event）的证据。1979 年夏季，德国电子加速器的正负电子对撞机 PETRA，TASSO 实验团队、MARK-J 实验团队、PLUTO 实验团队，在高能正负电子对撞实验中又发现三重喷流现象，进一步显示了胶子的存在。1980 年，TASSO 实验团队与 PLUTO 实验团队确定胶子的自旋为 1。1991 年，在欧洲核子研究组织大型正负电子对撞机储存环完成的一项后续实验确定这结果正确无误。从 1996 年至 2007 年，HERMES 实验研究胶子对于质子自旋的贡献。从 H1 探测器实验搜集的光子制备数据，被用来计算光子内部的胶子密度。2000 年，欧洲核子研究组织的超级质子同步加速器声称，在重离子对撞时观察到退禁闭，这意味着观察到一种新的物质态：夸克 - 胶子等离子体。2004 年至 2010 年，在布鲁克黑文国家实验室的相对论性重离子对撞机（RHIC），四个不同实验同时期找到夸克 - 胶子等离子体。2010 年 11 月，科学家借助欧洲大型强子对撞机（LHC）成功完成了创造了一个迷你版本的"宇宙大爆炸"。现代科学认为，宇宙正是诞生于大约 140 亿年前的大爆炸。"迷你大爆炸"是通过令铅离子高速撞击产生的，重现了大爆炸后宇宙的瞬间状况。ALICE 离子对撞实验项目英国小组成员、伯明翰大学物理学家戴维·埃文斯博士说："我们对这一成就激动万分。对撞实验产生了迷你版本的宇宙大爆炸以及在实验中取得的有史以来的最高温度和密度。这个过程发生在一个安全、可控的环境内，生成了炽热和稠密的亚原子火球，温度超过 10 万亿摄氏度，即太阳核心温度的 100 万倍。在这一温度下，连构成原子核的质子和中子也被融化了，产生称为'夸克与胶子等离子体'的炽热而稠密的夸克与胶子汤。"

东莞市悦田胶粘技术研究所田文新先生从事胶黏剂研究 30 余年，他 2016 年写了一篇论文很有意思，文中提出"万有粘力"理论，并重新定义了"胶黏剂"的概念。他认为"胶子论"粘接机理是胶子粘接量子，变成原子；量子粘接原子和改变原子组合位置，变成分子和千变万化的物质和生命。

田文新先生认为，从广义上讲，一切有形状的物质都是"粘接"而成的。也就是说，能够将宏观及微观两个以上相同或不同材料如分子、原子、原子核内基本粒子、量子等粒子，通过"胶子""粘接"到一起的物质即为"胶黏剂"。宇宙中所有物质都是由基本粒子组成。基本粒子相对于原子、分子和地球引力，是一种有质量无重量的粒子，它们可以传递宇宙间能量相互作用的信息。如量子纠缠现象，其中包含最少 100 多种能够组成原子的量子纠缠。量子纠缠的过程是，恒星通过聚变将恒星物资变成量子，量子通过宇宙时空的传递到达行星或更远的星系，重新被量子携带的胶子"粘接"组成与量子发射起点相同或类似的原子、分子和物质。例如，量子的发射起点在恒星，而终点在行星或其他星系。当光量子到达地球后会与地球原子和分子碰撞，产生热量子、电量子和磁量子，这些无重量的量子可被胶子"粘接"在原子上改变原子组合，进而组成了新的原子和分子，来自太阳的量子存在于所有物质中，可以相互转化，人们熟悉的电、光、热、磁物理现象是量子存在于物质中的具体体现，也是各种物质都具备的能量相互转化的基本属性。在宇宙中，只有当包括光量子在内的基本粒子发生碰撞、湮灭时才会产生具有重量可被吸引、带有 N 极和 S 级的磁量子和同时携带正、负电荷组成的新物质。我们生存的地球，相对于太阳来说，就是一颗有质量和几乎无重量的宇宙飞船。她每天环绕着太阳进行自转和公转，是太空基本粒子聚合以后的产物，并且每天还在接受来自太阳和其他恒星发出的巨大量子照射并合成"粘接"成新的产物，比如世界的万物生长。

田文新先生认为，物质的"万有粘力"与两物体的化学本质或物理状态以及中介物质有关。物体的"万有引力"与两物体的化学本质或物理状态以及中介物质无关。"万有引力"是定义宏观宇宙的物理现象，而"万有粘力"则是定义微观物质物理化学结合的本质。

田文新先生认为，胶子和传统胶黏剂同样具有"粘接"功能，但是，它们粘接范围是不同的。胶子是量子携带的胶黏粒子，"量子纠缠"和"量子串"是量子中存在"胶子"粘力的具体表现，它可对各种基本粒子和能量粒子进行组合"粘接"，从而组成不同有质量的原子核并构成不同的原子。胶子是存在于量子中比量子更小的粒子，可使量子除了具有改变原子组合位置外还具有"粘接"组成新分子结构的功能。量子是有质量无重量的宇宙基本粒子（各种暗物质），它来自恒星，当它与自身携带的"胶子"在特定条件下发生碰撞、重组时，就会"粘接"成有重量、有正负电荷、可被吸引的原子和有正负磁极的分子。无处不在的"胶子"还会通过量子分离-重组的"粘接"方法，将分子中的原子位置不断改变，从而组成新的分子和物质。传统胶黏剂是对宏观不同分子组成的材料进行组合粘接。人类从古代文明到现代文明大部分工作都是在开发不同的分子胶粘材料，并用不同的胶粘材料制造各种物品，如植物胶、动物胶、矿物胶、合成胶黏剂等，并用这些材料制造建筑、交通工具以及衣食住行等必需品。而广义来讲，宇宙间一切有质量的材料都是由"胶黏剂"（胶子）"粘接"而成。也就是说，从基本粒子开始，原子核、原子、分子、自然、宇宙等，所有具有质量的材料和世间万物，都应当是千变万化的胶粘材料"粘接"而成的。

84 正确使用"粘"与"黏"

从前欧美通常使用 Glue（胶水）作为 Adhesive（胶黏剂）的代名词，一般称天然胶黏剂为 Glue，相当于汉语的"胶水"，是传统的习惯用语。比如称动物胶为 Animal Glue，而不是 Animal Adhesive；称植物胶为 Vegetable Glue，而不是 Vegetable Adhesive。20 世纪以后，随着合成胶黏剂的使用和发展，Adhesive 一词才流行起来，如环氧树脂胶黏剂为 Epoxy Adhesive，热熔胶黏剂为 Hot-melt Adhesive 等。欧美对于 Adhesive 也有各种不同的叫法，如 Bonding Agent，Cement，Contact Cement，Neoprene Cement 等，其中 Cement 并不是指水泥，而是代表硬化之意，亦即具有胶黏剂的意思。另外，Binder 也具有胶黏剂的意义。例如，装订书本背面涂布的胶黏剂称为 Binder。中国对于"胶黏剂"和"粘接"也有不同的叫法，胶黏剂也称作粘合剂、粘接剂、胶接剂、胶水、黏结剂等；中国台湾地区使用"接着剂"一词，应该是来自日本。粘接也称作胶结、胶接、胶粘等。而最常用的术语是胶黏剂（Adhesive）和粘接（Bonding）。

中国胶黏剂行业使用最混乱的两个字应该是"粘"和"黏"，主要是国家两次文字规范的变化和人们的使用惯性造成的。"粘"（zhān）和"黏"（nián）本来是两个字，1955 年国家《第一批异体字整理表》颁布实施，"黏"作为"粘"的异体字被废除。"粘"于是身兼二职，既表"粘"的意义也表"黏"的意义。"粘"作形容词时读 nián，代替"黏"字，如粘土、粘稠、胶粘剂；"粘"作动词时读 zhān，如粘贴、粘接、粘涂、粘堵等。1988 年之前，不管是书籍、杂志，还是行业人士均使用"胶粘（nián）剂""粘（nián）合剂""粘（zhān）接"等词汇，没有出现过任何异议，使用了几十年，人们已经形成了习惯。

"粘"和"黏"使用中出现混乱应该是在 1988 年之后。"黏"字是 1988 年 3 月 25 日国家语言文字工作委员会与国家新闻出版署联合颁布的《现代汉语常用字表》的"说明"中确定恢复使用的 15 个曾被废止使用的汉字之一。确认"黏"为规范字，并将"粘"与"黏"进行分离。也就是说，以前把"粘"用作形容词并读 nián 的场合，都应该用"黏"字代替，如黏土、黏稠、胶黏剂、黏膜、黏度、黏液等；而"粘"字只用来做动词，而且只能读 zhān。但由于人们使用习惯问题，该使用"黏"的地方还是用"粘",例如 1997 年由翟海潮编著的《实用胶粘剂配方手册》,按 1988 年国家语言文字工作委员会发布《现代汉语通用字表》规定,应该为"胶黏剂",而化学工业出版社仍使用"胶粘剂"一词;到了 2000 年,由翟海潮编著、化学工业出版社出版的另一本书《实用胶黏剂配方及生产技术》,已经改用"胶黏剂"一词。直到 2005 年以后,化学工业出版社才把所出版的胶黏剂方面的书统一使用"胶黏剂"一词。《化学与粘合》杂志也自 2005 年第 1 期始更名为《化学与黏合》。目前,越来越多的出版社和媒体杂志不再使用"胶粘剂"一词而改称"胶黏剂"。

由于国家没有强行规定,加上人们长期养成的使用习惯,按照 1988 年国家语言文字工作委员会规范使用"胶黏剂"的难度非常大。目前,"中国胶粘剂和胶粘带工业协会"、《中国胶粘剂》杂志等行业权威机构的名称仍然采用"胶粘剂"一词,就连"全国胶粘剂标准化委员会"的名称以及近些年组织编制的一系列胶黏剂标准中仍然使用"胶粘剂"一词,GB/T2943—1994《胶粘剂术语》及 GB/T13553—1996《胶粘剂分类》等关键标准中仍然使用"胶粘剂"一词;行业技术交流会论文、行业杂志刊登的论文仍然使用"胶粘剂"一词……如果以上权威机构与媒体杂志都不积极落实国家文字规范,行业内就很难正确使用"粘"和"黏"。

2005 年以来,多家出版社为落实国家语言文字工作委员会与国家新闻出版署 1988 年联合颁布的《现代汉语常用字表》,弃"胶粘剂"改称"胶黏剂"一词带了个好头。我本人强烈呼吁"全国胶粘剂标准化委员会""中国胶粘剂和胶粘带工业协会"《中国胶粘剂》《粘接》《化学与黏合》等行业权威机构和媒体杂志带头落实国家语言文字工作委员会颁布的用字规范,正确使用"粘"与"黏"。

85 中国首家热熔胶博物馆参观记

2016 年 8 月 25 日，受王贤胜馆长的邀请，我有幸与瑞士西卡首席科学家曲军博士、浙江大学范宏教授、南京林业大学林中祥教授、上海康达新材陆巍总经理、华南理工大学傅和青教授、亚利桑那化学石一峰博士、亚利桑那化学田建军博士、万事达胶带热熔胶应用专家程世君先生一行到成铭热熔胶博物馆参观。博物馆虽然不大，但我们被博物馆合理的布局、丰富的内容深深地吸引。热熔胶博物馆按展出内容分为序言、中国热熔胶发展简史、热熔胶广泛的应用、热熔胶的使用工具与施胶设备、热熔胶原材料、热熔胶生产制造工艺、热熔胶检验、丰富多彩的热熔胶产品、热熔胶理论文献、粘接体验区、结束语 11 个部分。

成铭热熔胶博物馆是中国首家热熔胶博物馆，也是首家中国胶黏剂方面的博物馆。成铭热熔胶博物馆是由东莞成铭胶粘剂有限公司（以下简称"成铭公司"）投资建设的公益项目，坐落于东莞市高埗镇成铭科技园，占地 480m²。成铭热熔胶博物馆 2014 年开始筹建，2015 年 7 月 31 日建成开馆。

筹建成铭热熔胶博物馆最初是由王贤胜先生提议的，成铭公司董事会 2014 年春季通过了这一议案，并由王贤胜负责开始创建前的各项准备工作。建设热熔胶博物馆是成铭人的一种情怀，成铭的创始人陈铭、王贤胜是一起长大的好朋友、好伙伴，他们从小就想做一些对社会有价值、有意义的事情。他们认为，做企业固然要追求利润，但利润绝对不应是企业的唯一追求目标，而创造社会价值应该是企业的追求。因此，多年来成铭公司持续赞助行业协会的年会，支持《粘接》《中国胶粘剂信息》等行业期刊。创建热熔胶博物馆，梳理中国热熔胶行业历史，为中国的热熔胶行业人士、热熔胶用户、大专院校的师生、关注胶粘技术的社会人士提供一个全面、立体、形象、完整了解热熔历史与技术的平台，相对于把赚来的钱用于买一栋豪宅、一辆豪车，这件事更有价值与意义，更令人愉悦。这就是陈铭、王贤胜他们筹建成铭热熔胶博物馆的初心。

说起来容易做起来难，建热熔胶博物馆就像创业一样，一切从零开始。没有博物馆建设的经验，没有热熔胶展品，没有中国热熔胶发展历史资料，甚至不知道博物馆建设到哪里去申请。王贤胜带领成铭人知难而进，各方咨询，广泛求教，几经周折，首先成功在东莞市社会组织管理局注册了东莞市成铭热熔胶博物馆的牌照。

没有博物馆建设的经验，王贤胜就向有经验者求教，去多地参观国内外各类博物馆，向博物馆的工作人员取经，还有幸认识了中国建设陶瓷博物馆、墨刻艺术家杨晓光馆长，杨晓光馆长爽快答应帮助设计热熔胶博物馆。

缺少博物馆建设的思路与方法，王贤胜就组织召开热熔胶博物馆筹备会议，西卡首席科学家曲军博士、《热熔胶黏剂》作者李盛彪教授、中国胶粘剂和胶粘带工业协会热熔胶专业委员会主任赵庆芳先生、《粘接》杂志执行主编沈文斌先生、中国建设陶瓷博物馆杨晓光馆长等莅临会议，为热熔胶博物馆建设出谋划策。杨晓光馆长亲自承担设计工作，中国胶粘剂与胶粘带工业协会为博物馆建设提供了强有力的指导，《粘接》杂志做义务宣传报道。"粘接世界"微信群里，各位行业资深人士为博物馆建设出谋划策，广泛讨论，让博物馆建设思想更加成熟与完善。经过多方面地深入沟通，终于确定博物馆的设计方案，展品陈列形式，展板内容等。

书写中国热熔胶发展历史，开行业之先河，非常之难。天然热熔胶时期非常漫长，然而世界上合成热熔胶发展历史也就 50 多年，中国也就 30 多年的历史。毋庸置疑，要想写好这段历史实在不易，特别是行业的大多数开创者还健在，甚至一些开创者还在热熔胶企业里担当领导工作，争议是难免的。中国胶粘剂与胶粘带工业协会原秘书长龚辈凡先生两次修订"中国热熔胶发展简史"部分，帮助、支持博物馆的筹建工作。

得道多助，建设热熔胶博物馆是一件促进行业发展的公益事业，得到了社会各界人士的大力支持与帮助。中国建筑陶瓷博物馆为热熔胶博物馆专门复制了死海经卷藏经罐，行业前辈王润珩教授多日辛劳为热熔胶博物馆整理历史文献资料，行业顾问叶胜荣教授整理他的文章提供支持，康达新材创始人陆企亭先生为热熔胶博物馆提供 PUR、丁基热熔胶样品，《粘接》《中国胶粘剂》《中国胶粘剂信息》《粘接与黏合》等杂志社为热熔胶博物馆提供了珍贵的早期杂志样本，梧州荒川化学公司为热熔胶博物馆提供了松树干及松香展品，东莞科建公司为热熔胶博物馆提供了热熔胶初粘力、持粘力、拉力等检测仪器展品，东莞利乐公司黄立统先生为热熔胶博物馆提供了涂布热熔胶机及涂布系统，上海科建公司为热熔胶博物馆提供了丁基胶展品，东莞舜天公司为热熔胶博物馆提供了 PA 类热熔胶展品，广州鹿山公司为热熔胶博物馆提供了各类热熔胶复合管道展品……亚利桑那石一峰博士、科腾公司的杨慧娴博士、广州银森公司的林洁伟先生、PGI 公司的王平先生、诺信公司的陈兵先生、杭州仁和公司的赵庆芳先生、《粘接》杂志的沈文斌先生等纷纷为热熔胶博物馆提供文字、图片等资料。

在王贤胜先生的带领下，成铭人克服重重困难，经过 1 年多的筹建，成铭热熔胶博物馆终于建成开馆。2015 年 7 月 31 日下午，成铭科技园里彩旗飘扬，灯笼高挂，锣鼓喧天，喜庆满园，180 名宾客从全国各地汇聚成铭科技园，见证了成铭科技园落成暨成铭热熔胶博物馆开馆的伟大时刻。成铭公司总经理陈铭、副总经理邓小华、市场总监王贤胜分别向宾客们汇报了成铭科技园、成铭创新中心、成铭热熔胶博物馆的情况。之后，高埗镇党委李建雄委员、中国胶粘剂与胶粘带工业协会杨栩秘书长、中国造纸协会生活用纸委员会江曼霞秘书长、浙江省粘接技术协会理事长 / 浙江大学教授范宏先生、华中师范大学教授李盛彪先生、浙江大学教授叶胜荣先生、中国建筑陶瓷博物馆杨晓光馆长等 50 位贵宾代表步入热熔胶博物馆现场。在主持人的主持下，50 位贵宾齐声数着"5、4、3、2、1"，王贤胜馆长、李建雄先生、陈铭

先生、杨栩秘书长拉下了东莞市成铭热熔胶博物馆的红色幕布,就这样,中国首家热熔胶博馆 —— 东莞市成铭热熔胶博物馆诞生了。

成铭热熔胶博物馆开馆以来,已陆续接待1万余人前来参观学习,为热熔胶知识的普及起到了重大作用。成铭热熔胶博物馆得到了社会各界人士的好评与肯定。博物馆中展出了350余件热熔胶相关藏品,特别是热熔胶行业的早期文献、照片、杂志、书籍让参观者眼睛一亮,这些资料非常珍贵。丰富多彩、形态各异的热熔胶产品,首创的中国热熔胶发展简史,多样的热熔胶原材料,以及施胶设备、生产设备、检测仪器及相关标准等增加了博物馆的知识性、趣味性、可观性。

通过参观,像我这样对热熔胶只知皮毛的人,就好像上了一堂生动的历史和技术课。王贤胜馆长的热情讲解,加上图文并茂和实物展示,让我对热熔胶的发展历史、生产与应用有了更深入的了解。

问起博物馆未来的发展,王贤胜馆长胸有成竹,他说:"我们以后将持续收藏、收购、展出更多展现中国热熔胶历史的藏品,收藏国内外有关热熔胶及其原材料、应用、设备、生产、品质控制等的书籍、杂志、文章、标准、粘接件等。我们还将与高校热熔胶专家合作,编写热熔胶相关的书籍,整理行业资料,更全面书写中国热熔胶行业的发展历史。"

参观成铭热熔胶博物馆的最后一个项目很有趣,每位参观者用博物馆提供的材料和热熔胶,粘接制作一朵塑料玫瑰花留作纪念。俗话说:"予人玫瑰,手留余香。"相信成铭热熔胶博物馆让社会公众受益的同时,也提升了成铭的品牌。

参观完成铭热熔胶博物馆之后,王贤胜馆长组织我们一行与成铭的管理层进行了交流,曲军博士、范宏教授、林中祥教授、陆巍总经理、傅和青教授、石一峰博士、田建军博士、程世君先生等专家学者们对成铭热熔胶博物馆建成和运行的重大意义及良好的社会反响给予了高度赞扬，同时就一些博物馆的细节和发展方向等问题提出了专业而中肯的建议和意见，为成铭热熔胶博物馆的完善与发展提供了很好的参考。交流过程中，我向成铭热熔胶博物馆捐赠了我以前出版的《粘接与表面粘涂技术》《建筑粘合与防水材料应用手册》《工程胶黏剂》《实用胶黏剂》《胶黏剂的妙用》《实用胶粘剂配方手册》6本胶黏剂著作。最后，专家学者们在成铭热熔胶博物馆签名簿上题词留念，对成铭热熔胶博物馆未来的发展给予了期望。我题写的是"期待由热熔胶博物馆扩建为胶黏剂博物馆。"真心希望成铭热熔胶博物馆不断发展壮大，发展成为"中国胶黏剂博物馆"。

86 张孝俤的 "国胶" 世界

"第二届胶黏剂企业家论坛"于 2018 年 5 月 18～20 日在东莞举行，会上企业家们就胶黏剂企业的转型升级、组织能力建设和人才培养、胶黏剂上下游企业的整合、行业发展趋势等话题进行了充分的讨论与交流。

产品同质化、低价竞争、原材料价格上涨、环保法规日趋严格、企业遇到发展瓶颈等是胶黏剂企业目前遇到的普遍问题，行业面临重新洗牌。企业家们认为，只有把成本做得最低的规模化企业和把产品做到差异化的中小企业才能在未来激烈的市场竞争中立于不败之地，规模化和专业化是胶黏剂企业未来发展的两条道路。

论坛期间，张孝俤董事长介绍了他实施成本最低战略、整合上下游、规模化经营的经验。短短十余年，张孝俤从做胶黏带分切销售开始，到生产胶黏带，再到生产胶黏剂及其原材料，再到做胶粘新材料产业园，产业做到了几十亿的规模，其眼光、胆识、魄力令人敬佩。

张孝俤目前拥有江苏国胶化学科技有限公司（以下简称"国胶"）、南通金旺胶粘制品有限公司、南通天胶新材料有限公司、中膜新材料科技有限公司、中国国骄胶粘新材料产业园等 10 余家企业，他是中国胶粘剂和胶粘带工业协会理事，曾获"江苏省优秀企业家"称号。

张孝俤以其独到的眼光，独创生态产业链创新的商业模型，致力于推动资源共享、互促共进、互利共赢，以大平台、大数据将上下游打通并有机相连，发挥各方优势，整合资源，做到成本最低、影响最大，从而发挥规模化经营的核心优势。"国胶"目前是亚洲最大的丙烯酸 -2- 乙基己酯生产商，拥有年产 10 万吨丙烯酸 -2- 乙基己酯和 30 万吨丙烯酸酯乳液胶黏剂的生产能力，是中国目前唯一一家上中下游一体化的大型胶黏剂企业，拥有全国最大丙烯酸酯上下游产业链。

张孝俤打破传统经营模式，创新紧密合作型经营模式，已与上海三信、北京东联、外资企业等十多家不同领域龙头企业建立战略合作关系，并为众多企业代工（OEM）水性压敏胶、建筑乳液、溶剂型胶

黏剂、纺织乳液、铝箔 /
保温胶带、BOPP 胶带、
双面胶带、美纹纸等产
品。张孝俤推行集中采购
模式，既提高采购效率，
降低采购成本，又提升企
业利润率，提高企业整体

竞争力，更实现了供方和需方利益的最大化。

张孝俤的"国胶"世界明显走的是一条产业链整合、规模化经营
之路。张孝俤认为，自己没有上过多少学，在技术创新方面没有多少
优势，企业只有采取成本最低战略、规模化经营，才能在市场竞争中
取得优势，这也许与他自身的特点与人生经历有关。

20 世纪 90 年代初，16 岁的张孝俤怀揣着梦想，离开福建农村老
家，来到江苏如皋闯荡世界。当时身上只带了 500 元钱，他从事过海鲜、
肉食批发生意，做过金银首饰加工等，生意有成功也有失败。多年的
摸爬滚打，练就了张孝俤刚强坚毅、百折不挠的性格，同时也培育出
了他敏锐的市场眼光和很强的执行力。

张孝俤言语不多，给人以淳朴憨厚的印象，但他是一个善于思考
的人。经商过程中，他逐步意识到做小买卖很不稳定也充满风险，海鲜、
肉食都需要冷藏、都有保质期和季节性，一旦变质就会血本无归。也
许是经历了多次失败的打击,张孝俤想，未来自己一定要创办一家公司，
经营保质期长、不受季节影响的产品。

2001 年，一个偶然的机会，在工厂做工的妻子给他带来了一卷胶
黏带，张孝俤眼前一亮，从最初的好奇突然萌生了做胶黏带生意的想
法，他弄清楚胶黏带的来源后，经朋友介绍立即前往亚洲化学上海工
厂参观，回来后就决定在这一个新的领域进行尝试。2002 年，张孝俤
创立南通金旺工贸公司，租了 120 平方米的厂房和一条分切机，开始
做起胶黏带分切销售的生意。张孝俤不辞辛劳，白天跑销售，骑三轮车、
坐公交到处找客户，把胶黏带卖到各个批发商店。晚上，张孝俤开通
分切机做胶黏带分切加工，每晚只睡几个小时，有时还要通宵分切。
由于他的勤劳与诚信，再加上薄利多销，生意很快红火起来。在胶黏
带销售领域尝试成功后，张孝俤想，如果自己能生产胶黏带，就可以

挣到更多的钱。

张孝俤想到做到，他打开了胶黏带的销售渠道，但对胶黏带生产却一窍不通。2004 年，张孝俤与别人合作成立上海和泉胶粘制品有限公司，租了 500 平方米的厂房和 1 条涂布线，开始生产胶黏带。胶黏带生产成功后，2005 年张孝俤在如皋工业园区租地 15.6 亩自建厂房，投产 4 条涂布线，开始自己生产胶黏带，南通金旺工贸公司改名为南通金旺胶粘制品有限公司（以下简称"金旺"）。

为了扩大销售，2005 ～ 2008 年期间，张孝俤相继成立武汉亿德利公司、重庆翔坤公司等销售公司。目前金旺拥有 7 条胶黏带生产线，年产 3 亿多平方胶黏带，销售额 4 亿元以上。胶黏带生产成功后，2008 年张孝俤又萌生生产压敏胶的想法，继续朝胶黏带上游扩展，他开始购进 1 套二手压敏胶反应釜，尝试压敏胶生产，成功后又不断扩大生产规模。

随着国家对环境保护越来越重视，化工企业环保政策越来越严格，政府要求化工企业进驻化工园区。2009 年，张孝俤以敏锐的眼光，觉察到胶黏带和胶黏剂行业未来将面临重大调整，许多企业将面临关停并转。他想，一定要抓住这次调整契机，做一个连接上下游产业链的巨型工厂，做代工（OEM），接纳这次行业调整带来的产能。

经过两年的策划与准备，机会终于来了。2011 年，张孝俤全资收购了南通中泰化工有限公司（以下简称"中泰"），这是一个大手笔，也是张孝俤事业的转折点。中泰公司成立于 2006 年，位于省级化工园区——如皋化工新材料园区，主要生产四氯化钛，因金融危机、安全环保等各种因素导致企业经营不善，于 2008 年倒闭。收购后，张孝俤对厂区废弃物进行长达 2 年的无害化处理。2013 年开始建设 3 万吨丙烯酸 -2- 乙基己酯和 10 万吨丙烯酸酯胶黏剂生产线，并 2014 年 6 月建成投产。由于丙烯酸 -2- 乙基己酯供不应求，加上自己产品的价格优势，当年实现销售 1.8 亿元。2015 年，二期扩产成功，具备了年产 10 万吨丙烯酸 -2- 乙基己酯和 30 万吨丙烯酸酯乳液胶黏剂的生产能力，目前已实现 6 亿元的销售收入。2015 年中泰公司更名为江苏国胶化学科技有限公司。2015 年 10 月，国胶获得"国家高新技术企业"称号。

基于对市场敏锐的洞察力，张孝俤 2015 年期间又萌生投资胶粘新材料产业园的想法，他要搭建胶黏带企业转型升级平台。经两年的筹划，

2017 年中国国骄胶粘新材料产业园正式成立，这又是一个大手笔。为了与产业园配套，张孝俤还成立南通天胶新材料有限公司、中膜新材料科技有限公司，向铝箔胶带、薄膜系列化产品拓展，预计未来会给企业带来 20 亿元的收入。

为什么义乌小商品市场能吸引全球的目光？张孝俤想，"品种齐全、价格低廉、影响最大"应该是其成功的关键。受义乌模式的启发，张孝俤要把胶粘新材料产业园打造成"产品系列化、成本最低，影响最大"的生态产业链创新园，他要打通上下游，园内企业抱团取暖，零库存，减少运输费用等。张孝俤测算，入园企业整体成本可以降低10% 以上，优势明显。

国骄胶粘新材料产业园位于南通市如皋港，与上海隔江相望，毗邻国家火炬特色产业基地 —— 如皋港化工新材料园区。张孝俤的雄心是要把产业园打造成粘接功能性材料企业"横向环节高度分工合作、纵向产业链升级延伸"的一个闭环生态产业链圈，成为"产业集中、要素集聚、资源集约"的国内一流、国际领先的粘接产业创新发展示范基地，成为全球最大的胶粘新材料"一站式"采购基地和全国最大的丙烯酸酯消费基地。

87 胶黏剂行业的知识产权与股权纠纷案例

随着市场竞争的加剧，各种涉及知识产权和股权纠纷的案件逐年增加。20世纪90年代以来，胶黏剂行业出现了许多起知识产权和股权纠纷案例，在全国乃至世界上都造成了较大影响，也为我们的胶黏剂企业敲响了警钟。下面仅举几个典型案例供大家参考，以使大家能从中吸取教训。

商业秘密侵权案

1996年，上海市合成树脂研究所（以下简称"树脂所"）状告张××和浙江省某材料厂商业秘密侵权。情况是这样的：树脂所系专业研究和生产导电胶的单位，其导电胶产品曾多次获化工部、上海市经济委员会、上海市化工局嘉奖，并获国家级新产品证书。为保护科技成果，上海市合成树脂研究所成立了保密委员会，制定了保密手册和有关规定，明确任何职工不得擅自对外从事有关本所的科技工作谋取私利。被告张××原系研究所导电胶专题组操作工，参与了导电胶的研制过程，从事导电胶还原、银粉制备、银粉球磨及配胶等多项操作工作。1994年4月，被告张××向研究所提出辞职并承诺不从事原工作，不侵犯本所权利。1994年5月，张××进入其哥哥为法人代表于1993年12月30日成立的浙江省某材料厂（被告，以下简称"材料厂"）。其间，被告张××将研究所拥有的导电胶配方及工艺流程的技术秘密泄露给被告材料厂，在获取研究所导电胶的技术秘密并加以生产后，于1995年11月对外销售。1996年3月7日，经过法院审判，法院依照《中华人民共和国民法通则》第118条及《中华人民共和国反不正当竞争法》第10条第2款、第3款、第20条第1款之规定判决如下：①被告张××立即停止对原告上海合成树脂研究所拥有的导电胶技术秘密的侵权行为；②被告浙江省某材料厂立即停止运用原告上海合成树脂研究所的导电胶技术秘密进行导电胶产品的生产和销售；③被告张××、浙江省长兴县特种粘合材料厂于本判决生效之日起一个月内登报向原告赔礼道歉（登报内容需经法院审查）；④被告张××、浙江省某材料厂赔偿原告经济损失人民币4260元。

2000年5月，研制开发"中空玻璃聚硫密封胶"的郑州中原应用技术研究所（以下简称"中原所"）所长助理刘××辞职后，到生产相同产品的杭州××公司担任该公司的副总工程师、副总经理，同时也惹出了一场侵害商业秘密官司。法庭上，原被告双方唇枪舌剑，争辩焦点集中在聚硫中空胶的生产技术是否属于中原所的商业秘密，刘××又是否掌握该技术，被告行为是否侵犯了原告的商业秘密。原告郑州中原应用技术研究所诉称，聚硫中空胶这一科技成果为中原所带来了显著的经济效益。为保护这一成果，中原所不但制定了完善的保密制度，还采取了严格的编码保密措施。被告刘××不但直接管理科研课题，还亲自组织技术保密编码工作。刘××在未办理辞职、请假等任何手续的情况下，离开中原所，为一己私利将中原所的商业技术秘密披露给杭州××公司。刘××和杭州××公司构成了对原告商业秘密的侵权。请求法院依法判令二被告停止生产聚硫中空胶，共同赔偿在侵权期间因侵权所获得的利润及原告为调查二被告侵害其合法权益所支付的合理费用，责令被告刘××停止以原告商誉从事各种商业活动。被告刘××辩称，聚硫中空胶的技术信息和经营不属于商业秘密，有关信息已在国内出版物公开发表，在国外也有公开的技术信息资料，且自己也不掌握原告的技术秘密，没有向杭州××公司披露。被告杭州××公司辩称，公司生产、销售的聚硫中空胶是根据多家生产厂家的配方自己研制开发的，并当庭提交了《中国化工产品大全》等载有相关信息报道的书籍和刊物，同时提交了与日本、德国等有关公司的咨询函。2001年11月16日，郑州市中原区法院对这起商业秘密侵权案作出一审判决。法院认为被告行为属于不正当竞争，判令刘××和杭州××公司赔偿原告郑州中原应用技术研究所经济损失52万余元。

一审宣判后，刘××和杭州××公司均不服，向郑州市中级人民法院提出上诉。2001年11月21日，郑州市中级人民法院开庭再审，但未当庭宣判结果。杭州××公司代理律师称"这次开庭我们出具了几份有力证据"。代理律师所指的"有力证据"，其一是杭州某玻璃公司将成品中空玻璃送交国家玻璃质量监督检验中心检验的报告。在报告的备注栏明确该成品"使用杭州××公司的聚硫中空胶"，送样日期是"2000年5月15日"，而这个时间距刘××离开中原所还有两个星期。尽管如此，郑州中原所的有关领导提出，"技术秘密被刘××泄露"的依据还包括"依据国家科委317号文件，科技人员在流动中，三年内不得在同种行业内任职"，即竞业禁止，则再度引起了媒体和社会的广泛关注。

据统计，80%的商业秘密是被职工跳槽或创业时"顺手牵羊"带走的。跳槽者大多是业务骨干，对企业内部情况了如指掌，如果没有基本的证据，一旦发生了商业秘密泄露事件，不仅难以立案，而且取证较难。在市场经济条件下，人才的流动是不可避免的。因此企业要从规范管理出发，及时和职工签订保密协议。一旦发现有上述行为，企业有权依法对职工提起诉讼，追究违约责任并对企业进行赔偿。另外，还要制定有效的激励机制留住骨干员工。

仿冒知名商品特有名称、包装、装潢不正当竞争案

2005年，汉高乐泰（中国）有限公司（以下简称"乐泰"）诉烟台开发区某新材料有限公司，仿冒伪造乐泰产品特有名称、包装、装潢不正当竞争纠纷案，不仅引起了国内相关行业的广泛关注，还引起了德国驻华使馆及国外相关媒体的关注。经过山东高院的终审判决，烟台开发区某新材料有限公司侵权行为成立，存在不正当竞争，赔偿汉高乐泰公司40万元人民币，并在《中国工商报》《中国化工报》等媒体公开赔礼道歉。该案件也成为山东省2005年十大知识产权案例之一。类似的案件还有2007年汉高乐泰（中国）有限公司，诉烟台某化工有限公司不正当竞争案，经法院审理后判决烟台某化工有限公司停止侵权，在《中国工商报》《中国化工报》等媒体上公开赔礼道歉，并赔偿汉高乐泰（中国）有限公司25万元人民币。

回天新材状告6位离职股东案

离职股东同业竞争被起诉。2012年5月7日，湖北回天新材料股份有限公司（以下简称"回天新材"）诉原股东胡××同业竞争，胡××系回天新材技术骨干，2009年5月10日从公司离职后设立"武汉沃特尼工业新材料有限公司"，经营与回天新材相同的业务，开展同业竞争，违反了《湖北回天胶业股份有限公司股东义务特别约定的协议》的约定。与胡××相似的情况，回天新材另一股东黄××也因违反《湖北回天胶业股份有限公司股东义务特别约定的协议》的规定，经法院调解，黄××向回天胶业赔偿了400万元人民币。

回天新材诉讼"索股"。2010年12月3日，回天新材发布董事离职公告，称许××因个人身体原因申请提出辞去公司董事及营销总监、总经理助理职务，同时一并辞去公司董事会战略与发展委员会委员职务，许××在公司将不担任任何职务。在上述公告中，回天新材还特别提及："本公司及董事会对许××在任职期间为公司发展所做的贡献表示衷心的感谢！"2012年10月29日，财务总监张××辞职；2013年1月，戴××离职，戴××曾任职上海回天技术总监、常州回天总经理；2013年6月18日，公司副总经理杨××辞职。2013年10月22日，董事长秘书田××因个人原因辞职，另外还有数名中层干部和技术骨干先后离职。2014年1月，回天新材"突然"对许××、戴××等四名类似经历的离职员工提起诉讼，要求按《协议书》约定，转让其所持股份。经过法院审判，回天新材胜诉，部分被告与回天新材达成和解。回天新材通过"追索"股份的形式，来抑制"离职潮"。

88 胶黏剂行业那些年走过的弯路

前些年，媒体一直在探讨企业商业伦理和民营企业的"原罪"问题。"原罪"是从宗教领域借来描述一种经济社会现象的词汇，是指民营企业在早期发展过程中，存在违反政策、违犯法律或违背道德等行为。企业商业伦理问题主要表现为制假卖假、偷窃知识产权、不公平竞争、行贿、偷税漏税、非法集资等行为，胶黏剂行业也不例外。下面举几个例子来说一下胶黏剂行业那些年走过的弯路。

20世纪90年代，建筑硅酮胶领域乱象横生，缺斤短两、制假卖假现象时有发生。硅酮胶国外的标准包装是310mL，当时国内也采用了这样的规格，客户购买产品时习惯按支买，很在意每支胶多少钱。当时许多厂家就打起了包装的主意，反正客户习惯按支买，有的企业就做出了250mL包装来卖；有的企业虽然外观做的是310mL包装，可是硅酮胶管的壁做得很厚，尾堵很长，包装物内实际容积估计不到250mL。有的企业还做低劣产品来卖，例如添加白油和河砂来降低成本，制成的硅酮胶性能很差。还有些企业假冒国外知名品牌的产品，为了挣钱真是什么主意都想得出。有一个做胶的企业，如今已经是10亿元以上销售额的企业了，可在创办初期也曾假冒过道康宁的产品。还有一个假冒道康宁产品的企业做得更甚，竟然把自己假冒道康宁的产品上贴上了防伪标识，闹得客户把没贴防伪标识真正的道康宁产品当成假冒的了，闹得道康宁哭笑不得。目前，玻璃幕墙硅酮结构胶已被国内品牌占领，而在20世纪90年代则是GE、道康宁的产品一统天下。当时国内企业为进入幕墙市场伤透了脑筋，中国幕墙硅酮结构胶还没有行业标准和国家标准，国内硅酮胶企业主导编制幕墙硅酮胶标准时，竟然把某项指标定的连GE、道康宁都很难达到。

20世纪90年代后期，我国制鞋业飞速发展，而广东、福建制鞋基地许多小厂不断发生胶黏剂危害致死的案例。制鞋女工中毒事件虽然与现场通风条件密切相关，但也与低劣假冒鞋胶有关，苯在20世纪90年代末在氯丁胶中已是禁用原料，但有些胶黏剂小厂还在使用。广东佛山市南海霸力化工制品有限公司是中国著名的鞋用胶黏剂生产企业。2008年12月，霸力公司发现其鞋用胶黏剂在广东惠东地区被严重假冒销售。2009年3月下旬，警方经过密切侦查，在惠东抓捕了两名福建莆田市某化学有限公司涉案人员。经审讯，涉案人员供认，假冒胶黏剂为该公司生产，且造假时间长、销售地区广、数量巨大，经初步核实，仅在广东惠东地区售假数量就达上万桶。在浙江、福建、湖北等地区，售假数量也很巨大。据配合警方行动的企业有关人员透露，几年来该公司假冒霸力产品的货值高达数百万元。

21世纪初，一起引起国内外广泛关注的假冒国外胶黏剂企业产品案件，是湖南某公司被美国爱宝公司诉假冒本公司产品的知识产权侵犯案。这起涉及商标和外观包装装潢的纠纷，起始于2002年的广交会，此后5年多时间里，美国爱宝公司在许多国家打了几十起针对该公司假冒其产品的诉讼案，其中在中国境内就有多起行政和法律诉讼案，有广州市工商局查处某公司广交会案件，深圳龙岗区工商查处某公司假冒爱宝案件，湖南浏阳工商查处某公司不正当竞争案件，国家商标局、商评委ABRO商标异议案，广州黄埔海关查处某公司侵权案；司法诉讼主要有在广州中院的爱宝诉某公司不正当竞争案、深圳中院爱宝诉工商局行政不作为案、北京一中院ABRO商标异议复审诉讼案等。2007年9月，该公司董事长袁××，为解决商标侵权纠纷，远赴英国与美国爱宝公司进行谈判，不料飞机刚降落就遭到英国警方逮捕，更是在国内外造成了重大影响，引起了国内外媒体的广泛关注。另外在2006年10月召开的亚洲胶黏剂大会预备会议上，日本安特固公司状告湖南某公司假冒商标，并大量出口瞬干胶产品到东南亚地区，严重侵害了他的商标权。

89 胶黏剂企业如何突破发展的瓶颈

企业发展一般要经过初创、扩张、专业化、成熟4个阶段，胶黏剂企业也不例外。俗话说："前途是光明的，道路是曲折的。"企业的不同发展阶段会遭遇不同的发展瓶颈，企业家要认清企业发展的障碍。只有突破发展的瓶颈，企业才能一步一步走向辉煌。否则，你的企业就难以长大。

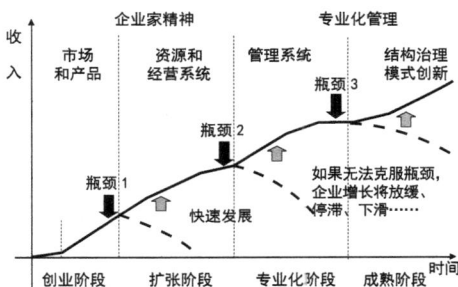

影响企业发展的因素很多，美国知名企业咨询专家厄威克·弗莱姆兹认为，企业发展需要完成5项关键任务：①界定市场和开发适当的产品；②获得资源；③建立经营系统；④建立管理系统；⑤管理企业文化。胶黏剂企业只有认清各个发展阶段的关键成功因素和发展障碍，才能突破发展的瓶颈。

初创阶段。企业家面临的第一个挑战当然是创办企业的风险。迎接这一挑战所需的基本技能是认清市场需求，并开发出满足该需求的产品或服务。新兴企业生存所遇到的主要瓶颈是能否开发出产销对路的产品或服务，这是企业创办初期获得成功的关键。如果这个事情做好了，一个刚刚发育的企业就会走上快速发展之路。否则，就会半途夭折。

扩张阶段。经过初期创业阶段后，企业可能经历快速成长，而这种成长也会引出一系列问题：因为销售扩大，公司的资源被利用到了极限，出现了一种对库存、空间、设备、人力资源等的似乎无尽的需求，这是企业家面临的第二个挑战。一般来说，企业很难应付50%以上的年增长率。由于高速增长，企业家几乎没有思考的时间，以至几乎没有计划的存在，因为大多数计划很快就过时了。当公司的规模超出了它的基础能力，就会出现所谓的"增长的痛苦"。如果一个企业的内部组织系统的发展状态与其规模相去甚远的话，企业发展就会面临严重问题，能否获得资源和建立有效的经营系统是该阶段企业发展的瓶颈。企业家必须想方设法获得资源（包括人、财、物），建立市场营销、研发、技术服务、采购、生产、运输、财务、人力资源等基本结构。这些问题解决了，企业就会稳步发展。否则，企业就会停止不前或者出现倒退。

专业化阶段。企业家所面临的第三个挑战是，当企业达到了一个新的发展阶段后，内部管理出现混乱，企业效率变得低下。这是企业该阶段所遇到的主要瓶颈。解决之道是专业化管理。企业必须从自发的、混乱的、随意的公司转变成一个更加有计划、有组织、有纪律的实体。公司必须从只有非正式计划、员工只能对事件做出随机反应的状态转变为把正式的计划作为一种工作方式的状态；从任务和责任都没有明确界定转变为对责任、任务和角色都有一定程度的定义；从没有责任或控制系统转变为有完善的目标系统、衡量标准和奖惩标准；从只有现场训练转变为有正规的管理开发方案；从没有预算转变为有预算计划、报告和预算执行情况分析；从利润仅仅是自发地产生转变为有明确的利润指标。简而言之，必须实现从企业家精神主导的企业向一个由企业家创造的专业化管理企业的转变。

成熟阶段。随着公司规模的不断扩大，企业家面临的第四个挑战是在市场需求不足且竞争激烈的环境中，企业只关注短期效益，对未来的业务规划和培育不足，造成企业增长乏力或停止不前。管理模式、运营模式僵化，正逐步成为企业发展的瓶颈。这时，企业高层要高瞻远瞩，把握行业趋势，优化整体运营模式与组织结构，通过商业模式、运营模式的创新，来打造平台化的扩张，由机会性增长转型为战略性增长。这样才能实现企业新一轮的增长，使企业成为一个能够持续创新、不断发展的成熟企业。

90 胶黏剂行业人才问题："空降"还是培养？

企业的竞争，某种意义上来说就是人才的竞争。比尔·盖茨说过："如果把我们公司20个顶尖人才挖走，微软就会变成一家无足轻重的公司"。可见，人才在企业中的重要作用！胶黏剂企业也不例外，人才是企业胜败的关键。那么，人才是"空降"还是自己培养好呢？

"空降兵"通常是指企业从外部引进的高端人才，也可称作"外来的和尚"。俗话说："外来的和尚好念经。"企业发展需要人才，现有人才难以满足时，就需要"空降"。使用"空降兵"有利有弊，因此，用不用"空降兵"，如何用，成为企业的难题。

北京天山新材料技术有限公司（以下简称"天山公司"）成立20多年来，对"空降兵"的使用也有过不少经验教训。1999年，天山公司首次引进"空降兵"，而且是高级别的"空降兵"徐志远先生，曾是原汉高乐泰负责营销的副总经理，担任天山公司的副总经理，负责营销。当时公司的业务正在由维修用胶市场向装配用胶市场扩张。这位"空降兵"的到来为公司的业务拓展起到了关键作用。2009年，又一个高级别"空降兵"降落在天山公司，那就是美籍华人史伟同（Gary Shi），他曾在汉高美国公司担任研发经理和电子市场业务拓展经理，双方成立了中美合资北京海斯迪克新材料有限公司，使天山公司的电子胶黏剂市场得到了拓展。这是我们引进"空降兵"的成功案例。当然，天山公司引进"空降兵"也有许多不成功的例子，例如，后来通过"猎头"引进的市场营销总监就很不成功。

公司对引进"空降兵"始终有赞成和反对两种声音。赞成用"空降兵"的人认为，"外来和尚"可以迅速补充内部人才不足的问题，可以为企业带来新的管理理念和模式，同时为企业节省人才前期培养的时间、费用等。反对用"空降兵"的人认为，"外来和尚"未必会念你的经，他们带给企业的麻烦往往多于贡献，而真正能够全面了解自己企业文化和产品并愿意用心为企业做事的是自己培养的人。"空降兵"模式会打击原有经理人的积极性，他们会担忧自己的前途，进而影响他们的工作效率。还有，"空降兵"一来就身居高位，新人指挥老人、外来人指挥内部人会给企业带来一系列的影响；首先会影响团队士气，因为他们的到来取代了原有员工的晋升，影响的不仅仅是未被提升者本人，还有所有的员工和管理者；其次是"空降兵"在没有了解和接受企业文化时就身居高位，会不知不觉地将自己原来的文化带到企业来，冲击本公司的文化；最后是薪酬体系，"空降兵"往往意味着打破企业既有的薪酬体系，这是个非常大的问题。这样不仅仅会造成原有员工的不稳定，也不利于"空降兵"与团队的融合。

其实，企业适当引入"空降兵"，内部培养和外部引进相结合的人才模式才是上策。如果企业内部具有良好的培养能力和人才储备计划，当事业发展、新的市场机会出现、新的战略需要有接班人的时候，人才可以对接上。但企业不是万能的，不可能什么样的人才都能按时培养出来，市场机会出现的时候不可能等待，这时就必须采用"猎头"快速"空降"。什么岗位适合外部引进？什么岗位适合内部培养？什么时候需要外部引进？如果说某些岗位，它的内生性比较强，与行业关联更紧密的，如市场营销、研发类专业岗位的高端人才，通过内部提升和培训，实现人才梯队的改善和优化更合适。而当企业在新产业培育等外生性机会出现的时候，原有的人才储备可能会满足不了新行业和新市场的需求，这时可以更多地选择外部引进的方式。企业面临转型期时，一定需要大量"空降兵"，因为原有模式下培养的人才不一定适合企业的发展。

真正适合自己企业的"空降兵"可遇不可求，努力培养企业内部人员才是正途。如果决定使用"空降兵"，领导者要亲自帮助"空降兵"融入团队。一个未融入团队的人无法生存于团队，更无法发挥作用，级别越高越是如此。融入团队的方法是"空降"到洼地——待遇可以高，但进入公司时级别比预期的最好低半格，这样有助于"空降兵"适应环境并做出业绩。同时领导者应该扶上马送一程，主动设计一些方法来帮助他们融入公司。

91 创新是胶黏剂企业发展的源泉

20多年来，北京天山新材料技术有限公司（以下简称"天山公司"）走过的是一条创新之路，不管是管理创新还是产品创新。天山公司大胆开拓，销售额不断提高，才使 TONSAN 成为了行业的领导品牌。1994年，天山公司将丙烯酸酯结构胶命名为 TS528 油面修补剂，用于变压器、管路堵漏。1995年，当国内胶企普遍采用商店销售模式时，天山公司开始建立全国经销服务体系。1997年，天山公司由设备维修市场进入工业制造、装配市场。1999年，天山公司开始天山顾问式销售，建立客户拜访 ADR、ACH、30-60-90 漏斗管理系统。2001年，天山公司建立应用实验室，模拟客户工况，加强施工工艺性研究。2002年，天山公司在国内最早开拓光伏市场。2007年，天山公司为客户提供涂胶机器人，提供整体化解决方案。2009年，天山公司为开拓电子市场成立中美合资公司 HYSTIC。2010年，天山公司建立合戎实验室，从分子结构设计解决性能难题（如解决有机硅胶表干要慢、深层固化要快的矛盾）。2012年，天山公司市场与产品拓展项目化管理（跨部门协作）……

创新是企业发展的根基，创新是一个企业长盛不衰的源泉。任何产品都有自己的生命周期，都会经历投入期、成长期、成熟期和衰退期。任何企业所能拥有的竞争优势都是暂时的，除非它持之以恒地创新，否则，今天的辉煌也难保明天的繁荣。一个企业如果不能在创新上做好文章，那它离衰败和破产就不远了。

罗伯特·弗罗斯特在《未择之路》一诗中写道："一片森林里分出两条路，而我却选择了人迹更少的一条，从此决定了我如今的不同。"要经营一个源源不断创造财富的企业，就意味着要创造一条独特之路。对于一个优秀企业而言，当它发现自己的战略吸引了众多竞争者蜂拥而至，向他抄袭，而且自身削减成本的压力逐渐加剧时，他早已制定了新的制胜之策——他会选择转移到一个新领域，并确定牢不可破的市场地位。

对于一个技术型企业来说，创新永远是第一位的。如果你听到一个技术型企业喧嚷着自己正在追求运营业绩或者成本领先，你就可以断定：这个企业创新方面肯定出现了问题。大多数陷入平庸的技术型企业恰恰就是选择采取这些措施，并引以为傲。技术型企业应该将更多的时间投入到追求创新、实现差异化上去。

谋求竞争优势是企业追求差异化的目的。在多重竞争压力下，很多企业不愿去创造，不愿去发现，而是选择了亦步亦趋地仿效他人。平庸企业往往在竞争策略、管理方式和生产流程方面逐渐趋同，结果沦为牺牲品。

企业领导者如果做出与竞争对手相同的决策，无论这些决策听起来多高明，企业都不会从中获得多少益处。若要获得真正的益处，领导者应该开辟出一条独特的发展道路，即便冒着犯错误的风险也应在所不惜，因为这样至少会给自己一个自由的想象力，从而获得领先甚至击败竞争对手的机会。创新型企业对失败，甚至是浪费，都应有很高的容忍度。企业在探索战略创意的过程中，难免会犯一些错误，因为并不是每一次判断都是正确的。要想通过创新生存下去并实现蓬勃发展，企业除了多下几个赌注之外别无选择。市场竞争中的赢家往往为那些能给他们带来效益和进步的错误感到庆幸。他们不会等到非得有一个完美无缺的论证才采取行动。创新意味着冒险，要大胆地去尝试，而不是因惧怕犯错误而裹足不前。

战略大师迈克尔·波特说："战略不是要你做得更好，而是要你做得不同。"最成功的企业创造市场，而非跟随市场。仅仅谋求比竞争对手做得更好是很危险的，因为每一位竞争者都会从相同的角度定义"卓越"，进而导致竞争者之间出现严重的趋同现象。市场竞争的结果导致产品的趋同化，这是不可否认的事实。正如一位研究竞争优势的学者所说："长期看来，一切都会变得平淡无奇。"竞争者越是谋求"做得更好"，他们在解决问题时的趋同现象就越严重。创新是企业发展的源泉，企业要把创新作为战略追求，力求"做得不同"。企业通过差异化，才能领先对手。

92 3M 公司创新故事

3M 公司全称 Minnesota Mining and Manufacturing（明尼苏达矿务及制造业公司），创建于 1902 年，总部设在美国明尼苏达州的圣保罗市，是世界著名的产品多元化跨国企业。因英文名称头三个单词以 M 开头，所以简称为 3M 公司。胶黏带是其主营业务，胶黏剂产品也非常知名。3M 向全球近 200 多个国家的顾客们提供多元化及高品质的产品及服务。3M 在全球超过 70 个国家经营业务，在 38 个国家设有工厂，在 35 个国家拥有实验室。

3M 公司素以勇于创新、产品繁多著称于世，在其百年历史中开发了 6 万多种高品质产品。百年来，3M 的产品已深入人们的生活，涉及领域包括工业、化工、电子、电气、通信、交通、汽车、航空、医疗、安全、建筑、文教办公、商业及家庭消费品等各个领域，极大地改变了人们的生活和工作方式。现代社会中，世界上有 50% 的人每天直接或间接地接触到 3M 公司的产品。

1902 年，五名年轻人在美国明尼苏达州的双港市创立了一家采矿公司，初期仅开采矿砂，不久发现矿砂有更好的发展前景，即开始制造砂纸。这就是 3M 的开始。

1910 年，公司迁至目前总公司所在地明尼苏达州圣保罗市，且在 1914 年推出了第一个独家产品 Three-M-ite™ 研磨砂布。创新历程由此展开。1921 年，世界上首张防水研磨砂纸 Wetordry™ 在 3M 诞生并注册专利，为工业研磨开创了一个全新的时代。1924 年，3M 开始正式产品研发。1939 年发明了世界上第一块交通反光标识，还发明了世界第一盘录音磁带，美国宇航员阿姆斯特朗踏上月球用的合成橡胶鞋底也出自 3M。

此后，Scotch™ 遮蔽胶带、Scotch™ 玻璃纸胶带、Scotch™ 乙烯基电子绝缘胶带、可重复粘贴的尿片胶带等创新产品相继问世。尤其是诞生于 1980 年的 Post-it™ 报事贴，让信息的交流发生了革命性的变化。层出不穷的创新产品的出现印证着 3M 的每一次进步。Post-it™、Scotchgard™、Scotch™、Thinsulate™、Filtrete™、Scotch-Brite™、Nomad™、Dyneon™、Nexcare™……一个又一个知名品牌下属的各种产品被推广至世界，影响并改变着人们的生活方式及习惯。

　　一个世纪以来，3M 致力拓展科技极限，不停改进、结合和创造，先后开发了 6 万多种产品，每年平均有 500 种实用、可靠和针对不同客户需求的新产品问世。这个世界著名的多元化科技企业，产品比比皆是，从随手拈来的报事贴便纸条，到道路上的交通标志以及绚丽多彩的广告贴膜，从家庭用品到医疗用品，从手机到笔记本电脑到汽车，几乎各个领域都能发现 3M 公司的身影。正是 3M 创新管理和 3M 创新科技催生了很多有趣的 3M 科学家们发明故事，下面举 3 个经典案例供大家参考。

Scotch 玻璃布胶带的发明 —— 创意源自客户的需求

　　不是所有 3M 的点子都来自于实验室和对日常生活的细心观察，有时候，客户的抱怨和要求也是一次创新旅程的开始。

　　20 世纪 30 年代早期的美国流行双色车身的汽车。当时工人的做法是在对车身涂漆之前，用强力胶带和牛皮纸把一部分车身遮住，待油漆干了以后再把"胶纸"撕掉，但这样的操作方式有很多缺点：在撕掉"胶纸"的同时往往会带下车身上的一部分新漆，结果既增加了工人的工作量，又导致了生产成本的超支。3M 的一名科研人员 Dick Drew 从圣保罗市一家汽车车身修理厂工人的抱怨中偶然得知了上述的情况。当时，3M 还只生产研磨产品，但敏感的 Dick 却由此发现了顾客（车修厂）对一种特殊胶带的强烈需求。因此他利用业余时间进行深入细致的研究，在无数次尝试之后最终利用将砂纸背基的生产工艺与胶水涂布工艺相结合，成功地开发出了黏性适中，操作简便，易剥除的遮蔽胶带。

　　经过多年的不断改进和完善，3M 遮蔽胶带形成了高品质全方位的系列产品，并成功地应用于小汽车原装厂及配件供应商、飞机及其他交通工具生产厂、汽车维修遮蔽厂、船只及其他水上交通工具生产厂、印刷造纸业以及各类电子电器生产厂。而这种遮蔽胶带也成为了 3M 在以后 60 多年里最重要的产品之一。

　　20 世纪 20 年代，Dick Drew 已经成为 3M 历史上最具创意的发明家之一，但他并没有安于现状，没有忽视不断改变的客户需求。当他知道圣保罗市的一家搞绝缘的工厂需要 3M 帮助开发一种为有轨冷藏车的绝缘棉设计的防水物时，Dick Drew 又开始了他的工作……

　　3M 的一些研究员开始考虑在 3M 遮蔽胶带外包裹一层 Du Pont 发明的防水玻璃布，Drew 于是联想到：为什么不能在玻璃布上直接涂上一层胶黏剂作为绝缘棉的防水封条。1929 年 7 月，Drew 用 100 码的玻璃布做导电试验，他很快开发了一种胶带样品并送到了圣保罗市的那家绝缘公司。不幸的是，他的新产品不能充分解决这个特殊顾客的要求，但这个样品明确地显示出了为其他类型的产品做绝缘包装的优越性能。Drew 继续努力地工作，他用了一年多的时间解决了很多材料的难题，最后一个生产工艺的难题又摆在了前面：在玻璃布上均匀地涂胶黏剂很困难，玻璃布在用机器挂糖衣时很容易扯断，经过不断尝试，Drew 发现如果底涂应用到玻璃布上，胶黏剂就能涂得很均匀，而断裂的难题，也在运用了一种特殊机器之后迎刃而解。最终，Drew 开发了无色无味的胶黏剂，改善了这种胶带。

1930 年 9 月 8 号，第一卷 Scotch™ 玻璃布胶带送到了客户手中，客户反馈时盛赞 3M "你们毫不犹豫地使自身尽可能地完善。我相信如果把这种产品推向市场，将会有足够的销售额来证明这笔研发支出是正当的"。实践证明，客户的话显然是保守的。Scotch™ 玻璃布胶带成为了 3M 历史上最著名并被广泛使用的产品之一。商业企业用来封装；农民发现它可以用来修补火鸡鸡蛋的破损；家庭用户用他来修补玩具和破损的纸张……新的用途被不断地发现，销售额到现在一直在增长。

以卓越的品质、价值、服务满足客户的需要，继而超越他们的期望值是 3M 的核心价值观之一，这一价值观让 3M 不断地进行自我突破，建立了稳固的客户关系，从而也让自己成为全球最被人尊重的企业之一。

报事贴（Post-it）的发明——失误的土壤孕育创新的果实

一个新产品的诞生往往不是一蹴而就的，许多产品从设想到诞生一波三折，3M 的报事贴® 就是其中一例。1978 年，3M 科学家 Spence Silver 发现了一种非常与众不同的胶，黏性不大，能保持很久，重复使用还能保持黏性，但是不知道怎么把它用到产品中。跟许多其他的新技术一样，如果找不到用途就不能算好的技术，Silver 不断在公司内部宣传这个技术，3M 的技术人员也没有放弃对新产品开发的希望。

1973 年，一位负责产品开发的研究员 Art Fry 听说了 Silver 的技术，非常感兴趣。他在教堂做礼拜的时候，看到唱诗班的人会把一条纸片放在圣经里做书签，但是纸片常常会从书中滑落下来。这激发了 Fry 的灵感：这种可以重复使用的、不太黏的胶涂在纸片上不正合适这个用途么？于是，报事贴®（Post-it®）的创意在教堂的唱诗中诞生了。

但是很多人对报事贴的市场表示怀疑，这样一个小黄纸片能有什么样的吸引力呢？谁会愿意付出额外的费用来买这样一个带胶的纸片，来代替原有的书签呢？经过市场和技术人员的不断努力，报事贴®在1980年正式推向市场，令人意想不到的是，这个小小的黄纸片取得了巨大的成功。如今，各种颜色和造型的产品不断涌现，每天世界上有千千万万的人使用3M的报事贴®，而这个原本不起眼的小纸片甚至流行成为一种办公室的文化，由此诞生出了各种各样的精彩创意。

增亮膜新市场的诞生 —— 跨部门的沟通促进新市场的诞生

1993年的9月，3M在圣保罗的研发中心又一次技术交流大会开始了。研发人员都私下里把它称为"奥林匹克运动会"。因为每个科学家在这一天都要制作展示板，登台演讲，介绍自己新的研究想法和实施方式。在3M，只有吸引了其他领域的科学家的关注，才有将一个单纯的技术转向多领域应用的可能，也只有这样，相应的公司内部基金才有可能赞助这个创新项目。

3M科学家A在发布会上告诉大家，自己发现了一个折射率非常高的材质，它可以调控反射比率，让材料100%或者80%或者更小比率的反射光线。但是他不清楚，这个发明有什么用途，但是经验告诉他，也许这将带来材料界的一次革新。A来自工艺研究部门的激光研究部门，这项意外的发现与他所在部门的项目毫无关系。A的想法获得了薄膜开发部门的B博士的响应，B当时是一种防爆膜的产品工程师。他一直在考虑什么能够让玻璃爆炸而不会碎成碎片伤及司机。B在了解到A的想法时，当即有了一个想法，有没有可能让这种技术挡住红外线的热量，同时多膜重叠，起到防止爆炸的作用。

这让他们不得不找到另一个光学研究部门的博士C，请他在研究室做一个计算机模拟试验，看一看这一材料是否有助于防止红外线的影响。而试验的结果给予三位科学家以极大的震惊。因为试验的结果显示，这一材质的反应完全违反了光学定律。反复推算仍然无法解决的情况下，三位3M科学家决定向公司申请两笔研究基金，以实物研究的方式来制作多层膜，以验证是否出现技术上的突破。

1997年，基金支持下的小规模生产开始了，三位科学家制作了不同反射率的产品，并发现这个产品可能在非常广泛的领域都有应用的可能。3M的高层为这一发现欣喜不已，在非常短的时间内成立了项目团队。这个项目团队由各个国家、地区、不同的事业部门的员工组成，包括了市场部、研发部、生产部门等不同的部门。这个小型的团队担负起了一个关键的责任，把新技术转变为新的业务机会。而如何做到这一点，则由非常严格的步骤来达成。

参与这一项目的 3M 中国研发中心总经理刘尧奇博士依然记得当时非常有趣的市场反应：光学部门的市场人员把技术样品带到灯具厂，客户对他说，这样的技术也许可能用在电灯的背后，这样也许相同的功率就可以带来更亮的折射效果。而汽车厂家则对机械部门的市场人员说，也许我们可以用在汽车玻璃上，因为可以防止灼热的红外线，另外也许可以达到隐私保密的效果。最有经济价值的建议来自液晶显示器的厂商，他们惊喜地发现同样的液晶屏幕在背部使用了这个技术之后亮度可以增加一倍。亮度一直是液晶显示器被晶体管显示器打得抬不起头的关键原因，而这一技术让液晶显示器有了飞速发展的潜力。

最终，市场人员将各方客户的想法带回了实验室。在考核了每个可能应用的产品的实现方式和生产成本之后，市场人员又回到了客户那里，去询问对方愿意为这一新技术的应用付出多少成本。最终，大家发现在液晶屏幕上的应用价值最高。3M 公司最终用这一技术开发出了应用于液晶显示屏的 Vikuiti 增亮膜，目前这种产品被广泛用于全世界的手机、电视、手提电脑的液晶显示屏上，不仅使画面更亮，色彩更鲜艳，而且大大节省了能耗，使产品设计能更轻薄、小巧。而 3M 光学产品事业部在 2005 年开始演变为近千人的新事业部门，"1993年到 2005 年也许不是很短暂的时间，但是这确实是一个非常快的速度，从一个想法萌芽到一个巨大的事业部门。"刘尧奇博士说。"另一个机遇是全球市场对于液晶屏需求的增长，如果这个发明提早了 20 年，也许这个技术现在还只能支撑一个小型的事业部门。"

3M 很多产品都是结合了正在成长的经营和科技领域，在很多领域不断通过技术进步以取得产品区隔，遥遥领先于其他企业，它的录像带、遮蔽与透明胶带、保温棉（Thinsulate 新雪丽，超薄保温防水材料）、外科用无尘套（surgicaldrape）等部分创新产品，都是改变了市场游戏规则，不仅创造了崭新的产业，也衍生出整个产品家族，从而保证了 3M 获得新的市场和一流的品牌。

93 精益管理与创新

北京天山新材料技术有限公司被 H.B.Fuller 收购，原因是多方面的，四位创始人平均持股肯定是主要原因，大家的经营理念差异越来越大，在公司重大经营和发展问题上很难达成一致。2011年以来，四位合伙人之间的分歧越来越大，分歧之一就在对精益管理和创新的关系认识方面。有人认为应该把精益管理放在首位，大力推广 5S 管理，强调成本领先，把大量精力放在处理细节问题上。有人认为降低成本无疑是企业一项重要的工作，但如果把精力都放到这上面并引以为傲，肯定会影响企业的创新。对于一个技术型企业来说，创新永远是第一位的，企业应该将更多的精力投入到追求创新上去。

事实上，对于一个企业来说，精益管理与创新就像太极图的阴阳两极，是不可或缺的两项重大任务。如果一个企业要想生存下去并实现蓬勃发展，那么，就要学会在精益管理与创新两个方面取得平衡。原因很简单，虽然通过加强对企业的控制可提高效率、降低成本，能够使你在一定时期内维持竞争地位，但只有不断探索新发现、不断创新，才能使企业在激烈的市场竞争中保持优势地位，确保企业持续发展。

伦敦商学院朱尔斯·格尔达教授说："领导一个成功的企业不是一件容易的事，因为管理者要同时完成两项区别很大的任务——管理和创新。"管理与创新的根本区别在于：管理是一个循规蹈矩的过程，它从确定目标开始，然后制定评判标准，最后对结果进行奖惩。而创新是一个打破常规的举动，它从发现问题开始，然后形成理念，再通过试验形成产品。大多数企业的工作是按照太极图的左半边中的方式开展的：通过加强对企业的控制来确保正常运转，付出更多的精力去做已经做过的事情；不停地进行各方面的改善，结果弱化了企业的创新能力。创新集中在太极图的右半边：这是一个注重试验的领域，敢于对当前的习惯和假设进行挑战，不断从新的视角观察问题、处理问题并得出新的结论。

　　精益管理由最初的精益生产，已逐步延伸到企业的各项业务。要做到精益管理，往往需要制定明确清晰的目标，把一切事物管理得井然有序，希望一切事情都具有可预测性，围绕既定目标来采取各种措施和激励方案，从而得到正确无误的结果。精益管理的核心是坚持方向、注重效率、加强控制，强调的是企业上下协调一致，密切配合，思想统一。因为企业上下协调一致，企业的各种既定目标、衡量标准和奖励措施才能相互促进，从而确保企业战略目标得以实现。

　　相比之下，要做到创新，就要营造活泼的氛围，激发员工的创造力。企业要能够从容地接受一定程度的不明确性和混乱状态。实际上，正是在适度混乱的情况下才有利于创新。企业上下高度一致、思想统一，就不会有创新。要创新，就必须有魄力，要有独立思考能力，有开放的对话和追求真理的精神。与精益管理的思维正好相反，创新对失败甚至是浪费，都应有很高的容忍度。创新存在不确定性，创新意味着冒险，需要大胆地去尝试，而不是惧怕犯错误而裹足不前。创新过程中难免会犯一些错误，要想通过创新来实现企业的蓬勃发展，除了多下几个赌注之外别无选择。

　　如果一个企业上下保持完全一致，不愿冒险，从不尝试新事物，从没有新发现，那么这个企业注定要失败。同样，如果一个企业只是全力以赴地发现新事物，丝毫不做精益管理方面的工作，并无视成本基础，那么这个企业也是不可持续的。企业持续发展的诀窍就在于在精益管理和创新二者之间取得平衡。

94 胶黏剂"研""发"之别

北京天山新材料技术有限公司（以下简称"天山公司"）成立前10年，我一直负责公司的研发管理。胶黏剂产品开发的来源主要有两个渠道：一是参照竞争对手的产品来开发，即行业领先者做什么我们也做什么；二是根据一线销售人员或经销商反馈来的客户需求信息进行产品开发。这是两种典型的传统产品开发方式：一种是先开发技术，然后在技术基础上做出通用产品，再销售；另一种是依据客户需求，寻找技术，完成定制产品的开发与交付。基于技术推出通用产品的开发模式，优点是可以批量生产和复制，但不能满足客户个性化的需求，很容易被细分市场的产品替代。而基于客户需求开发产品的模式，优点是可以满足客户个性化定制，但往往是一个产品就一两个客户，没有普遍推广价值。每个项目都从头做起，由于技术能力有限，开发周期往往很长，不能满足客户的及时需求，而且很容易出现质量问题，结果还导致特制产品越来越多，成本越来越高，公司越来越不赚钱。许多次教训使我认识到，造成上述问题的原因是急于求成，没有分清楚研发R&D中Research（技术研究）和Development（产品开发）的区别，没有处理好二者的关系。

俗话说："磨刀不误砍柴工"，扎实的技术和平台是产品开发的基础。如果说练好指法是吹好曲子的前提，那么对于产品研发来说，技术研究（Research）就是"练指法"，产品开发（Development）就像"吹曲子"。没有扎实的基础，不可能很快地开发出过硬的产品。技术研究指的是基础研究和预研，它可能仅在研发部内部进行，主要着眼于原理研究。通过研究，掌握业界成熟技术，放入货架，供产品开发时共享，以缩短开发周期，降低开发技术风险。而产品开发需要跨部门团队协作，主要着眼于产品实现，要求准确、快速及低成本地满足客户需求。机会不等人，开发周期通常3～6个月甚至更短，产品开发不允许失败。

集成式开发是技术研究和产品开发相结合的模式，是企业产品扩张的最佳选择。它可以做到内部共享，既可以批量、可复制，又可以满足客户个性化的需求。集成产品开发（Integrated Product Development，IPD）思想来源于美国PRTM公司出版的《产品及生命周期优化法》一书，最先将IPD付诸实践的是IBM公司。1992年IBM面临危机，IPD的实施使产品研发周期缩短了一半，研发费用降低了50%，产品质量普遍提高，花费在中途废止项目上的费用明显减少。它使蓝色巨人重新崛起！ IPD框架是IPD的精髓，它集成了代表业界最佳实践的诸多要素，具体包括：市场管理——客户需求分析、优化投资组合；流程重组——跨部门团队、结构化流程、项目和管道管理；产品重组——异步开发与共用基础模块。

集成式开发模式的主要做法如下：

①把产品开发、技术研究以及平台开发分离；

②技术研究和平台开发按第一种模式，解决技术的突破，形成货架产品或平台产品，供产品开发时共享；

③产品开发按第二种模式，在共享的基础上，分成一个个细分客户群的版本或子产品，满足细分客户群的需求。通过这种模式，提前进行技术开发，将不成熟的技术或没有解决的技术提前突破，并将各细分客户群的公共共享部分按产品层级分层开发好，放在产品货架上（即并行异步开发）。这样，产品开发过程中共享下层部分，不再重新开发，就能准确、快速、低成本和高质量地满足客户需求。

2012年开始，天山公司市场与产品拓展采用项目化管理，打破部门间的界限，把市场人员、销售人员、产品经理、研发人员、生产人员等捆绑在一起，进行跨部门合作。这种方式使产品推向市场的时间加快，资源得到更好的利用。目前国内外许多高科技公司采用了集成产品开发（IPD）模式。实践证明，IPD既是一种先进思想，也是一种卓越的产品开发模式。

95　胶黏剂营销模式的变革

营销大师菲利普·科特勒说过："市场营销最简短的解释是，发现还没有被满足的需求并满足它。"简单地说，市场营销就是在变化的市场环境中，旨在满足消费需求、实现企业目标的商务活动过程，包括市场调研、选择目标市场、产品开发、定价、分销及促销等一系列与市场有关的业务经营活动。

改革开放以来，我国胶黏剂营销模式发生了重大变化。1993 年以前，胶黏剂主要在国营的五交化商店、供销社、化工油漆商店等渠道销售，也有直供到用户的供销模式。当时广告和品牌宣传也很简单，一些胶黏剂生产单位在《粘接》《中国胶粘剂》等杂志做些广告。1989 年，永大（中山）胶粘制品有限公司酝酿出一个在当时来说绝无仅有的强大品牌宣传和推广计划，以全国各地人员流动比较大的公路、铁路为依托，利用在公路、铁路两旁最显眼的位置，制作大幅彩色墙面广告，以最直观的方式全面宣传永大品牌及产品。一时间，永大品牌犹如一股春风，吹遍神州大地，响彻大江南北。1989 年，永大产销收入创纪录地突破了亿元大关。

邓小平"南方谈话"之后，1993 年民营胶黏剂企业开始走上舞台，以个体零售店为驱动力的营销模式启动，代表着现代流通渠道对传统国营、集体流通体制的替代。民营胶黏剂企业深度分销模式也渐渐流行，由企业的业务员负责对各类经销商覆盖的终端进行拜访、拿订单、铺货、促销等服务。促销方式也很简单，例如有些厂商在胶黏剂的包装箱里塞条毛巾，有的还塞进一两元纸币，也许这是最早的不正当营销行为 —— 一种特殊的"回扣"。

工程胶黏剂不像日用品，用户使用时需要专业的指导。1995 年，北京天山新材料技术公司在全国主要工业城市建立起专业的营销服务网络。1997 年 4 月，开始搭建"双轨制的销售/服务模式"，公司地区销售人员和当地经销商联合开发客户并进行售前、售中、售后服务，逐步形成了独有特色的"顾问式销售"模式。公司把每位销售人员培养成技术顾问（"地区服务经理"），每天拜访客户，了解客户需求，为客户提供解决方案。每位销售员配备笔记本电脑，通过天山销售信息管理系统进行填写、汇总、分析。ADR（客户访问报告）表格每周提交一次，不同的级别有不同的批阅权限，通过销售信息管理系统对销售人员客户拜访情况、开发进度进行管理，并建立客户档案；销售漏斗表中 30-60-90 所代表的意思为客户开发进度，"30"为客户立项准备做试验，"60"为客户试验通过，"90"为客户批量过货。ACH（用胶点开发进度报告）用于监督开发进展和销售人员之间的成功案例交流。

1997 年开始，中国胶粘剂工业协会举办一年一度的"国际胶粘剂及密封剂展示会"，许多胶黏剂厂商利用这个平台展示自己的产品。除此之外，胶黏剂企业还参加下游行业的展会来推广自己的产品。2000 年以后，互联网快速发展，各胶黏剂厂商建立了自己的网站，便于客户了解和选择自己的产品，客户通过搜索引擎（如百度）很容易搜索到需要的产品。

2003 年，淘宝横空出世，到 2009 年，平台型电商（Platform E-Commerce，PEC）井喷式爆发，除淘宝之外，"电商"模式呈现多形态、全品类、全覆盖的特点。"电商"营销模式是对传统的"店商"模式的革命。2010 年开始，制造企业、传统零售连锁企业也加入电商浪潮。许多胶黏剂厂商也在淘宝开店零售自己的胶黏剂产品。胶黏剂交易平台似乎发展得比较慢，例如建筑装修用胶黏剂交易平台——"小匠哥"于 2014 年 12 月在上海成立。

2013 年"双 11"的辉煌战果还没有消散，淘宝 / 天猫的颠覆者已经站在了门口：腾讯旗下的微信迅速发展，社交化移动电商营销模式开始形成，它是对平台型电商的革命。2017 年，"中国胶粘剂交易平台"APP 建立，它以非常直观、便捷的方式、强大的应用功能，为生产厂家、商家与市场流通之间建立经济、快捷、准确、丰富的专业信息服务及电子商务服务，实现随时随地在线快速交易。相信越来越多的企业会加入移动电商（手机客户端）营销模式。直销、店商、电商、社交化移动电商互补，将成为胶黏剂行业未来丰富多彩的营销模式。

96 汉高是如何成为胶黏剂行业世界第一的？

汉高公司于 1876 年创建于德国亚琛，创始人为弗里兹·汉高（Fritz Henkel）。1876 年 9 月 26 日，28 岁的推销员弗里兹·汉高和两个合伙人在亚琛成立了一家名为 Henkel & Cie 的公司，开始销售一款基于硅酸盐的通用洗涤剂。这种重垢洗涤产品以方便的小包装形式进行销售，受到追捧。1878 年，弗里兹·汉高又推出了以汉高为品牌的洗涤剂——"汉高漂白碱"（Henkel's Bleich-Soda），并取得了巨大成功。同年，汉高公司迁往杜塞尔多夫，当时公司只有 80 个员工。1899 年，弗里兹·汉高在杜塞尔多夫郊区霍尔索森购买了一大片土地，此后，汉高总部及生产基地一直坐落于此。

1907 年，弗里兹·汉高和他的两个儿子不断创新，推出了世界上第一款自作用洗涤剂（也就是洗衣粉）——"Persil"（宝莹）。不仅改变了耗时耗力的洗衣过程，汉高还以极具想象力的广告营销活动为其品牌管理奠定了基础。

历经 140 年的发展，汉高从一个 80 个员工的小公司发展成为一家拥有约 5 万名员工、销售额超过 180 亿欧元（2015 年）、世界 500 强跨国公司。公司业务分布在三大领域：洗涤剂及家用护理、化妆品 / 美容用品、黏合剂技术。其中家喻户晓的品牌有宝莹（Persil）、施华蔻（Schwarzkopf）和乐泰（Loctite）等。

虽然汉高公司靠日化用品起家，但其最大的业务板块是黏合剂技术。2015 年，汉高的销售额高达 180.89 亿欧元，其中黏合剂技术业务部门就占了 49.71% 的份额，销售额达到 89.92 亿欧元。尽管"黏合剂技术业务部门"包含金属化学品系列，估计该类产品约占本部门业务的 20%，去掉金属化学品以外，汉高胶黏剂产品 2015 年的销售额大约有 70 亿欧元，遥遥领先于其他胶黏剂企业，位居全球首位。汉高是如何成为胶黏剂行业世界第一的呢？让我们看一下汉高胶黏剂的发展历史。

1922 年，汉高遭遇了原材料瓶颈，用于其产品包装密封的胶水缺货。这也成为汉高开始自行生产胶黏剂的初衷。1923 年，汉高生产的胶黏剂开始面向市场销售，从此汉高公司跨入了胶黏剂领域。

1924 年，汉高公司收购了位于克雷费尔德的 Dreiring-Werke 公司的部分股份（1953 年该公司成为汉高的全资子公司）。1948 年，公司开始生产和销售化妆品和个人美容护肤用品。1950 年，汉高又将杜塞尔多夫的 Therachemie 公司收入囊中，并于次年推出了 Polycolor 染发剂和漂白霜。这两项收购为如今汉高的化妆品及美容用品事业部奠定了基础。

弗里兹·汉高的孙子康拉德·汉高博士于 1961 年接手汉高，并担任公司管理委员会主席至 1980 年。1963 年，汉高公司并购 Sichel Adhesives，1980 年并购 Amchem。在康拉德·汉高的带领下，汉高开始全面进军国际市场。在确立欧洲市场领导地位的同时，汉高将业务触角伸至日本、拉丁美洲和美国。今天，汉高在世界 170 多个国家和地区建立了业务网络，超过 85% 的销售额来自德国以外地区。

为了推动业务增长和进一步国际化，汉高于 1985 年 10 月 11 日正式上市。汉高股票的出色表现也从侧面反映了公司的发展轨迹：集团销售额从 1985 年的 47 亿欧元增加至 2015 年的 181 亿欧元，上市赋予公司更大的发展空间。

汉高公司不断发展壮大，是与其一系列收购整合联系在一起的。20 世纪 30 年代，汉高制造世界最早的合成洗涤剂得益于 1932 年和 1935 年两次收购。公司收购行动在 1985 年上市以后尤为突出，1980 年，汉高公司收购了美国 Amchem 化学品公司，1987 年收购了美国 Parker Chemical 公司。这两家公司加入汉高集团后，组成了汉高金属化学部，汉高集团一跃成为世界从事金属表面处理产品研究、开发、生产和服务的唯一综合性公司，并成为此类产品的最大生产厂商。

1995 年，汉高公司收购了德国 Teroson（泰罗松）公司，1997 年收购美国 Loctite（乐泰）公司，取得了工程胶黏剂、密封剂和抗腐蚀剂方面的国际业务，从而使汉高成为世界最大的胶黏剂类产品制造商。

1995 年，汉高收购 Schwarzkopf（施华蔻），2000 年并购美国 Dexter 聚合体业务，2001 年收购法国 Atofina 公司旗下的金属处理和 Turco 航空化学品部，2004 年收购洗浴香波品牌 Dial、ARL 公司，

2004 年并购 Sovereign 公司、Obseal 公司……一系列的并购整合，使汉高集团的实力不断增强。

LOCTITE (Rocky Hill, 康涅狄格州)

汉高历史上最大的一笔收购案是 2008 年将国民淀粉化学公司的胶黏剂和电子材料业务收入囊中，从此，汉高公司在胶黏剂领域远远地将竞争者甩在身后。20 世纪 90 年代以来，汉高在胶黏剂领域一直处于全球第一的位置。

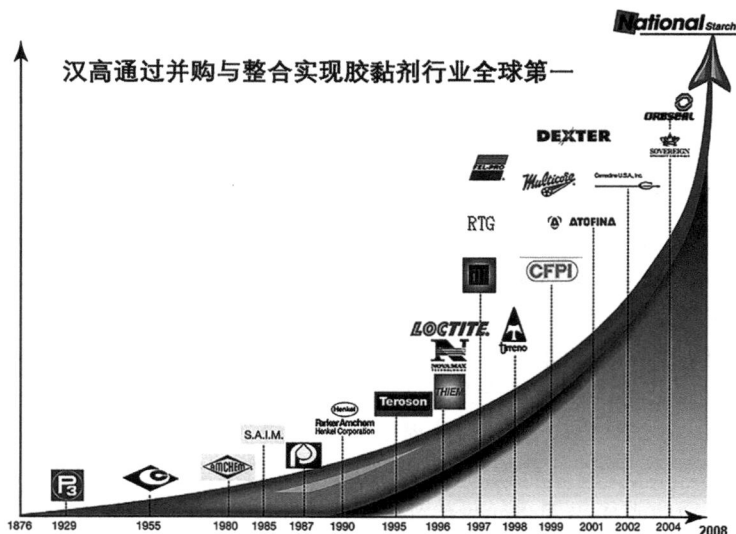

汉高通过并购与整合实现胶黏剂行业全球第一

纵观整个汉高公司的发展历史，可以发现汉高的成功取决于其并购与整合、持续创新以及强有力的品牌。创新和品牌这两条主线是汉高全球业务扩张的基线。"不断努力创新"是汉高公司的价值准则，创新不仅是在产品研发上，也应用在商业的各个角落，如运营、营销、并购等。创新是保持汉高 140 多年来一直充满活力的秘诀，是实现汉高品牌和愿景的关键驱动力。坚持创立自己的品牌标志及专利是汉高长盛不衰的又一秘诀。在全球扩张之路上，汉高的经营策略是国际品牌与本地品牌并重，以满足不同层次消费者的需求。无论是民用产品，还是工业产品，汉高均对客户有质量承诺。不断总结和吸取教训，汉高逐步成功并找到了自己的全球化并购之路。那就是不同地域情况区分对待，充分理解东道国文化，遵守东道国市场秩序这一观念。同时，采用全方位的营销手段来强化汉高品牌的知名度。汉高品牌在全球并购史上起到了关键作用，当并购一个新的企业，清晰、简约的汉高品牌传递的理念使新员工能迅速融入新公司的组织结构和企业文化中去。另外，汉高一直都保持充足的现金流和便利的融资，通过企业自身经营的现金流和通过有限渠道募集来的、不影响正常经营的现金流，消化交易成本和代价，是全球扩张和并购成功的关键。

97 从行业集中度看中国胶黏剂行业未来发展

行业集中度是衡量一个行业的产量或市场份额向行业核心企业集中的程度的一个指标，一般用行业中排名前四位的企业占全行业总产量或市场份额的比例来表示。在一个稳定的竞争市场中，参与市场竞争的参与者一般分为3类：领先者、参与者

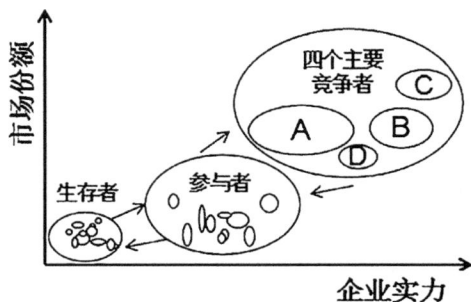

与生存者。领先者一般是指市场占有率在15%以上，可以对市场变化产生重大影响的企业；参与者一般是指市场占有率介于5%～15%之间的企业，这些企业虽然不能对市场产生重大的影响，但是它们是市场竞争的有效参与者；生存者一般是局部细分市场的填补者，这些企业的市场份额都非常低，通常小于5%。

据 BCC Research 数据，2016 年，全球胶黏剂市场达到 549 亿美元（含施胶设备），预计到 2022 年，胶黏剂市场总规模将达到 745 亿美元（含施胶设备），2017～2022 年预计年复合增长率达 5.3%。如果按 5.3% 的复合增长率计算，2017 年全球胶黏剂市场销售额约为 580 亿美元（含施胶设备）。

从世界胶黏剂行业来看，汉高、富乐、陶氏杜邦、波士四家企业胶黏剂销售额合计占胶黏剂行业总销售额大约 30%，行业集中度相对较高。但未超过 50%，说明市场还在成长当中。德国汉高 2016 年，黏合剂技术业务部的销售额为 89.92 亿欧元（约合 97 亿美元），如果按 3% 的增长率算，估计 2017 年销售额会超过 92 亿欧元（约合 99 亿美元），市场占有率约 17%；美国富乐公司 2017 年销售额估计为 29 亿美元，市场占有率约 5%；法国波士胶 2017 年收入估计约为 18 亿美元。新合并的陶氏杜邦胶黏剂、密封剂业务 2017 年估计要超过 25 亿美元。如果再加上西卡、3M、迈图、艾利丹尼森、RPM、ITW、BASF、洛德、亨斯曼、Mactac（迈可贴）、Jowat（胶王）、Three Bond（日本三键）、

富兰克林、Delo（戴乐）等国际知名企业，估计排名前 20 位的胶黏剂企业销售额合计将占胶黏剂行业的半壁江山。

行业集中度的不断提高，主要源于 20 世纪 90 年代以来的兼并重组，许多世界知名的企业被并购或合并，如 Loctite（乐泰）、汽巴精化、国民淀粉、道康宁等。

汉高公司通过一系列的并购成为胶黏剂行业的老大，1995 年汉高公司收购了德国 Teroson（泰罗松）公司，1997 年收购美国 Loctite（乐泰）公司，取得了工程胶黏剂、密封剂和抗腐蚀剂方面的国际业务，从而使汉高成为世界最大的胶黏剂类产品制造商。2000 年汉高收购 Dexter，2008 年又将国民淀粉化学公司的胶黏剂和电子材料业务收入囊中，从此，汉高公司在胶黏剂领域远远地将竞争者甩在身后，使汉高公司 20 世纪 90 年代以来在胶黏剂领域一直处于全球第一的位置。

波士胶拥有悠久的历史，Bostik 于 1889 年在美国马萨诸塞州切尔西成立，1990 年波士胶被法国石油与天然气公司道达尔收购。阿托芬得利于 1996 年由三家公司 Ceca Adhesives（埃尔夫阿托化学公司黏合剂事业部）、Findley Adhesives（芬得利黏合剂公司）、Laporte Adhesives and Sealants 合并而成。2001 年，由于道达尔和阿托两大公司合并，旗下的两家胶黏剂公司——波士胶和芬得利也相应合并。2015 年 2 月，波士胶被法国特种化学品公司阿科玛收购。

爱牢达（Araldite）胶黏剂是原汽巴（Ciba）精化公司的品牌，2001 年汽巴精化公司塑胶部脱离汽巴精化公司成立汎达（Vantico）化学有限公司，2003 年汎达化学有限公司并入亨斯迈集团公司，改称为亨斯迈先进材料（Huntsman Advanced）。

富乐 2010 年以来加速了收购力度，2011 年收购福尔波（Forbo）公司，2012 年收购了美国 Engent 公司，2015 年收购北京天山公司，2016 年收购 Cyberbond 和 Advanced Adhesives，2017 年收购美国皇家胶黏剂和密封剂公司。通过一系列的收购，富乐成为一家年收入约 29 亿美元的公司，位居全球第二，但仍不足汉高胶黏剂销售额的三分之一。

2017 年 9 月 1 日，陶氏杜邦公司的股票在纽约证券交易所正式开始交易。历时 21 个月，这场陶氏与杜邦的"婚礼"（合并）终于画上了句号。合并后的陶氏杜邦公司（Dow Du Pont）市值将超过 1500 亿美元，超过原化工行业市值最大的德国巴斯夫公司（BASF），成为化工企业中新的全球老大。"陶氏杜邦"公司成立后，道康宁（1943 年由陶氏化学与康宁公司创立、并各持股 50%）将不复存在，原道康宁业务将并入"陶氏杜邦"旗下的子公司"材料科技"中，一个全新的品牌 —— **陶熙**（DOWSIL™）因此诞生，新品牌延续了道康宁高性能有机硅产品的杰出品质，融合了陶氏化学和道康宁的优势。通过合并重组，原陶氏、道康宁、杜邦的胶黏剂、密封剂业务也会合并到"陶氏杜邦"旗下子公司"材料科技"进行统计，胶黏剂总销售额应该超过波士胶位居全球第三。

中国胶黏剂工业从 1958 年起步，当初在世界胶黏剂领域的份额几乎为零。经过 60 年的发展，中国胶黏剂已经在世界胶黏剂领域占有一席之地。据中国胶粘剂和胶粘带工业协会统计，2015 年中国胶黏剂总产量为 686.8 万吨，销售额为 844.3 亿元。从产量来说，中国已占全球胶黏剂总产量的 39%，成为全球最大的胶黏剂生产与消费国；单销售额只占世界胶黏剂总销售额的 26%，说明中国胶黏剂产品低端产品所占比重较大。据不完全统计，我国胶黏剂生产企业达 3000 多家，年销售收入达 5000 万元以上的企业不足百家，大多数为中小型企业，大约有一半企业为作坊式企业，分散在全国 28 个省市自治区。而欧、美、日合计胶黏剂企业不也会超过 1500 家。

中国胶黏剂市场中，位于前三位的企业都是跨国企业，汉高稳居世界胶黏剂行业老大，同样也是中国市场的老大，2017 年估计销售额达 60 亿元；富乐通过并购中国工程胶黏剂行业龙头企业北京天山公司之后成为中国胶黏剂行业的第二，2017 年销售额估计在 18 亿元以上；陶氏杜邦合并，其子公司"材料科技"部门（道康宁、陶氏、杜邦）胶黏剂业务也应该有 15 亿以上，第四位以后才是中国胶黏剂企业，如杭州之江、回天新材等。行业前四位销售额合计市场份额不足 15%，行业集中度低。

中国胶黏剂行业集中度低，主要有以下原因：①胶黏剂市场进入门槛相对较低，大量胶黏剂企业是在 20 世纪 90 年代成立起来，历史短；②行业生命周期阶段差异的影响，中国胶黏剂行业还处于成长期；③胶黏剂市场整体规模小，还没有吸引大资金进入。

从世界胶黏剂行业发展历史来看，未来若干年中国胶黏剂行业集中度会不断提高，向成熟期过度。成熟行业的标志是行业的供给能力过剩，只有那些具备规模经济效应的企业和细分市场专业性强的小企业才能生存，由于使用的是相对成熟的技术，成本控制在企业竞争中具有决定意义，因此中小企业往往竞争不过大企业，这种状况导致行业的产量和市场份额进一步向大企业集中，从而使行业集中度进一步提高。目前，中国胶黏剂市场已经出现这样的苗头，产品的利润率呈下降趋势，行业内竞争激烈，大部分细分市场供给能力过剩。

最近几年，行业并购已经开始。2015 年 2 月 2 日，富乐宣布完成对北京天山公司的收购；2016 年 8 月 16 日，汉高公司收购金鹏公司完成了最终交割工作。参与并购的不仅只是跨国公司，国内胶黏剂上市公司也开始了并购。2017 年 9 月 28 日，上海天洋收购信友新材66% 的股份。另外，一些产业基金也开始对胶黏剂企业产生兴趣。例如，2017 年国家集成电路产业基金控股烟台德邦公司。未来会有越来越多的基金加入胶黏剂企业的并购行列。

胶黏剂企业的兼并重组未来会成为常态，主要原因有：①行业日渐成熟，企业越做越困难，价格越来越低，赚不到钱，企业主可能选择卖掉企业；②很多胶黏剂企业管理层处于新老交替阶段，许多企业创始人找不到合适的接班人，很可能会选择出售；③大的上市公司、外企、产业基金以及专业性强的小公司有扩张的需求，会不断地寻找收购对象。相信行业的集中度会越来越高。

98　胶黏剂企业的两种道路：专业化和多元化

近几年，国内胶黏剂上市公司加大了并购的力度。回天新材 2015 年 11 月 3 日晚间公告称，作价约 1 亿元，收购光伏发电企业泗阳荣盛电力工程有限公司 100% 股权。高盟新材 2016 年 12 月 12 日晚间公告称，公司拟以发行股份及支付现金的方式，以 9.1 亿元购买武汉华森塑胶有限公司 100% 股权。2017 年 10 月 13 日，康达新材与成都高投签订《参与股份受让协议书》，交易完成后将最终持有必控科技 99.4389% 股权，购买价格为 3.1 亿元。回天新材、高盟新材、康达新材通过收购开启了多元化发展的历程。而另一些胶黏剂企业，如杭州之江有机硅股份有限公司等，坚持走专业化之路，立志成为行业的"隐形冠军"。"隐形冠军"一词是由欧洲最负盛名的管理大师赫尔曼·西蒙提出的，"隐形冠军"企业最突出的特点是：市场聚焦，走专业化、差异化之路；全球的市场领袖定位；"聚沙成塔"，追求长期、可持续的成长，而不是昙花一现的、暴发户式的成长。全世界有许许多多这样的"隐形冠军"，特别是德国。这些"隐形冠军"大多是家族企业，在国际市场上数一数二，大都是百年企业，经过了几代人的苦心经营，做得非常成功。"隐形冠军"模式为我们提供了企业发展的另一种选择，值得我们学习借鉴。

企业发展到一定阶段，都会面临多元化和专业化的选择。专业化和多元化各有利弊。专业化的优点是可以在某一专业领域做深、做专、做精，取得较高的市场地位。缺点是鸡蛋放在一个篮子里，抗风险能力差，还可能造成路径依赖，丧失发展机会。多元化的优点是可以扩大企业总体规模、化解风险，在某一专业领域没落时可谋求在另一领域的发展，若多元化的领域都建在同一核心竞争力之上还可产生协同效应。缺点是核心资源分散，当多元化领域关联不强，企业很难做大做强，致使各领域都沦为二流，渐被淘汰。

企业实施多元化不成功的例子比比皆是，因此，反对多元化的声音一直不绝于耳。因为企业资源有限，经营范围的扩张会带来资源分散，导致每种经营业务投入的减少，并会由此导致每种资源使用效率的降低和利润的缩小。有时候，当企业过度多元化时，还会因资源供给的严重不足而导致企业陷入困境，难以脱身。因此，多元化经营要讲究"度"的把握：把握得好，企业飞速发展；把握得不好，破产都有可能。当企业专业化经营时，所有的人力、物力、财力都投入到主业，集中精力发展主业，那么企业在这一领域内有可能收到事半功倍的效果，成为领先者。而当企业从事多元化经营之后，就不得不四面出击，八方应付，这必然会使企业力不从心，在各个业务领域内的竞争力降级，从而在整体上降低企业的竞争能力。随着企业多元化的推进，企业的摊子越铺越大，机构、人员越来越多，企业内原有的分工、协作、职责及利益平衡机制可能会被打破，管理协调的难度大大增加，这对企业内部管理提出了严峻的挑战。而且，由于企业多元化可能涉及不熟悉的领域，如果企业缺乏这些领域内的人才，就会出现"外行管内行"现象，导致管理混乱。

多元化与专业化对企业能力的侧重点要求是不同的。多元化要求的重点在于整合能力和协同能力，而专业化则侧重于研发能力和合作能力等。企业的多元化必须建立在自己的核心竞争力之上，否则会事倍功半，甚至导致企业的倒退和失败。分散风险不是多元化的理由，只有在"一加一大于二"的情况下才应该多元化。专业化还是多元化，不同的企业在不同的领域，不同的时期应采取不同的策略。在创业阶段或规模不大时一定要专业化，集中所有精力和资源做好一个产品、一个市场或一个服务，在市场上立足并最大程度地获取市场份额和顾客认可，这时多元化无疑是自杀。当企业发展到足够规模，市场趋于饱和或竞争白热化，或者所处行业在没落过程中时，企业应该考虑多元化或改变商业模式。

"隔行如隔山"。多元化绝非是通向成功的金钥匙，而是一把"双刃剑"。使用得当，可以提高自己的竞争优势，壮大企业规模；使用不当，则会破坏企业资源的合理配置，损害企业竞争优势，甚至造成企业破产。专业化还是多元化，是企业发展过程中的艰难选择。

99 由机会性增长到战略性增长

北京天山新材料技术有限公司（以下简称"天山公司"）成立 20
年，销售额实现了年均 50% 的复合增长率。公司抓住了光伏、工程机械、
汽车及轨道交通等行业快速发展的机会，却忽视了市场风险。2011 年
下半年，随着欧债危机加剧、我国经济的调整以及美国、欧洲对中国
光伏行业的"双反"（反补贴、反倾销），2012 年，天山公司业绩明
显下滑。

外部环境当然是导致天山公司业绩下滑的原因之一，但我们更应
该从自身来找原因，因为企业衰落的原因 80% 来自企业内部。据统计，
导致企业衰落的原因 45% 来自战略因素（包括创新管理不善、丧失战
略重点、过早放弃核心业务、过于依赖主导业务、忽视破坏性技术及
鲁莽地搞多元化等），38% 来自组织因素（包括董事会不作为、管理
层缺乏合作、组织设计缺陷、人才短缺、不适当的业绩考核及业务流
程僵化等），而外部环境因素（包括破坏性技术、经济衰退及政府调
控等）只占 17%。

企业衰落的内部原因主要来自三个方面：一是目光短浅，决策者
没有认识到市场偏好的不连续性，等认识到已经太晚了，无法做出有
效应对；二是自满自大，管理者盲目地认为自己的企业是最好的，是
不可战胜的，盲目扩张，忽略了创新和变革；三是治理缺陷，股东、
董事及管理层关联过强，监督制约机制很难形成，恣意妄为导致决策
失误或权力斗争导致效率低下、运营不善，甚至造成企业分裂。

孔子曰："人无远虑，必有近忧。"你现在的忧是由于你以前没
有远虑，你现在没有远虑会导致你日后潜在的忧。孔子告诫人们，做
事要有远大眼光，不可只顾当前。2008 年以来，天山公司有许多值得
反思的地方。2008 年做战略规划的时候，天山公司已经意识到了光伏
行业销售额占比过大的风险，从而制定了"抓大出新，多个支柱行业
协调发展"的策略。可我们被胜利冲昏了头脑，没有洞察市场，什么
都想做，结果什么也没做好；决策层分歧太大，没有形成合力，决策
效率低，执行力弱，同时也导致了中高层管理者的依赖性和缺乏责任
感；我们没有做好策划，从而丧失了 IPO 的最佳时机。总之，高速增
长掩盖了公司运营中的诸多问题，环境巨变时问题暴露无遗。

任何组织或个人，要想健康长久地生存发展，必须居安思危。就博弈而论，如果你只顾眼前，不多看几步，不考虑全局和长远（人无远虑），那么就很有可能造成严重失误（必有近忧），可能一步错、步步错，导致不可挽回的局面。就企业而言，其生存和发展必须具备长远的眼光，要把经营战略作为企业管理的核心，对企业实施战略管理应该是企业高层管理者所担负的重要职责。

作为天山公司战略委员会主任，2008年以来我一直在负责公司的战略规划，感觉最头痛的问题是如何在众多的市场机会中做出选择，即如何做到"有所为，有所不为"。市场机会众多，有时很难做到取舍，往往什么都想做，结果什么都没做好。

战略的核心是聚焦，大多数企业的资源都没有集中化利用。相反，它们同时追求很多目标，而不是将足够的资源都集中到几个关键目标上来实现突破。正是因为资源具有稀缺性，才需要制定战略，集中有限的资源来完成有限目标。战略不是模糊不清的愿望，拥有战略就意味着选择了一条路径，并舍弃了其他备选路径。战略的关键在于取舍，要舍得，有舍才有得。因此，战略规划中一定要做到：有所为，有所不为。

增长还是衰落是摆在我们面前的迫切问题。我们无法改变环境，但我们可以改变自己。面临激烈竞争的市场环境和难以预测的经济发展前景，我们可以未雨绸缪，提前做好应对准备。要突破企业发展的瓶颈，我们必须具备长远眼光，加强公司结构治理。我们必须转型，由机会性增长到战略性增长；我们必须投入更多的精力在创新上，要抵制诱惑，脚踏实地，从而实现新一轮的增长。

100 企业兴衰的要因和基业长青

广东新展化工新材料有限公司（以下简称"广东新展"）成立于1996年，由朱以标、关颖夫妇创办，曾经是中国有机硅密封胶最大的制造企业。2012年，广东新展开始扩张，投资3亿元在位于中山市民众工业园建设占地面积250亩、年产12万吨的有机硅密封胶生产基地。从银行和个人贷了很多款。第一期6万吨有机硅密封胶于2012年4月15日建成投产，第二期6万吨有机硅密封胶于2012年7月15日建成投产。12万吨有机硅密封胶生产线建成后，2013年，广东新展又计划建设年产3万吨的MS、SPU、PU密封胶生产基地，要全面进入建筑、汽车、太阳能、电子等领域，可谓是雄心勃勃，广东新展要建全球最大、最具竞争力的密封胶企业。然而，2016年广东新展突然倒闭，令人惋惜。倒闭的主要原因是扩张过程中投资过大、销售额与盈利不及预期、导致资金链断裂。

历史上有许多曾经举步维艰的企业由弱而变强，又有许多曾经如火如荼的企业由强而变弱，更有甚者面临破产或销声匿迹。企业兴衰的要因到底是什么？这的确是一个非常复杂的问题。通常来说，一个企业的兴衰是由内部因素（如战略、人、财、技术、机制及管理等）和外部因素（如破坏性技术、经济衰退等）综合作用的结果。一个企业要想长盛不衰，可能上述条件都要具备；而企业衰败，其中一两条做不好就够了。面对激烈的市场竞争，技术落后、管理不善、资金不足、法律诉讼、行业周期及行业变迁等都会影响公司的发展。许多人把企业的兴衰归因于诸如经济大环境、政府调控等外部因素，而事实上企业兴衰的原因80%源于企业内部。据统计，导致企业兴衰的原因45%来自战略因素，38%来自组织因素，而外部环境因素只占17%。

战略因素。就企业而言，其生存和发展必须具备长远眼光，要把经营战略作为企业管理的核心内容，没有战略的企业一定是短寿的企业。战略对头，即便执行力弱些，成功也只是早晚的事情；战略错误，失败则是必然的。战略失误包括创新管理不善、盲目扩张、丧失战略重点、过早放弃核心业务、过于依赖主导业务、忽视破坏性技术及鲁莽地搞多元化等。

组织因素。组织因素是企业成长的关键因素。如果战略是企业的

"心脏",那么组织就是企业的"双手"。战略再好,如果没有组织手段作为企业的保障,战略将永远是企业的梦,不能变成现实。企业组织问题包括董事会内斗、管理层缺乏合作、组织设计缺陷、人才短缺、不适当的业绩考核以及业务流程僵化等。

外部因素。造成企业衰败的外部因素包括破坏性技术、经济衰退及政府调控等。"柯达,串起生活每一刻""超越色彩,动感富士",这是 20 世纪 90 年代人们耳熟能详的广告语。而数码相机的出现导致胶卷也荡然无存。胶卷行业这两大巨头的命运值得我们深思,破坏性技术对企业的影响往往是致命的。经济衰退、政府调控对企业的影响也是不容忽视的。外部因素对企业的影响往往是不可控的,但我们可以提前做好应对准备。

公司的衰败或倒闭大多是没能应对好四种挑战。

创建新业务。业务模式的创新和业务边界的拓展是企业持续提升竞争力的重要途径,但在那些雄心勃勃要开辟新业务的尝试中,却不乏惨败的故事,摩托罗拉公司铱星通信系统项目就是一个惨痛教训。

实施并购。并购通常是企业实现跨越式发展的重要手段,但由于并购几乎能将一个公司可能的弱点全部暴露,"买入烦恼"成了许多公司的一场噩梦。能够真正地成功并购并达到预期目的的企业并不多。

应对创新与变革。技术变革曾使许多公司获益,但当新一轮的创新需求出现时,一些公司却患上了"变革免疫",陷入对改变的不适应和恐慌之中,采取防御性态度,回避现实,以致坐以待毙。如强生公司、摩托罗拉都曾陷入类似的困境。

面对新的竞争压力。在面对新对手的威胁时,一些久经沙场的优秀企业精心设计的竞争战略完全失效的例子也并不鲜见。比如通用汽车走向衰落等。

谈了企业兴衰的原因,再讨论一下企业基业长青的问题。基业长青不是件容易的事。近些年,经常会听到一些巨擘企业轰然倒地的声音,比如柯达,这个"百年老店"曾有着自己的辉煌历史,但最终也难逃破产的命运。北京天山新材料技术有限公司四位合伙人也曾把"百年老店"作为企业的追求目标,但很可惜在公司运行 20 年之际无奈地卖掉。20 世纪 90 年代以前,中国胶黏剂企业大都是国有企业,如上海新光化工厂、北京东方化工厂、北京有机化工厂等。如今北京东方化工厂已荡然无存，经历 30 年的发展，民营企业已经成为胶黏剂行业的主力军。目前中国大大小小的胶黏剂企业预计 3000 余家，行业集中度低，行业竞争越来越激烈，低价竞争造成企业盈利越来越低，生意越来越不好做，许多胶黏剂企业正面临发展瓶颈。30 年后，中国胶黏剂行业会是什么样的格局？现在无人能预料，但从世界胶黏剂行业的发展历史与发展趋势来看，中国胶黏剂行业的集中度肯定会越来越高。有些企业会不断发展壮大，有些企业会垮掉，有的企业会转行，有的企业会被收购……是什么造就了企业的持续成功？又是什么导致了企业的衰败？

大家知道：天长地久。我个人认为，企业要想基业长青，企业人应该效法天地："自强不息，厚德载物。"《周易》告诉了我们"变"和"不变"："天行健，君子以自强不息。"环境在变，企业人要与时俱进，文化、运营方式、具体目标和策略都要随环境而"改变"。"地势坤，君子以厚德载物。"企业人要以宽广的胸怀与敦厚的品行服务大众，恪守赚钱之外的核心价值和目标（如服务社会）。吉姆·柯林斯认为基业长青依靠的是能够长久兴旺发达的企业机制，人人都有职责，事事都有规矩，即使领导人有什么变故，都不会影响公司的发展。而"保存核心，刺激进步"是基业长青的基石。这里的"核心"指的是企业赚钱之外的核心价值，"进步"则是指企业追求改变和前进的冲动。这和上述的"变"和"不变"异曲同工。

是什么成就了 IBM 百年基业？"蓝色巨人"一次次的成功转型给我们带来了什么启示？ IBM 前任董事长兼首席执行官彭明盛（Samuel Palmisano）在 IBM 百年系列活动开幕演讲时说："IBM 的成功在于时刻准备着，改变自己的一切，除了服务客户的信念之外"。固特异（Goodyear）轮胎在危机中弃旧图新，厉行变革，逃脱了陷阱；而世通公司（WorldCom）固执地坚守往日的"成功经验"，不惜以假账来满足对成功的自我想象，终致覆亡。如果企业没有自己的核心价值观，就会变得唯利是图，企业迟早会出问题。在彼得·德鲁克的思想体系中，"企业的社会责任"是一个核心概念。企业是社会稳定的基础，不是单纯的经济单位；企业是员工赖以生存和发展的组织，不是雇主借以挣钱的机器；企业的目的不是利润，利润是企业能否有效履行社会责任的一个结果，利润只是检验企业有无效能的一个衡量指标。

英语中，Business（生意）应该含有忙碌（Busy）的含义。企业要想基业长青，企业人必须"自强不息"，一刻也不能放松。特别是企业高层，不仅需要抓住现在，更需要思考未来。面对激烈的市场竞争，技术落后、管理不善、资金不足、法律诉讼及行业变迁都会影响企业的发展。企业只有与时俱进，才能长盛不衰。另外，要想基业长青，企业人还应做到"厚德载物"，恪守自己的职业道德。吉姆·柯林斯《选择卓越》一书研究的不是企业如何管理，而是在一个混乱的、不确定的环境中带领企业取得持续成功的领导人的行为特征：严明的纪律、基于实证主义的创造性和具有建设性的焦虑，以及超越个人目的、对事业的激情和服务大众的决心——第五级雄心。这些行为特征与他们在一个不确定的环境中取得卓越的结果息息相关：严格的纪律确保公司恪守企业道德、并在正常轨道上运转；基于实证主义的创造性确保他们充满生机和活力；富有成效的焦虑确保它们居安思危、未雨绸缪；而第五级雄心则提供了持续的动力。企业是逐渐演进的物种，也需要进化和改造，与时俱进。那些既能保持核心，又能未雨绸缪、及时调整企业战略以适应环境的企业才能基业长青。

附 录

一、世界胶黏剂历史年表

年份	胶黏剂发明内容	国别	公司或发明人
2700BC	用沥青将贝壳或宝石粘接在建筑物上	古代巴比伦	
2000BC	石灰粘固土石、建造房舍与桥梁	中国	
1470BC	用骨胶制作家具	古埃及	
1000BC	大漆（植物胶）粘接与装饰物件	中国	
900BC	以鱼、奶酪、鹿角等制成胶用于粘接木制品	古罗马	
200BC	糯米、石灰制成灰浆用于棺木密封，修建城墙	中国	
1700	骨胶工业化生产	英国	
1800	生产酪朊胶	瑞士、德国	
1808	建立动物胶和大豆蛋白胶工厂	美国	
1824	波特兰水泥问世	英国	J.Aspdin
1850	天然橡胶、树脂制成橡胶类压敏胶	美国	Henry.Day
1907	发明酚醛树脂	美国	L.H.Backland
1910	发明古马隆树脂	美国	Allied Chem Co.
1912	试制成功酚醛树脂胶黏剂	美国	
1925	出现天然橡胶压敏胶	美国	
1926	醇酸树脂胶黏剂问世	美国	
1930	脲醛胶黏剂问世	美国	British Cyanides Co.
1930	小批量生产聚乙烯醇	加拿大	Shawinigan Co.
1930	试制成功聚丁二烯橡胶	苏联	
1931	试制成功氯丁橡胶	美国	Du Pont
1931	聚酰胺问世	美国	
1933	丁苯橡胶及丁腈橡胶问世	德国	I.G.Farben
1935	开始生产聚异丁烯	德国	A.G.Bayer

年份	胶黏剂发明内容	国别	公司或发明人
1937	试制成功聚氨酯	德国	A.G.Bayer
1939	出现聚乙酸乙烯胶黏剂	美国	
1940	丁基橡胶问世	美国	
1941	三聚氰胺胶黏剂问世	美国	
1941	酚醛 - 聚乙烯醇缩醛结构胶	英国	Aero Co.
1942	生产不饱和树脂	美国	U.S.Rubber Co.
1943	生产有机硅树脂	美国	Dow Corning Co.
1945	首先开发出硅橡胶	美国	GE Co. E. G. Rochow
1946	试制成功双酚 A 环氧树脂	瑞士	Ciba Geigy Co.
1949	聚丙烯酸酯压敏胶	英国	
1953	试制成功厌氧胶黏剂	美国	Loctite Co. Vernon Krieble
	聚酰胺热熔胶	美国	Bostik
1954	双组分 RTV 硅橡胶	美国	Dow Corning Co. Edwin. P. Plueddemann
1955	出现 α- 氰基丙烯酸酯	美国	Eastman Co.
1958	酚醛环氧树脂问世	美国	Dow Co.
1959	甲基丙烯酸环氧丙酯问世	美国	Du Pont
	单组分 RTV 硅橡胶	美国	Dow Corning Co. Edwin. P. Plueddemann
1960	开始生产 EVA 聚合物	美国	Du Pont
1961	聚苯并咪唑问世	美国	Narnco Co.
	试制成功聚酰亚胺	美国	Du Pont
1962	聚二苯醚树脂问世	美国	Westing House
	出现无溶剂硅树脂	美国	Dow Corning Co.
1963	工业化生产 SBS	美国	Phillips Co.
1965	脂环族环氧树脂问世	美国	Shell Co.
	开始生产 SBS 和 SIS	美国	Shell Co.
	水性氯丁橡胶胶黏剂商业化	美国	Du Pont
	VAE 共聚物乳液	美国	Air Product Co.

续　表

年份	胶黏剂发明内容	国别	公司或发明人
1966	开始生产聚苯硫醚	美国	Phillips Co.
1967	开始生产水性聚氨酯胶黏剂	美国	
1968	无溶剂型聚氨酯结构胶黏剂"Pliogrip"	美国	Goodyear Co.
1969	制成聚酚醚树脂	英国	Midland
1970	开始生产 1,2-聚丁二烯	日本	曹达公司
1972	聚苯醚砜问世	英国	ICI
	氢化 SBS 问世	美国	
1975	第二代丙烯酸酯胶黏剂问世	美国	Du Pont
	加聚型三嗪树脂问世	瑞士	Ciba Geigy Co.
1977	研制成功 UV 固化丙烯酸酯胶黏剂	瑞士	Ciba Geigy Co.
1978	单组分湿固化型聚氨酯胶黏剂	美国	Goodyear Co.
1981	出现热塑性聚酰亚胺胶黏剂	美国	NASA
1982	热熔压敏胶	美国	Rohm & Haas
1984	反应性热熔型聚氨酯胶黏剂	美国	

二、中国胶黏剂 60 年大事记

　　1957 年，林业部森林工业科学研究所与化学工业部北京化工研究院、第一机械工业部庆阳化工厂、长春胶合板厂及哈尔滨香坊木材加工厂等单位协作，开始进行脲醛胶黏剂的研制，1958 年研制成功并投入工业化生产。之前，中国使用的胶黏剂都是天然胶黏剂，因此，1958 年被称为中国合成胶黏剂工业元年。

（1）20 世纪 60 年代：艰难起步，众志成城

　　20 世纪 60 年代，黑龙江石油化学研究所王致禄、黄应昌等人研制成功耐高温有孔蜂窝结构胶 J-01，填补了我国航空结构胶黏剂的空白。山东化工厂为解决炮弹架橡胶与金属的粘接，刘慎和等人研制出FN-303 氯丁-酚醛胶黏剂。兵器部五三所吴崇光、孙维斤等人为解决部队野外修理问题，研制出室温固化环氧胶黏剂。中科院化学所卢凤才、杨玉昆、余云照等人研制成功航空用高温点焊胶黏剂。北京粘合剂厂吕凤亭等人研制出用来打坦克的手执火箭炮炮弹中用来包裹柱形火药

的亚麻布基材双面胶黏带。

20世纪60年代，中国民用胶黏剂的研究也取得了重大进展。中科院化学所葛增蓓等人首先在实验室合成了 α-氰基丙烯酸乙酯，并以产品 KH-502 投放市场，502 胶从此诞生。哈尔滨军事工程学院贺孝先研制成功磷酸-氧化铜无机胶，成功用于陶瓷刀片和硬质合金刀头的粘接。上海合成树脂研究所王澍、林国光等人研制出乌利当聚氨酯胶，后由上海新光化工厂朱世雄等人负责投入生产，产品命名为"铁锚"101 聚氨酯胶黏剂。沈阳化工研究院黄文润、韩淑玉、孟繁国等人最早开发出室温硫化硅橡胶，后来研究室整体搬迁至晨光化工研究院，又研究出室温硫化硅橡胶系列产品。上海橡胶制品研究所周木英等人研制出 JX 系列橡胶树脂复合胶黏剂，廖明等人研制出系列有机硅胶黏剂和密封剂。天津市合成材料工业研究所朱佐栋、刘静娴等人研发成功低分子聚酰胺，用作环氧树脂固化剂；随后柴润良、柏孝达等人研发成功不饱和聚酯胶黏剂，用于玻璃钢制造。中国林业科学研究院木材研究所吕时铎等人研制成功 NQ64 脲醛树脂胶，进一步提高了粘接质量及降低了游离甲醛含量。

我国乙酸乙烯和聚乙烯醇的生产始于 20 世纪 60 年代初期，最早由天津有机化工实验厂试产，1965 年在吉林四平联合化工厂建成千吨级生产装置。1965 年 8 月，北京有机化工厂引进日本的技术和装置建成万吨级生产装置。

（2）20 世纪 70 年代：自力更生，硕果累累

20世纪70年代，由于中苏关系恶化，加上西方对中国的技术封锁，中国胶黏剂的研究只能立足于自力更生。1970 年，北京有机化工厂经过自行设计研究，建成投产了我国第一套聚乙烯醇 1788 生产装置。1972 年，航空部 621 所郑瑞琪、赖士洪等人研制的"自力 2 号"无孔蜂窝结构胶黏剂通过技术鉴定，标志着我国自力更生研制胶黏剂取得了重大成果。

20世纪70年代初，杨颖泰首先在中科院大连化学物理研究所研制成功我国第一个厌氧胶品种 XQ-1 及促进剂 C-1，随后又研制成功用环氧树脂改性的厌氧胶 Y-150 和促进剂 C-2，填补了我国厌氧胶的空白。之后杨颖泰转到中科院广州化学所工作，研制出 GY 系列厌氧胶产品。天津合成材料工业研究所李固、王泽洋、白南燕、刘建华等人研制出

系列环氧胶黏剂（如 HY-914 室温快固环氧胶等）及改性胺、咪唑类、酸酐类系列固化剂，部分产品转入天津延安化工厂生产。中科院广州化学研究所研制出农机 1 号、2 号胶和常温固化 1 号胶、2 号胶、3 号胶，后转入番禺农机二厂生产。晨光化工研究院孙韶瑜等人研制出室温快固环氧胶黏剂。

北京有机化工厂 1975 年 6 月自行设计研究建成了聚乙酸乙烯乳液生产装置。1975 年，中科院南京林业化学研究所吕时铎带领团队开始乳液胶黏剂研究，研制的乳液胶黏剂主要用于人造板表面装饰，也可用于纺织、造船、电子、轻工等行业。

20 世纪 70 年代中期，河北工业大学王润珩、华南理工大学、浙江省化工研究所等开始热熔胶方面的研究，1979 年连云港热熔粘合剂厂销售的热熔胶已达 200t。

20 世纪 70 年代末期，上海橡胶所连振顺等人研制成功 JY-4 压敏胶、88-Ⅱ聚乙烯胶黏带、83-Ⅱ聚乙烯防腐胶黏带，后转入上海制笔零件三厂生产。上海合成树脂研究所研制出丙烯酸系列压敏胶 PS-1、PS-2、PS-3 等。天津合成材料研究所研制成功 GM-924 光敏胶，晨光化工研究院研制出光敏防龋胶。

（3）20 世纪 80 年代：改革开放迎来新契机

20 世纪 80 年代初期，全国技术交流活跃。上海市粘接技术协会、西安粘接技术协会、武汉粘接学会、北京粘接学会相继成立起来，之后哈尔滨、大连、天津、昆明、长沙……全国 30 多个城市成立了粘接技术协会 / 学会。

20 世纪 80 年代，黑龙江石油化学研究所陆企亭等人研制成功 J-39 丙烯酸酯结构胶；中科院大连化物所贺曼罗研制出 JGN 建筑结构胶；黎明化工研究院叶青萱等人研制出单组分聚氨酯胶黏剂；西安化工研究所研制出 J-2 节育粘堵剂等医用胶。

1982 年 12 月，化工部二局在北京举办了首次"全国胶粘剂新产品展览会"，来自全国 100 余家胶黏剂研究和生产单位参加了展会，展会共展出 600 多个胶黏剂产品。

1985 年 8 月，受北京粘接学会邀请，日本接着学会原会长佃敏雄先生率团来华交流，并举办了"中日粘接学术交流报告会"，从此开启了中外粘接学术交流的大门。

1987 年 9 月，中国胶粘剂工业协会成立。1987 年 9 月 8 日，中国胶粘剂工业协会举行了第一次全体会员大会，协会共有会员 178 个，其中科研、院校 50 个，其余大部分为国有企业。

20 世纪 80 年代，一批胶黏剂和胶黏带乡镇、集体企业相继成立和发展起来，如郑州中原应用技术研究所、新宾满族自治县胶粘剂厂（哥俩好前身）、葛洲坝粘合剂厂（璜时得前身）、黑松林粘合剂厂、苏州粘合剂厂（金枪新材的前身）、上海康达化工实验厂、中山市永大胶粘制品厂、河北永乐胶带有限公司等。

20 世纪 80 年代，我国引进国外先进技术和设备，大大促进了胶黏剂行业的发展。1981 年，北京市化学工业研究院从德国汉高引进纸塑覆膜聚氨酯胶黏剂，促进了纸塑包装胶的发展。1984 年，我国第一套从日本引进的丙烯酸及其酯类装置在北京东方化工厂建成投产，大大促进了我国丙烯酸酯乳液和压敏胶带的发展。1987 年，北京有机化工厂从日本引进的 20 个品种聚乙酸乙烯乳液项目建成投产，极大地推动了国内白乳胶生产技术和市场应用的发展。1987 年，北京化工厂引进日本年产 50t 氰基丙烯酸酯瞬干胶先进生产线和工艺技术，应用多聚甲醛 - 甲醇溶剂法生产 ECA，大大提高了我国 502 瞬间胶的技术和生产水平。1987 年，连云港市热熔粘合剂厂从日本引进我国第一条年产 1000t 的热熔胶生产线，用于生产 EVA 无线装订热熔胶和热熔胶棒。1988 年，北京有机化工厂引进美国技术建成投产了我国第一套乙酸乙烯 - 乙烯共聚乳液（VAE 乳液）生产装置，推动了我国 VAE 乳液产品从无到有、从应用单一到应用广泛的不断发展壮大。

（4）20 世纪 90 年代："南方谈话"引来创业潮

我国许多知名的胶黏剂民营企业就是在 20 世纪 90 年代创立和发展起来的，如北京天山新材料技术有限公司、杭州之江有机硅化工有限公司、北京高盟新材料股份有限公司、成都硅宝科技股份有限公司、佛山市南海霸力化工制品有限公司、南海南光化工包装有限公司、广州宏昌胶粘带厂、福建友达胶粘制品有限公司、北京龙苑伟业新材料有限公司、三友（天津）高分子技术有限公司、辽宁吕氏化工（集团）有限公司、绵阳惠利电子材料有限公司、广东恒大新材料科技有限公司、无锡市万力粘合材料有限公司、广州市高士实业有限公司、江门市快事达胶粘实业有限公司、浙江顶立胶业有限公司、西安汉港化工有限公司、烟台德邦科技有限公司等。

随着改革的不断深入，一些胶黏剂地方国有企业、集体企业或乡镇企业改制成为员工持股的民营股份制企业。1993 年 8 月，上海康达化工实验厂改制为股份合作制企业，2002 年 7 月又改制为员工持股的民营企业 —— 上海康达化工有限公司。1995 年，黄岩有机化工厂完成改制，成为一家员工持股的股份制企业，1996 年更名为浙江金鹏化工股份有限公司。1996 年，辽宁新宾满族自治县胶粘剂厂改制成为员工持股的抚顺合乐化学有限公司，后来更名为抚顺哥俩好化学有限公司。1997 年，襄樊市胶粘技术研究所改制成为员工持股的民营企业 —— 襄樊回天胶粘有限责任公司，1998 年 7 月改名为湖北回天胶业股份有限公司。

随着中国的进一步开放，20 世纪 90 年代美国富乐、德国汉高、美国 3M、法国波士胶芬得利、美国洛德、新加坡安特固、日本盛势达、日本三键、美国罗门哈斯、瑞士 SIKA、美国 ITW 等知名的胶黏剂跨国企业进入中国。

20 世纪 90 年代，中国胶粘剂工业协会、化工部行业指导司、中国贸促会化工行业分会联合于 1995 年、1997 年、1999 年在无锡、北京、上海举办了三次胶黏剂及密封剂展览会。2000 年以后，"中国国际胶粘剂及密封剂展览会"每年举办一次，展会规模越来越大。

20 世纪 90 年代，粘接技术研讨会也非常活跃，中国粘接学会（筹）、中国金属学会金属粘接学会、北京粘接学会举办了多次全国性的粘接技术交流会。特别是由中国金属学会金属粘接学会举办的"98 中国粘接技术学会研讨与展品展示会"有 500 人参加，是当时粘接技术学术交流规模空前的一次盛会。

（5）21 世纪 00 年代：加入 WTO 促使行业快速发展

房地产开发异军突起，建筑用胶成倍增长。建筑用胶已发展成为我国胶黏剂应用领域的第一大行业。一大批建筑胶企业迅速成长起来，郑州中原、广州白云、广州新展、杭州之江、成都硅宝、大连凯华、辽宁吕氏、上海保立佳、上海东和、天津东海、山东宇龙、湖南固特邦、西安汉港……

交通运输业迅速崛起，工程用胶茁壮成长。我国交通运输行业的迅速崛起，带动了胶黏剂行业快速发展，一批企业发展起来，如北京天山、北京龙苑、天津三友、回天胶业、康达新材、重庆中科力泰、烟台德邦等。

电子电器成长迅速，电子用胶日新月异。电子电器行业的迅速发展，也带动一大批胶黏剂行业迅速成长起来。胶黏剂方面，汉高、道康宁、迈图、三键、北京天山、回天新材、康达新材、绵阳惠利等企业都在电子电器行业有很多应用。胶黏带方面，3M 公司、深圳美信的电子胶带、河北永乐（华夏）的电工胶带等都在电子电器行业取得了广泛应用。

轻纺出口增长迅速，胶黏剂用量猛增长。随着我国轻工行业的快速发展，我国一大批胶黏剂企业迅速成长起来。鞋用胶企业有南海南光、南海霸力、广东多正等；木工胶企业有浙江顶立、天津盛旺等；软包装用覆膜胶企业有北京高盟、北京华腾、上海奇想青晨、临海东方等；包装热熔胶胶企业有佛山欣涛、广东荣嘉等；包装胶带企业有中山永大、广州宏昌等。

进入 21 世纪，人们对能源和环保问题的关注程度日益加大，从而引领新能源产业的快速发展。2000 年以来，随着我国风电、光伏行业的高速发展，北京天山新材料、康达新材、回天新材、上海天洋等迅速成长起来。

中国胶黏剂在世界的地位不断提高，许多重大国际会议在中国召开。第六届"世界胶粘剂和密封剂大会"（World Adhesives & Sealants Conference，WAC）于 2004 年 10 月在北京举行。第三届"世界粘接及相关现象大会"（World Congress on Adhesion and Related Phenomena，WCARP）于 2006 年 10 月在北京举行。另外，中国瑞士合办的 China-Swiss Bonding "CSB 北京国际粘接技术研讨会"分别在 2001 年 10 月、2004 年 10 月、2007 年 10 月在北京举办过三次。

（6）21 世纪 10 年代：IPO 与兼并重组时代到来

成都硅宝科技股份有限公司于 2009 年 10 月 31 日上市，是首家创业板上市的胶黏剂企业。之后，湖北回天新材料股份有限公司、北京高盟新材料股份有限公司分别于 2010 年 1 月 8 日和 2011 年 4 月 7 日在创业板上市，中国胶黏剂和胶黏带企业从此进入 IPO 时期。接着，上海康达化工新材料股份有限公司于 2012 年 4 月 16 日在中小板上市；杭州福斯特应用材料股份有限公司、福建三棵树涂料股份有限公司、上海天洋热熔粘接材料股份有限公司、上海晶华胶粘新材料股份有限公司分别于 2014 年 9 月 5 日、2016 年 6 月 3 日、2017 年 2 月 13 日、2017 年 10 月 20 日在上海主板上市。

潍坊胜达科技股份有限公司于 2014 年 1 月 24 日在新三板挂牌。之后，上海奇想青晨新材料科技股份有限公司、广东裕田霸力科技股份有限公司、山东常青树胶业股份有限公司、无锡市万力粘合材料股份有限公司、烟台信友新材料股份有限公司、辽宁哥俩好新材料股份有限公司、广东欣涛新材料科技股份有限公司、江苏和和新材料股份有限公司等胶黏剂和胶黏带公司等近 30 家公司迅速挂牌新三板。

2014 年 6 月 26 日，富乐公司宣布签署收购北京天山新材料技术股份有限公司的协议。2015 年 2 月 2 日交割完成，富乐公司以 14 亿元人民币或约 2.3 亿美元现金收购了天山公司 95％ 的股权。

2015 年 10 月 13 日，德国汉高收购浙江金鹏化工股份有限公司股权的签约仪式在台州隆重举行。2016 年 8 月 16 日，按照汉高公司收购金鹏公司 100% 股权的《股权转让协议》，完成了最终交割工作。

2016 年，广东新展新材料股份有限公司由于债务问题倒闭，广东新展曾是我国硅酮胶最大的制造企业。

2017 年 2 月 7 日，美国艾利丹尼森公司宣布以 1.9 亿美元（或 13.1 亿元人民币）收购河北永乐胶带有限公司并交割完成。

国内上市公司也加大了并购的力度。2011 年硅宝科技收购安徽翔飞立派有机硅新材料有限公司。2015 年 8 月回天新材收购浙江义乌德福汽车维修服务有限公司，2015 年 11 月又收购光伏发电企业泗阳荣盛电力工程有限公司。高盟新材 2016 年 12 月 12 日以 9.1 亿元购买武汉华森塑胶有限公司 100% 股权。2017 年 9 月上海天洋以 5678.05 万元价格收购了信友新材 66% 的股份。2017 年 10 月，康达新材收购必控科技 100% 股权。

三、胶黏剂技术与信息资料源

（1）协会／学会

美国胶黏剂与密封剂协会

The Adhesives and Sealants Council（ASC）

Washington DC

www.ascouncil.org

美国粘接学会

The Adhesion Society

Virginia Tech Blacksburg, VA

www.adhesionsociety.org

美国压敏胶带协会

Pressure Sensitive Tape Council（PSTC）

www.pstc.org

欧洲胶黏剂制造商协会

Association of European Adhesives Manufacturers（FEICA）

Dusseldorf, Germany

www.feica.com

英国胶黏剂与密封剂协会

British Adhesives and Sealants Association(BASS)

Stevenage Herts，UK

www.basa.uk.com/

日本胶黏剂工业协会

Japan Adhesives Industry Association

TOKYO,Japan

www.jaia.gr.jp

日本接着（粘接）学会

The Adhesion Society of Japan

www.adhesion.or.jp

中国胶粘剂与胶粘带工业协会

China National Adhesives Industry Association（CATIA）

www.cnaia.org

北京粘接学会（BAS）

www.adhesionsociety.org.cn

上海粘接技术协会

www.sh-adhesion.com

（2）杂志／期刊

Adhesion（德语）

Bertelsmann Fachzeitschrifen GmbH, Munich

Adhesion and Adhesives （日语）

High Polymer Publishing Association, Kyoto

Adhesives Abstracts Journal

Elsevier Science Ltd., Oxford, UK

International Journal of Adhesion and Adhesives

Elsevier Science Ltd., Oxford, UK

Journal of Adhesion

Gordon Beach Science Publishers

The Journal of Adhesion Science and Technology

VSP Publishing （荷兰）

Journal of the Adhesives and Sealants Council

Adhesives and Sealants Council

Adhesive Age

Chemical Week Associates

Adhesives & Sealants Industry

Business News Publishing Company

The Adhesives & Sealants Newsletter

Adhesives & Sealants Consultants

《中国胶粘剂》

中国胶粘剂和胶粘带工业协会与上海合成树脂研究所主办

《粘接》

中国胶粘剂和胶粘带工业协会与湖北回天新材料股份有限公司主办

《化学与黏合》

黑龙江石油化学研究院主办

（3）重要国际会议

世界胶黏剂和密封剂大会

World Adhesives & Sealants Conference （WAC）

四年一次由亚洲、欧洲、美洲轮流举办。

世界粘接及相关现象大会

World Congress on Adhesion and Related Phenomena （WCARP）

四年一次由亚洲、欧洲、美洲轮流举办。

全球胶黏带论坛

Global Tape Forum（GTF）

由美国压敏胶带委员会（PSTC，网址 http://www.pstc.org）、欧洲胶黏带工业协会（AFERA，网址 https://www.afera.com）、日本压敏胶带工业协会（JATMA，网址 http://www.jatma.jp）、中国胶粘剂和胶粘带工业协会联合举办，每年举办一次，由亚洲、欧洲、美洲轮流举办

美国粘接学会年会

每年一次，由美国粘接学会 Adhesion Society 主办

欧洲胶黏剂大会（EU-ADH）

两年举办一次，由德国、法国、英国轮流举办

亚洲粘接大会（ACA）

三年举办一次，由中国、日本、韩国轮流举办

亚洲胶黏剂大会（ARAC）

四年举办一次，由中国大陆地区、中国台湾地区、日本、韩国轮流举办

（4）胶黏剂数据库（搜索引擎，胶黏剂选择器）

Adhesives Mart（胶黏剂市场）

www.AdhesivesMart.com

1000 余种胶黏剂信息，装有搜索引擎，为胶黏剂厂商与用户提供桥梁

Adhesive Selector（胶黏剂选择器）

www.assemblymag.com/toolbox/adhesive（装配在线胶黏剂篇）

选择器中客户可输入大量可变的项目，提供最好的胶黏剂使用材料

（5）胶黏剂培训机构

Fraunhofer IFAM 研究所

德国 Fraunhofer IFAM（弗劳恩霍夫研究院·先进材料与制造技术研究所）是欧洲最大的粘接技术研发机构，其下属认证中心 TBBCert 是德国联邦铁路局 EBA 授权具有在全球范围内进行 DIN6701 认证，德国认证管理机构 DAKKs 授权具有在全球范围内进行 DIN2304 认证，并颁发 DIN6701 和 DIN2304 证书的唯一权威机构。同时也是 EWF

（欧洲焊接粘接学会）和 DVS-PersZert（德国焊接粘接学会）授权开展相关职业技术培训（EAE、EAS、EAB）的最权威机构。Fraunhofer IFAM 遵守 EBA、DAKKs、EWF 和 DVS 的承诺，在各胶黏剂企业间保持中立。

上海胶之道管理咨询有限公司

　　胶之道由任天斌、林中祥、翟海潮等数位知名专家联合发起成立，是国内专注于胶黏剂行业职业人才培养与企业管理咨询的专业化科技服务机构。胶之道聚集了国内外胶黏剂行业的多位知名专家为顾问，以"为中国胶企传道、授业、解惑"为使命，以成为胶黏剂行业的专业人才培养及企业咨询机构为愿景，致力于在全球范围内以专业的眼光、负责任的态度为中国胶黏剂生产及应用企业提供最顶尖优质的技术咨询服务。胶之道汇聚了一大批胶黏剂行业经验丰富的国际和国内知名专家级人才，针对国内胶黏剂生产及应用企业在发展过程中面临的困境，通过职业人才培养、专业论坛、行业咨询、网络课程四大板块，为胶企不同群体提供专业的企业发展战略、研发管理体系、新产品开发、技术创新和生产、营销、应用实践等一流培训咨询服务，将全球最先进的创新技术和管理理念传导到中国胶企，帮助企业培养创新型产品研发与管理人才，提升企业的研发水平和技术创新能力，解决中小型胶企在经营发展方面遇到的疑难问题，从而提升中国胶企的核心竞争力，助推企业顺利转型升级，推动胶黏剂行业持续发展，为行业的创新发展做出贡献。

（6）胶黏剂网站与交易平台

　　中国粘接网：http://www.zhanjie.com.cn
　　林中祥胶粘剂技术信息网：http://www.adhesive-lin.com
　　中国胶粘剂产业信息网：http://www.bondch.com
　　中国胶粘剂交易平台：APP

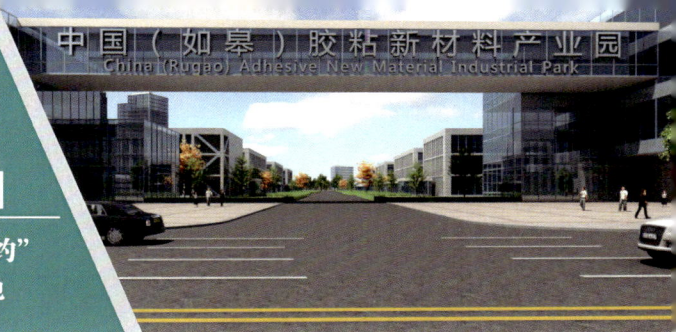

中国·国骄
胶粘新材料产业园

"产业集中、要素集聚、资源集约"
的粘接产业创新发展示范基地

中国·国骄胶粘新材料产业园位于世界最具经济活力的大上海都市经济圈，地处江苏省如皋港经济开发区，地理位置优越，海陆空交通便捷。国骄产业园由国骄胶粘新材料产业园管理有限公司投资、开发、建设并运行，园区规划总占地面积3.4平方公里，毗邻国家火炬特色产业基地——如皋港化工新材料园区。依托如皋港经济开发区现有的基础设施和化工新材料园区的产业配套优势而开发建设，围绕"国际研发中心"、"生产制造区"、"展示交易区"和"物流仓储区"的"一心三区"的总体规划建设，努力打造粘接功能性材料企业"横向环节高度分工合作、纵向产业链升级延伸"的大产业链闭环生态圈，打造辐射全球的粘接功能性材料"一站式"采购基地。

国骄创业园是国骄产业园重点打造的集研发、测试、生产为一体的科技孵化型、成果转化型园中园，项目总占地598亩，位于如皋港经济开发区黄金地段，国骄产业园的主出入口，项目坚持高起点、高标准，按照国骄产业园生态园林化、制造智能化、产业集聚化、流通信息化、管理数字化的标准，为广大高附加值胶粘

企业量身定制标准化、智能化研发中心和生产车间，构建覆盖面广、连接紧密、与电子商务有机融合的胶粘新材料创新服务平台！

中国·国骄胶粘新材料产业园地址： 江苏省如皋市长江镇华江大道1号

联系电话：0513-81738888

无醛胶用顶立

FORMALDEHYDE-FREE ADHESIVE

DINGLI 顶立®

无醛胶　用顶立